Tholen Eekhoff und Steffen J. Roth (Hrsg.)

Grenzgänge zwischen Wirtschaftswissenschaft und Wirtschaftspolitik

Tholen Eekhoff und Steffen J. Roth (Hrsg.)

Grenzgänge zwischen Wirtschaftswissenschaft und Wirtschaftspolitik

für Johann Eekhoff

Lucius & Lucius · Stuttgart

Bibliografische Information der Deutschen Nationalbibliothek
Die Deutsche Nationalbibliothek verzeichnet diese Publikation in der Deutschen Nationalbibliografie; detaillierte bibliografische Daten sind im Internet über http://dnb.d-nb.de abrufbar

ISBN 978-3-8282-0600-7

Layout: Claudia Rupp, Stuttgart
Druck und Bindung: BELTZ Bad Langensalza GmbH, Bad Langensalza

Johann Eekhoff (1941 – 2013)

Inhalt

Vorwort der Herausgeber

Johann Eekhoff ist am 3. März 2013 gestorben. Zeitlebens war er ein Grenzgänger zwischen Wirtschaftspolitik und Wirtschaftswissenschaft. Sein Wirken in der praktischen Wirtschaftspolitik war stets geprägt von seinen wissenschaftlichen Einsichten und Erkenntnissen. Umgekehrt hatten seine Erfahrungen in der Ministerialbürokratie erheblichen Einfluss auf seine wirtschaftswissenschaftliche Forschung. Diese war immer von einer praktischen Fragestellung statt von einem abstrakten Forschungsinteresse getrieben. Dabei gab er sich ungern mit dem zufrieden, was als wissenschaftlich allgemein anerkannt galt. Oft gab er keine Ruhe, bis er eine solche Grenze überschritten und eine Idee ausgearbeitet hatte, die die Wirtschaftswissenschaft als Grundlage der Wirtschaftspolitik einen entscheidenden Schritt weiterbrachte. Mit dieser Art der wissenschaftlichen Neugier steckte er sowohl viele seiner Schüler, als auch seiner Gesprächspartner in wissenschaftlichen und wirtschaftspolitischen Arbeitsgruppen und Gremien an.

Diesem Anspruch, wirtschaftswissenschaftliche Ideen und Ansätze zur kritischen Analyse der realen Wirtschaftspolitik heranzuziehen und – wo möglich – zur Ableitung praktisch relevanter Vorschläge für die reale Wirtschafts- und Sozialpolitik fruchtbar zu machen, folgt auch dieses Buch. Viele seiner Weggefährten und Schüler unternehmen in diesem Band Grenzgänge zwischen Wirtschaftswissenschaft und Wirtschaftspolitik in Themenfeldern, die auch Johann Eekhoff bewegt haben.

Wir haben darauf verzichtet, die Beiträge in thematische Kategorien zu pressen, und Abschnitte zu bilden. Andererseits haben wir thematisch ähnliche Beiträge doch versucht, nahe beieinander anzuordnen. Dabei fallen insbesondere zwei große Themenblöcke auf: Die Gesundheitspolitik und die Europapolitik. Johann Eekhoff hat sich in den letzten Jahren sehr stark der Gesundheitspolitik gewidmet und dort gemeinsam mit seinen Schülern nach wettbewerblichen Ausgestaltungsmöglichkeiten dieses wichtigen Bereichs gesucht. Ein großer Durchbruch gelang mit dem Nachweis, dass individualisierte risikoäquivalente Altersrückstellungen im System der Privaten Krankenversicherung marktkonform übertragbar sind und so das vielversprechende Potenzial von Arbeitsteilung, Spezialisierung und Wettbewerb auch im Bereich der Krankenversicherungen erschlossen werden kann. Ein anderes Thema, das Johann Eekhoff in den letzten Jahren vor seinem Tod besonders beschäftigt hat, sind die Auswirkungen der Finanz-, Wirtschafts-, und Schuldenkrise auf die Eurozone sowie die Schlussfolgerungen, die daraus gezogen werden können. Das breite Spektrum weiterer Themen veranschaulicht das Forschungsspektrum, mit dem sich Johann Eekhoff zeitlebens beschäftigt hat. Im letzten Beitrag dieses Bandes drucken wir einen Nachruf auf Johann Eekhoff ab, der sich mit seiner Person, dem Leben und der wissenschaftlichen Leistung beschäftigt und ein nur leicht veränderter Nachdruck aus dem gleichnamigen Beitrag in der Zeitschrift für Wirtschaftspolitik Heft 2/2013 ist.

Wir danken allen Autoren der Beiträge in diesem Band sehr herzlich. Jeder einzelne erweist Johann Eekhoff damit seine persönliche Ehre und trägt zugleich einen großen Fundus gemeinsamer Themen und gemeinsam entwickelter Ideen in die Gegenwart und Zukunft. Wir danken auch einem großzügigen Sponsor, der nicht genannt werden möchte und dem Fördererkreis des Instituts für Wirtschaftspolitik an der Universität zu Köln, die dieses Projekt ohne zu Zögern finanziert haben. Einen besonderen Dank möchten wir Ines Läufer aussprechen, die viele Stunden in die Organisation und die Durchsicht der Texte investiert und dadurch wesentlich zum Gelingen dieses Buches beigetragen hat.

Berlin und Köln im März 2014

Tholen Eekhoff　　　　Steffen J. Roth

Evidenzbasierte Politikberatung: Kritischer Begleiter, nicht willfähriger Ermöglicher der Politik[1]

Christoph M. Schmidt

1 Wirtschaftspolitische Beratung: Drei grundlegende Fragen

Dieser Beitrag berührt drei sehr eng miteinander verwobene grundlegende Fragen: Welche Anforderungen muss erstens die wirtschaftspolitische Beratung bei ihrem Vorgehen erfüllen, um die Qualität und die Unabhängigkeit ihres Urteils zu wahren? Und wie können wirtschaftspolitische Berater durch die Transparenz ihres Vorgehens und durch die aus der fachlichen Qualität und handwerklichen Solidität ihrer Arbeit erwachsende Reputation die Anerkennung ihrer Unabhängigkeit festigen? Welche Anforderungen stellt zweitens ein Vorgehen, das diese Qualitätsstandards einhält, an die fachliche Kompetenz der zu beratenden Entscheidungsträger in Politik und Verwaltung? Und wie tolerant müssen sie im Hinblick darauf sein, was sie an mangelnder Eindeutigkeit der Schlussfolgerungen oder gar deutlichem inhaltlichen Widerspruch zu ihrer eigenen Position zu akzeptieren bereit sind? Welche Rolle muss drittens die Öffentlichkeit spielen, um der Wissenschaft die Freiräume zu sichern, die es derselben ermöglichen, das Anrecht der Bürger auf Transparenz und Aufklärung gegen ideologische und wirtschaftliche Interessen zu verteidigen?

Die Antworten auf diese Fragen stellen hohe Anforderungen an Anbieter und Nachfrager von wirtschaftspolitischer Beratung. Erstens können nur solche Anbieter einen ernsthaften Beitrag zur Verbesserung wirtschaftspolitischer Entscheidungen leisten, die den hohen Standards der evidenzbasierten Politikberatung genügen, sowohl in fachlicher als auch in prozeduraler Hinsicht. Zweitens müssen Entscheidungsträger in Politik und Gesellschaft vor allem inhaltlichen Widerspruch aushalten können. Darüber hinaus erfordert die unausweichliche Vielstimmigkeit der Wirtschaftsforschung, die aus ihrer inhärent nicht-experimentellen Natur erwächst, dass sie sowohl die Kompetenz als auch den guten Willen aufweisen, nur so viel an Eindeutigkeit von der Wissenschaft zu fordern, wie diese im Sinne der evidenzbasierten Politikberatung zu leisten imstande ist, nicht

[1] Ein herzlicher Dank geht an Nils aus dem Moore und Benjamin Weigert für ihre Kommentare und an Claudia Lohkamp für ihre Unterstützung beim Erstellen des Manuskripts.

mehr. Insbesondere müssen sie die Bereitschaft besitzen, darauf zu verzichten, der Wissenschaft die Verantwortung für Entscheidungen unter Unsicherheit zuzuschieben, selbst und insbesondere dann, wenn sich Beratungsangebote finden, die mehr Sicherheit vortäuschen, als es nach dem Stand der wissenschaftlichen Erkenntnis eigentlich möglich ist.

Die erste Anforderung, der hohe qualitative Anspruch der evidenzbasierten Politikberatung, dürfte mittlerweile nicht mehr überraschen.[2] So hat jüngst beispielsweise der Wissenschaftliche Beirat beim Bundesministerium für Wirtschaft und Technologie (BMWi) für eine stärkere Betonung der evidenzbasierten Politikberatung geworben.[3] Doch die ebenso wichtige Anforderung, dass die Nachfrageseite des Marktes für wirtschaftspolitische Beratung eine hohe Aufnahmebereitschaft aufweisen muss, wenn die evidenzbasierte Politikberatung wirksam eingesetzt werden soll, wurde bislang noch nicht mit der gleichen Betonung diskutiert. Vor allem muss die Öffentlichkeit eine weit kompetentere und aktivere Rolle spielen als bisher, wenn sie ihre eigenen Rechte auf Aufklärung und Selbstbestimmtheit gewahrt wissen will. Diese Schlussfolgerung wird hier anhand eines konkreten aktuellen Beispiels für wirtschaftspolitische Eingriffe diskutiert, der Einführung eines flächendeckenden allgemeinen Mindestlohns.

2 Die Debatte um einen flächendeckenden Mindestlohn

Die hier diskutierten Fragen stellen sich aktuell vor dem Hintergrund einer neu aufgeflammten Debatte über die Rolle der institutionalisierten wirtschaftspolitischen Beratung, insbesondere über diejenige des Sachverständigenrates zur Begutachtung der gesamtwirtschaftlichen Entwicklung (hier durchgehend: „Sachverständigenrat“). Führende Ökonomen aus Leibniz-Instituten und einschlägigen Gremien der wirtschaftspolitischen Beratung äußerten sich im Herbst 2013 kritisch zu Kernpunkten des Koalitionsvertrags der geplanten schwarz-roten Bundesregierung. Im November 2013 veröffentlichte der Sachverständigenrat sein Jahresgutachten 2013/14, mit dem deutlichen Titel „Gegen eine rückwärtsgewandte Wirtschaftspolitik“. Im politischen Spektrum stießen diese Äußerungen auf ein gemischtes Echo. Nicht zuletzt wurde dabei wieder einmal offenbar, dass das Selbstverständnis der evidenzbasierten Politikberatung, vor allem kritischer

---

2 Meine Ausführungen hier lehnen sich nicht zuletzt eng an folgende Beiträge an: Schmidt, 2007; Schmidt, 2009; Schmidt, 2013.

3 Wissenschaftlicher Beirat beim BMWi, 2013, „Evaluierung wirtschaftspolitischer Fördermaßnahmen als Element einer evidenzbasierten Wirtschaftspolitik“, Gutachten des Wissenschaftliches Beirats beim Bundesministerium für Wirtschaft und Technologie, Berlin. Ausgewählte frühere Beiträge zu dieser Debatte sind Fitzenberger/Hujer, 2002; Lechner, 2002; Schmidt, 1999.

Begleiter, nicht Erfüllungsgehilfe der Politik zu sein, bei einigen Betroffenen auf erhebliche Ablehnung stößt.

Am Beispiel des allgemeinen, flächendeckenden Mindestlohns, einer in der Vergangenheit in Deutschland vermiedenen Regulierung des – ansonsten stark regulierten – Arbeitsmarkts, soll hier dargelegt werden, dass die unabhängige wirtschaftspolitische Beratung als kritischer Begleiter, nicht als willfähriger Ermöglicher der Politik aktiv sein sollte. Die Stimmung in der Bevölkerung, die von der Politik einerseits beeinflusst wird und die diese andererseits in ihrem Angebot an die Wähler reflektiert, ist aktuell recht eindeutig. Von der überwiegenden Mehrheit der Wähler ist die Einführung eines allgemeinen, flächendeckenden Mindestlohns gewollt. In den Verhandlungen zur Bildung einer schwarz-roten Koalition im Herbst 2013 war der Mindestlohn daher nahezu folgerichtig im Grundsatz als unverzichtbar gesetzt. Dabei wies die Diskussion mit dem Wert von 8,50 € pro Stunde einen markanten Fixpunkt auf, der vom kleineren Koalitionspartner sogar als Sollbruchstelle für die Koalitionsverhandlungen insgesamt behandelt wurde. Und auch die Opposition im Bundestag ist im Grundsatz ebenfalls keineswegs gegen die Einführung eines flächendeckenden Mindestlohns. Die politische Debatte um das „ob“ ist somit eigentlich bis auf weiteres entschieden.

Was aber ist die argumentative Unterfütterung dieser Maßnahme? Und welche Wirkungen dürfen wir erwarten oder müssen wir gar befürchten? Hier kommt die unabhängige wirtschaftspolitische Beratung ins Spiel. Letztlich handelt es sich bei der Einführung eines flächendeckenden Mindestlohns um einen sozialpolitisch motivierten wirtschaftspolitischen Eingriff. Sowohl zur Frage zur sozialpolitischen Notwendigkeit dieser erheblichen Veränderung der Arbeitsmarktordnung als auch zu den deshalb zu erwartenden Wirkungen auf Einkommen und Beschäftigung hat die empirische Wirtschaftsforschung erhebliche Beiträge geliefert. So beschäftigen sich eine Fülle von Beiträgen mit der deskriptiven Analyse des Arbeitsmarkts und der Haushaltseinkommen. Besondere Aufmerksamkeit gilt dabei dem unteren Ende der Lohn- und Einkommensverteilung, dem Verhältnis von niedrigen Einkommen zu den durchschnittlichen Einkommen und der Intensität der Korrektur der Ungleichheit der Einkommen durch das Steuer- und Transfersystem.

Darüber hinaus hat mittlerweile eine große Anzahl von empirischen Studien in einem breiten Spektrum von entwickelten Volkswirtschaften die Wirkungen einzelner Anwendungen von Mindestlöhnen analysiert. Auf diese Schar von Erkenntnissen muss jede sinnvolle Diskussion der aufgrund der Einführung eines allgemeinen, flächendeckenden Mindestlohns in Deutschland zu erwartenden Wirkungen zurückgreifen, wenn sie über rein theoretischen Überlegungen hinausweisen will. Denn ohne Präzedenzfall können keine direkten empirischen Belege gesammelt werden. Stattdessen ist man auf Analogieschlüsse angewiesen. Es sind also entweder Erkenntnisse aus anderen Volkswirtschaften auf Deutschland oder aus sektoralen Erfahrungen innerhalb Deutschlands auf die gesamtwirtschaftlichen Verhältnisse zu übertragen. Es ist offensichtlich, dass dies nur mit größter Vorsicht und bestenfalls näherungsweise gelingen kann.

In der Essenz geht es bei diesen bestehenden Studien vor allem, wenngleich nicht nur, um die Kernfrage, welche Arbeitnehmer in welchem Ausmaß durch diese Maßnahme Schaden nehmen dürften: Gibt es nennenswerte Evidenz dafür, dass eine bindende Lohnuntergrenze die schwächeren Arbeitnehmer – ohne gute berufliche Bildung, ohne erhebliche Berufserfahrung, in kleineren Dienstleistungsunternehmen beschäftigt – eines Teils ihrer Beschäftigungschancen beraubt?

- Die Schlussfolgerungen der in Ländern mit einem flächendeckenden Mindestlohn durchgeführten Studien sind uneinheitlich. Beschäftigungsverluste werden dabei vor allem für Geringqualifizierte und für junge Arbeitnehmer identifiziert. Von entscheidender Bedeutung ist dabei ganz offensichtlich die Relation zwischen dem jeweiligen Mindestlohn und der Produktivität der betroffenen Arbeitnehmer.[4]
- Uneinheitlich sind auch die Schlussfolgerungen empirischer Studien zu branchenspezifischen Mindestlöhnen, die in der jüngeren Vergangenheit am deutschen Arbeitsmarkt eingeführt wurden.[5] Deren Ergebnisse sind vor allem deshalb von begrenzter Aussagekraft, weil sie sich weitgehend auf die Wirkungen auf die deutschen Arbeitnehmer in diesen Branchen konzentrieren. Die negativen Beschäftigungseffekte auf ihre ausländische Konkurrenz werden hingegen nicht betrachtet. Bei einem flächendeckenden Mindestlohn kann man die Betroffenen jedoch nicht ignorieren.
- Auch mit der Frage der zu erwartenden Wirkungen eines künftigen allgemeinen, flächendeckenden Mindestlohns in Deutschland befassen sich mittlerweile mehrere Studien. Umstritten ist dabei zum einen, inwieweit die Ergebnisse aus sektoralen Studien auf gesamtwirtschaftliche Verhältnisse übertragen werden können, und zum anderen, welche relative Bedeutung der gewählte Mindestlohn im Vergleich zum bestehenden Lohngefüge haben dürfte.[6]

---

4 Die Debatte um die Beschäftigungswirkungen von Mindestlöhnen in den Vereinigten Staaten und anderen Volkswirtschaften, etwa in Frankreich und dem Vereinigten Königreich, umfasst eher befürwortende bis sehr ablehnende Schlussfolgerungen. Stellvertretend siehe Abowd et al., 2000; Belman / Wolfson, 2013; Card / Krueger, 1997; Doucouliagos et al., 2009; Dube et al., 2010; Machin et al., 2003; Manning, 2012; Neumark / Wascher, 2006; Neumark / Wascher, 2010; Neumark et al., 2013; Schmitt, 2013.

5 Ausgewählte Beispiele für ökonometrische Studien zu diesem Thema sind die in diesem Jahr vom German Economic Review aufgegriffenen Studien zu sektoralen Mindestlöhnen auf der Basis des Arbeitnehmerentsendegesetzes, deren ambivalente Ergebnisse Paloyo et al., 2013 zusammenfassen. Siehe auch Möller, 2012; Möller et al., 2008.

6 Ausgewählte Beiträge zur jüngeren Debatte sind Bauer / Kluve et al., 2009; Brenke / Müller, 2013; Kluve, 2013; Müller / Steiner, 2013.

Vor dem Hintergrund dieser Literatur hat der Sachverständigenrat sich in seinem Jahresgutachten 2013 / 14 mit der Frage beschäftigt, ob die Einführung eines allgemeinen, flächendeckenden Mindestlohns eine ratsame wirtschaftspolitische Maßnahme darstellen würde. Er hat somit ausdrücklich nicht die Frage diskutiert, wie – gegeben, dass es zwar aus ökonomischer Sicht nicht ratsam, aber aus politischer Sicht unvermeidlich schien, zu einer derartigen Maßnahme zu greifen – derselbe eingeführt und dann gegebenenfalls künftig angepasst werden sollte. Der Sachverständigenrat hat bei dieser Frage des „ob" eine klare Aussage getroffen und von der Einführung des Mindestlohns abgeraten. Auf dem Wege zu dieser Schlussfolgerung waren drei Fragen zu beantworten:

- Besteht eigentlich ein sozialpolitischer Bedarf für einen flächendeckenden Mindestlohn? Zur Beantwortung dieser Frage ist vor allem die Einkommensverteilung nach Steuern und Transfers in den Blick zu nehmen. Ist die Ungleichheit in den Jahren nach den Hartz-Reformen merklich gestiegen, so dass sich durch diese Entwicklungen – wie es die öffentliche Diskussion stark suggeriert – ein gewisser Korrekturbedarf bei den Reformen aufdrängt?
- Wie wird ein solcher Mindestlohn wohl wirken? Für die meisten Arbeitnehmer wird sich aufgrund ihrer deutlich höheren Produktivität faktisch sehr wenig ändern, für einige wird der Lohn und damit das Einkommen höher ausfallen, andere wiederum werden ihre Beschäftigung verlieren oder versäumen, eine Beschäftigung zu finden. Die Konsequenz könnte sein, dass die letztere Gruppe Einkommensverluste in Kauf nehmen muss, und dass sich die Einkommensungleichheit dann wieder verstärkt.
- Was bedeutet dieser Schritt langfristig? Passt ein flächendeckender Mindestlohn in das deutsche System der Armutsbekämpfung, das auf familienbezogener Einkommensergänzung beruht? Welche Implikationen ergeben sich für die soziale Marktwirtschaft, für die charakteristisch ist, dass die Marktergebnisse zwischen den Bürgern zwar umverteilt, nicht jedoch gesetzlich festgelegt werden? Und welche Konsequenzen hat ein derartiger Schritt für Deutschlands Rolle als ordnungspolitisches Vorbild in Europa?

Wenngleich diese Fragen allesamt schwer zu beantworten sind, stellen vor allem die zweite und dritte Frage eine größere intellektuelle Herausforderung dar. Bei ihnen geht es nicht nur um die faktischen Gegebenheiten, die mehr oder weniger leicht zu erfassen sind. Vielmehr geht es hier um die Suche nach Antworten auf mögliche Verläufe künftiger Entwicklungen – und das ohne einen direkten Präzedenzfall. Glücklicherweise ist das Instrumentarium der empirischen Wirtschaftsforschung in den vergangenen Jahrzehnten erheblich gereift und unterstützt unabhängige Beratungsgremien bei der Suche nach überzeugenden Antworten.

3 Evidenzbasierte Politikberatung: die Position des Sachverständigenrates

Wirtschaftspolitische Maßnahmen erfordern ohne Ausnahme eine Vorstellung über die Ursache-Wirkungs-Ketten, welche die Realität prägen und an denen man mit der Maßnahme ansetzen möchte. Denn nur wer Ursachen und Wirkungen verlässlich herausgearbeitet hat, kann solche wirtschaftspolitischen Eingriffe entwerfen, die Wirksamkeit versprechen. Im vorliegenden Falle ist sogar ein doppelter gedanklicher Sprung nötig. Erstens sind historische Zusammenhänge zu nutzen, um Ursachen (hier: Mindestlöhne) und deren Wirkungen (hier: Beschäftigungsverluste für Geringqualifizierte und junge Arbeitnehmer) im nicht-experimentellen Kontext zu erkennen. Zweitens sind diese Erkenntnisse auf die Vorhersage zu übertragen, wie mehr oder weniger hoch angesetzte flächendeckende Mindestlöhne im deutschen Arbeitsmarkt voraussichtlich wirken werden.

Es ist unstrittig, dass Politik und Verwaltung diese Aufgaben nicht wahrnehmen können. Sie sind handelnde Akteure und damit niemals unvoreingenommen. Und es handelt sich um Aufgaben, die nur bei Kenntnis und Einhaltung hoher wissenschaftlicher Standards erfolgreich bewältigt werden können. Der Gesetzgeber hat die Vorzüge der Arbeitsteilung in diesem Bereich vor langer Zeit erkannt und daher in Deutschland eine unabhängige Forschung und Beratung fest verankert. Neben eigens zu diesem Zweck eingerichteten Beratungsgremien, etwa dem Sachverständigenrat und den jeweiligen Wissenschaftlichen Beiräten des Bundesministeriums für Wirtschaft und Technologie (BMWi) sowie des Bundesministeriums der Finanzen (BMF), ist insbesondere die Arbeit der wirtschaftswissenschaftlichen Institute der Leibniz-Gemeinschaft mit ihrer Mission einer „angewandten Grundlagenforschung“ darauf ausgerichtet.

Die Distanz dieser Gremien und Institute zur Politik kommt in der Beschreibung der Aufgabe des Sachverständigenrates wohl am deutlichsten zum Ausdruck, der „Begutachtung“ der gesamtwirtschaftlichen Entwicklung. Der gesetzliche Auftrag des Sachverständigenrates lautet, die gesamtwirtschaftliche Entwicklung in der Bundesrepublik periodisch zu begutachten und mit seiner Arbeit die Urteilsbildung bei allen wirtschaftspolitischen Instanzen sowie in der Öffentlichkeit zu erleichtern. Dabei sind insbesondere Fehlentwicklungen und Möglichkeiten zu deren Vermeidung aufzuzeigen (hier: das Unterlassen der Einführung dieses bislang noch nicht verwendeten wirtschaftspolitischen Instruments), Empfehlungen für bestimmte wirtschafts- und sozialpolitische Maßnahmen (hier: die konkrete Höhe eines allgemeinen, flächendeckenden Mindestlohns zu einem Stichtag) gehören nicht zu seinem Aufgabenspektrum.[7]

---

[7] Nähere Informationen finden sich unter www.sachverstaendigenrat-wirtschaft.de.

Eine Tätigkeit hingegen, die eher als wirtschaftspolitische „Beratung“ im engeren Sinne bezeichnet werden sollte, wäre sicherlich ebenfalls etwas völlig Legitimes, aber etwas ganz anderes. Dabei würde es sich – sicherlich unter Einsatz wissenschaftlicher Methoden, aber nicht mit dem primären Ziel des Erkenntnisinteresses – um eine eher ermöglichende Rolle handeln, welche die Ziele und Präferenzen der Politik zum Ausgangspunkt nimmt und vor diesem Hintergrund vor allem Kompromisse und Kommunikationsstrategien ausarbeitet. Der evidenzbasierten Politikberatung geht es demnach im Gegensatz zu dieser bloßen Ermöglichung bereits gefällter Entscheidungen darum, die Debatte um die Folgen möglicher oder geplanter Weichenstellungen (hier: der Einführung eines flächendeckenden Mindestlohns) zu versachlichen und damit eine Basis für eine informierte politische Entscheidung zu schaffen.

Die empirische Wirtschaftsforschung hat in den vergangenen Jahren in der Tat auf all ihren drei Einsatzfeldern erhebliche Beiträge liefern können, bei der Deskription, der Prognose und der Kausalanalyse. Die auf diesen Einsatzfeldern zu verzeichnenden Fortschritte lassen sich allesamt unter dem Stichwort der „Identifikation“ fassen.[8] Im Hinblick auf den Mindestlohn kann sie auf allen drei Handlungsfeldern wertvoll sein:

- Der Sachverständigenrat greift in seinen Diskussionen regelmäßig auf die empirische Beschreibung der deutschen Lohn- und Einkommensstruktur zurück. Im Mittelpunkt der Einordnung der beobachteten Entwicklungen stehen dabei Veränderungen im Zeitablauf und der internationale Vergleich. Bei dieser Einordnung der Ergebnisse geht es nicht um das Werturteil, ob die Ungleichheit als „zu hoch“ einzustufen ist, sondern vielmehr um eine faktische Unterfütterung der gesellschaftlichen Debatte. Im aktuellen Kontext stellt sich insbesondere die Frage, ob die Ungleichheit der verfügbaren Einkommen seit dem Jahr 2005 deutlich zugenommen hat – und somit Korrekturbedarf bei den im vergangenen Jahrzehnt durchgeführten Reformen des Arbeitsmarkts bestehen könnte – oder nicht.

  Im Ergebnis zeigt sich ein recht unspektakuläres Bild: Seit dem Jahr 2005 hat die Ungleichheit der verfügbaren Einkommen nicht zugenommen. Deutschland liegt in dieser Hinsicht im internationalen Mittelfeld. Die – als zwischen Dreivierteln und dem Anderthalbfachen des Medianeinkommens definierte – Mittelschicht hat sich ebenfalls im Zeitverlauf kaum geändert. Allein diese Informationen wären bereits hinreichendes Futter für eine informierte Debatte zum sozialpolitischen Bedarf für einen flächendeckenden Mindestlohn, im

---

8 Herausragende Beiträge sind insbesondere Manski, 1995 und Manski, 2013. Ein deutschsprachiges Lehrbuch im Geist der evidenzbasierten Politikberatung ist Bauer/Fertig/Schmidt, 2009.

Kontrast zu der emotional sehr aufgeheizten Debatte der deutschen Armutsforschung.

- Die Kurzfristprognose (also die ohne die Rückkopplung aus strukturellen Weichenstellungen ermittelte Prognose) der künftig zu erwartenden Wirtschaftsleistung bildet für viele wirtschaftspolitische Debatten den Hintergrund. Der Sachverständigenrat legt nicht nur regelmäßig seine eigenen Kurzfristprognosen vor, er weist im Gegensatz zu oberflächlich begründeten Schlussfolgerungen, die so mancher aus diesen Prognosen ableitet, in seinen wirtschaftspolitischen Diskussionen grundsätzlich darauf hin, dass eine mechanistische Fortschreibung der Kurzfristprognosen unter stark veränderten Rahmenbedingungen nicht sinnvoll sein kann.

  Aus der Sicht des aktuellen Jahresgutachtens 2013/14 erwiesen sich die Konjunkturaussichten als gut. Diese erfreulichen Aussichten waren jedoch auch dazu geeignet, die Entscheidungsträger unangemessen sorglos zu stimmen. Die Mahnungen nicht zuletzt des Sachverständigenrates, es handele sich bei der starken wirtschaftlichen Stellung Deutschlands und der damit einhergehenden guten Lage der öffentlichen Haushalte lediglich um eine „Momentaufnahme", die noch dazu durch frühere Reformen hart erarbeitet worden sei, tendierten in der politischen und öffentlichen Diskussion des Herbsts 2013 zu verpuffen. Darüber hinaus haben schon seit geraumer Zeit nicht wenige Wirtschaftsforscher vor allem im Ausland gefordert, Deutschland müsse mehr für seine Binnennachfrage tun und – kurioserweise unter grober Missachtung von möglichen negativen Beschäftigungseffekten dieser Maßnahme – die Einführung eines flächendeckenden Mindestlohns vorgeschlagen.

- Die (vermeintliche) Einsicht in das Zusammenspiel von Ursache und Wirkung stellt im Grunde genommen die intellektuelle Unterfütterung aller wirtschaftspolitischen Empfehlungen dar. Dabei ist aus analytischer Sicht die größte Herausforderung, dass das Objekt des wirtschaftswissenschaftlichen Erkenntnisinteresses einen eigenen Willen besitzt: Ökonomen untersuchen die Entscheidungen und Handlungen von Menschen. Und diesen eigenen Willen können diese Studienobjekte glücklicherweise in einer freiheitlichen Gesellschaft auch ausleben, indem sie selbst großen Einfluss darauf nehmen, ihre Geschicke zu steuern, allen wirtschaftspolitischen Einfluss- und Steuerungsversuchen zum Trotz. Aus diesem Grunde ist in der Praxis häufig die Erkenntnis einer Korrelation nicht notwendigerweise mit dem Nachweis von Kausalität gleichzusetzen.

  Die Einsicht, wie mit diesem Problem in der (nicht-experimentellen) Wirtschaftsforschung umzugehen ist, stellt einen der größten Fortschritte der Ökonomik in den vergangenen Jahrzehnten dar. Der analytische „Goldstandard", wie man sich der Frage von Ursache und Wirkung am besten annähern kann, ist das kontrollierte Zufallsexperiment. Wenn dies, wie es bei wirtschaftspolitischen Fragestellungen meist der Fall ist, nicht durchgeführt werden kann, dann besteht die einzige Möglichkeit der empirischen Wirtschaftsforschung darin, die vorliegende nicht-experimentelle Situation so auszunutzen, dass man dem erwünschten, aber leider nicht durchführbaren Experiment durch das gewählte Studiendesign möglichst nahe kommt. Das kann, muss aber nicht zu im Hinblick auf ihre Aussagekraft befriedigenden Ergebnissen führen.

Ein unabhängiges wirtschaftspolitisches Beratungsgremium, das sich mit der Frage befasst, ob es ratsam sei, in Deutschland einen flächendeckenden Mindestlohn einzuführen, muss seine Überlegungen zu dessen möglichen Wirkungen auf die im vorhergehenden Abschnitt skizzierte empirische Evidenz stützen. Dem Standard der evidenzbasierten Politikberatung verpflichtet, hat der Sachverständigenrat die vorliegende Evidenz in seiner Diskussion der Angelegenheit in all ihrer Ambivalenz dargelegt. Nun zwingt der Standard der evidenzbasierten Politikberatung zwar zur Transparenz über die zur Ableitung der empirischen Belege verwendeten Methoden und Annahmen und zur Aufklärung über verbleibende Restunsicherheiten, allerdings keinesfalls zu einer Positionslosigkeit. Denn mit der Rolle eines „Ermöglichers", der vielleicht entscheidend dazu beitragen könnte, durch entsprechende Standpunkte und Argumentationsketten die Bevölkerung im Hinblick auf die diskutierte Maßnahme zu beruhigen, die Maßnahme selbst aber in ihrer Sinnhaftigkeit nicht mehr hinterfragt, ist die evidenzbasierte Politikberatung nicht vereinbar.

Deren Standards begründen somit auch die deutliche ablehnende Haltung des Sachverständigenrates gegenüber der Einführung eines flächendeckenden Mindestlohns: Gerade die erhebliche Unsicherheit über die zu erwartenden Folgen dieses Mindestlohns legen es aus Sicht des Sachverständigenrates nahe, von dieser Maßnahme abzuraten, denn es drohen im Zweifelsfalle erhebliche Arbeitsplatzverluste. Und diesen unerwünschten Nebenwirkungen des bislang nicht in dieser Form getesteten „Medikaments" stehen lediglich überschaubare mögliche positive Wirkungen auf die verfügbaren Einkommen und deren Ungleichheit gegenüber.

4 Die Mindestlohndebatte in der politischen Praxis

Die Schlussfolgerungen des Sachverständigenrates treffen auf ein vielstimmiges Geflecht von Äußerungen zum gleichen Thema, die allesamt mehr oder weniger überzeugend auf empirische Belege zurückgreifen. Nun bedeutet der Anspruch, eine dezidiert evidenzbasierte Politikberatung zu betreiben, sehr viel mehr als lediglich den Einsatz von Daten. Stattdessen ist die Unabhängigkeit von Partikularinteressen und die Offenlegung aller Berechnungen und Argumentationsketten die Essenz der evidenzbasierten Politikberatung. Denn dadurch kann völlig transparent werden, in welchem Ausmaß die angebotenen Schlussfolgerungen und

Ratschläge durch empirische Belege gestützt werden. Und nur auf diese Weise kann sie sich gegenüber einer Politikberatung abgrenzen, die lediglich vorgibt, evidenzbasiert zu sein.

In der Praxis der wirtschaftspolitischen Beratung besonders schwer zu enttarnen ist ein Vorgehen, bei dem Anbieter wirtschaftspolitischer Ratschläge wissenschaftliche Methoden nutzen, um einen bereits feststehenden oder gar vom Auftraggeber vorgegebenen Standpunkt zu untermauern und sich dabei den Anstrich der Wissenschaftlichkeit zu geben. Sie haben der „echten" evidenzbasierten Politikberatung im Hinblick auf ihre Wirkmächtigkeit in der öffentlichen und politischen Debatte vor allem eines voraus, die vermeintliche Sicherheit ihrer Schlussfolgerungen. Aber angesichts des bestenfalls unvollständigen Kenntnisstands über viele ökonomisch relevante Wirkungszusammenhänge sollten die politischen Entscheidungsträger wohl gerade denjenigen wirtschaftspolitischen Beratern am wenigsten trauen, die sich diesem Mangel an absoluten Gewissheiten und den Schwierigkeiten bei der Suche nach überzeugenden empirischen Belegen nicht offen stellen.

Denn ein klares Bekenntnis zu einer trotz aller Anstrengungen verbleibenden Unsicherheit bei den Schlussfolgerungen der empirischen Analyse hindert Wissenschaftler keineswegs daran, in der wirtschaftspolitischen Debatte eine klare Position zu beziehen. So lautet – wie oben dargelegt – die naheliegende Schlussfolgerung aus den bislang vorliegenden Studien, dass die Einführung eines flächendeckenden Mindestlohns mit hohen Risiken für die Arbeitnehmer verbunden und deshalb zu vermeiden ist. Aber eine „echte" evidenzbasierte Politikberatung ist sich nicht nur ihrer Grenzen bewusst und kommuniziert diese in transparenter Form. Sie findet im Ideal ihr Gegenstück bei politischen Entscheidungsträgern, die dieses Fehlen von absoluten Gewissheiten und die begrenzte Wirkmächtigkeit von Politik anerkennen. Aber wird im Sinne einer Evidenzbasierung die unsichere Welt anstelle absoluter Gewissheit als Rahmen für politisches Handeln akzeptiert, dann zieht dies unweigerlich auch hohe Anforderungen an die politischen Entscheidungsträger nach sich.

- Erstens müssen sie lernen damit zu leben, dass es bei wirtschaftspolitischen Fragestellungen nahezu immer eine gewisse Vielstimmigkeit der Analyse gibt. Je mehr die Nachfrager wirtschaftspolitischer Beratung von den konzeptionellen Herausforderungen verstünden, mit denen die empirische Wirtschaftsforschung konfrontiert ist, umso eher würde es ihnen gelingen, die Spreu vom Weizen der Beratungsangebote zu trennen – zumindest, wenn sie dies selbst auch wollten.
- Zweitens müssen sie einsehen, dass es gerade die „großen" Fragen sind, für die es nur wenig Präzedenzfälle gibt, so dass man für ihre Analyse bestenfalls plausible Analogieschlüsse heranziehen kann und die verbleibende Unsicherheit über die Schlussfolgerungen groß ist. Je umfassender die zu begründende Reform,

wie etwa die Einführung eines flächendeckenden Mindestlohns, umso mehr Sorgfalt muss die Politik auf die Diskussion der Grenzen von wissenschaftlicher Erkenntnis und eigener Wirkmächtigkeit legen.

- Drittens ist es erforderlich, dass sich die Politik zu ihrer eigenen begrenzten Wirkmächtigkeit bekennt. Die empirische Wirtschaftsforschung kann die politischen Entscheidungsträger nicht aus ihrer demokratisch legitimierten Verantwortung befreien. Das kann aber letztlich auch kein Berater, der als „Ermöglicher" größere Gewissheit nur vortäuschen kann. Vor allem sind Berater, die sich als Ermöglicher verstehen, bei der Suche nach der besten, verantwortungsbewussten Entscheidung keine Hilfe. Denn sie vermeiden ja gerade eine unabhängige Positionierung bei der Frage des „ob".

Die evidenzbasierte Politikberatung muss wohl oder übel damit leben, dass ihre wirtschaftspolitischen Ratschläge manchmal ungern gehört werden, weil sie dem Vortäuschen von ultimativen Gewissheiten entsagt. Doch kann sie nichts Besseres tun, als standhaft ihre fachliche und prozedurale Linie durchzuhalten und insbesondere immer darauf aufmerksam zu machen, wenn man keine apodiktische Aussage treffen kann. Zudem ist anzuerkennen: Ebenso, wie die Wissenschaft als Verfechter einer evidenzbasierten Politikberatung im politischen und öffentlichen Diskurs häufig einen schweren Stand hat, so geht es auch denjenigen Politikern, die das Richtige tun und den genannten Anforderungen, der Anerkennung von unsicherer Erkenntnis, von begrenzter Wirkungsmacht und von verbleibenden Risiken folgen, nicht viel anders.

Darüber hinaus ist es sicherlich keine leichte Aufgabe, gute wirtschaftspolitische Beratung zu würdigen und fachliche Qualität als solche trennscharf zu erkennen.[9] Denn was man vergleichsweise leicht messen kann, lässt sich auch leichter würdigen, beispielsweise Publikationen in einschlägigen Fachzeitschriften. Die evidenzbasierte Politikberatung entzieht sich jedoch zu einem gewissen Grad der quantitativen Messbarkeit, gerade deswegen, weil sie sich häufig durch die Transparenz über verbleibende Restunsicherheiten und ihre Demut gegenüber ihren Grenzen auszeichnet. Doch gibt es durchaus ein ernsthaftes Bemühen, gute wirtschaftspolitische Beratung auch als solche zu würdigen, um langfristig deren hohe fachliche Qualität sicherzustellen, etwa bei den regelmäßigen Evaluierungen der wirtschaftswissenschaftlichen Institute der Leibniz-Gemeinschaft.

Zudem hat sich in den vergangenen Jahren auf der Nachfrageseite durchaus ein aufkeimendes Verständnis für die Notwendigkeit ergeben, empirische Belege zu sammeln, um rationale wirtschaftspolitische Entscheidungen zu treffen. Es ent-

9 Meine persönliche Einschätzung der aktuellen Situation findet sich in Schmidt et al., 2013, als Beitrag eines „Zeitgesprächs" zum Thema „Entwickeln sich wirtschaftswissenschaftliche Forschung und Politikberatung auseinander?"

wickelt sich darüber hinaus sogar ein Verständnis für die Möglichkeiten und Grenzen einer wahrhaft evidenzbasierten empirischen Wirtschaftsforschung, insbesondere bei der Frage nach Ursachen und Wirkung. Schließlich hat sich auch mehr und mehr ein offener Dialog zwischen Ministerialbürokratie, Politik und Wissenschaft entwickelt. Die Nachfrageseite befindet sich also auf dem Weg, selbst den Qualitätssprüngen nachzueifern, die in den vergangenen Jahren auf der Angebotsseite zu verzeichnen waren. Der wichtigste Engpass liegt aber weder bei der Kompetenz von Politik und Verwaltung noch bei ihrer Bereitschaft, sich auf komplexe Botschaften einzulassen und verbleibende Unsicherheiten als Rahmenbedingungen des Handelns in einer unsicheren Welt anzuerkennen.

Vielmehr besteht ein riesiger Bedarf für eine bessere Aufklärung über ökonomische Zusammenhänge in der breiteren Bevölkerung: Wenn die Wähler keine evidenzbasierte Politik einfordern, weil sie sich mit einer apodiktisch vorgetragenen Politik zufrieden geben, dann werden Politik und Verwaltung gar nicht anders können, als künftig ebenfalls auf die Vorzüge einer evidenzbasierten Politik – unterstützt durch die entsprechende evidenzbasierte Politikberatung – weitgehend zu verzichten. Denn um politisch handeln zu können, muss man sich Mehrheiten sichern. Die einzufordernde Aufklärung betrifft allerdings nicht nur rein ökonomische Zusammenhänge, wie etwa die Rolle von Anreizen und das Prinzip der Opportunitätskosten. Aufklärungsbedarf besteht ebenfalls über die zentrale Rolle des Zufalls für wirtschaftlichen Erfolg und Misserfolg und über die Notwendigkeit, Politik in einer unsicheren Welt als Entdeckungsprozess zu verstehen, nicht als Durchführen eines deterministisch auf Erfolg ausgerichteten Plans.

5 Die empirische Wirtschaftsforschung als kritischen Begleiter bewahren

Die empirische Wirtschaftsforschung hat großes Potenzial, um in einer sehr komplexen Welt Ursachen und Wirkungen herauszuarbeiten und auf mögliche Nebenwirkungen hinzuweisen. Doch um dieses Ziel zu erreichen, sind eine Reihe von anspruchsvollen Anforderungen zu erfüllen. In erster Linie betrifft dies die empirische Wirtschaftsforschung selbst. Sie kann ihren Argumenten und Schlussfolgerungen trotz all der beschriebenen und unvermeidbaren Einschränkungen nur dann Gehör verschaffen, wen sie zwei grundlegende Anforderungen erfüllt: Unabhängigkeit und hohe fachliche Qualität. Die Unabhängigkeit der universitären und außeruniversitären Wirtschaftsforschung von Partikularinteressen ist ein hohes Gut, das die Organisation der wirtschaftspolitischen Beratung in unserem Land in besonderem Maße auszeichnet. Nicht umsonst lautet die korrekte Bezeichnung des Sachverständigenrates „Sachverständigenrat zur Begutachtung der gesamtwirtschaftlichen Entwicklung“, nicht „zur Beratung der Bundesregierung“.

Natürlich ist die rein institutionelle Unabhängigkeit nur eine notwendige, keine hinreichende Bedingung für tatsächliche Unabhängigkeit. Die Reputation, wirklich unabhängig zu sein, muss man sich durch seine Taten immer wieder neu erarbeiten.[10] Aber was nützte selbst eine hervorragend aufgestellte evidenzbasierte Politikberatung, wenn die Nachfrageseite für ihre Leistungen – und vor allem für ihre dabei gezeigte Zurückhaltung gegenüber dem Vortäuschen von vermeintlichen Gewissheiten – entweder kein Verständnis entwickelte oder diese Leistungen bewusst nicht abrufen wollte? Es reicht ja nicht zu wissen, was eigentlich gute, also evidenzbasierte wirtschaftspolitische Beratung ausmacht. Es muss für die Nachfrager in Politik und Verwaltung auch unausweichlich sein, ihr Gehör zu schenken. Es kann schlicht nicht ausreichen, wenn sich nur die Anbieter hohen Standards des intellektuellen Austausches verpflichtet sähen. Dies kann aber nur dadurch gesichert werden, dass der öffentliche Druck entsprechend wächst, die Verausgabung von öffentlichen Mitteln und das Stellen von regulierenden Weichen durch den Nachweis der angestrebten Wirkungen – durch entsprechende empirische Belege, die den Standards der evidenzbasierten Politikberatung tatsächlich genügen – zu rechtfertigen.

Dies bedeutet aber, dass insbesondere die Medien und letztlich auch der in der Zivilgesellschaft aktive mündige Bürger ohne ein gewisses Verständnis für die Herausforderungen der empirischen Wirtschaftsforschung und der evidenzbasierten Politikberatung ihre Kontrollfunktionen nur sehr eingeschränkt werden wahrnehmen können. Hier ist sicherlich noch viel zu tun. Um die notwendige Aufklärung voranzutreiben, stehen der evidenzbasierten Politik und der sie als Gegenstück begleitenden evidenzbasierten Politikberatung drei einander ergänzende Strategien zur Verfügung: Sie müssen (i) Koalitionen für das Vorantreiben der evidenzbasierten Politikberatung in Wissenschaft, Politik und Verwaltung schmieden, (ii) Mitstreiter für dieses Vorhaben in den Medien suchen und (iii) nicht zuletzt die Zivilgesellschaft zu ihrem eigenen Wohl für die evidenzbasierte Politikberatung mobilisieren. Nur so wird es möglich sein, deren Potenzial besser auszuschöpfen und damit die Basis für eine bessere Wirtschaftspolitik zu bereiten.

---

[10] Es ist offensichtlich, dass man sich mit klaren wirtschaftspolitischen Stellungnahmen, welche den inhaltlichen Positionen von starken Interessengruppen, Parteien oder Regierungen widersprechen, nicht unbedingt Freunde macht. Beispielhaft gilt dies etwa für den Vorschlag des Sachverständigenrates zu einem Schuldentilgungspakt im Jahresgutachten 2011 / 12 und die Kritik des Sachverständigenrates an den zu erwartenden Verabredungen des anstehenden Koalitionsvertrags der angestrebten schwarz-roten Bundesregierung im Jahresgutachten 2013 / 14.

Literaturverzeichnis

Abowd, John M., Francis Kramarz, Thomas Lemieux und David N. Margolis (2000): „Minimum wages and youth employment in France and the United States“, in: David G. Blanchflower und Richard B. Freeman (Hrsg.), *Youth employment and joblessness in advanced countries*, Chicago: University of Chicago Press, S. 427–472.

Bauer, Thomas K., Michael Fertig und Christoph M. Schmidt (2009): *Empirische Wirtschaftsforschung. Eine Einführung*, Heidelberg: Springer.

Bauer, Thomas K., Jochen Kluve, Sandra Schaffner und Christoph M. Schmidt (2009): „Fiscal Effects of Minimum Wages: An Analysis for Germany“, *German Economic Review*, Jg. 10, H. 2, S. 224–242.

Belman, Dale und Paul Wolfson (2013): *Does employment respond to the minimum wage? A meta-analysis of recent studies from the new minimum wage research*, The Upjohn Institute.

Brenke, Karl und Kai-Uwe Müller (2013): „Gesetzlicher Mindestlohn – Kein verteilungspolitisches Allheilmittel“, *DIW Wochenbericht* Jg. 80, H. 39, S. 3–17.

Card, David und Alan B. Krueger (1997): *Myth and measurement: The new economics of the minimum wage*, Princeton: Princeton University Press.

Doucouliagos, Hristos und T. D. Stanley (2009): „Publication selection bias in minimum-wage research? A meta-regression analysis“, *British Journal of Industrial Relations*, Jg. 47, H. 2, S. 406–428.

Dube, Arindrajit, T. William Lester und Michael Reich (2010): „Minimum wage effects across state borders: Estimates using contiguous counties“, *Review of Economics and Statistics*, Jg. 92, H. 4, S. 945–964.

Fitzenberger, Bernd und Reinhard Hujer (2002): „Stand und Perspektiven der Evaluation der Aktiven Arbeitsmarktpolitik in Deutschland“, *Perspektiven der Wirtschaftspolitik*, Jg. 3, H. 2, S. 139–158.

Kluve, Jochen (2013): *Mindestlohn von 8,50 Euro: Ein zu hoher Einstieg*, RWI-Position Nr. 53, Essen.

Lechner, Michael (2002): „Eine wirkungsorientierte aktive Arbeitsmarktpolitik in Deutschland und der Schweiz: Eine Vision – zwei Realitäten“, *Perspektiven der Wirtschaftspolitik* Jg. 3, H. 2, S. 159–174.

Machin, Stephen, Alan Manning und Lupin Rahman (2003): „Where the minimum wage bites hard: Introduction of minimum wages to a low wage sector“, *Journal of the European Economic Association*, Jg. 1, H. 1, S. 154–180.

Manning, Alan (2012): *Minimum wage, maximum impact*, London: Resolution Foundation.

Manski, Charles F. (1995): *Identification Problems in the Social Sciences*, Cambridge, Mass.: Harvard University Press.

Manski, Charles F. (2013): *Public Policy in an Uncertain World: Analysis and Decisions*, Cambridge, Mass.: Harvard University Press.

Möller, Joachim (2012): „Minimum wages in German industries: What does the evidence tell us so far?“, *Journal for Labour Market Research*, Jg. 45, H. 3/4, S. 187–199.

Möller, Joachim und Marion König (2008): „Mindestlohneffekte des Entsendegesetzes?: Eine Mikrodatenanalyse für die deutsche Bauwirtschaft“, *Journal for Labour Market Research*, Jg. 41, H. 2/3, S. 327–346.

Müller, Kai-Uwe und Viktor Steiner (2013): *Distributional effects of a minimum wage in a welfare state – The case of Germany*, Diskussionspapier, Freie Universität Berlin.

Neumark, David und William L. Wascher (2006): „Minimum wages and employment", *Foundations and Trends in Microeconomics*, Jg. 3, H. 1/2, S. 1–182.

Neumark, David und William L. Wascher (2010): *Minimum wages*, Cambridge, Mass.: MIT Press.

Neumark, David, J. M. Ian Salas und William L. Wascher (2013): „Revisiting the minimum wage-employment debate: Throwing out the baby with the bathwater?", *IZA Discussion Paper* No. 7166, Bonn.

Paloyo, Alfredo, Sandra Schaffner und Christoph M. Schmidt (2013): „Special Issue on the Economic Effects of Minimum Wages in Germany: Editorial", *German Economic Review*, Jg. 14, H. 3, S. 255–257.

Sachverständigenrat zur Begutachtung der gesamtwirtschaftlichen Entwicklung (2013): *Gegen eine rückwärtsgewandte Wirtschaftspolitik. Jahresgutachten 2013/14*, Wiesbaden.

Schmidt, Christoph M. (1999): „Knowing what works: The case for rigorous program evaluation", *IZA Discussion Paper* No. 77, Bonn.

Schmidt, Christoph M. (2007): „Policy Evaluation and Economic Policy Advice", *Advances in Statistical Analysis*, Jg. 91, H. 4, S. 379–389.

Schmidt, Christoph M. (2009): „Wirtschaftswissenschaft und Politikberatung in Deutschland – Bedeutung, Möglichkeiten und Grenzen der Kausalanalyse", in: Ansgar Belke, Hans-Helmut Kotz, Stephan Paul und Christoph M. Schmidt (Hrsg.), *Wirtschaftspolitik im Zeichen europäischer Integration: Festschrift für Wim Kösters*, RWI Schriften 83, Berlin: Duncker&Humblodt, S. 21–38.

Schmidt, Christoph M. (2013): *Politikberatung und Evaluationskultur in Deutschland*, Vortrag bei der Berlin-Brandenburgischen Akademie der Wissenschaften und der Leibniz-Gemeinschaft in der gemeinsamen Vorlesungsreihe „Wissenschaftliche Politikberatung".

Schmidt, Christoph M., Nils aus dem Moore und Michael Themann (2013): „Mission Impossible? Zur Verbindung von Politikberatung und ‚Spitzenforschung'", *Wirtschaftsdienst*, Jg. 93, H. 8, S. 511–515.

Schmitt, John (2013): *Why does the minimum wage have no discernible effect on employment?*, Center for Economic and Policy Research, Washington, DC.

Wissenschaftlicher Beirat beim BMWi (2013): *Evaluierung wirtschaftspolitischer Fördermaßnahmen als Element einer evidenzbasierten Wirtschaftspolitik*, Gutachten des Wissenschaftlichen Beirats beim Bundesministerium für Wirtschaft und Technologie, Berlin.

Zur Einführung der Bürgerprivatversicherung in das deutsche Krankenversicherungssystem: Mögliche Handlungsoptionen[1]

Christine Arentz und Achim Wambach

1 Ausgangslage: Probleme des deutschen Krankenversicherungssystems

Das deutsche Krankenversicherungssystem steht unter permanenten Reformdruck. Seit Jahrzehnten wurden in fast jeder Legislaturperiode Reformen durchgeführt, ohne jedoch die zugrundeliegenden Probleme nachhaltig zu lösen. Auf Seiten der gesetzlichen Krankenversicherung (GKV) ist dies zum einen die langfristige Sicherstellung der Finanzierbarkeit von Krankenversicherungsleistungen. Durch die demografischen Umwälzungen in der Gesellschaft wird es in naher Zukunft angesichts der abnehmenden Gruppe von Beitragszahlern und einer wachsenden Anzahl an Leistungsempfängern entweder zu starken Beitragssatzerhöhungen oder entsprechend hohen Leistungskürzungen kommen müssen.

Neben den demografischen Problemen ist seit langem die unsystematische Umverteilung in der GKV Gegenstand kontroverser Debatten. Einigkeit herrscht nur dahingehend, dass eine Umverteilung, die nur am Lohn bzw. dem Renteneinkommen orientiert ist, nicht zielführend sein kann. Die Auffassungen über eine mögliche Verbesserung der Umverteilungsströme gehen weit auseinander. Verfechter einer Bürgerversicherung möchten die Umverteilung innerhalb des Systems belassen, aber die Beitragsbemessungsgrundlage um weitere Einkommensarten erweitern. Verfechter von Modellen mit einkommensunabhängigen Gesundheits-

---

[1] In den letzten Jahren hat Johann Eekhoff auf kaum einem Gebiet so intensiv geforscht und so viel geleistet wie auf dem der optimalen Bereitstellung von Krankenversicherung (Vgl. u. a. Eekhoff/Arentz, 2013; Arentz et al., 2012; Eekhoff et al., 2008; Eekhoff, 2007; Eekhoff, 2006; Eekhoff, 2005). Wurden seine Vorschläge zum Ausweis von risikobasierten Altersrückstellungen in der privaten Krankenversicherung (PKV) anfangs noch sehr kritisch gesehen oder sogar belächelt, haben diese Ideen mittlerweile eine breite Gefolgschaft gefunden. Mit dem am Institut für Wirtschaftspolitik entwickelten Konzept der Bürgerprivatversicherung sind Eekhoffs Überlegungen Bestandteil der politischen Diskussion zur Weiterentwicklung der gesetzlichen und privaten Krankenversicherung geworden. In diesem Beitrag rekapitulieren wir die Hintergründe dieses Konzepts und machen Vorschläge, wie die Bürgerprivatversicherung mittelfristig in Deutschland umzusetzen ist.

prämien gehen davon aus, dass eine Umverteilung zielgerichteter im Steuer-Transfer-System zu leisten ist, also nicht über einen Eingriff in das Preissystem, sondern außerhalb des Marktes vorgenommen werden sollte.[2]

Die lohn- bzw. rentenbezogenen Beiträge führen neben den unsystematischen Umverteilungsströmen auch zu Wettbewerbsproblemen in der gesetzlichen Krankenversicherung. Wenn die Beiträge keine Korrelation zum Risiko eines Versicherten aufweisen, besteht für die Krankenversicherungen der Anreiz, gute Risiken zu attrahieren und schlechte Risiken, deren erwartete Ausgaben über den erwarteten Einnahmen liegen, zu vermeiden. Gute Risiken wären in der GKV junge, gesunde und gut verdienende Versicherte, während alte, kranke und weniger gut situierte Versicherte ein hohes Kostenrisiko für die Krankenkassen darstellen würden. Um diese Risikoselektionsanreize zu unterbinden, gibt es den Risikostrukturausgleich, der seit 2009 neben Alter, Geschlecht und Erwerbsminderungsstatus auch 80 Krankheiten bei den Ausgleichzahlungen an die Kassen berücksichtigt. Neben dem Problem, dass ein solcher zentraler Risikostrukturausgleich nicht in der Lage ist, die unterschiedlichen Kosteneinschätzungen der Kassen in den ausgezahlten Beiträgen widerzuspiegeln und daher Anreize zu Risikoselektion auch konzeptionell nicht zu vermeiden vermag[3], bewirkt ein Risikostrukturausgleich, dass die Kassen auch kein finanzielles Interesse an einer auf die langfristigen Bedürfnisse der Versicherten ausgerichteten Versorgung haben. Grund dafür ist, dass der Ausgleich durch den Risikostrukturausgleich periodisch erfolgt, so dass die zusätzlichen Ausgaben durch eine Verschlechterung des Gesundheitszustands eines Versicherten zumindest in den Folgejahren ausgeglichen werden. Aus seiner Systematik heraus ist der Risikostrukturausgleich präventionsfeindlich, da die Kassen die Kosten für Präventionsmaßnahmen selbst übernehmen müssen, bei erfolgreichen Programmen und damit einer Umklassifizierung der Versicherten aber ggf. weniger aus dem Risikostrukturausgleich erhalten.

All diese Probleme sind angesichts der guten Finanzlage der GKV momentan nicht im Fokus der Öffentlichkeit. Die PKV steht hingegen seit längerem in der Kritik. Gründe hierfür sind unter anderem wiederholte Prämiensteigerungen bei vielen Versicherern und lückenhafte Leistungskataloge, die dazu führen, dass Versicherte nur über eine beschränkte Leistungsabsicherung verfügen, die teilweise erheblich unterhalb des GKV Niveaus liegt.[4]

---

2 Vgl. Zweifel, 2013.

3 So stellt das Bundesversicherungsamt in seinem aktuellen Tätigkeitsbericht fest, dass Krankenkassen weiterhin aktiv Risikoselektion betreiben. Bundesversicherungsamt, 2013.

4 Vgl. Drabinski / Gorr, 2012.

Von der Konstruktion her bieten die privaten Krankenversicherer mit ihrem Grundsatz der risikoäquivalenten Bepreisung von Gesundheitsrisiken und der Bildung von Altersrückstellungen die Voraussetzungen für einen effizienten Wettbewerb und eine nachhaltige Versorgung der Versicherten. Allerdings hat das heutige System den entscheidenden Nachteil, dass die gebildeten Altersrückstellungen bei einem Versicherungswechsel nicht bzw. nur im Umfang des Basistarifs mitgegeben werden. Zudem sind sie am Durchschnitt der Versicherten einer Versichertenkohorte orientiert. Dies führt dazu, dass ein Wechsel nach einigen Jahren nur unter Inkaufnahme hoher finanzieller Nachteile möglich ist. Zum einen müssen die Versicherten beim neuen Versicherer die Altersrückstellungen neu aufbauen, zum anderen erfolgt eine erneute Risikoprüfung, so dass sich eventuelle Vorerkrankungen auf die Prämie auswirken. In der Folge lohnt sich ein Wechsel nur für gute Risiken, d.h. Personen mit einem überdurchschnittlich guten Gesundheitszustand. Durch die Übertragung durchschnittlicher Altersrückstellungen des Basistarifs wird zudem das abgebende Kollektiv geschädigt, wenn gute Risiken Altersrückstellungen erhalten, die im Vergleich zu ihrem Risiko zu hoch sind. In der Folge fehlen diese Altersrückstellungen für den Versicherungsausgleich im abgebenden Kollektiv.

Im Ergebnis hat auch das System der privaten Krankenversicherung Probleme, eine qualitativ hohe und preisgünstige Versorgung für alle Versicherten, unabhängig von ihrem Risikostatus, zu gewährleisten. Wettbewerb findet bisher ausschließlich im Neukundengeschäft statt, im Bestandskundensegment ist eine gute Behandlung insbesondere von hohen Risiken keineswegs immer eine lohnenswerte Strategie. Im Gegenteil, wenn diese Versicherten die Versicherung verlassen, ziehen die Versicherungen einen Vorteil daraus, weil diese Versicherten den Großteil ihrer Altersrückstellungen zurücklassen müssen.[5]

Neben den Problemen innerhalb der beiden Versicherungssysteme ergeben sich auch Probleme an der Schnittstelle der beiden Bereiche: Die private Krankenversicherung ist aufgrund der Risikoprüfung vornehmlich für junge und gesunde Versicherte attraktiv. Zudem können aus der gesetzlichen Krankenversicherung nur gut verdienende Versicherte ausscheiden. Die GKV verliert durch diese Wechsel also vor allem gute Risiken, also Versicherte, die wenig Ausgaben verursachen und gleichzeitig hohe Einnahmen generieren. Zudem agieren die beiden Teilbereiche unter unterschiedlichen Rahmenbedingungen, was zu Wettbewerbsverzerrungen beispielsweise im Bereich der Wahltarife führt.

---

5 Für Versicherte, die vor 2009 einen Vertrag mit einer privaten Krankenversicherung abgeschlossen haben, gilt, dass bei einem Wechsel zu einer anderen Versicherung keinerlei Altersrückstellungen übertragen werden.

2 Bürgerprivatversicherung als Antwort auf die bestehenden Probleme

Das Reformkonzept der Bürgerprivatversicherung, das unter der Federführung von Johann Eekhoff am Institut für Wirtschaftspolitik entwickelt wurde, zeigt Lösungsmöglichkeiten für die bestehenden Probleme des deutschen Krankenversicherungssystems auf. Kernidee ist ein einheitliches Krankenversicherungssystem für alle Bürger, das auf privaten Unternehmen basiert. Vorbild ist hier ausdrücklich nicht das heutige private Krankenversicherungssystem, sondern ein System, in dem jeder Versicherte unabhängig von seinem Krankheitskostenrisiko und ohne finanzielle Nachteile den Versicherer wechseln kann. Ziel ist ein Wettbewerb um alle Kunden, auch den Bestandskunden, und damit der Anreiz für die Versicherungen, auch langfristig gute Versorgungsprogramme anzubieten. Dieser Wettbewerb wird durch die Übertragung individueller Altersrückstellungen erreicht: hohe Risiken bekommen bei einem Wechsel hohe Altersrückstellungen mit, niedrige Risiken erhalten entsprechend weniger Altersrückstellungen. So werden auch hohe Risiken als Kunden für einen aufnehmenden Versicherer attraktiv. Das abgebende Kollektiv wird ebenfalls nicht geschädigt, denn der Wechsler erhält eine an sein Risiko angepasste Altersrückstellung: Der positive Ausgleichsbetrag, den gute Risiken für das Kollektiv liefern, bleibt bei Mitgabe einer nur unterdurchschnittlichen Altersrückstellung erhalten. Die Ausgaben für die überdurchschnittlichen Risiken hätte das Versicherungskollektiv auch bei einem Verbleib des Versicherten aufbringen müssen, durch die Mitgabe der erwarteten zukünftigen Kosten in Form der individuellen Altersrückstellung entsteht den verbleibenden Versicherten also kein Nachteil. Durch die Übertragung der individuellen Altersrückstellung wird somit erreicht, dass jeder Versicherte wechseln kann, Risikoselektionsanreize effektiv unterbunden werden, das langfristige Krankheitskostenrisiko abgedeckt und ein Versorgungswettbewerb entfacht wird, der nicht zuletzt vor allem den hohen Risiken dient.

Im System der Bürgerprivatversicherung sind alle Bürger Deutschlands unabhängig von ihrem Einkommen oder beruflichen Status im Umfang des gesetzlich festzulegenden Mindestleistungskataloges pflichtversichert. Wer die Krankenversicherungsprämie finanziell selbst nicht tragen kann, wird über das Steuer-Transfer-System von der Gesellschaft unterstützt. Dadurch erfolgt eine Trennung der Krankenversicherungsleistungen von der Einkommensumverteilung, um die heutigen unsystematischen Umverteilungswirkungen der GKV zu vermeiden und die Voraussetzungen für einen effizienten Wettbewerb innerhalb des Krankenversicherungssystems zu gewährleisten.

Den Krankenversicherungen wird Vertragsfreiheit eingeräumt, d.h. sie können selbst entscheiden, welche Leistungserbringer sie zu welchen Konditionen unter Vertrag nehmen. Dadurch soll auch auf der Leistungsseite ein Wettbewerb um die besten Versorgungs- und Vergütungsmodelle entfacht werden. Es steht den Versicherungen auch frei, selbst Arztpraxen oder Krankenhäuser zu betreiben. Die Versicherungen müssen lediglich nachweisen, dass sie über ein ausreichendes Versorgungsnetzwerk verfügen, um die Abdeckung des Mindestleistungskataloges für ihr Versichertenkollektiv zu gewährleisten.

Um dieses System zu implementieren, muss die gesetzliche Krankenversicherung auf ein kapitalgedecktes System umgestellt werden. In einem ersten Schritt würden die bisherigen Träger öffentlichen Rechts auf private Rechtsform umgestellt, um einen einheitlichen Rechtsrahmen für alle Krankenversicherungen zu schaffen. Um einen effizienten Wettbewerb zu organisieren, fehlen in der gesetzlichen Krankenversicherung Altersrückstellungen. Dieser Bedarf an Altersrückstellungen entspricht der impliziten Schuld, die im Umlageverfahren aufgebaut wurde und aus Vertrauensschutzgründen auch bei einer Umstellung des Systems getragen werden müsste.[6] Ein Umstieg vom Umlageverfahren zum kapitalgedeckten Verfahren ist grundsätzlich ohne eine Doppelbelastung der aktuell Erwerbstätigen möglich,[7] wenn die implizite Schuld nicht abgetragen, sondern lediglich in eine explizite Schuld umgewandelt wird.[8]

In einem ersten Vorschlag zur Umstellung der GKV war vorgesehen, die nötigen Mittel für die Altersrückstellungen über ein Sondervermögen des Bundes zur Verfügung zu stellen.[9] Die benötigten Mittel werden in einem Auktionsverfahren ermittelt, bei dem die Krankenkassen angeben müssen, wie viele Altersrückstellungen sie bei einer festgelegten Prämie für die einzelnen Versicherten benötigen.[10]

---

6 Hier sei nochmal betont, dass das Kapital aus Wettbewerbsgründen benötigt wird und nicht aus vermeintlichen Renditevorteilen des Kapitaldeckungsverfahrens gegenüber dem Umlageverfahren angestrebt wird. Werden die Krankenkassen schuldenfinanziert mit Rückstellungen ausgestattet, bleibt es bei einem Umlageverfahren, da die Schuldenlast durch die Steuerzahler getragen werden muss. Die vorhandenen Belastungen aus dem Umlageverfahren bleiben also bestehen.

7 Vgl. Eekhoff, 2006; Deutsche Bundesbank, 1999.

8 Vgl. Eekhoff et al., 2008. Selbst wenn die implizite Schuld bei dieser Umstellungsvariante nicht abgebaut wird, können die Versicherten Vorteile aus dem Übergang auf die Bürgerprivatversicherung erzielen: Zum einen wird eine Ausweitung der impliziten Schuld gestoppt. Zum anderen ist eine Besserstellung aller Generationen aufgrund der Effizienzgewinne zu erwarten, die durch den effizienten Preis- und Leistungswettbewerb zwischen den Krankenversicherungen entstehen.

9 Vgl. Eekhoff et al., 2008. Eine Weiterentwicklung des Umstellungsszenarios findet sich bei Arentz et al., 2009 und Arentz et al., 2012.

10 Die niedrigste von einer Krankenversicherung erhobene Forderung wird dann aus dem Sondervermögen finanziert. Versicherte können zur festgelegten Prämie bei dieser Versicherung einen Vertrag abschließen. Es ist ihnen aber auch unbenommen, zu einer anderen Versicherung zu wechseln, etwaige Prämienzuschläge müssen dann vom Versicherten getragen werden. Vgl. Eekhoff et al., 2008, S. 150.

Alle Versicherten der GKV zahlen also bei einem Umstieg unabhängig von ihrem Alter und Risiko eine Pauschalprämie.[11]

Legt man die heutigen Altersrückstellungen der PKV (155 Mrd. bei 9 Mio. Versicherten Euro)[12] zugrunde und rechnet sie auf den GKV-Bestand (69,9 Mio. Versicherte)[13] hoch, so errechnet sich ein Betrag von etwa 1,2 Billionen Euro, der notwendig wäre, um das GKV System vollständig auf ein System mit Altersrückstellungen umzustellen. Vor allem aufgrund dieser vermeintlichen Umstellungskosten eines Wechsels vom Umlage- zum Kapitaldeckungsverfahren ist eine solche vollständige Umstellung politisch unwahrscheinlich, obwohl die Bezeichnung „Umstellungskosten" irreführend ist. Die finanziellen Belastungen für die Gesellschaft entstehen nicht durch den Umstieg auf Kapitaldeckung, sondern sind bereits heute im Umlageverfahren angelegt und müssten auch im Fall der Beibehaltung des heutigen Systems getragen werden. Die Höhe der Belastung wird durch die Umstellung lediglich transparent.

Da eine sofortige Umstellung auf das System der Bürgerprivatversicherung angesichts der erforderlichen finanziellen Mittel trotzdem keine politische Option darstellen dürfte, müssen andere Umstellungsalternativen auf ihre Eignung überprüft werden. Diese Reformalternativen sollten zumindest perspektivisch die Ausdehnung des privaten Krankenversicherungsmarkts beinhalten bzw. die Voraussetzungen dafür bieten.

Eine Voraussetzung für die Ausdehnung des privaten Bereichs ist aber die Einführung der Übertragung individueller risikogerechter Altersrückstellungen für alle Neu- und Bestandsversicherten der privaten Krankenversicherung. Nur so lässt sich ein Wettbewerb im privaten Teil etablieren, der über die Anwerbung von Neukunden hinausgeht. Ziel ist ein effizienter Versorgungswettbewerb für alle Versicherten unabhängig von deren Risiko.

Es existieren bereits heute ausgefeilte Konzepte, die zeigen, dass eine Einführung individueller Altersrückstellungen auch im derzeitigen Regelwerk der privaten Krankenversicherung möglich ist.[14] Flankiert werden sollte die Übertragung individueller Altersrückstellung mit der Möglichkeit für private Krankenversicherer, selektiv Verträge mit Leistungserbringern zu schließen.

---

11 Aus Praktikabilitätsgründen bietet es sich an, das Auktionsverfahren nicht für einzelne Versicherte, sondern für Versichertengruppen durchzuführen. Zu den Details des Auktionsverfahrens siehe Zimmermann, 2007.

12 Vgl. Verband der privaten Krankenversicherungen, 2013, S. 22.

13 Vgl. GKV-Spitzenverband: http://www.gkv-spitzenverband.de/media/grafiken/gkv_kennzahlen/kennzahlen_gkv_2013_q2/GKV-Kennzahlen_MitgliederVersicherte_2013.jpg.

14 Siehe bspw. Zähle, 2010; Zähle / Zähle, 2013; Rosenbrock, 2012.

Auf dem Weg zu einer vollständigen Einführung der Bürgerprivatversicherung wären einheitliche Rahmenbedingungen für alle Akteure (Privatisierung der gesetzlichen Krankenkassen, einheitliche Bedingungen beim Angebot privater Tarife) anzustreben, um Wettbewerbsverzerrungen zu vermeiden. Auch sollte auf diesem Weg die unsystematischen Umverteilungswirkungen in der GKV durch die Entkopplung von Beiträgen und Löhnen beendet und eine zielgerechtere Umverteilung über das Steuer-Transfer-System erreicht werden. Diese Punkte sind aber in kurzer Frist nicht unabdingbar für die schrittweise Einführung der Bürgerprivatversicherung über die Ausdehnung des privaten Krankenversicherungsbereichs, sondern müssen erst mittelfristig erfüllt sein, wenn das gesamte System aus GKV und PKV auf das Reformkonzept umgestellt werden sollte.

3 Diskussion bestehender Reformvorschläge und ihrer Eignung für die Bürgerprivatversicherung

Die Einführung der Bürgerprivatversicherung in das heutige Krankenversicherungssystem kann entweder über den vermehrten Personenübertritt in den privaten – reformierten – Versicherungsbereich oder über die Ausgliederung von Leistungen aus dem gesetzlichen in den privaten Teil erfolgen. In der Literatur werden weitere Modelle diskutiert, unter anderem solche, die den Aufbau von Kapital für die demografische Komponente in der GKV vorsehen.[15] Die Kapitalreserve erstreckt sich bei diesen Modellen jedoch nur auf einen Teil der Kapitaldeckung, der zur Implementierung der Bürgerprivatversicherung notwendig ist. Diese Kapitalreserve könnte zwar bei einer Umstellung auf die Bürgerprivatversicherung genutzt werden, um die Krankenkassen mit Altersrückstellungen auszustatten. Allerdings ist die Umstellungsproblematik damit nur abgeschwächt. Zudem bieten diese Modelle keinen systemimmanenten Übergang zu einer Bürgerprivatversicherung, sondern belassen das GKV-System wie auch das PKV-System vom Umfang und der Finanzierungsform her beim heutigen Status quo. Deshalb werden diese Reformvarianten im Folgenden nicht berücksichtigt werden.

3.1 Einfrieren von Leistungen in oder Ausgliederung von Leistungen aus der GKV

Eine Möglichkeit, den privaten Anteil am deutschen Krankenversicherungssystem auszuweiten, bestünde darin, den GKV-Leistungskatalog auf dem heutigen Stand

[15] Vgl. bspw. Cassel / Oberdieck, 2002 für die gesetzliche Krankenversicherung oder Einfriermodelle, wie sie für die Pflegeversicherung u.a. von Gaßner / Schottky, 2006 und Häcker / Raffelhüschen, 2008 vorgeschlagen wurden.

einzufrieren und die Einführung neuer Leistungen über private Versicherungsverträge zu finanzieren.[16] Weitergehend könnten bereits bestehende Leistungsbereiche aus der GKV ausgegliedert und verpflichtend privat abgesichert werden.[17]

Um die Anforderungen der Bürgerprivatversicherung zu erfüllen, müssten für die im privaten Teil abgesicherten Leistungen risikoäquivalente Prämien mit entsprechenden Altersrückstellungen verbunden werden. Während sich die Prämienhöhe für Neugeborene nach den erwarteten Durchschnittskosten ihrer Kohorte richten würde und somit einer kohorteneinheitlichen Pauschale entspräche, würden sich die Prämien für alle bereits in der GKV Versicherten je nach Alter und Gesundheitszustand unterscheiden. Hohe Risiken, sei es aufgrund ihres Alters oder ihrer Vorerkrankungen, könnten daher durch risikoäquivalente Prämien finanziell überfordert werden. Im Falle einer Ausgliederung bereits bestehender Leistungen aus der GKV in ein kapitalgedecktes, privates Krankenversicherungssystem, müsste daher ein Vertrauensschutz gewährleistet werden, da die Versicherten im Vertrauen auf den Anspruch auf diese Leistungen keine alternativen Vorsorgemaßnahmen getroffen haben. In diesem Fall müsste eine politisch gesetzte Belastungsgrenze eingeführt werden und die Differenz zur risikoäquivalenten Prämie über das Steuer-Transfer-System ausgeglichen werden.

Bei der Einführung neuer Leistungen und deren verpflichtender Absicherung im privaten Krankenversicherungssystem gibt es dagegen gute Gründe, davon auszugehen, dass die neuen Leistungen nicht in den Bereich des Vertrauensschutzes fallen, da auch bereits heute schon nicht jede Innovation in den Leistungskatalog der GKV aufgenommen wird und die Versicherten daher nicht davon ausgehen konnten, dass zukünftig jede Leistung in der GKV finanziert wird. In diesem Fall gälte es allein eine finanzielle Überforderung durch hohe Prämien für hohe Risiken, im Sinne der Unterschreitung des sozialen Mindestsicherungsniveaus, zu vermeiden.[18]

Das Modell hat grundsätzlich den Vorteil, dass keine willkürliche Grenze zwischen verschiedenen Versichertengruppen gezogen wird. Für neue Leistungen müssen alle Versicherten Eigenvorsorge im privaten kapitalgedeckten Versicherungssystem treffen, so dass Einführungsgewinne, die durch die Aufnahme neuer Leistungen in ein Umlageverfahren insbesondere für ältere Generationen entstehen, vermieden werden.

---

16 Diese Vorgehensweise wurde für die Pflegeversicherung von Arentz et al., 2011a, S. 47 diskutiert.

17 Wambach, 2003 diskutiert die Möglichkeit, den Basiskatalog der GKV über den Ausbau von privaten Zusatzversicherungen zu definieren. Der Abschluss dieser privaten Zusatzversicherungen ist in diesem Vorschlag allerdings optional.

18 Alternativ wäre die Einführung einer Maximalprämie denkbar, um zu vermeiden, dass hohe Risiken allein aufgrund ihrer Prämienzahlungen auf Sozialleistungen angewiesen sind. Vgl. Arentz et al., 2011b, S. 30.

Der Vorteil einer Ausgliederung von Leistungen aus der GKV liegt vor allem im dann möglichen Leistungswettbewerb zwischen den Versicherern für diese Leistungen. Sie müssten mit maßgeschneiderten Versorgungskonzepten für die ausgegliederten Leistungen um Kunden werben. Problematisch könnte sich hingegen die genaue Abgrenzung der Leistungen gegenüber dem Leistungskatalog in der GKV erweisen, da die Leistungen, auf die dort Anspruch besteht, derzeit nur sehr allgemein beschrieben sind.[19] Zudem kann die institutionelle und finanzielle Trennung der Versicherungen Verzerrungen mit sich bringen, wenn sich die Versicherungsleistungen der unterschiedlichen Leistungsbereiche gegenseitig beeinflussen und somit Schnittstellenprobleme zwischen dem privaten und dem gesetzlichen Krankenversicherungsteil auftreten können. So könnten die Versicherungen von den Versorgungsleistungen im jeweils anderen Versicherungszweig profitieren, ohne dass die Kosten für die Versorgungsleistungen von beiden getragen werden müssen.

Bewertung des Modells im Hinblick auf die Einführung der Bürgerprivatversicherung

Die Ausgliederung von bestehenden Leistungsbereichen und / oder neuen Leistungen in einen privaten Krankenversicherungsteil ist grundsätzlich geeignet für den Übergang zur Bürgerprivatversicherung, wenn der private Teil mit übertragbaren Altersrückstellungen die Grundvoraussetzung für einen effizienten Leistungswettbewerb bietet. Die Schnelligkeit des Übergangs zur Bürgerprivatversicherung hängt vom Ausmaß der Leistungsausgliederung ab. Werden nur zukünftige Leistungsausdehnungen über das private Krankenversicherungssystem finanziert, bleibt das Umlageverfahren mit seinen Problemen längerfristig bestehen und der Versorgungswettbewerb erstreckt sich zunächst nur auf einen kleinen Teil der Leistungen. Die Schnittstellenproblematik zwischen den Versicherungssystemen stellt zudem ein nicht zu vernachlässigendes Problem dar.

3.2 Reformkonzepte, die einen Übertritt von Personenkreisen in die private Krankenversicherung vorsehen

Einen möglicherweise schnelleren Übergang zur Bürgerprivatversicherung bieten Reformmodelle, die den Austritt bestimmter Personengruppen aus dem Umlageverfahren anstreben.

---

19 Dies wird sich allerdings in Zukunft ändern, da die europäischen Staaten durch die Richtlinie 2011 / 24 / EU dazu verpflichtet worden sind, Auskunft über Umfang und Qualität der Gesundheitsdienstleistungen zu geben, auf die im jeweiligen Land Anspruch bestehen.

3.2.1 Modelle mit verpflichtendem Übertritt in das private System (Auslaufmodelle)

Die sogenannten Auslaufmodelle, die sowohl für den Krankenversicherungsbereich[20] als auch für den Bereich der Pflegeversicherung[21] als mögliche Reformoption vorgeschlagen wurden, sehen ein perspektivisches Auslaufen des Umlageverfahrens vor, indem bestimmte Alterskohorten aus dem Umlageverfahren verpflichtend ausscheiden und in ein kapitalgedecktes System überwechseln. Die Altersgrenze wird je nach Modell unterschiedlich gesetzt. Die Geschwindigkeit des Übergangs zu einem vollständig kapitalgedeckten Modell hängt bei dieser Reformoption davon ab, wie viele Alterskohorten bei einer Umstellung sofort in das Kapitaldeckungsverfahren übertreten müssen. Damit dieses Reformmodell die perspektivische Einführung der Bürgerprivatversicherung gewährleistet, muss sichergestellt werden, dass der kapitalgedeckte Teil den Grundcharakteristika der Bürgerprivatversicherung entspricht, d.h. dass ein effizienter Wettbewerb um alle Versicherten durch die Übertragung individueller Altersrückstellungen gewährleistet ist.

Durch den verpflichtenden Austritt der jüngeren Alterskohorten entsteht im verbleibenden Umlageteil ein Defizit: Zwar verliert die gesetzliche Krankenversicherung im Vergleich zum heutigen System nicht systematisch nur gute Risiken an den privaten Krankenversicherungsteil, da das Übertrittskriterium das Alter ist, unabhängig vom Risiko der Versicherten. Folglich werden auch hohe Risiken in den kapitalgedeckten Teil übertreten. Da aber vorwiegend junge Kohorten ausscheiden, die im Durchschnitt positive Deckungsbeiträge im Umlageverfahren leisten, fehlen diese Mittel, um die verbleibenden älteren Kohorten zu finanzieren, so dass Beitragssatzsteigerungen für die verbleibenden Kohorten unumgänglich wären. Aber auch für die übertretenden Versicherten können, abhängig von ihrem Krankheitsrisiko, erhebliche Belastungssprünge auftreten. Die Verteilungswirkungen des Auslaufmodells hängen somit davon ab, ob und in welcher Form Vertrauensschutz für die beiden Versicherungskollektive gewährt wird.

Vertrauensschutz für die Versicherten im privaten, kapitalgedeckten Teil

Ohne weitere flankierende Maßnahmen und unter Beibehaltung des Grundsatzes der risikoäquivalenten Kalkulation führt der zwingende Übertritt in das private System dazu, dass Individuen mit Vorerkrankungen, sowie – unabhängig von deren Risiko – ältere Kohorten mit hohen Prämien konfrontiert würden. Wenn im Umlageverfahren Vertrauensschutz in dem Sinne gewährt wird, dass weiterhin der gleiche Beitrag wie im Status quo gezahlt werden muss, würde dies zu einer Ungleichbehandlung der in das private System übergetretenen hohen Risiken im

[20] Henke, 2002; Hof, 2001.

[21] Vgl. bspw. Sachverständigenrat zur Begutachtung der gesamtwirtschaftlichen Entwicklung, 2004 oder Häcker / Raffelhüschen, 2004.

Vergleich zu den Kohorten führen, die im Umlageverfahren bleiben.[22] Um diese willkürlich höhere Belastung bestimmter Kohorten bzw. Individuen allein nach dem Kriterium Alter zu vermeiden, müssten ergänzende Regelungen getroffen werden, wie auch den aus dem Umlageverfahren ausscheidenden Personen Vertrauensschutz in bestimmten Umfang gewährt werden kann.

Eine Möglichkeit besteht darin, die Individuen im kapitalgedeckten Teil gegenüber dem Status quo in der GKV finanziell gleichzustellen. In diesem Fall müssten die Individuen zwar risikoäquivalente Prämien an ihren Krankenversicherer entrichten, würden aber die Differenz zu ihrem bisherigen GKV-Beitrag als steuerfinanzierten Ausgleich erhalten. Der Vertrauensschutz würde in diesem Szenario einkommensbasiert erfolgen. Eine Finanzierung über das Steuer-Transfer-System erfolgte zwar nach Leistungsfähigkeit, enthielte jedoch weiterhin einen Teil der unsystematischen Verteilungswirkungen der GKV. Denn die Zuwendung von gesellschaftlicher Unterstützung würde sich weiterhin nicht an den im Steuer-Transfer-System ansonsten geltenden sozialrechtlichen Normen orientieren, sondern das Lohneinkommen als Bedürftigkeitskriterium heranziehen und damit sämtliche andere Einkommensarten vernachlässigen. Alternativ könnte ein weiterer Einkommensbegriff gewählt werden, um die unsystematische alleinige Kopplung an das Lohneinkommen aufzuheben.[23]

Alternativ könnte den Versicherten, die in den kapitalgedeckten Teil überwechseln, garantiert werden, dass sie keine überdurchschnittliche Prämienbelastung aufgrund ihres Risikos tragen müssen, so dass der Vertrauensschutz risikobasiert erfolgt. Dies würde implizieren, dass ausscheidende Individuen keine höhere Prämie als das durchschnittliche Kohortenrisiko der jeweiligen Alterskohorte tragen müssen. [24] In diesem Fall würde der Ausgleich nicht auf den GKV-Beitrag von

[22] Dies ist nicht zwingend, es könnte auch eine stärkere Belastung der im Umlageverfahren verbleibenden Personen angestrebt werden, etwa durch Alterskohortenabhängige Pauschalen. In diesem Fall würden die älteren Kohorten stärker zur Finanzierung der GKV-Leistungen herangezogen und würden einen Teil der Einführungsgewinne verlieren. Trotzdem bliebe es durch die risikoäquivalente Berechnung der Prämien im privaten Krankenversicherungsteil dabei, dass hohe Risiken gegenüber gleichen Risiken im GKV-Modell benachteiligt werden.

[23] Henke et al., 2002 legen als Überforderungsgrenze 15 Prozent des individuellen Jahresbruttoeinkommens fest. Damit würden auch andere Einkommensarten in die Beurteilung der finanziellen Überforderung einfließen und die unsystematische alleinige Betrachtung des Lohneinkommens als Bedürftigkeitskriterium in der GKV aufgehoben.

[24] Will man die Unterschiede zwischen guten und schlechten Risiken vollständig ausgleichen, müsste den guten Risiken der Vorteil aus ihrer niedrigeren Prämie wegbesteuert werden, um die schlechten Risiken entsprechend zu subventionieren. Dadurch würde der Versicherungsausgleich ex post erreicht, der normalerweise ex ante bei Vertragsabschluss ohne Kenntnis der Risiken erfolgt. Allerdings erscheint dieser Ausgleich administrativ derart aufwendig, dass diese Variante hier vernachlässigt wird.

15,5 Prozent des Lohneinkommens erfolgen, sondern auf die Durchschnittsprämie der jeweiligen Kohorte.[25]

Die praktische Umsetzung der Unterstützungsleistungen ist in beiden Fällen nicht trivial. Grundsätzlich könnte das Antragsverfahren auf gesellschaftliche Hilfen analog zum heutigen Verfahren für das Wohngeld gestaltet werden, bei dem Haushalte, deren Wohnkosten über einem bestimmten Anteil ihres Haushaltseinkommens liegen, Antrag auf staatliche Unterstützung stellen können. Auf Seiten der Behörde stellt sich beim Auslaufmodell allerdings die Frage, wie sie die vom Antragssteller geltend gemachte individuelle Prämie beurteilen soll, unabhängig davon, auf welche Größe sich der Vertrauensschutz bezieht. Um missbräuchlich hochgesetzte Prämien zu unterbinden, müsste die Behörde festlegen, welche Prämienhöhe angemessen ist. Daher müsste in einem ersten Schritt von Seiten des Gesetzgebers ein Mindestumfang von Versicherungsleistungen festgelegt werden, auf den jeder Versicherte Anspruch hat. In einem zweiten Schritt müsste die Behörde prüfen, welche Prämienhöhe des Antragsstellers dem am Markt üblichen Rahmen entsprechen würde. Hierzu sind aber neben dem Alter des Versicherten auch dessen Vorerkrankungen relevant, um für diesen Preise am Markt vergleichen zu können. Die Behörde könnte etwa die Prämie der preiswertesten Versicherung als Ausgleichsgrenze festlegen. Sollte die aktuell vom Antragssteller entrichtete Prämie über dieser Grenze liegen, muss der Antragssteller entscheiden, ob er die Mehrkosten seiner aktuellen Versicherungspolice selbst trägt oder die Versicherung wechselt.

Vertrauensschutz im Umlageverfahren

Die praktische Umsetzung des Vertrauensschutzes im verbleibenden Umlageverfahren erscheint kurzfristig relativ einfach. Geht man davon aus, dass der einheitliche Beitrag von 15,5 Prozent beim Umstieg erhalten bleiben soll, müsste ein mögliches Defizit über den Gesundheitsfonds ausgeglichen werden, in dem die Steuerleistungen in diesen Fonds fließen. Belastet werden die im Umlageverfahren verbleibenden Versicherten nur insofern, wie sie durch ihre Steuerzahlungen zur Finanzierung des Defizits beitragen. Da die Rentnergenerationen bisher kaum Steuern zahlen müssen, ist die Belastung für diese Kohorten jedoch gering. Für die Kohorten, die noch im Erwerbsleben stehen und Steuern entrichten, erfolgt eine Zusatzbelastung, allerdings streng nach Leistungsfähigkeit. Für die steuerzahlenden Individuen in der GKV ergibt sich aber eine stärkere Belastung im Vergleich zum heutigen Status quo.

25 Eine unterschiedliche Prämienbelastung je nach Alter würde bei dieser Vertrauensschutzvariante also verbleiben.

Eine Fixierung des Beitragssatzes für die gesamte Dauer des Umlageverfahrens ist jedoch keineswegs zwingend. Der allgemeine Beitragssatz wurde zwar 2009 eingefroren, den Versicherten wurde aber gleichzeitig die Einführung von Zusatzbeiträgen in Aussicht gestellt. Diese sollten sämtliche Kostensteigerungen, die nicht mehr über den allgemeinen Beitragssatz zu finanzieren sind, abdecken. Daher wäre dem Vertrauensschutz auch Rechnung getragen, wenn die Gesamtbelastung im GKV-Bereich im Zeitverlauf ansteigen würde. Die Kriterien zur Bestimmung der Höhe dieses Anstiegs unter Wahrung des Vertrauensschutzes sind allerdings unbestimmt.

Bewertung des Modells im Hinblick auf die Einführung der Bürgerprivatversicherung

Die Auslaufmodelle bieten einen relativ schnellen Übergang zu einem vollständig kapitalgedeckten System und damit gute Voraussetzung für die Einführung der Bürgerprivatversicherung. Ein großer Teil der bisher GKV-Versicherten könnte damit unmittelbar von einem Versorgungswettbewerb mit entsprechenden Effizienzvorteilen profitieren.

Allerdings bedingt der zwingende Übertritt in ein kapitalgedecktes, auf risikoäquivalenten Prämien basierendes System erhebliche Belastungssprünge für hohe Risiken. Die unterschiedliche Belastung von im Extremfall nur einen Tag trennende Altersgruppen ist schwer zu rechtfertigen. Deshalb benötigt dieses Reformmodell einen gewissen Vertrauensschutz für die in das kapitalgedeckte Verfahren übertretenden Kohorten bzw. Individuen, der mit einem nicht zu vernachlässigenden administrativem und finanziellem Aufwand verbunden ist. Die Gewährung von Vertrauensschutz im Umlageteil gestaltet sich zwar zunächst administrativ einfacher, impliziert aber die Aufdeckung eines Teils der impliziten Schuld des Systems. Dies könnte aus politischer Sicht von Nachteil sein, weil die Kosten für die von den Versicherten aufgelaufenen Ansprüche offengelegt werden, statt sie innerhalb des bestehenden Systems verschleiern zu können. Daher stehen die Auslaufmodelle vor ähnlichen politischen Herausforderungen wie die Bürgerprivatversicherung, wenn auch in abgeschwächter Form, da nicht das gesamte GKV-System umgestellt wird. Ein Nachteil dieser Auslaufmodelle ist zudem, dass sie die Zwangszuteilung zu einer Krankenversicherungsform beibehalten

3.2.2 Modelle mit optionalem Übertritt in das private System (Optionsmodelle)

Eine Zwangszuteilung zu unterschiedlichen Versicherungssystemen nach dem Kriterium Alter könnte dadurch vermieden werden, dass der Austritt aus dem Umlageverfahren und der Eintritt in ein privates kapitalgedecktes Verfahren mit Übertragung individueller Altersrückstellungen freiwillig erfolgt. Dies ist bei den sogenannten Optionsmodellen der Fall, die eine Absenkung bzw. eine vollständige

Aufhebung der Versicherungspflichtgrenze vorsehen.[26] Die Versicherungspflichtgrenze bewirkt heute eine Einschränkung der Wechsel in die PKV, weil Versicherte mit niedrigerem Einkommen gezwungen sind, in der GKV zu verbleiben, auch wenn sie einen finanziellen Vorteil aus dem Wechsel zu einer privaten Krankenversicherung in Form eines niedrigeren Krankenversicherungsbeitrages hätten.

Hebt man die Versicherungspflichtgrenze auf und belässt ansonsten die Systeme bei ihrer jeweiligen Finanzierungsform, werden sich all diejenigen für einen Übertritt ins private System entscheiden, deren privater risikoäquivalenter Beitrag unterhalb des lohnbezogenen Beitrages liegt. Dies wird also vor allem die Gruppe der gut verdienenden und / oder morbiditätsseitig guten Risiken sein. Dem umlagefinanzierten GKV-Teil gehen also sowohl einkommensseitig als auch ausgabenseitig gute Risiken verloren, die somit zum Risikoausgleich und für die Einkommensumverteilung fehlen. In der GKV entstehen somit wie bei den Auslaufmodellen Defizite, da zu erwarten ist, dass die Beitragseinnahmen sinken und gleichzeitig die Subventionierung der gesundheitsseitig hohen Risiken durch die gesundheitlich guten Risiken abnimmt.

In der Folge würden die verbleibenden GKV-Mitglieder mit erheblichen Beitragssatzsteigerungen konfrontiert. Geht man davon aus, dass dies aus Vertrauensschutzgründen nicht gerechtfertigt ist, stellt sich die Frage, wie der Defizitausgleich für das verbleibende Versichertenkollektiv erfolgen sollte. Vorstellbar wäre wie im Auslaufmodell ein Defizitausgleich über Steuerzuschüsse für das GKV-System. Abstrahiert man von den heute bereits bestehenden Steuerzuschüssen, hätte eine solche Finanzierung folgende Verteilungsfolgen. Das in der GKV entstehende Defizit ist der Betrag, der aus Vertrauensschutzgründen gewährleistet werden muss, anders gewendet, er entspricht einem Teil der impliziten Schuld im heutigen Umlagesystem. Diejenigen, die sich für einen Wechsel aus der GKV heraus entscheiden, entziehen sich der lohnbezogenen Einkommensumverteilung der GKV und dem Risikoausgleich für hohe Risiken. Im Gegenzug müssen sie sich an der Defizitfinanzierung über höhere Steuerzahlungen beteiligen.

Damit beteiligen sich die Privatversicherten weiterhin an der Umverteilung der GKV, allerdings nimmt der Grad der Subventionierung für hohe Risiken abhängig von ihrem Einkommen ab: Da die höheren Steuersätze zur Finanzierung des GKV-Defizits von allen Bürgern getragen werden, unabhängig davon, ob sie in der GKV oder in der PKV versichert sind, finanzieren die hohen Risiken, die gleichzeitig ein höheres Einkommen haben, einen Teil ihrer Subventionierung selbst.

---

[26] Von wissenschaftlicher Seite wurde dieses Modell bspw. von Cassel / Wille, 2008 vorgeschlagen. Auf politischer Seite hat sich der ehemalige Bundesgesundheitsminister Daniel Bahr (FDP) für eine freie Wahl zwischen gesetzlicher und privater Krankenversicherung ausgesprochen.

Dadurch kommt es zu einer Ungleichbehandlung von guten und schlechten Risiken gleichen Einkommens: Ein gutes Risiko zahlt bei gleichem Einkommen möglicherweise eine geringere Prämie im privaten Teil als in der GKV. Es zahlt gleichzeitig Steuern zur Finanzierung des Defizits der GKV. Die Steuerbelastung ist mit dem hohen Risiko gleichen Einkommens weitgehend identisch,[27] allerdings zahlt dieses hohe Risiko gleichzeitig einen höheren Beitrag in der GKV. Im Ergebnis wird die bisher implizite Verschuldung leistungsgerechter finanziert, da die Steuern nach Leistungsfähigkeit erhoben werden. Es kommt jedoch je nach gesundheitlichem Zustand zu einer unterschiedlichen Belastung mit Krankenversicherungsbeträgen.

Es ist denkbar, dass dies von politischer Seite nicht erwünscht ist. Die Ungleichbehandlung zwischen Wechslern und Nichtwechslern könnte jedoch nur dadurch aufgehoben werden, dass den Individuen, die aus der GKV ausscheiden, der gesamte finanzielle Vorteil aus dem Wechsel genommen und zur Deckung des Defizits in der GKV verwendet wird. Dadurch würde der Grad der Subventionierung der GKV-Versicherten nicht abnehmen, da sie keine höheren Steuern zu gegenwärtigen hätten. Ein Wechsel in den privaten Teil könnte sich in diesem Szenario trotzdem lohnen, wenn die Versicherten erwarten, für in der Summe die gleichen Versicherungsbeiträge (risikoäquivalente Prämie zuzüglich der Abgabe an die GKV) eine bessere Versorgung zu erhalten. Neben dem verwaltungstechnischen Aufwand hat diese Vorgehensweise den erheblichen Nachteil, die unsystematischen Umverteilungswirkungen in der GKV zu perpetuieren.[28]

Bewertung des Modells im Hinblick auf die Einführung der Bürgerprivatversicherung

Optionsmodelle sind grundsätzlich dazu geeignet, die Bürgerprivatversicherung schrittweise zu implementieren. Zudem haben sie den Vorteil, dass der Übertritt in den privaten Versicherungsbereich freiwillig erfolgt, so dass die Individuen die Freiheit haben, den Wechsel unter Abwägung ihrer persönlichen Vor- und Nachteile zu vollziehen. Somit müsste für diesen Teil kein administrativ aufwändiger Vertrauensschutz gewährt werden. Zudem wäre dieses Modell des Übergangs dazu geeignet, tatsächlichen Wettbewerb nicht nur innerhalb des privaten Systems, sondern zwischen dem gesetzlichen und privaten System zu ermöglichen. Das Modell der Bürgerprivatversicherung würde einem Markttest unterzogen, indem die Individuen freiwillig ihre Zustimmung zu dem einen oder anderen

---

27 Der höhere Krankenversicherungsbetrag mindert die Steuerbelastung allerdings nicht um den vollen Betrag.

28 Vgl. Kifmann/Nell, 2013. Hier wird vorgeschlagen, dass sowohl gesetzlich als auch privat Versicherte einen einkommensabhängigen Beitrag an den Gesundheitsfonds abführen und private und gesetzliche Versicherungen risikoadjustierte Beiträge aus dem Gesundheitsfonds erhalten.

Modell offenbaren. Allerdings sind die Finanzierungsprobleme zur Wahrung des Vertrauensschutzes im gesetzlichen Teil sowie die möglichen Probleme durch neue Ungleichbehandlungen von Wechslern und Nicht-Wechslern nicht zu vernachlässigen.

Ein mögliches Übergangsmodell zur Bürgerprivatversicherung liegt auch in der Absenkung der Versicherungspflichtgrenze. Bei dieser Reformvariante handelt es sich um ein Mischmodell zwischen Auslauf- und Optionsmodellen. Statt der bei den Auslaufmodellen gezogenen willkürlichen Altersgrenze erfolgt hier die Zuteilung zu einem Versicherungssystem anhand des Lohneinkommens des Versicherten. Damit bleibt die willkürliche Zuordnung bestehen, sie ist nur im Gegensatz zu den Auslaufmodellen nicht mit einem Zwang verbunden, das System zu wechseln. Daher bleibt ein Optionscharakter, die Wahlfreiheit erhöht sich für bestimmte Personenkreise.[29] Auch ein solcher schrittweiser Übergang müsste jedoch mit flankierenden Ausgleichsmaßnahmen begleitet werden, da ansonsten eine Verschärfung der unsystematischen Umverteilung in der GKV droht, insbesondere, wenn aufgrund des Weggangs tendenziell einkommensstarker und niedriger Krankheitskostenrisiken der allgemeine Beitragssatz angehoben würde.[30]

4 Fazit

Die Einführung der Bürgerprivatversicherung erfordert einen politischen Kraftakt, da sie das bestehende Krankenversicherungssystem grundsätzlich verändert und daher viele Anpassungsschritte notwendig sind. Auch die schrittweise Einführung der Bürgerprivatversicherung ist politisch kein einfacher Weg. Extreme Belastungssprünge für Versicherte können durch flankierende Maßnahmen zwar vermieden werden, die Umsetzung dieser Maßnahmen bedarf jedoch der teilweisen Offenlegung der bisher im System der GKV verschleierten Kosten und ist daher politisch angreifbar.

Der entscheidende erste Schritt in Richtung Bürgerprivatversicherung ist die Umstellung der privaten Krankenversicherung auf ein wettbewerbliches System mit übertragbaren Altersrückstellungen. Hat sich dieses System etabliert, können eine Ausdehnung des privaten Bereichs und damit die Einführung der Bürger-

---

29 Dieser Vorschlag wurde u. a. von Uwe Laue, Vorsitzender des Verbands der Privaten Krankenversicherungen, in die politische Diskussion eingebracht.

30 Die Alternative bestünde in der Erhebung von Zusatzbeiträgen, die den Vorteil der Arbeitsmarktneutralität hätten. Da die Zusatzbeiträge aber für den Fall eingeführt wurden, dass Defizite im GKV Bereich aufgrund von Leistungsausweitungen bzw. der demografischen Entwicklung entstehen, wäre die Anhebung von Zusatzbeiträgen beim Weggang von für die GKV positiven Risiken nicht mit Vertrauensschutz vereinbar.

privatversicherung entweder über Leistungsausgliederungen aus der GKV oder durch Personenübertrittsmodelle aus der GKV in die PKV erfolgen. Bei Letzteren sollte die freiwillige Wahl einer Zwangszuteilung zu den einzelnen Versicherungssystemen vorgezogen werden, da sie auch als Zustimmungstest zur Bürgerprivatversicherung verstanden werden kann und dadurch ein neuerliches Aufoktroyieren eines bestimmten Systems vermeidet.

Literaturverzeichnis

Arentz, Christine, Johann Eekhoff und Susanna Kochskämper (2012): „Private health insurance: a role model for European health systems", *The European Journal of Health Economics,* Jg. 13, H. 5, S. 615–621.

Arentz, Christine, Ines Läufer und Steffen J. Roth (2011a): *Pflegevorsorge – Wegweiser für eine demografiefeste Pflegeversicherung,* München: Vereinigung der bayerischen Wirtschaft e.V.

Arentz, Christine, Ines Läufer und Steffen J. Roth (2011b): *Pflegevorsorge II – Einstieg in den Umstieg auf Kapitaldeckung in der Pflegeversicherung.* Langfassung der Studie „Pflegevorsorge – Wegweiser für eine demografiefeste Pflegeversicherung", erschienen bei der Vereinigung der bayerischen Wirtschaft e.V. Abrufbar unter www.iwp.uni-koeln.de/fileadmin/contents/dateiliste_iwp-website/publikationen/DP/owiwo/OWIWO_DP_04_2011.pdf. Zuletzt geprüft am 12.10.2013.

Arentz, Oliver, Christine Wolfgramm und Susanna Kochskämper (2009): „In Zukunft kapitalgedeckt – Umstellung der europäischen Gesundheitssysteme auf eine nachhaltige und effiziente Finanzierung", in: Wolfgang Gellner (Hrsg.), *Gesundheitsforschung. Aktuelle Befunde der Gesundheitswissenschaften,* Baden-Baden: Nomos, S. 235–247.

Bundesversicherungsamt (2013): *Tätigkeitsbericht 2012.* Abrufbar unter: schulung.rsa-portal.de/fileadmin/redaktion/allgemeine_dokumente/pdf/taetigkeitsberichte/TB-2012.pdf. Zuletzt geprüft am 03.09.2013.

Cassel, Dieter und Veit Oberdieck (2002): „Kapitaldeckung in der gesetzlichen Krankenversicherung", *Wirtschaftsdienst,* Jg. 82, H. 1, S. 15–22.

Cassel, Dieter und Eberhard Wille (2008): *Weiterentwicklung des Gesundheitssystems und des Arzneimittelmarktes.* Gutachten für den Verband deutscher Arzneimittelhersteller e.V. Abrufbar unter www.vfa.de/download/gutachten-wille-cassel-ulrich.pdf. Zuletzt geprüft am 10.10.2013.

Deutsche Bundesbank (1999): *Möglichkeiten und Grenzen einer verstärkten Kapitaldeckung der gesetzlichen Alterssicherung in Deutschland,* Monatsbericht Dezember, S. 15–31.

Drabinski, Thomas und Claus-Dieter Gorr (2012): *GKV/PKV-Systemgrenze: Bestandsaufnahme – Allgemeiner Teil,* Kiel: Schmidt & Klaunig.

Eekhoff, Johann (2005): „Übertragbare Altersrückstellungen in der privaten Krankenversicherung", *Zeitschrift für Wirtschaftspolitik,* Jg. 54, H. 1, S. 52–68.

Eekhoff, Johann (2006): „Vom Umlage- zum Kapitaldeckungsverfahren in der Krankenversicherung", *Zeitschrift für Wirtschaftspolitik,* Jg. 55, H. 2, S. 209–229.

Eekhoff, Johann (2007): „Orientierungspunkte für die Gesundheitspolitik", in: Volker Ulrich und Walter Ried (Hrsg.), *Effizienz, Qualität und Nachhaltigkeit im Gesundheitswesen. Theorie und Politik öffentlichen Handelns, insbesondere in der Krankenversicherung; Festschrift zum 65. Geburtstag von Eberhard Wille,* Baden-Baden: Nomos, S. 857–870.

Eekhoff, Johann und Christine Arentz (2013): „Zur Zukunft der PKV: Probleme und Perspektiven“, *Gesundheitsökonomie und Qualitätsmanagement,* Jg. 18, H. 3, S. 106–110.

Eekhoff, Johann, Vera Bünnagel, Susanna Kochskämper und Kai Menzel (2008): *Bürgerprivatversicherung. Ein neuer Weg im Gesundheitswesen*, Tübingen: Mohr Siebeck.

Gaßner, Maximilian und Evi Schottky (2006): „Ein Modell zur Weiterentwicklung und nachhaltigen Finanzierung der Pflegeversicherung“, *Die BKK,* Jg. 94, H. 8, S. 384–388.

Häcker, Jasmin und Bernd Raffelhüschen (2004): „Denn sie wussten, was sie taten: Zur Reform der Sozialen Pflegeversicherung“, *Vierteljahrshefte zur Wirtschaftsforschung,* Jg. 73, H. 1, S. 158–174.

Häcker, Jasmin und Bernd Raffelhüschen (2008): *Die Pflegeversicherung in der Krise. Renditen, Leistungsniveau und Versorgungslücken*, Köln: Deutsches Institut für Altersvorsorge.

Hof, Bernd (2001): *Zum Transferbedarf eines Systemwechsels vom Umlage- auf das Anwartschaftsdeckungsverfahren in der Krankenversicherung.* Gutachten im Auftrag des PKV-Verbandes. Köln.

Kifmann, Matthias und Martin Nell (2013): „Fairer Systemwettbewerb zwischen gesetzlicher und privater Krankenversicherung“, *HCHE Research Paper* 2013 / 01. Abrufbar unter www.hche.eu/de/publikationen/rp_2013_01_version.pdf. Zuletzt geprüft am 11. 11. 2013.

Rosenbrock, Stephan (2012): *Die risikogerechte Übertragung von Alterungsrückstellungen in der privaten Krankenversicherung,* Karlsruhe: Verlag Versicherungswirtschaft.

Sachverständigenrat zur Begutachtung der gesamtwirtschaftlichen Entwicklung (2004): *Erfolge im Ausland – Herausforderungen im Inland.* Jahresgutachten 2004 / 05, Wiesbaden.

Verband der privaten Krankenversicherungen (2013): *PKV Rechenschaftsbericht 2012.* Abrufbar unter https://bestellungen.pkv.de/rechenschaftsberichte/rechenschaftsbericht-2012/. Zuletzt geprüft am 12. 10. 2013

Wambach, Achim (2003): „Elemente einer Basisversicherung“, in: E. Wille (Hrsg.), *Rationierung im Gesundheitswesen und ihre Alternativen.* Baden-Baden: Nomos.

Zähle, Henryk (2010): „Ein Risikoklassenmodell für die Portabilität der Alterungsrückstellungen in der PKV“, *Blätter der DGVFM,* Jg. 31, H. 1, S. 39–64.

Zähle, Henryk und Katrin Zähle (2013): „Prämienanpassungen im Risikoklassenmodell der Privaten Krankenversicherung“, *Zeitschrift für die gesamte Versicherungswissenschaft,* Jg. 102, H. 2, S. 111–140.

Zimmermann, Anne (2007): *Umverteilung in der gesetzlichen Krankenversicherung. Status quo und Perspektiven der Ausgestaltung,* Untersuchungen zur Wirtschaftspolitik 132, Köln: Institut für Wirtschaftspolitik.

Zweifel, Peter (2013): „The present state of health economics: a critique and an agenda for the future“, *The European Journal of Health Economics,* Jg. 14, H. 4, S. 569–571.

Wettbewerb und Kartellrecht in der Gesetzlichen Krankenversicherung[1]

Markus Jankowski

1 Einführung

Im Focus gesundheitsökonomischer und wirtschaftspolitischer Forschung steht seit langem die Frage, ob und wie ein Gesundheitssystem gestaltet werden muss, damit wettbewerbliche Strukturen eine effiziente Versorgung mit Gesundheits- und Versicherungsleistungen ermöglichen. Auf dieser Basis werden Reformkonzepte entwickelt, die ökonomischen wie sozialpolitischen Zielen gleichermaßen gerecht werden sollen. In den letzten Jahren ist der Gesetzgeber erste Schritte gegangen, Leistungserbringer wie Versicherer durch Wettbewerbselemente zu einer höheren Effizienz des Systems anzureizen. Die in der gesundheitspolitischen Diskussion vorherrschenden Reformmodelle im Jahr 2013 bleiben die wünschenswerte Weiterentwicklung des Systems zu einem funktionsfähigen Wettbewerb allerdings schuldig.[2]

In der gesundheitsökonomischen Literatur werden verschiedene Marktversagensgründe im Versicherungsmarkt diskutiert, außerdem informationsbedingte Steuerungsprobleme auf den Leistungserbringermärkten und die Schwierigkeiten, die in der Gestaltung eines gesellschaftlich wünschenswertem universalen Zugang zu medizinischen Leistungen unabhängig von der individuellen ökonomischen Leistungsfähigkeit liegen.[3]

Dort, wo Wettbewerb als zentrales Ordnungsprinzip etabliert ist, wird diesem nicht nur mit der Suche nach einem möglichst effizienten Angebot begegnet, sondern es wird versucht, sich dem durch den Wettbewerb induzierten Leistungsdruck zu entziehen. Durch Fusionen und internes Unternehmenswachstum wird wirtschaftliche Macht mit Missbrauchspotenzial aufgebaut. Durch die Bildung von Kartellen zwischen Konkurrenten oder durch Vereinbarungen mit Lieferanten oder

---

1 Die Ausführungen spiegeln die persönliche Auffassung des Autors wieder.

2 Für einen Überblick vgl. die Diskussionsbeiträge von Oberender / Zerth u. a., 2013 im Ifo-Schnelldienst 19 / 2013.

3 Vgl. exemplarisch das Standardwerk von Breyer et al., 2013. Im Rahmen des gesundheitsökonomischen und -politischen Forschungsprogramm am Wirtschaftspolitischen Seminar und am Institut für Wirtschaftspolitik an der Universität zu Köln wurden in verschiedenen Beiträgen die Funktionsbedingungen für Wettbewerb im Gesundheitswesen analysiert und zu einem umfassenden Reformkonzept ausgearbeitet.

Abnehmern können Preise abgesprochen, der Qualitätsdruck reduziert oder Vertriebsgebiete aufgeteilt werden. Das ist keine Besonderheit des Gesundheitswesens, vielmehr zieht es sich durch alle erdenklichen Branchen. Dies antizipierend hat der Gesetzgeber mit dem Gesetz gegen Wettbewerbsbeschränkungen (GWB) das kartellrechtliche Instrumentarium geschaffen, mit dem präventiv wie nachsorgend Wettbewerbsbeschränkungen entgegen gewirkt werden soll. Im Gesundheitswesen zeigt sich allerdings, dass die Einführung von Wettbewerbselementen noch nicht ausreichend durch das Kartellrecht geschützt werden kann. Im Folgenden wird aus ökonomischer und kartellrechtlicher Perspektive der aktuelle Stand der Diskussion um die Anwendung von Kartellrecht im Gesundheitswesen nachgezeichnet.

2 Wettbewerb im Gesundheitswesen zwischen Sozialgesetzbuch (SGB) und Kartellrecht

§ 2 Abs. 4 SGB V verpflichtet Krankenkassen, Leistungserbringer und Versicherte dazu, Leistungen wirtschaftlich zu erbringen und nur im notwendigen Umfang in Anspruch zu nehmen. In ökonomischer Terminologie heißt das, dass die knappen Ressourcen im Gesundheitswesen möglichst effizient eingesetzt werden sollen. Reformgesetze im Gesundheitswesen verfolgen dementsprechend häufig das Ziel, steigende Ausgaben zu begrenzen, Kosten zu senken oder die Qualität der Leistungserbringung im Gesundheitssystem zu verbessern. Um diese Ziele zu erreichen, wurde das deutsche Gesundheitssystem in kleinen Schritten für den Wettbewerb geöffnet.

Für verschiedene Gruppen von Leistungserbringern bestehen inzwischen Möglichkeiten, neben den kollektiv über die Selbstverwaltungsinstitutionen geschlossenen Verträgen, auch Einzelvereinbarungen mit Krankenkassen zu treffen und zusätzliche Leistungen direkt mit Patienten abzurechnen.[4] In der gesetzlichen Krankenversicherung wurde zunächst ein durch einen Risikostrukturausgleich flankierter Beitragssatzwettbewerb eingeführt. Im nächsten Schritt hat der Gesetzgeber das wettbewerbliche Modell unter dem Dach des Gesundheitsfonds in die Nähe eines Prämienmodells und damit ansatzweise zu einem Preiswettbewerb weiter entwickelt.[5] Die Krankenkassen können außerdem im Rahmen des § 53 SGB V die von ihnen angebotenen Leistungen differenzieren. In der Privaten

4 Vgl. im Einzelnen die Regelungen des vierten Kapitels des SGB V.

5 Allerdings lassen die Koalitionsverhandlungen für die nächste Legislaturperiode jedenfalls auf der Finanzierungsseite eher einen Rückschritt erwarten. Vgl. Deutsches Ärzteblatt vom 22.11.2013, Koalitionsverhandlungen zu Gesundheit: Finanzierungskompromisse stehen, abgerufen am 23.11.2013 unter http://www.aerzteblatt.de/nachrichten/56678/Koalitionsverhandlungen-zu-Gesundheit-Finanzierungskompromisse-stehen.

Krankenversicherung (PKV) wurde im Rahmen der Einführung des Basistarifs erstmals die Übertragung von Alterungsrückstellungen vorgesehen – eine wesentliche Voraussetzung für funktionierenden Wettbewerb in der PKV, wenngleich in unzureichender Art umgesetzt und lediglich auf den Basistarif beschränkt.

Allerdings hat der Gesetzgeber weite Teile des Gesundheitswesens von der Gültigkeit des Wettbewerbsrechtes ausgenommen. § 69 SGB V ordnet zwar die entsprechende Anwendung des Verbots wettbewerbsbeschränkender Absprachen und von Marktmachtmissbrauch auf die Beziehungen zwischen Krankenkassen und Leistungserbringern an. Ausgenommen bleiben allerdings die Vertragsbeziehungen, zu denen Krankenkassen und Leistungserbringer gesetzlich verpflichtet sind. Ausgenommen bleiben außerdem die Beziehungen der Krankenkassen untereinander. Krankenkassen können sich mangels ausdrücklicher Anordnung der Geltung des Wettbewerbsrechts bei Absprachen oder abgestimmten Verhalten auf ihr allgemeines Selbstverwaltungsrecht und sozialgesetzliche Kooperationsgebote berufen – so jedenfalls nach der vorherrschenden Rechtsauffassung.

In der jüngsten Novelle des Gesetzes gegen Wettbewerbsbeschränkungen (GWB) war geplant, die Krankenkassen vollständig dem Kartellrecht zu unterstellen. Der Versuch ist am Widerstand im Bundesrat gescheitert, der im Vermittlungsausschuss erzielte Kompromiss stellt lediglich die fortschreitende Konzentration auf dem Krankenversicherungsmarkt unter die präventive Aufsicht der Fusionskontrolle.[6] Ausgangspunkt für die jüngsten Diskussionen über die Anwendung von Kartellrecht auf Krankenkassen war die Eröffnung eines Kartellverfahrens gegen eine Reihe von Krankenkassen aufgrund des Verdachtes auf abgestimmtes Verhalten im Rahmen von Preiserhöhungen.

2.1 Zusatzbeiträge von Krankenkassen im Fokus des Kartellrechts

Zum 01.01.2009 hat der Gesetzgeber ein neues Finanzierungsmodell für die GKV eingeführt. Die bis dato kassenindividuellen einkommensabhängigen Beiträge wurden durch ein mehrstufiges Finanzierungsmodell ersetzt. Arbeitnehmer und Arbeitgeber zahlen seither einen einkommensabhängigen Beitrag an einen Gesundheitsfonds – ein Sondervermögen des Bundes. Die an den Gesundheitsfonds

---

6 In Folge des weiter unten dargestellten Urteils des Landessozialgerichts Hessen musste das Bundeskartellamt die Fusionskontrolle bei Vereinigungen von Krankenkassen einstellen. Erst die ausdrückliche Anordnung erlaubt es, in diesem Bereich den schon mit dem GKV-WSG geäußerten gesetzgeberischen Willen umzusetzen, eine wettbewerbsschädliche Konzentration auf dem Krankenkassenmarkt präventiv zu vermeiden. Aufgrund der Zuweisung des Rechtsweges über Entscheidungen des Bundeskartellamtes an die Sozialgerichtsbarkeit wurde in diesen Fällen gleichzeitig allerdings eine aus rechtsökonomischer Sicht wenig effiziente und aus juristischer Sicht wegen drohender Rechtsunsicherheit unbefriedigende Rechtswegespaltung vorgenommen.

gezahlten Beiträge werden dann nach der Anzahl der Mitglieder, und korrigiert um eine morbiditätsbasierte Risikoanpassung, auf die Krankenkassen verteilt. Die Krankenkassen erhalten also keine einkommensabhängigen Beiträge mehr, sondern risikoangepasste Pro-Kopf-Zahlungen. Die Zuweisungen aus dem Gesundheitsfonds enthalten neben den Zahlungen für die Leistungsausgaben einen Posten für standardisierte Verwaltungsausgaben. Damit sollen die mittleren Ausgaben der Krankenkassen durch die Zuweisungen aus dem Fonds gedeckt werden. Soweit Krankenkassen mit diesen Mitteln nicht auskommen, sind sie berechtigt und verpflichtet, Zusatzbeiträge von jedem Mitglied zu erheben. Umgekehrt können sie Ausschüttungen an die Versicherten vornehmen, wenn die Ausgaben die Einnahmen aus dem Gesundheitsfonds unterschreiten.[7] Im Ergebnis wurde erstmalig eine Art Preismechanismus in die GKV eingeführt, mit dem eine direktere Spürbarkeit von Preisunterschieden für die Nachfrager und damit eine bessere Vergleichbarkeit der Kassen im Preiswettbewerb möglich wurde. Die Einführung des Zusatzbeitrags diente ausweislich der Gesetzesbegründung zum GKV-Wettbewerbsstärkungsgesetz (GKV-WSG) ausdrücklich als zusätzliches Wettbewerbsinstrument, mit dem die Wirtschaftlichkeit der Kassen sanktioniert werden sollte. Die Kassen sollten weitgehende Handlungsfreiheit bei der Festlegung des Zusatzbeitrags erhalten.[8]

Die ersten Kassen mussten etwa ein Jahr nach Einführung des Gesundheitsfonds einen Zusatzbeitrag einführen. Die betroffenen Krankenkassen gaben im Rahmen einer gemeinsamen Pressekonferenz bekannt, in welcher Höhe und zu welchem Zeitpunkt sie die Zusatzbeiträge erheben würden. Gleichzeitig erklärten sie, dass im Laufe des Jahres auch viele andere Krankenkassen den gleichen Schritt würden gehen müssen. Das Bundeskartellamt sah in diesem Verhalten einen hinreichenden Tatverdacht zur Eröffnung eines Verwaltungsverfahrens aufgrund eines mutmaßlichen Verstoßes gegen das Kartellverbot begründet. Die Gefahr, Mitglieder im neu eröffneten Preiswettbewerb an Konkurrenten zu verlieren, wurde offenbar als hinreichend bedrohlich angesehen, um zu geschäftspolitischen Maßnahmen zu greifen, die aus wettbewerbsökonomischer und -rechtlicher Perspektive in nahezu jeder anderen Branche fragwürdig wären.

Gegen die ersten Verfahrensschritte wurde vor den jeweils für den Sitz der einzelnen Krankenkassen zuständigen Landessozialgerichten geklagt. Nach der dem entscheidenden Urteil des Landessozialgerichts Hessen vom 15.09.2011 zu Grunde liegenden Rechtsauffassung fehlt dem Bundeskartellamt die Kompetenz zur

---

7 Vgl. § 242 SGB V in der 2013 gültigen Fassung.

8 BT-Drucksache 16/3100, S. 165. Der Ausgleichsmechanismus des sog. morbiditätsorienten Risikostrukturausgleichs in der Gesetzlichen Krankenversicherung und der Mechanismus der Zusatzbeiträge beinhalten verschiedene Anreize zur Selektion von Risiken bzw. zur Selektion nach Einkommen, wodurch das Wettbewerbsergebnis verzerrt wird. Diese Probleme werden allerdings in diesem Beitrag nicht thematisiert. Vgl. hierzu z. B. Eekhoff et al., 2008, S. 36 ff.

Anwendung von Wettbewerbsrecht auf Krankenkassen, da es keine Aufsichtsbehörde im sozialrechtlichen Sinne sei. Weiterhin seien Krankenkassen der Rechtsprechung des Europäischen Gerichtshof (EuGH) folgend keine Unternehmen im Sinne des Wettbewerbsrechts. Schließlich hätten die Krankenkassen auch kaum eigenständige wettbewerbliche Handlungsspielräume und seien zur Kooperation sozialrechtlich verpflichtet. Wollte man die Handlungsspielräume im Gesundheitswesen also dem Schutz des Kartellrechts unterstellen, müsste man dessen Anwendung ausdrücklich gesetzlich anordnen. Das Urteil hat damit gezeigt, dass ein effektiver Wettbewerbsschutz im Gesundheitswesen auf der Basis der seinerzeitigen Rechtslage nicht möglich war.

Vorbehalte gegen die Anwendung des Kartellrechts im Gesundheitswesen haben sich auch durch die Diskussion um die Ausweitung des Anwendungsbereichs des Kartellrechts im Rahmen der letzten Novelle des GWB gezogen. Das überrascht insoweit, als der Gesetzgeber in den vergangenen Jahren ausweislich der jeweiligen Gesetzesbegründungen Wettbewerbselemente ausdrücklich zu dem Zweck in das System eingefügt hat, Krankenkassen und Leistungserbringer zu einer größeren Wirtschaftlichkeit und einer besseren Leistungsqualität anzureizen.[9] Der Gesetzgeber hat seiner Zielsetzung folgend den Krankenkassen auch schützenswerte Handlungsspielräume eröffnet, die eine Kartellrechtsanwendung rechtfertigen bzw. erforderlich machen.

2.2 Sozialrechtlich regulierter Wettbewerb in der Gesetzlichen Krankenversicherung

Der Wettbewerb im sozialgesetzlich regulierten System der Gesetzlichen Krankenkassen definiert sich im Wesentlichen durch Prämienhöhen, abgesichertes medizinisches Leistungsspektrum und Serviceangebote. Soweit z. B. im Rahmen des Sachleistungsprinzips oder integrierter Versorgungskonzepte Rahmenverträge mit Leistungserbringern für die Inanspruchnahme von Leistungen durch die Versicherten geschlossen werden, kann ergänzend ein Qualitätswettbewerb um die besten bzw. die effizientesten medizinischen Leistungen entstehen. Im Einzelnen können im fünften Sozialgesetzbuch (SGB V) mittlerweile Handlungsspielräume ausgemacht werden, die ungeachtet von Verbesserungspotenzial wettbewerblichen Druck auf die Marktakteure ausüben sollen und können:

Seit der Einführung des Gesundheitsfonds finanzieren sich Krankenkassen, wie dargelegt, nicht mehr durch einkommensabhängige Beiträge, sondern aus einer Kombination von Zuweisungen aus dem Gesundheitsfonds und einer Art „Spitzenausgleich" für residuale Fehlbeträge oder Überschüsse. Soweit zur Deckung des Finanzbedarfs weitere Mittel erforderlich sind, müssen die Kassen einen Zusatzbeitrag erheben; benötigen sie weniger Mittel, als ihnen nach den Zuweisungen zur

9 BT-Drucksache 16/3100, S. 165.

Verfügung stehen, können sie die Überschüsse im Wege einer Prämienausschüttung an die Mitglieder zurückführen. Der Mechanismus weist zwar verschiedene Mängel auf, die zu einer nicht wettbewerbskonformen Mitgliederauslese führen können.[10] Dennoch ist die Stellung einzelner Krankenkassen im Wettbewerb von den wirtschaftlichen Entscheidungen im Rahmen dieses Quasi-Preismechanismus abhängig. Um im Wettbewerb bestehen zu können, müssen die Kassen Entscheidungen über viele preisbeeinflussende Faktoren treffen, z. B. die Unternehmensorganisation, Vertriebswege, Serviceangebot und Patientensteuerung.

Die Krankenkassen stehen in zunehmendem Maße auch über den Umfang und die Qualität der angebotenen Leistungen für die Mitglieder und Versicherten im Wettbewerb. Ein wesentlicher Teil der medizinischen Leistungen ist zwar über den Versorgungsanspruch der Versicherten im Sozialgesetzbuch und durch dessen Konkretisierungen etwa durch die Leitlinien des Gemeinsamen Bundesausschusses vorgegeben. Der Versicherungsschutz der Gesetzlichen Krankenkassen kann also insoweit als homogenes Gut angesehen werden. Allerdings hat der Gesetzgeber den Krankenkassen im Rahmen ihrer Selbstverwaltung Spielräume eingeräumt, die sich jenseits der oben dargestellten Zusatzbeiträge auf die Beitragshöhe auswirken. Krankenkassen können sich durch die von ihnen angebotenen Serviceleistungen und in engen Grenzen auch durch Entscheidungen über Art und Umfang der versicherten und bereitgestellten medizinischen Leistungen von ihren Wettbewerbern absetzen. Sie können Selbstbehaltstarife vereinbaren und den Versicherten im Gegenzug Prämienzahlungen anbieten. Sie können Rückzahlungen bei Leistungsfreiheit vorsehen. Und sie können eigene Tarife für die Teilnahme an verschiedenartigen Behandlungsprogrammen abschließen. In diesem Zusammenhang bestehen nachfrageseitig eine Reihe von Optionen, mit Leistungserbringern im Gesundheitswesen Einzelverträge über bestimmte Leistungen oder Programme abzuschließen. Krankenkassen können durch diese Gestaltungsoptionen gezielt gesundheitsbewussteres Verhalten unterstützten, Risiken können gesteuert werden und schließlich besteht die Möglichkeit zur Differenzierung im Wettbewerb auf der Leistungsseite, bei den Kosten und bei den Prämien. Die so geschaffene Wahlfreiheit sollte auch auf der Leistungsseite Transparenz und Wettbewerb erhöhen.[11]

2.3 Anwendbarkeit von Kartellrecht auf Gesetzliche Krankenkassen

Die Diskussion um die Anwendbarkeit von Kartellrecht auf Krankenkassen wurde zuletzt von zwei Aspekten dominiert. Erstens sei eine Anwendung von Kartellrecht auf Krankenkassen nicht mit europäischem Recht kompatibel, da der

---

10 Siehe FN 8.

11 BT-Drucksache 16/3100, S. 108. Vgl. auch Monopolkommission, 2012, S. 49; Gaßner/Ahrens, 2007, S. 530.

Europäische Gerichtshof geurteilt habe, dass Krankenkassen keine Unternehmen im wettbewerbsrechtlichen Sinne seien. Und zweitens würde die Anwendung von Kartellrecht auf Kooperationen von Krankenkassen zum Verbot von Vereinbarungen führen, die für die Funktionsfähigkeit des Systems und für die Qualität und die Weiterentwicklung der medizinischen Leistungen erforderlich seien. Allein die Fusionskontrolle sollte auf Zusammenschlüsse zwischen Krankenkassen durch das Kartellamt angewendet werden, um fusionsbedingte Wettbewerbsbeschränkungen zu verhindern.

2.3.1 Krankenkassen als Unternehmen im Sinne des europäischen Kartellrechts

Das Kartellrecht folgt einem funktionalen, an der tatsächlichen Tätigkeit der jeweiligen Institution ausgerichteten Unternehmensbegriff. Die Anwendung von Kartellrecht richtet sich nicht danach, ob die in Frage stehende Institution eine Gewinnerzielungsabsicht verfolgt oder eine bestimmte Rechtsform hat. Vielmehr kommt es auf die faktische Tätigkeit der Institution an. In der Logik des funktionalen Unternehmensbegriffs gilt eine Institution dann als Unternehmen, wenn sie „als Anbieter oder Nachfrager auf dem Markt eine selbständige Tätigkeit bei der Erzeugung oder Verteilung von Waren oder gewerblichen Leistungen ausübt.“[12] Unternehmen sind wirtschaftlich tätige Einheiten unabhängig von der Art ihrer Rechtsform oder Finanzierung; eine unternehmerische Tätigkeit liegt vor, wenn die Tätigkeit auch von einem Privaten in der Absicht der Gewinnerzielung ausgeübt werden könnte.[13]

Der Europäische Gerichtshof hat in seiner Entscheidungspraxis Kriterien entwickelt, nach denen zu beurteilen ist, welche Merkmale der Unternehmenseigenschaft einer Einrichtung der sozialen Sicherung entgegenstehen. Dies ist dem Wortlaut des EuGH nach dann der Fall, wenn die Institutionen einen rein sozialen Zweck erfüllen und keine wirtschaftliche Tätigkeit ausüben, wenn sie also nur Gesetze anwenden und keine Möglichkeit haben, auf die Höhe der Beiträge, die Verwendung der Mittel und die Bestimmung des Leistungsumfangs Einfluss zu nehmen. Auf dieser Basis hat der EuGH den Krankenkassen noch im Jahre 2004 die Unternehmenseigenschaft abgesprochen. Dabei wurde allerdings auch klargestellt, dass die Auslegungskriterien zum Unternehmensbegriff jeweils im Einzelfall zu prüfen seien.[14]

---

12 BGH, WuW/E DE-R 839 – Privater Pflegedienst. Der BGH hat Krankenkassen in diesem Urteil die Unternehmenseigenschaft angesichts ihrer Nachfrage nach Pflegeleistungen und ihres Angebots an Versicherungen zugesprochen.

13 Vgl. EuG, T-155/04, SELEX, RN 88, zitiert nach Juris.

14 Vgl. EuGH-Entscheidung vom 16.03.2004 in der verbundenen Rechtssache C-264/01, AOK-Bundesverband u.a., RN 47 ff. zitiert nach Juris.

Die Rechtsprechung der europäischen Gerichte führt nach herrschender Rechtsauffassung dazu, dass Krankenkassen keine Unternehmen im Sinne des europäischen Kartellrechts sind und das Kartellverbot des Art. 101 AEUV nicht auf Krankenkassen anwendbar ist.[15] Hierzu muss man allerdings unterstellen, dass die europäischen Gerichte auch nach den vielen Gesundheitsreformen mit zum Teil erheblichen strukturellen Änderungen im System unter Anwendung der genannten Kriterien zum gleichen Ergebnis kämen, wie im Urteil von 2004. Betrachtet man die geänderten Rahmenbedingungen erkennt man allerdings gewichtige Gründe dafür, dass Krankenkassen nicht nur aus ökonomischen Erwägungen, sondern auch nach den durch die Gerichte aufgestellten Kriterien Unternehmen im Sinne des europäischen Kartellrechts sind.

Der soziale Zweck wird vom EuGH insbesondere über die Erhebung am Einkommen orientierter Beiträge festgestellt. Zum Zeitpunkt der Entscheidung im Jahr 2003 erhob jede Krankenkasse auf der Basis eines individuellen Beitragssatzes solche einkommensabhängigen Beiträge und war damit nicht nur Versicherung, sondern erfüllte gleichzeitig eine Umverteilungsaufgabe. Durch die Einführung des Gesundheitsfonds wurden die Krankenkassen allerdings weitestgehend von dieser Aufgabe entbunden. Einkommensabhängige Beiträge fließen direkt an den Gesundheitsfonds. Der Fonds teilt die Mittel auf die einzelnen Krankenkassen auf und berücksichtigt dabei die Anzahl der Versicherten und deren Morbidität (s. o.).

Ein sozialer Zweck ist nach Auffassung des Gerichts auch bei fehlender Risikoorientierung der Beiträge zu erwarten. Allerdings steht einer unternehmerischen Tätigkeit der Krankenkassen nicht entgegen, dass sie die Zusatzbeiträge nicht nach dem Risiko differenzieren darf. Erstens sollen die morbiditätsbasierten Zuweisungen aus dem Gesundheitsfonds eine Krankenkasse so stellen, als würde sie risikoorientierte Prämien direkt von den Versicherten erhalten; der Risikobezug bei der Finanzausstattung der Kasse ist also gegeben. Zweitens zeigt der ebenfalls regulierte Basistarif in der privaten Versicherungswirtschaft, dass eine Differenzierung nach dem Gesundheitszustand keine zwingende Voraussetzung für ein privatwirtschaftliches Versicherungsangebot ist. Allerdings ist in prämienregulierten Systemen aus ökonomischen Gründen zur Vermeidung von Risikoselektion ein Risikostrukturausgleich erforderlich. Auch dieser steht in keinem unmittelbaren Zusammenhang mit dem vom EuGH angenommenen sozialen Zweck.[16] Die einzelnen Krankenkassen als Normadressaten kartellrechtlicher Regelungen sind daher keine Träger des Umverteilungssystems mehr. Die Umverteilung erfolgt auf

---

15 Vgl. z. B. Säcker, 2012.

16 § 12g VAG sieht einen dem Risikostrukturausgleich vergleichbaren Mechanismus auch für den Basistarif der PKV vor. Vgl. zum Thema Risikostrukturausgleich exemplarisch das Gutachten des Wissenschaftlichen Beirates beim Bundesministerium für Wirtschaft und Technologie, 2010, sowie die Beiträge im Sammelband von Knappe, 1999.

der Ebene des Fonds, die Aufgaben der Krankenkassen wurden auf die Versicherungsaufgabe und die Gestaltung der Vertragsbeziehungen mit Leistungserbringern fokussiert.[17]

Des Weiteren verfügen die Krankenkassen über die oben dargestellten Möglichkeiten, die Leistungen der Mitglieder zu variieren und den Mitgliedern Wahlmöglichkeiten einzuräumen, die ihre Gesamtprämien beeinflussen. Auch mittelbar wird durch unternehmerische Entscheidungen mit Einfluss auf die Kostenstrukturen der Kassen Einfluss auf die Beiträge genommen. Und schließlich kann im Rahmen von Einzelverträgen in verschiedenen Leistungsbereichen der Leistungsumfang und die Mittelverwendung beeinflusst werden. Auch die anderen gegen die Unternehmenseigenschaft von Krankenkassen sprechenden Kriterien des EuGH, nämlich der fehlende Einfluss auf die Beitragshöhen, die Leistungen und die Mittelverwendung sind also nach den mittlerweile erfolgten Reformen nicht mehr erfüllt. Vor diesem Hintergrund dürfte das Urteil des EuGH der Anwendung von Kartellrecht auf Krankenkassen nicht mehr entgegenstehen.

2.3.2 Kooperationen von Krankenkassen im Lichte des Gesetzes gegen Wettbewerbsbeschränkungen

Im Zuge der letzten Novelle des Gesetzes gegen Wettbewerbsbeschränkungen sollte die weitgehende Ausnahme der Krankenkassen aus der Anwendung des Kartellrechts aufgegeben werden. Im politischen Prozess wurde dagegen vor allem vorgetragen, dass durch die Anwendung von Kartellrecht wichtige, auch sozialrechtlich vorgeschriebene, Kooperationen zwischen Krankenkassen nicht mehr möglich seien und dadurch sowohl die Funktionsfähigkeit des Systems als auch und vor allem die Qualität der medizinischen Versorgung in Deutschland gefährdet wären. Insbesondere – so ein besonders prominentes Argument – könnten verschiedene Vorsorgeprogramme nicht mehr durchgeführt werden, da diese einer Abstimmung der Krankenkassen untereinander bedürften.[18]

Dieses Argument erweist sich allerdings als haltlos. Das GWB nimmt in § 2 Vereinbarungen vom Kartellverbot aus, soweit sie „unter angemessener Beteiligung der Verbraucher an dem entstehenden Gewinn zur Verbesserung der Warenerzeu-

---

[17] Das zeigt sich auch darin, dass der frühere Finanzkraftausgleich im Rahmen des Risikostrukturausgleichs in der GKV seit 2009 entfallen ist. Ähnlich auch die Gesetzesbegründung zum GKV-WSG: „Diese beitragsrechtlichen Regelungen und die Mittelverteilung über den Gesundheitsfonds implizieren einen Ausgleich der unterschiedlichen beitragspflichtigen Einnahmen der Krankenkassen, so dass das Erfordernis für den bisherigen Finanzkraftausgleich im Rahmen des Risikostrukturausgleichs zukünftig entfällt". BT-Drucksache 16/3100, S. 167.

[18] Exemplarisch Spiegel Online vom 15. Juni 2012: Schleichende Privatisierung – Experten warnen vor Kartellrecht für Kassen.

gung oder -verteilung oder zur Förderung des technischen oder wirtschaftlichen Fortschritts beitragen", sich die damit ggfs. verbundenen Wettbewerbsbeschränkungen auf das unerlässliche Maß beschränken und die betroffenen Unternehmen keine Möglichkeit haben, den Wettbewerb für einen wesentlichen Teil der betreffenden Waren (und Dienstleistungen) auszuschalten. Auch die Missbrauchstatbestände der §§ 19 und 20 GWB stellen sachlich gerechtfertigte Verhaltensweisen vom Verbot frei.

Das steht im Einklang mit sozialrechtlichen Kooperationsgeboten, die eine enge Zusammenarbeit im Interesse der Leistungsfähigkeit und Wirtschaftlichkeit vorsehen,[19] nicht aber für Sachverhalte, in denen Kooperation im Widerspruch zu diesen beiden Zielen steht. Das Wirtschaftlichkeitsgebot, dem die Akteure im Gesundheitswesen unterliegen, wird auch im Sozialrecht einerseits durch Wettbewerbselemente und andererseits durch Kooperationen operationalisiert. Dem Wortlaut des Gesetzes nach ist das Kooperationsgebot aber – wie auch die Freistellungstatbestände des GWB – zweckgebunden; es kommt dann zum Tragen, wenn es dem Interesse der Leistungsfähigkeit und Wirtschaftlichkeit der Gesetzlichen Krankenversicherung dient.

Sozialrechtliche Kooperationsgebote sollen in den Bereichen, in denen es sinnvoll ist, das reibungslose Zusammenspiel der Akteure des Gesundheitssystems gewährleisten. Die konzertierte Standardisierung z. B. bei der elektronischen Gesundheitskarte erlaubt Effizienzgewinne durch die gemeinsame Nutzung bestimmter Technologien. Wenn Krankenkassen gemeinsam bestimmte Vorsorgeprogramme entwickeln, ein Register für Knochenmarkspenden einführen oder Standards bei der Nutzung technischer Plattformen für die Leistungsabrechnung abstimmen, könnten diese Vereinbarungen im Sinne des § 4 Abs. 3 SGB V geboten und nach § 2 GWB freigestellt sein. Soweit Kooperationen das Gegenteil bewirken, dürften sie sich im Umkehrschluss nicht mit sozialrechtlichen Regelungen rechtfertigen lassen. Anreize zur Optimierung von Kostenstrukturen werden dadurch gesetzt, dass Krankenkassen, die aufgrund ineffizienter Verwaltung Zusatzbeiträge erheben müssen, Mitglieder verlieren. Preisabsprachen bei der Festlegung und Erhöhung von Zusatzbeiträgen hingegen beschränken diesen effizienzsteigernden Wettbewerb, sie müssten folgerichtig sowohl nach § 4 SGB V als auch nach § 1 GWB verboten sein.

Die Organisationsgrundsätze des Wettbewerbs und der sozialrechtlich geforderten Kooperation schließen sich also nicht aus. Es kommt vor allem darauf an, die verschiedenen Instrumente den unterschiedlichen Zielsetzungen entsprechend zum Einsatz kommen zu lassen.

---

[19] § 4 Abs. 3 SGB V.

3 Ausblick

Ein hinreichender Schutz des gesetzgeberisch gezielt zur Verfolgung von Wirtschaftlichkeitszielen vorgesehenen Wettbewerbsmechanismus kann mit der derzeitigen Rechtslage nicht gewährleisten werden. Wettbewerb folgt keinem Selbstzweck, sein Ziel liegt grundsätzlich darin, die in einer Gesellschaft für verschiedene Verwendungen verfügbaren Ressourcen so wirtschaftlich wie möglich und zur Produktion in der von den Nutzern gewünschten Qualität einzusetzen. Dieses Ziel liegt ausdrücklich auch den in das Gesundheitswesen implementierten Wettbewerbsinstrumenten zu Grunde.

Vom Wettbewerb um Mitglieder zeugt die Entstehung von wettbewerbsbezogener Information ebenso wie beobachtbare Mitgliederwanderungen. Dabei müssen nicht einmal nennenswerte Preisunterschiede bestehen, um Wettbewerbswirkungen zu erzielen. Die Reaktion der Krankenkassenmitglieder auf die Einführung geringer Zusatzbeiträge durch einige Kassen hat das gezeigt. Allein das Risiko, aufgrund hoher Kosten einen Zusatzbeitrag einführen und Mitglieder verlieren zu müssen, ist hoch genug, um erhebliche Anstrengung zur Verbesserung der eigenen Position zu unternehmen.

Die Ursache gegen nach wie vor bestehende Vorbehalte gegen Wettbewerb im Gesundheitswesen ist im Sinne polit-ökonomischer Rent-Seeking- und Bürokratietheorien eher in den enormen Umverteilungsrenten und den Selbsterhaltungskräften eines umfassend regulierten Systems zu suchen, denn in einer ökonomisch begründeten Sorge vor der mangelnden Funktionsfähigkeit der Wettbewerbsordnung. Umso wichtiger erscheint es vor diesem Hintergrund, die gesetzlich eingeräumten Handlungsspielräume durch eine effektive Kartellrechtsanwendung vor Beschränkungen zu schützen, die nicht Ergebnis von Markt- oder Staatsversagen, sondern von wettbewerbsschädlichem Verhalten der Marktteilnehmer sind. Neben der Fusionskontrolle sollte auch die uneingeschränkte Anwendung von Kartell- und Missbrauchsverbot auf Krankenkassen angeordnet werden, jedenfalls, wenn Wettbewerb als Ordnungsinstrument tatsächlich effektiv eine höhere Wirtschaftlichkeit im Gesundheitswesen garantieren soll. Die Sorge vor einer entgegenstehenden europäischen Rechtsprechung erweist sich als unbegründet. Schon die letzten Reformen haben das deutsche Gesundheitssystem und die Rahmenbedingungen für die Krankenkassen soweit geändert, dass bei strenger Anwendung der Kriterien des EuGH bereits heute von einer Unternehmenseigenschaft der Krankenkasse ausgegangen werden müsste. Abgesehen davon bleibt es dem deutschen Gesetzgeber unbenommen, durch gesetzliche Regelungen die Kartellrechtsanwendung im Gesundheitswesen anzuordnen.

Literaturverzeichnis

Breyer, Friedrich, Peter Zweifel und Matthias Kifmann (2013): *Gesundheitsökonomie*, 6. Auflage, Berlin / Heidelberg.

Eekhoff, Johann, Vera Bünnagel, Susanna Kochskämper und Kai Menzel (2008): *Bürgerprivatversicherung*, Tübingen.

Gaßner, Maximilian und Michaela Ahrens (2007): „Anwendbarkeit der Fusionskontrolle des GWB bei der Vereinigung gesetzlicher Krankenkassen", *Die Sozialgerichtsbarkeit* 9 / 07, S. 528–535.

Knappe, Eckhard (Hrsg.) (1999): *Wettbewerb in der Gesetzlichen Krankenversicherung*, Baden-Baden.

Monopolkommission (2012): *Die 8. GWB-Novelle aus wettbewerbspolitischer Sicht*, Sondergutachten der Monopolkommission gemäß § 44 Abs. 1 Satz 4 GWB, Bonn.

Oberender, Peter, Jürgen Zerth und andere (2013): „Reform des Gesundheitssystems: Kommt die Einheitskasse?", *Ifo-Schnelldienst* 66, 19 / 2013, S. 3–15.

Säcker, Franz Jürgen (2012): „Gesetzliche Krankenkassen als Unternehmen i. S. Des Wettbewerbsrechts", *Die Sozialgerichtsbarkeit* 2 / 2012, http://www.diesozialgerichtsbarkeit.de/SGb.02.2012.061.

Wissenschaftlichen Beirates beim Bundesministerium für Wirtschaft und Technologie (2010): *Zur Reform der Finanzierung der Gesetzlichen Krankenversicherung*, Berlin.

Urteile und amtliche Dokumente

BGH, WuW/E DE-R 839 – Privater Pflegedienst.

BT-Drucksache 16 / 3100 – Gesetz zur Stärkung des Wettbewerbs in der gesetzlichen Krankenversicherung.

EuG, T-155 / 04, SELEX, zitiert nach Juris.

EuGH-Entscheidung vom 16. 03. 2004 in der verbundenen Rechtssache C-264 / 01, AOK-Bundesverband u. a., zitiert nach Juris.

LSG Hessen, L 1 KR 89 / 10 KL, Krankenversicherung – gemeinsame Pressekonferenz der Krankenkassen über die erstmalige Erhebung von Zusatzbeiträgen gem § 242 SGB 5.

Presseausschnitte (chronologisch)

Spiegel Online vom 15. Juni 2012: Schleichende Privatisierung – Experten warnen vor Kartellrecht für Kassen.

Deutsches Ärzteblatt vom 22. 11. 2013, Koalitionsverhandlungen zu Gesundheit: Finanzierungskompromisse stehen, abgerufen am 23. 11. 2013 unter http://www.aerzteblatt.de/nachrichten/56678/Koalitionsverhandlungen-zu-Gesundheit-Finanzierungskompromisse-stehen.

Eine Dienstleistungsrichtlinie für das Gesundheitswesen – Wurden die Chancen genutzt?

Susanna Kochskämper

Eine Richtlinie für den Dienstleistungsverkehr im Gesundheitswesen war von der Europäischen Kommission lange vorbereitet worden. Bereits im Zuge der Diskussion um eine allgemeine Dienstleistungsrichtlinie im Jahr 2006 kündigte sie eine gesonderte Richtlinie für Dienstleistungen im Gesundheitswesen an. Der „Kronberger Kreis", dessen damaliger Sprecher Johann Eekhoff war, schrieb dazu in seiner Studie „Dienstleistungsmärkte in Europa weiter öffnen" aus dem Jahr 2007:

> *„[...] Bislang sind die Gesundheitssysteme in der Europäischen Union weit davon entfernt, es den Beteiligten zu ermöglichen, die Vorteile des internationalen Wettbewerbs auszuschöpfen. Lediglich beim Angebot ambulanter Gesundheitsleistungen gibt es einen weitgehend ungehinderten grenzüberschreitenden Wettbewerb. Wegen der wohnortnahen Inanspruchnahme dieser Dienstleistungen ist die Wirkung dieser Freiheit allerdings begrenzt. Für Arbeitnehmer im Gesundheitssektor und für Erbringer von Gesundheitsdienstleistungen gelten zwar grundsätzlich Freizügigkeit und Niederlassungsfreiheit, aber hier werden die Beschränkungen des jeweiligen Zielstaates wirksam [...]. Es empfiehlt sich, den Interpretationsspielraum der gesetzlichen Regelungen zur Nutzung des internationalen Wettbewerbs eher auszuweiten als einzuengen. [...] und es sollte die Möglichkeit offen gehalten werden, unter veränderten Bedingungen auf den Märkten und in den Gesundheitssystemen die Chancen zu nutzen, die der internationale Wettbewerb bietet[...]."*[1]

Fünf Jahre später, im Oktober 2013, trat schließlich die sogenannte „Patientenrichtlinie" (Richtlinie 2011/24/EU) in Kraft. Sie wird in diesem Beitrag auf die Frage hin analysiert, ob diese damals in sie gesetzte Hoffnung erfüllt wurde.

---

1 S. Donges et al., 2007, S. 61–62.

1 Einordnung: rechtliche Einflussmöglichkeiten der EU auf das Gesundheitswesen

Grundsätzlich wird im Recht der Europäischen Union die nationale Zuständigkeit für das Gesundheitswesen betont:

> *„[...] bei der Tätigkeit der Europäischen Union [wird] die Verantwortung der Mitgliedstaaten für die Festlegung ihrer Gesundheitspolitik sowie für die Organisation des Gesundheitswesens und die medizinische Versorgung gewahrt. Die Verantwortung der Mitgliedstaaten umfasst die Verwaltung des Gesundheitswesens und der medizinischen Versorgung sowie die Zuweisung der dafür bereitgestellten Mittel.“*[2]

Gleichwohl werden in demselben Artikel die Bereiche genannt, in denen die Akteure der Europäischen Union tätig werden können – beispielsweise bei der Festlegung von Qualitäts- und Sicherheitsstandards für Arzneimittel und Medizinprodukte,[3] sowie bei dem Erlass von Maßnahmen „[...] zur Verbesserung der menschlichen Gesundheit sowie insbesondere zu Bekämpfung grenzüberschreitender Krankheiten [...]“.[4] Darüber hinaus gelten grundsätzlich auch die Regeln des gemeinsamen Binnenmarktes mit seinen vier Grundfreiheiten Personenfreizügigkeit, Kapitalverkehrsfreiheit, Warenverkehrsfreiheit und Niederlassungs- und Dienstleitungsfreiheit sowie das EU-Wettbewerbsrecht und die Charta der Grundrechte für das Gesundheitswesen. Daher steht das Gesundheitswesen in einem Spannungsfeld zwischen einer, größtenteils sogar sehr umfassenden, nationalen Regulierung und den Regeln der Europäischen Union. Es besteht nicht immer rechtliche Sicherheit darüber, ob und in welchen Bereichen des Gesundheitswesens diese Regeln gelten und ob deren Anwendung, steht sie im Gegensatz zu nationalem Recht, einen Verstoß gegen Artikel 168 AEUV darstellt.[5] Das allgemeine Recht der Europäischen Union muss deshalb bezüglich des Gesundheitswesens fortwährend interpretiert und spezifiziert werden. Die „Patientenrichtlinie“ stellt eine solche Spezifizierung dar und wurde verabschiedet, um zur rechtlichen Sicherheit bezüglich der Anwendung der Dienstleistungsfreiheit im Gesundheitswesen beizutragen.

---

2 S. Art. 168, Abs. 7 AEUV.

3 Ebd., Abs. 4 c).

4 Ebd., Abs. 5.

5 Vgl. hierzu beispielsweise auch McHale, 2010.

2 Rechtliche Klarheit durch die neue Richtlinie?

In der „Richtlinie 2011/24/EU über die Ausübung der Patientenrechte in der grenzüberschreitenden Gesundheitsversorgung", werden geplante medizinische Behandlungen im EU-Ausland geregelt. Es wird Unionsbürgern grundsätzlich gestattet, medizinische Leistungen, die im Inland erstattet werden, auch im EU-Ausland zu erhalten. Dabei gilt, dass Leistungen nur im Umfang des Leistungskatalogs des Versicherungsstaates und nur in Höhe der dort geltenden Sätze erstattet werden. Übersteigen die Kosten im Behandlungsstaat den Erstattungsbetrag im Versicherungsstaat, hat der Versicherte die Differenz selbst zu tragen. Allerdings wird zwischen ambulanten Behandlungen, Behandlungen, die den „Einsatz einer hoch spezialisierten und kostenintensiven medizinischen Infrastruktur oder medizinischen Ausrüstung erfordern"[6] und stationären Behandlungen unterschieden. Erstere dürfen jederzeit, die beiden letzteren nur nach Genehmigung des jeweiligen Kostenträgers in Anspruch genommen werden. Es wird jedoch auch näher bestimmt, dass eine Genehmigung nur unter bestimmten Umständen verweigert werden darf (u. a. bei einem nicht als annehmbar angesehenes Patientensicherheitsrisiko (gemäß klinischer Bewertung), einem erheblichen Sicherheitsrisiko für die Öffentlichkeit, bei Gesundheitsdienstleistern, die zu ernsthaften und spezifischen Bedenken in Bezug auf die Einhaltung der Qualitätsstandards und -leitlinien für die Versorgung und die Patientensicherheit Anlass geben sowie falls die betreffende Gesundheitsversorgung innerhalb eines medizinisch vertretbaren Zeitraums im Inland geleistet werden kann). Nicht eingeschlossen in die Richtlinie sind Pflegeleistungen.

Grundsätzlich geht die Richtlinie nicht wesentlich über bereits durch die Rechtsprechung des Europäischen Gerichtshofs existierendes tertiäres Recht hinaus.[7] So schreibt auch beispielsweise das deutsche Bundesministerium für Gesundheit über die „neuen" Rechte der Versicherten:

> *„[...] Speziell für die deutschen Versicherten ist dies jedoch nichts Neues mehr: Die seit 1998 ergangene Rechtsprechung des EuGH wurde bereits im Jahr 2004 im deutschen Recht [...] festgeschrieben. Darüber hinaus bietet die Richtlinie vor allem praktische Erleichterungen bei der Wahrnehmung dieser Rechte [...].*"[8]

Darüber hinaus kann jedoch nicht davon ausgegangen werden, dass mit ihrer Gültigkeit vollständige rechtliche Klarheit besteht. Denn in der Richtlinie heißt es:

---

6 Vgl. RL 2011/24/EU, Art. 8, Abs. 2.
7 Für einen Überblick s. beispielsweise Donges et al., 2007, S. 42–44.
8 S. Bundesministerium für Gesundheit, 2013.

„[...] Patienten sollten nicht die ihnen vorteilhafteren Ansprüche gemäß den Verordnungen der Union zur Koordinierung der Sozialversicherungssysteme verlieren, wenn die Bedingungen erfüllt sind. [...] Hat der Patient sowohl nach dieser Richtlinie als auch nach der Verordnung (EG) Nr. 883/2004 Anspruch auf grenzüberschreitende Gesundheitsdienstleistungen und ist die Anwendung der Verordnung für den Patienten günstiger, dann sollte der Patient durch den Versicherungsmitgliedstaat darauf hingewiesen werden.“[9]

Die Regeln, die in der Verordnung (EG) Nr. 883 / 04 festgeschrieben sind, wurden lange vor Verabschiedung der Richtlinie 2011 / 24 / EU etabliert. Sie weisen jedoch einige entscheidende Unterschiede auf. Denn nach dieser Verordnung können Versicherte Sachleistungen[10] im Umfang des Behandlungsstaates bei vollständiger Kostenübernahme durch den zuständigen Versicherungsstaat erhalten. Die Patienten, die Leistungen im europäischen Ausland nachfragen, werden demnach so behandelt, als wären sie in dem entsprechenden Behandlungsstaat versichert. Die Verordnung gilt im Gegensatz zur Richtlinie nicht für alle Versicherten uneingeschränkt und automatisch: Sie wird erstens auf alle Leistungen einer Behandlung im Ausland, die nicht bis zur Rückkehr des Patienten aufzuschieben sind, angewendet. Zweitens gilt sie für Versicherte, die ihren Wohnsitz in das europäische Ausland verlagern, aber weiterhin im inländischen System versichert sind, wie beispielsweise Rentner oder maximal 24 Monate entsandte Arbeitnehmer. Drittens kann sie auch für gezielt im europäischen Ausland nachgefragte ambulante und stationäre Leistungen Anwendung finden. Diese stehen aber grundsätzlich unter Genehmigungsvorbehalt. Sie muss erteilt werden, wenn die entsprechende Behandlung nicht rechtzeitig durch den zuständigen Träger zu erbringen ist. Der Kostenträger kann den Leistungsumfang hierbei auf bestimmte Leistungen beschränken.

Gerade in diesem letzten Bereich sind auch künftig Rechtstreitigkeiten wahrscheinlich. Für Patienten ist die Abrechnung einer Behandlung im europäischen Ausland nach der Verordnung (EG) Nr. 883 / 04 immer dann vorteilhafter, wenn dort die erstattungsfähigen Kosten höher liegen als im Inland. Es ist daher zu erwarten, dass sie sich bemühen werden, nach den Regeln der Verordnung behandelt zu werden. Die inländischen Kostenträger werden hingegen die Behandlung auf Grundlage der Richtlinie abrechnen wollen.

---

9 S. RL 2011 / 24 / EU (31).

10 Geldleistungen werden hingegen im Umfang des Versicherungsstaates gewährt, können aber seitens der Versicherungsträger mit den gewährten Sachleistungen verrechnet werden.

3 Chancen des internationalen Wettbewerbs genutzt?

Da die neue Richtlinie keine großen Neuerungen für die Dienstleistungs- und Niederlassungsfreiheit im Gesundheitswesen mit sich bringt, sind durch sie auch keine großer Fortschritte bezüglich eines effizienzsteigernden, grenzüberschreitenden Binnenmarktes in diesem Bereich zu erwarten. Weiterhin gilt, dass nur ambulante medizinische Leistungen ohne weitere Beschränkungen grenzüberschreitend nachgefragt werden können. Ungeklärt bleiben nach wie vor einige entscheidende Aspekte der Niederlassungs- und Dienstleistungsfreiheit im Gesundheitswesen, die im Folgenden kurz dargestellt werden:

3.1 Keine Neuerungen im Bereich der stationären Leistungen

Die grenzüberschreitende Nachfrage nach stationären Leistungen steht weiterhin unter Genehmigungsvorbehalt. Begründet wird dies mit dem Allgemeininteresse. Dahinter steht die Auffassung, dass für Krankenhäuser nicht ohne Weiteres die Regeln des gemeinsamen Binnenmarktes Anwendung finden können. Im gegenwärtigen EU-Recht wird zwischen Krankenhäusern unterschieden, die „direkt über Sozialversicherungsbeiträge sowie aus staatlichen Mitteln finanziert" werden und „ihre Dienste für Versicherte unentgeltlich nach dem Prinzip der allgemeinen Gesundheitsversorgung" erbringen[11] und denjenigen, die „ihre Dienstleistungen gegen ein Entgelt" anbieten, das entweder direkt von den Patienten oder deren Versicherungen gezahlt wird.[12] Erstere werden nicht als Unternehmen eingestuft und damit auch nicht den Regeln des integrierten Marktes unterworfen. Letztere zählen zwar grundsätzlich als Unternehmen. Dennoch können Krankenhausleistungen als sogenannte Dienstleistungen von allgemeinem wirtschaftlichem Interesse behandelt werden. Das heißt, die Binnenmarktregeln finden nur dann Anwendung, wenn sie nicht „in der Erfüllung der ihnen übertragenen besonderen Aufgabe rechtlich oder tatsächlich"[13] behindert werden. Nach dem Recht der Europäischen Union ist bisher nicht eindeutig, welche stationären Leistungen genau als Dienstleistungen von allgemeinem wirtschaftlichem Interesse betrachtet werden dürfen.[14] Die teilweise oder vollständige Steuerfinanzierung stationärer Leistungen, die in allen Mitgliedstaaten praktiziert wird, wird jedoch aufgrund

---

11 S. Mitteilung der Kommission über die Anwendung der Beihilfevorschriften der Europäischen Union auf Ausgleichsleistungen für die Erbringung von Dienstleistungen von allgemeinem wirtschaftlichem Interesse, (2012/C 8/02), Abs. 22, S. 7 sowie EuGH, Rs. T-319/99 (FENIN).

12 S. Mitteilung der Kommission über die Anwendung der Beihilfevorschriften der Europäischen Union auf Ausgleichsleistungen für die Erbringung von Dienstleistungen von allgemeinem wirtschaftlichem Interesse, (2012/C 8/02), Abs. 24, S. 7.

13 S. Art. 106 Abs. (2) AEUV.

14 Vgl. hierzu auch Hatzopoulos, 2010.

dieser Interpretation stationärer Leistungen als Allgemeininteresse bisher nicht in Frage gestellt.

Ökonomisch lässt sich jedoch nicht begründen, weshalb der stationäre Sektor von Marktregeln ausgenommen werden sollte. Es lässt sich kein Marktversagen in einem Ausmaß erkennen, so dass umfassende staatliche Regulierungsmaßnahmen zur Einschränkung des Wettbewerbs Verbesserungen des Marktergebnisses erwarten lassen. Ebenso wenig kann ein Marktversagenstatbestand eine staatliche Subventionierung in großem Ausmaß rechtfertigen. Einzig die staatliche Kontrolle der Kapazitätsvorhaltung für den Katastrophenfall könnte eine Ausnahme darstellen, da diese möglicherweise nicht auf einem Wettbewerbsmarkt bereitgestellt werden kann.[15]

Im Zuge der Diskussion um eine neue Richtlinie wurden die bisherigen Regeln für den stationären Bereich jedoch nicht erweitert, derartige Überlegungen fanden keinen Einzug in die Diskussion. Dadurch wurde nicht nur die Chance vertan, mögliche neue Wege in diesem Bereich aufzuzeigen. Vielmehr kann das Nebeneinander von EU-Recht und nationalen Regeln in diesem Bereich zu Ineffizienzen führen.[16] Denn die Akzeptanz der (teilweisen) Steuerfinanzierung im EU-Recht führt gleichzeitig dazu, dass Krankhäuser wie „Infrastruktur“ behandelt werden. Steuerfinanzierte Elemente der medizinischen Leistungserbringung, die sich nicht in der Abrechnung zwischen Kostenträger und Leistungserbringer niederschlagen, dürfen nicht als Begründung herangezogen werden, um von EU-Ausländern höhere Preise bzw. Gebühren zu verlangen, die von inländischen Versicherten nicht gezahlt werden.[17] Wird jedoch in der Preissetzung für EU-Ausländer nicht der Steueranteil mitberücksichtigt, entsteht die Möglichkeit zu Freifahrerverhalten. EU-Ausländer können inländische medizinische Leistungserbringung zu einem geringeren, nicht kostendeckenden Preis nutzen als Inländer, die einen Teil des Preises als Steuerzahlung entrichten. Es kommt zu Kostenspillover-Effekten. Bei ansonsten gleicher Leistungserbringung kann es für einen Mitgliedstaat günstiger sein, auf den Ausbau von steuerfinanzierten Kapazitäten im Gesundheitssystem zu verzichten und darauf zu setzen, dass die eigenen Patienten zur Behandlung ins EU-Ausland überwiesen werden können – zu Lasten der dortigen Steuerzahler. Im theoretischen Extrem führt eine solche Anreizstruktur zu einer nicht wohlfahrtsoptimalen Unterversorgung mit medizinischer Infrastruktur.

Gelten steuerfinanzierte Krankenhausleistungen oder -infrastruktur als politisches Prestigeobjekt, kann es auch politischer Wille sein, Patienten möglichst nicht ins EU-Ausland zu überweisen, um heimische Kapazitäten zu füllen und

---

15 S. hierzu beispielsweise Neubauer / Beivers, 2006 sowie Kochskämper, 2013, S. 42 ff.
16 S. Kochskämper, 2013, S. 134–135.
17 Vgl. EuGH, Rs. C-411 / 98 (Ferlini).

damit deren Steuerfinanzierung politisch zu rechtfertigen. Auch eine solche Strategie ist nicht wohlfahrtsoptimal und zum Nachteil für Patienten, die dann mögliche Qualitätsvorteile ausländischer Anbieter nicht nutzen können, und für die Steuerzahler. Zwar darf die stationäre Behandlung, wie oben gezeigt, nur mit Begründung verweigert werden. Allerdings wird hier durch den Hinweis darauf, dass eine Verweigerung zulässig sein kann, falls die Behandlung innerhalb eines medizinisch vertretbaren Zeitraums im Inland erfolgen kann, ein relativ weiter Interpretationsspielraum gelassen.

Welche dieser beiden Strategien gewählt wird, hängt konkret von der nationalen Ausgestaltung des Gesundheitssystems, den dort gesetzten Anreizstrukturen für politische Akteure und den dominierende Interessengruppen ab. Verhindert werden beide durch das gegenwärtige EU-Regelwerk nicht.

3.2 Problematisches Nebeneinander von verschiedenen Regeln bei der grenzüberschreitenden Nachfrage nach Gesundheitsleistungen

Trotz Verabschiedung einer neuen Richtlinie wurde, wie oben gezeigt, das ältere Regelwerk zur grenzüberschreitenden Nachfrage nach Gesundheitsleistungen nicht vollständig ersetzt. Die Regeln der Verordnung (EG) 883/04 bestehen weiterhin fort. Dies ist nicht nur deshalb ineffizient, weil nicht versucht wurde, Rechtsunsicherheit zu beheben und dadurch entstehende Kosten zu vermeiden. Problematisch ist dies auch insofern, da im Gegensatz zu den Bestimmungen der Richtlinie 2011/24/EU die Behandlung im EU-Ausland durch die inländische Versichertengemeinschaft subventioniert wird. Patienten (bzw. im EU-Ausland lebenden Personen), die im EU-Ausland umfangreichere und teurere Leistungen nachfragen, wälzen einen Großteil der dadurch entstehenden zusätzlichen Kosten auf die Beitrags- bzw. Steuerzahler zuhause ab.[18] Dadurch wird jedoch die Autonomie der Nationalstaaten bezüglich der Festlegung eines eigenen Leistungskataloges für ihr Gesundheitswesen unterlaufen. Denn sie haben keinen Einfluss auf den Umfang der gewährten Leistungen in anderen Mitgliedstaaten. Es kommt zu einer Ungleichbehandlung zwischen den Patienten, die entsprechend mobil sind und dadurch eine umfangreichere Behandlung im EU-Ausland in Anspruch nehmen können, ohne diese selbst finanzieren zu müssen, und denjenigen, die aufgrund eingeschränkter Mobilität Sachleistungen im Inland nachfragen. Ordnungspolitisch lässt sich eine solche Ungleichbehandlung nicht begründen.

---

[18] Vorausgesetzt wird hier ein entsprechend funktionierendes Verrechnungssystem – ansonsten kann es auch sein, dass Steuer- bzw. Beitragszahler in dem jeweiligen Wohnsitzland an der Finanzierung der Leistungen beteiligt werden.

3.3 Keine Ausweitung der Niederlassungsfreiheit für Anbieter medizinischer Leistungen und Güter

Nicht angegangen wurden in der Richtlinie weitere Aspekte der Niederlassungsfreiheit der Anbieter medizinischer Leistungen im Binnenmarkt. Zwar darf sie nicht willkürlich durch die Mitgliedstaaten eingeschränkt werden. Auch ist die automatische Anerkennung von Berufsqualifikationen durch die Richtlinie 2005 / 36 / EG für bestimmte medizinische Berufe unionsweit einheitlich geregelt.[19] Allerdings gilt de facto das Bestimmungslandprinzip.[20] Anbieter medizinischer Leistungen unterliegen den berufsständischen, gesetzlichen oder verwaltungsrechtlichen Berufsregeln des Aufnahmemitgliedstaates.[21] Zwar kann die Anwendung des Bestimmungslandprinzips für die Anbieter medizinischer Leistungen dann gerechtfertigt sein, wenn Freifahrerverhalten droht.[22] Existierte ein idealer Krankenversicherungsmarkt, müssten Krankenversicherer garantieren können, dass Verträge mit Leistungserbringern die gesetzlich vorgegebenen Qualitätskriterien der medizinischen Behandlung erfüllen. Allerdings gehen die tatsächlichen nationalen Regulierungen der Mitgliedstaaten weit über dieses Kriterium hinaus, insbesondere im Rahmen der obligatorischen Pflichtversicherungssysteme.[23] Geregelt sind u. a. Gebühren für medizinische Dienstleister, Zulassungsbeschränkungen bezüglich des Orts der Leistungserbringung im Rahmen einer staatlichen Kapazitätsplanung, Verkauf, Vertrieb und Preise von Medikamenten etc. Werden die Anbieter der medizinischen Versorgung jedoch diesen umfassenden Regeln unterworfen, ist eine Marktöffnung und damit auch die positive Wirkung, die durch einen gemeinsamen Binnenmarkt erfolgen kann, stark eingeschränkt. Müssen beispielsweise ausländische Leistungserbringer medizinische Versorgung zu denselben Preisen wie inländische anbieten, können komparative Vorteile nicht genutzt werden, um das medizinische Angebot günstiger zu erstellen. Auch über diesen Punkt wurde jedoch im Zuge der Gestaltung einer neuen Richtlinie nicht weiter diskutiert. Der Fokus war ausschließlich auf die grenzüberschreitende Nachfrage und nicht auf mögliche Probleme bei der Niederlassungsfreiheit medizinischer Anbieter gerichtet.

---

[19] In ihr wird hinsichtlich der Qualifikationen von Ärzten, Krankenschwestern und Krankenpflegern, Zahnärzten, Hebammen und Apothekern eine Mindestharmonisierung vorgesehen. Die Berufsqualifikationen werden automatisch anerkannt. Außerdem werden für alle diese Berufe EU-weit geltende einheitliche Mindestanforderungen der Ausbildung festgelegt, beispielsweise bezüglich der Mindeststudiendauer.

[20] Beispielsweise schreibt in Deutschland die Bundesärzteordnung (BÄO) die Existenz einer Gebührenordnung vor. Die BÄO gilt ungeachtet der Richtlinie 2005 / 36 / EG, dort vorgenommene Einschränkungen werden (bisher) nicht als unzulässige Beschränkung der Dienstleistungs- und Niederlassungsfreiheit gewertet.

[21] S. RL 2005 / 36 / EG Art. 5.

[22] S. Kochskämper, 2013, S. 89 ff.

[23] Dieser folgende Abschnitt ist Kochskämper, 2013, S. 138 entnommen.

4 Fazit

Die neue Richtlinie für das Gesundheitswesen bringt letztlich keine entscheidenden Neuerungen. Durch den Europäischen Gerichtshof bereits festgeschriebene Regeln wurden nicht deutlich erweitert. Zudem wurde das durch die ältere Verordnung EG 883/04 vorgeschriebene Regelwerk nicht ersetzt, sondern besteht fort. Dadurch sind künftige Rechtsstreitigkeiten zu erwarten. Darüber hinaus wurde die Chance vertan, neue Impulse zu setzen und weitere Grundlagen zu schaffen, auf denen sich eine höhere Effizienz im Gesundheitswesen durch die Nutzung des gemeinsamen Binnenmarktes einstellen könnte. Das Fazit, das der Kronberger Kreis im Jahr 2007 zog, bleibt daher weiterhin aktuell. Es ist nach wie vor einiges zu tun.

Literaturverzeichnis

Bundesministerium für Gesundheit (2013): *Glossarbegriff. Patientenmobilitätsrichtlinie. Fragen und Antworten zur Richtlinie über die Ausübung der Patientenrechte in der grenzüberschreitenden Gesundheitsversorgung,* in: http://www.bmg.bund.de/glossarbegriffe/p-q/patienten mobilitaetsrichtlinie.html, abgerufen am 15. 11. 2013.

Donges, Jürgen B., Johann Eekhoff, Wolfgang Franz, Clemens Fuest, Wernhard Möschel und Manfred J. Neumann (Kronberger Kreis) (2007): *Dienstleistungsmärkte in Europa weiter öffnen*, Schriften des Kronberger Kreises, Bd. 45.

Hatzopoulos, Vassilis (2010): „Public procurement and state aid in national health care systems", in: Elias Mossialos, Govin Permanand, Rita Baeten und Tamara K. Hervey (Hrsg.), *Health Systems Governance in Europe. The Role of European Union Law and Policy,* Cambridge: Cambridge University Press, S. 379–418.

Kochskämper, Susanna (2013): *Das Gesundheitswesen in der Europäischen Union – Perspektiven für eine künftige Ausgestaltung,* Untersuchungen zur Wirtschaftspolitik 138, Köln: Institut für Wirtschaftspolitik an der Universität zu Köln.

McHale, Jean V. (2010): „Fundamental rights and health care", in: Elias Mossialos, Govin Permanand, Rita Baeten und Tamara K. Hervey (Hrsg.), *Health Systems Governance in Europe. The Role of European Union Law and Policy,* Cambridge: Cambridge University Press, S. 282–314.

Neubauer, Günter und Andreas Beivers (2006): „Privatisierung der Krankenhäuser – Modischer Trend oder ökonomische Notwendigkeit?", *Orientierungen zur Wirtschafts- und Gesellschaftspolitik*, Vol. 109 (3), S. 48–52.

Mehr Wettbewerb – die richtige Therapie für die Gesundheitsversorgung in Deutschland?

Axel Wehmeier

1 Herausforderungen der Gesundheitsversorgung im Lichte der Ordnungspolitik

Unter verschiedenen Aspekten gilt die Gesundheits- und Pflegpolitik als eine der zentralen politischen Herausforderungen der nächsten Jahrzehnte.[1] Auf der Nachfrageseite sorgen absehbar steigende Zahlen chronisch Kranker und pflegebedürftiger Personen, stark steigende Bedarfe des medizinischen Coachings angesichts verlängerter Erwerbstätigkeit und das Crowding out familiärer, nicht entgeltlich erbrachter Pflegedienste, für strukturellen Druck. Schon heute steht auf der Angebotsseite fest, dass es in den nächsten Jahren zu einem erheblichen Fachkräftemangel kommen wird, der weder durch Einwanderung und / oder deutliche Preis- bzw. Lohnerhöhungen kompensiert werden kann. In der Pflege ist dies schon heute dramatisch. Somit rücken als alternative Lösungen eine Rationierung im Sinne einer deutlich beschränkteren allgemeinen Grundversorgung (hier nicht weiter betrachtet) oder aber Innovationen im Hinblick auf eine produktivere Versorgung selbst in den Vordergrund.

Diese Verknappung geht ab etwa 2020 einher mit einer deutlich sinkenden Zahl an Beitragszahlern und damit stark zunehmenden individuellen Lasten, wie es auch aus anderen umlagefinanzierten Systemen wie der Rentenversicherung wohlbekannt ist. Auch die privaten Krankenversicherungen scheinen allerdings auf die Ausgabensteigerungen nur unzureichend vorbereitet zu sein. Sie mussten bereits in den letzten Jahren ihre Beiträge weit überdurchschnittlich erhöhen.

Schon heute ist der Gesundheitssektor mit rund 300 Mrd. Euro der größte nationale Wirtschaftssektor. Mit absehbar deutlich überdurchschnittlichen Wachstumsraten wird sich dieser Trend weiter verstärken. Es ist auch der Sektor, in dem die meisten zusätzlichen neuen Jobs über die gesamte Wertschöpfungsstufe mit sehr unterschiedlichen Qualifikationsprofilen entstehen, wenn auch diese Quote in Deutschland geringer ist als etwa in den USA, wo fast jeder zweite neue Job in der Gesundheitswirtschaft entsteht. Es kann auch gezeigt werden, dass die Dynamik der industriellen Gesundheitswirtschaft (Pharma, Medizintechnik, Medizin

[1] Vgl. Knieps, 2013 für einen komprimierten Überblick

IT) weit überdurchschnittliche Impulse auf die deutsche Wirtschaft ausübt.[2] Insgesamt kann somit eine enorme und weiter wachsende Bedeutung der Gesundheitswirtschaft für die deutsche Wirtschaft konstatiert werden.

Zum Status quo des deutschen Gesundheitswesens ist festzuhalten, dass das deutsche System nach Abschätzung der Experten im OECD-Vergleich eines der teuersten darstellt und bezogen auf die Qualität der Versorgung leicht abfällt: Insgesamt liegt die Versorgungsqualität im (gehobenen) Mittelfeld, Tendenz leicht sinkend.[3] Die schwache Innovationskraft des Versorgungssystems wird allgemein beklagt. Die Durchdringung des Sektors mit moderner Informations- und Kommunikationstechnologie ist weit unterdurchschnittlich, was auf große Effizienzreserven schließen lässt.

Vor diesem Hintergrund ist der Mangel an gesamthaften wirtschafts- bzw. ordnungspolitischen Analysen zu dem Reformbedarf im Gesundheitssektor erstaunlich. Vereinzelte Vorstöße in der zumeist schon ferneren jüngeren Vergangenheit bilden die Ausnahme.[4] Viel wurde zur Finanzierungsseite veröffentlicht.[5] Hier liegt die Relevanz für das große Thema Arbeitsmarkt- und Sozialpolitik wegen der Bedeutung der GKV-Beiträge für die Arbeitskosten auf der Hand. Mit Blick auf die Versorgungspolitik ist dies aber eher von nachrangiger Bedeutung. Letztlich geht es im Kern um die Entwicklung der Versorgungs-Produktivität und die wird ganz wesentlich durch das Zusammenspiel von Leistungserbringern und Kostenträgern auf der einen und die angebotsseitigen Dynamiken auf der anderen Seite determiniert.

Was ist aber konstituierend für einen ordnungspolitischen Zugang i. S. einer zusammenhängenden Betrachtung von marktökonomischen, institutionellen und (sozial)politischen Konstituenten des Themas?

1.1 Marktversagen: Informationsdefizite und ungleiche Marktmacht

Die Diagnose in der entsprechenden Literatur ist weitgehend übereinstimmend: Gravierende Informationsunvollkommenheiten und -asymmetrien lassen einen freien Markt für medizinische Dienstleistungen versagen.[6]

Zum einen ist es offenkundig, dass die Nachfrage nach medizinischen Dienstleistungen anders als auf Märkten für Standard-Handels-Güter nicht regelmäßig und vorhersehbar zum Ausdruck kommt. Initial ist das unsichere Ereignis einer mehr

---

2 Oswald et al., 2013.
3 Manouguian et al., 2010, S. 35 ff.
4 Knappe, 1983; Börsch-Supan, 2003; Nebling, 2011.
5 Vgl. Eekhoff, 1996; Eekhoff, 2006.
6 Vgl. grundlegend: Arrow, 1963; zusammenfassend: Manouguian et al., 2010, S. 4–20.

oder minder schweren Krankheit. Für den Nachfrager ist dies nicht selten mit einem erheblichen Existenzrisiko bei unterlassener Behandlung verbunden. Die Verhandlungsposition des Nachfragers ist deshalb stark geschwächt.

Zum anderen besteht hinsichtlich der Qualität des Angebots eine erhebliche Unsicherheit. Der Nachfrager kann in vielen Fällen weder die Qualität der Diagnose noch die therapeutischen Qualitäten des Arztes einschätzen. Er ist somit auf das Vertrauen in die Fähigkeiten des Behandelnden angewiesen, ohne hierfür in der Realität verlässliche Informationen zu haben.

Selbst die allermeisten marktliberalen Ökonomen konstatieren deshalb einen Mindestregulierungsbedarf (z. B. Transparenz, Versicherungszwang). Richtig ist aber auch, dass aufgrund der Marktunvollkommenheiten reputations- bzw. vertrauensfördernde Mechanismen (z. B. ärztlicher Eid, Arztgeheimnis, elitäre Ausbildung und langjährige Assistenztätigkeit) eine wichtige Rolle spielen.

1.2 Primat der Sozialpolitik

Mit der Entstehung der sozialstaatlichen Institutionen in den europäischen Industrienationen ist die Gesundheitspolitik integraler Bestandteil der Sozialpolitik geworden. Die Ausprägung ist dabei von Land zu Land jedoch sehr unterschiedlich.

Für Deutschland gilt, dass gemäß einem medizinisch definierten Bedarfsprinzip jedem (zwangs)versicherten Bürger uneingeschränkter Zugang zu allen gesundheits-notwendigen Dienstleistungen gewährt und finanziert werden muss. Es gibt a priori – anders als in vielen anderen Ländern – keine Rationierung gesundheitserhaltender Dienstleistungen. Das dies in der Praxis nicht durchgängig zum Tragen kommt und etwa schulmedizinisch nicht anerkannte Methoden von der Erstattung ausgenommen werden, ist nicht dem Prinzip, sondern der Umsetzung geschuldet.

Der zweite sozialpolitische Pfeiler der deutschen Gesundheitspolitik ist das Solidarprinzip. Mitglieder zahlen unabhängig vom individuellen Risiko den gleichen Beitrag. In der Beitragshöhe werden soziale Aspekte im Sinne des Leistungsfähigkeitsprinzips stark berücksichtigt. So richtet sich der absolute Beitrag nach der Einkommenshöhe aus abhängiger Beschäftigung bzw. Rente. Familienangehörige sind beitragsfrei mitversichert.

Im klassischen ordnungspolitischen Verständnis eines Müller-Armacks oder Ludwig Erhardts, werden diese sozialpolitischen Leitlinien als Vorgaben gesetzt. Sicher, ein eingeschränktes Bedarfsprinzip im Sinne einer Rationierung kann Produktivitätsreserven freisetzen. Es ändert aber nichts Grundlegendes an den Determinanten der Versorgungsqualität und braucht hier nicht weiter betrachtet zu werden.

1.3 Die Gemeinsame Selbstverwaltung als Kerninstitution

Ebenso wie die sozialpolitische ist auch die institutionelle Ausgestaltung des Gesundheitswesens in jedem Gemeinwesen sehr spezifisch. Über Jahrhunderte hinweg in Klöstern und Universitäten entwickelt, war in Deutschland vor allem auch das militärische Umfeld ein Treiber für die Weiterentwicklung medizinischer Versorgung. Mit der Industrialisierung kamen eine „bürgerliche" medizinische Versorgung und die Arbeitsmedizin hinzu, mithin Keimzellen für eine privatwirtschaftliche Erbringung medizinischer Dienstleistungen.

Ausgangspunkt für die heutige Vermischung von privatrechtlichen (freie medizinische Berufe) und öffentlich-rechtlichen Institutionen (z. B. Kassenärztliche Vereinigungen, gesetzliche Versicherer) waren dann die Bismarckschen Sozialreformen. Die aufkommenden Sozialversicherungen setzten die Ärzteschaft durch selektives Kontrahieren unter Druck.[7] Diese organisierte sich vor allem über den Leipziger Bund, später Hartmann Bund, und schaffte es, mit Ärztestreiks und Boykottaufrufen Themen wie die freie Arztwahl, die Zahlung von Einzelhonoraren und den Abschluss von Kollektivverträgen wirksam zu platzieren. Über das Berliner Abkommen von 1913 bis schließlich zu der 4. Brüningschen Notverordnung von 1931 wurden die Kassenärztlichen Vereinigungen und damit die Gemeinsame Selbstverwaltung endgültig formiert. Nach der Gleichschaltung unter dem NS-Regime wurde sie 1951 vollständig rekonstituiert und ist heute das wichtigste institutionelle Grundprinzip im deutschen Gesundheitswesen.[8]

Fraglich ist, ob der wichtigste Steuerungsmechanismus des deutschen Gesundheitssystems dem notwendigen Reformbedarf gerecht werden wird. Mikroökonomisch handelt es sich bei der Gemeinsamen Selbstverwaltung um ein bilaterales Monopol ganz analog zu den Tarifparteien am Arbeitsmarkt. Allerdings gibt es einen wichtigen Unterschied: In den sozialpartnerschaftlich organisierten Bereichen gibt es zumeist ein Korrektiv durch den Gütermarkt, welches die Verhandelnden langfristig auf einen wettbewerbsfähigen Pfad zwingt. Im Falle des Gesundheitswesens entfällt dies. Die Dienstleistung wird vor Ort erbracht. Marktzutritte sind massiv erschwert (bezirksspezifische Obergrenzen für die Zahl niedergelassener Ärzte, Internetapotheken) oder unmöglich (nichtärztliche Gesundheitsberufe, Fernbehandlungsverbot).

Die ärztliche Seite achtet strengstens darauf, dass kein Wettbewerb durch nichtärztliche Leistungserbringer entsteht und Gebietsmonopole nicht durch neue Technologien ausgehebelt werden. Monopolstabilisierend wirken auch die strengstens kontrollierten Sektorengrenzen innerhalb des ärztlichen Bereichs zwischen Krankenhäusern und niedergelassenen Ärzten. Vereinzelte Öffnungen (medizini-

7 Knieps, 2012, S. 2f.
8 Für einen guten Überblick: Porter/Guth, 2012, Kap. 4.

sche Versorgungszentren, ambulante spezialärztliche Versorgung) werden heftig umkämpft und bleiben allein schon wegen der unterschiedlichen Abrechnungsmethoden (DRG-Fallpauschalen für Kliniken, EBM-Abrechnungsziffern für Niedergelassene) Inselphänomene mit begrenzter Relevanz.

Ausgangspunkt für Reformen im deutschen Gesundheitswesen ist deshalb häufig die Politik. Das Instrument der Zwangsvornahme oder die Androhung von Kostenkürzungen sind dabei nicht unübliche Maßnahmen.

Mit Blick auf den Ausgangspunkt lässt sich folgendes festhalten: Angesichts der Herausforderungen und der Bedeutung des Sektors ist es unverständlich, warum eine ordnungspolitische Analyse und Beratung bisher praktisch ausgeblieben ist. Im Gesundheitsbereich, zumal im deutschen, kumulieren Markt- und institutionelles Versagen. Dabei ist es offenkundig, dass ein rein allokationstheoretischer Zugang für die praktische Reformpolitik wenig vielversprechend wäre. Die sozialpolitische und institutionelle Prägung des Sektors ist so dominant, dass nur ein ordnungspolitischer Ansatz, der Markt und Institutionen gleichzeitig betrachtet, weiterhelfen kann.

Vielversprechend erscheint dabei die Synthese von Ordnungsökonomen und Marktdesignern.[9] So kann es am ehesten gelingen, den normativen Vorgaben der sozial-marktwirtschaftlichen Gesundheitsversorgung in Deutschland ebenso Rechnung zu tragen wie möglichen gezielten Impulsen für robuste Reformen. Letztlich muss es das Ziel einer realistischen und damit relevanten Reformagenda sein, Arrangements oder Mechanismen zu designen, die es den Akteuren ermöglichen, Reformblockaden zu lösen und innovative Dynamiken mit beherrschbaren Auswirkungen auszulösen.

Unser Gesundheitssystem ist nichts anderes als eine recht üppig finanzierte Allmende-Ressource, die von den handelnden Akteuren kooperativ selbstverwaltet wird. Die Versicherer sind von der Furcht geprägt, dass mit einer Reform die vermeintliche Nichtrivalität in der Nutzung der Fondmittel auf der Seite der Leistungserbringer Überhand gewinnen kann und die Ausgaben wegen der fehlenden Ausschlussmöglichkeit explodieren. Diese Sorge ist berechtigt.

2 Fehlanreize im heutigen System

Die Komplexität des gesamtem Systems ist in den letzten Jahren derart angestiegen, dass nur noch ein kleiner Expertenzirkel die Gesamtzusammenhänge zu übersehen vermag. Subsysteme wie die für die kassenärztlichen Honorare relevan-

[9] Wie sie Roth und Wambach, 2013 vorschlagen.

ten EBM-Ziffern oder der für den Risikostrukturausgleich bestimmende Morbi RSA entziehen sich jeder Transparenz. Ihre jeweiligen Weiterentwicklungen sind aufgrund der intrasektoralen Verteilungswirkung politische Kraftakte. Vor allem aber führen die kaum vorhersehbaren budgettechnischen Auswirkungen von zusätzlichen Abrechnungsmöglichkeiten und Leistungen dazu, dass sich die Krankenversicherer vehement gegen solche Reformen wehren. In der Praxis konnte beobachtet werden, wie die Abrechenbarkeit neuer Leistungen auch die Verschreibungszahl deutlich erhöht hat. Folglich fokussieren sich die Kostenträger auf Kosteneinsparungen im Bestand und die Verhinderung von unkalkulierbaren Zusatzkosten durch Innovationen.

2.1 Systeminterne Optimierungen

Auch wenn das Gesundheitswesen eher dem sozialpolitischen als dem wirtschaftspolitischen Primat unterliegt und bei vielen Akteuren ein starker Berufsethos angenommen werden kann, bedeutet dies in der Praxis nicht, dass ökonomische Anreize individuell unwirksam bleiben.

Beispielhaft kann hier die Optimierung der Kliniken nach Einführung der Fallpauschalen angeführt werden. Demnach kann eine überdurchschnittliche Mengenausdehnung von klinischen Dienstleistungen systematisch in jenen Fallgruppen festgestellt werden, die aus Sicht der Häuser überdurchschnittliche Margen versprechen. So hat sich gemäß Krankenhausreport[10] die Zahl der Wirbelsäulenoperationen zwischen 2005 und 2010 ungefähr verdoppelt. Auch der deutliche Anstieg bei Defibrillatorimplantationen ist nur zu einem Zehntel auf die demographische Entwicklung zurückzuführen.

Regulierungsinduzierte Muster sind auch bei der Ansiedlung der Ärzte zu beobachten. Hierbei ist gemäß dem Sicherstellungsauftrag der Kassenärztlichen Vereinigungen eine flächendeckende, bezogen auf die Versicherten hinreichend angeglichene Abdeckung mit Haus- und Fachärzten die Vorgabe. Bei gleichmäßiger und vor allem gleichwertiger Verteilung der Patienten kann dies auch mit guten Gründen erwartet werden, weil die Standortnachteile des ländlichen Raumes durch die niedrigeren Lebenshaltungskosten und besseren Einkommensmöglichkeiten (mehr Patienten pro Arzt) in erheblichem Maße kompensiert werden. In der Praxis korreliert die Ansiedlung der Ärzte mit der Anzahl der privat versicherten Patienten, die maßgeblich sind für die Zusatzverdienste und damit für die lokal unterschiedlichen Einkommen. Im Ergebnis ergibt sich eine sehr unregelmäßige Verteilung mit einer hohen Ärztedichte in den Städten und sich immer weiter verstärkendem Mangel an Niedergelassenen in strukturschwachen Gebieten.

---

10 Klauber et al., 2013.

Wenig überraschen kann auch, dass sich die absehbaren und in einigen strukturschwachen Gebieten schon ausgeprägten Ärzteengpässe tendenziell stärker bei den im Vergleich schlechter vergüteten Facharztgebieten ausprägen (Hausärzte, Kinderärzte, Frauenärzte etc.).[11] Die kapitalintensiven und damit auch gemäß der Vergütungslogik deutlich besser vergüteten Gruppen (Radiologen, Kardiologen, Orthopäden) haben demgegenüber relativ weniger Nachwuchssorgen. Allerdings muss einschränkend gesagt werden, dass es in diesem Bereich trotz aller vorhandenen Daten an zielgerichteten einschlägigen Untersuchungen mangelt.

Der Morbi RSA in Kombination mit der auf das laufende Budgetjahr fixierten Kameralistik birgt in der heutigen Form Fehlanreize sowohl auf der Seite der Leistungserbringer als auch der Kostenträger. Beide haben gleichgerichtete Anreize stärker in ein upcoding zu investieren als längerfristig lohnendere Investitionen in Prävention oder Versorgungsinnovationen zu tätigen. Grundsätzlich ist es zwar sinnvoll, in einem System mit Pflichtversicherung und Anbieter-Wettbewerb, dem Problem der adversen Selektion durch einen übergreifenden Risikostrukturausgleich entgegen zu wirken. Da auch dieser aufwändig konstruierte und nur schwerfällig im Zeitablauf anzupassende Ausgleichsmechanismus lediglich unvollständig funktioniert, stellen sich allerdings sowohl Ärzte (höhere Vergütung) als auch Versicherer (höhere Ausgleichszahlungen) besser, wenn der Patient „kränker" klassifiziert wird, als er tatsächlich ist. Dies gilt umso mehr, als die höhere Kompensation nicht nur bei den Versorgungskosten wirksam wird, sondern zusätzlich die Ausgleichszahlungen für Verwaltung und Prävention erhöht.

2.2 Innovationshemmnisse

Weit über ihre eigentliche Kernaufgabe, die Rechtsaufsicht, hinaus wirkt auch die Aufsicht durch das Bundesversicherungsamt prägend. Insbesondere hemmt die heutige Regulierungspraxis innovative Selektivverträge der Versicherer mit niedergelassenen Ärzten. Der Genehmigungszeitraum ist etwa mit 6 Monaten anzusetzen. Wesentliches Prüfkriterium ist ein Nachweis der kurzfristigen Kosteneinsparungen. Längerfristige Aspekte, etwa im Hinblick auf präventive Wirkungen, finden keine Berücksichtigung. So berichtet der Vorsitzende der Siemens BKK,[12] eine historisch betrachtet versorgungsorientierte, innovative und gut ausgestattete Betriebskrankenkasse, dass 9 der letzten 12 Anträge auf Selektivverträge von der Behörde abgelehnt worden seien. Erschwerend kommt hinzu, dass die Genehmigungsprozesse von BVA und einzelnen LVA signifikant voneinander abweichen. Weiterhin sind die Kassen Doppelprüfungen etwa im Hinblick auf die Finanzen durch BVA und Rechnungshöfe ausgesetzt. Unterhuber (2013) berichtet von ei-

11 Vgl. Kopetsch, 2010.
12 Vgl. Unterhuber, 2013.

nem Wettbewerb der Regulierer, der erheblichen Verwaltungsaufwand bei den Versicherern verursacht.

In manchen Selektivvertrags-Bereichen, wie etwa der integrierten Versorgung, sind die zugrundelegenden Vorschriften derart überfrachtet, dass sie diese eher verhindern als ermöglichen. Selektive Versorgungsmodelle werden auch dadurch erschwert, dass die erforderliche Budgetbereinigung der kollektiv-ärztlichen Vergütung mit einem prohibitiven Zusatzaufwand verbunden ist.

Obwohl sich die Experten einig sind, dass eine integrierte Versorgung über die Sektorengrenzen von Kliniken, niedergelassenen Ärzten und nicht-ärztlichen Berufen einen erheblichen Hebel für eine bessere Versorgungsqualität darstellt, scheinen die institutionellen Sektorengrenzen heute prohibitiv. Es herrschen andere Abrechnungslogiken, die Systeme können keine Daten austauschen und in den einzelnen Sektoren dominiert Konkurrenzangst die Aussicht auf Kooperationsgewinne bei weitem.

2.3 Transparenzdefizite

Geradezu fatal ist vor diesem Hintergrund die Möglichkeit für einzelne Akteure, Transparenz ab- und nicht aufzubauen, wie es eigentlich für die Vertrauensbildung im Markt erforderlich wäre.

So wird jeder Datenaustausch zwischen Kostenträgern und Leistungserbringern aufwändig blockiert. Die hierfür mit der elektronischen Gesundheitskarte (eGK) aufzubauende Infrastruktur wurde über 10 Jahre verzögert, obwohl der Bundesdatenschützer die Einführung der Technik ausdrücklich fordert. Selbst die Verabschiedung des § 291a SGBV von 2004, in dem bis heute der 1. Januar 2006 als spätestes Einführungsdatum vorgesehen ist, konnte keinen ausreichenden Druck erzeugen. Erst die Androhung der Kürzung von Verwaltungskosten hat letztlich zum Ausrollen der Karte in 2012 geführt und auch die weiteren Prozesse in Gang gesetzt.

In die gleiche Richtung wirkt auch die Nichtausschöpfung von technischen Möglichkeiten, Expertenwissen mit digitaler Unterstützung den Ärzten an die Hand zu geben. Obgleich im In- und Ausland erfolgreich getestete entscheidungsunterstützende Systeme zur Verfügung stehen, wird die Einführung solcher Systeme durch verschiedene Regelungen weiter blockiert. Stattdessen wird allein auf selektive Fortbildungsveranstaltungen mit Anwesenheits- aber ohne Lernerfolgskontrolle gesetzt.

2.4 Anfälligkeit der komplexen Strukturen für Interessengruppen

Ein überaus regulierter und in sich vermachteter Bereich wie die Gesundheitsbranche ist für Lobbyaktivitäten ohnehin attraktiv. Zwei weitere Aspekte begünstigen Rent-Seeking Aktivitäten zusätzlich:

- Eine sehr günstige Kommunikationsstruktur. Das Ministerium auf Bundesebene ist sehr klein und stark auf Input durch Interessengruppen angewiesen. Lokal finden die betroffenen Akteure unmittelbar Zugang zu den Abgeordneten und Bürgern und können sich durch die Emotionalität des Themas leicht verankern.
- Die komplexe Aufteilung der Zuständigkeiten auf EU-, Bundes-, Landes- und kommunaler Ebene erschweren ein zentrales Verwaltungshandeln massiv. Eine – im internationalen Vergleich mehr als sinnvoll erscheinende – Konsolidierung im deutschen Klinikbereich kann von der Bundesebene kaum, von der Landesebene nur mühsam vorangetrieben werden, weil im Zweifelsfall die kommunal zuständigen Politiker erfolgreich Sand in das Getriebe streuen: Ein Krankenhaus vor Ort wird immer noch als Teil der kommunalen Grundausstattung empfunden.

Insgesamt zeigt sich das deutsche Gesundheitswesen strukturkonservativ und wenig innovationsfreundlich.[13] Dies wird unterstützt von der kameralistischen Logik der Budgetierung nicht nur bei den Kostenträgern, sondern vor allem auch bei den Kliniken und Niedergelassenen. Der ganz überwiegende Teil der Finanzmittel ist dem vorherrschenden medizinischen Reparaturbetrieb gewidmet, investive Ansätze werden zurückgedrängt. Maß aller Dinge ist die Deckung der laufenden Kosten im jeweiligen Wirtschaftsjahr.

3 Wettbewerbliche Impulse

Fehlgerichtete Anreize können mithin als ein relevanter Faktor für Fehlentwicklungen im deutschen Gesundheitssystem verantwortlich gemacht werden. Möglicherweise können mehr wettbewerbliche Impulse ein wirksames Korrektiv bilden.

Eine rein marktliche Bereitsstellung von medizinischen Dienstleistungen ist dabei als Richtschnur für politische Reformen nur wenig hilfreich, nicht nur wegen der eingangs skizzierten Zweifel an der hinreichenden Marktfähigkeit medizinischer Dienstleistungen. Eine ökonomische Analyse muss die komplexe institutionelle Ausgestaltung einbeziehen, sonst kann eine Wirkungsanalyse bzw. Überprüfbarkeit der angestoßenen Reformen nicht gelingen. Aber vor allem gilt das Vor-

13 Knieps, 2013, S. 1 f.

sichtsprinzip: Wegen der Implikationen für Leib und Leben ist bei jeder gesundheitspolitischen Reform ein piecemeal Engineering der Ansatz der Wahl. Es geht um ein intelligenteres Design, eine bessere Regulierung. Dies bedeutet wiederum nicht, dass die ordnungspolitische Richtschnur einer ordnungskonformen Sozialpolitik aufgegeben werden darf – im Gegenteil.

Folgende Ansatzpunkte liegen nahe:

- Schwächung der monopolistischen Spielräume in der Gemeinsamen Selbstverwaltung über eine Stärkung anderer Akteure (wie sonstiger ärztlicher und nichtärztlicher Akteure) oder der Patienten
- Nachhaltige Öffnung der Versorgung für alternative, integrierte Dienstleistungsangebote über Sektorengrenzen hinweg
- Bessere Balancierung von verrichtungs- und erfolgsabhängigen Elementen

3.1 Aufwertung der nichtärztlichen Gesundheitsberufe

Der Umfang nichtärztlicher, abrechenbarer Tätigkeiten ist in Deutschland deutlich geringer als in vielen anderen OECD-Staaten. Angesichts der monopolistischen Spielräume der organisierten Ärzte sind die resultierenden Verwerfungen ökonomisch wenig überraschend. Unter dem zunehmenden budgetären Druck der vergangenen Jahre hat die bestehende Hierarchie in den Gesundheitsberufen zwischen ärztlichen und nichtärztlichen Leistungserbringern[14] dazu geführt dass, bei gleichzeitiger deutlicher Erhöhung der Ärztezahl, massiv Pflegepersonal in den Krankenhäusern abgebaut wurde[15] und die Lohnentwicklung bei den Pflegeberufen weit hinter der der Ärzte zurückblieb.

Dem entgegenwirken könnte die Möglichkeit der Substitution von ärztlichen durch pflegerische Leistungen. Im Bereich der Versorgung von chronischen Wunden – mit mehr als einer Millionen längerfristig zu versorgenden Patienten in Deutschland ein erheblicher Faktor – wurde dies beispielsweise angesichts der positiven Erfahrungen im Ausland und in der ehemaligen DDR sehr weitgehend diskutiert, bevor es dann schließlich unter dem Druck der Ärzte wieder entscheidend abgeschwächt wurde.

Nur einen kleinen Schritt in diese Richtung stellt die sogenannte Delegation dar. Hierbei werden bestimmte medizinische Tätigkeiten, die heute dem Arzt vorbehalten sind, an ein nichtärztliches Teammitglied, etwa einer Pflegerin, delegiert. Dieses Instrument ändert jedoch nichts Grundlegendes an der Stellung des Arztes, sondern schafft lediglich bessere Voraussetzungen, bestimmte Dienste effektiver

[14] Knieps, 201, S. 2f.
[15] Vgl. Kopetsch, 2010.

unternehmerisch zu organisieren. Immerhin entsteht so ein Impuls, Pflegerinnen stärker in die medizinische Versorgungskette zu integrieren.

Bewährt haben sich ordnungsrechtliche Vorgaben, die etwa gemeinsame Fallkonferenzen von ärztlichem und nichtärztlichem Personal oder Teambesprechungen vorschreiben. Dies ist weiter auszubauen.

3.2 Überwindung der Sektorengrenzen durch integrierte Versorgungsmodelle

Auch die schwer überwindbare Grenze zwischen stationärem und ambulantem Sektor blockiert gleichzeitig möglichen Wettbewerb und wünschenswerte Kooperation für eine integrierte Versorgung. Die sektorale Abschottung fördert eine durch Partikularinteressen geleitete Optimierung zulasten des Gesamtsystems.[16]

Gegensteuern könnte auch hier ein Ausbrechen aus den kollektivvertraglichen Strukturen. Mit der ambulanten spezialärztlichen Versorgung (ASV) gemäß § 116 SGB V ist ein sektorübergreifendes Konstrukt geschaffen worden, das gemischte Teams aus Klinik- und niedergelassenen Ärzten für die gemeinsame Versorgung und Leistungserstattung öffnet. Allerdings muss es dabei gelingen, den Aufwand der Budgetbereinigung der kollektivvertraglichen Budgets zu minimieren. Nur dann können ASV-Kooperationsrenten im Vergleich zu den kollektivvertraglichen, isoliert sektoralen Versorgungsansätzen wirksam werden.

3.3 Patient Empowerment durch Wahlfreiheit bei Selektivverträgen

Zwar ist es den gesetzlich Versicherten heute ohne weiteres möglich, den Anbieter zu wechseln. Der Anreiz dies zu tun, ist jedoch aufgrund des einheitlichen Beitragssatzes und des weitgehend identischen Erstattungsumfangs minimal. Isolierte Wettbewerbselemente wie der Zusatzbeitrag verfehlen eine nachhaltige Wirkung. Letztlich kann auch diese Verfestigung in der Struktur der Gemeinsamen Selbstverwaltung nicht überraschen, sichert es doch aus der Perspektive ihrer Mitglieder gegen wettbewerbliche Einflüsse von außen ab.

Die Erstarrung aufbrechen könnte eine Stärkung selektivvertraglicher Elemente, wie sie Mehl (2013) vorschlägt. Hierbei wird neben das heutige Kollektivvertragssystem ein gleichberechtigtes Selektivvertragssystem gestellt. Die Versicherer müssen beides anbieten und unterliegen dem Kontrahierungszwang, um eine adverse Selektion zu verhindern. Konsequent zu Ende gedacht bekommt dabei der Versicherte einen risikoadjustierten „Finanzierungsrucksack“, den er wahlweise in das kollektiv- oder selektivvertragliche System einbringt.

---

16 Porter / Guth, 2012.

3.4 Pay for Performance

Vergütungssysteme in Deutschland sind heute unabhängig vom Behandlungserfolg an der Verrichtung einer bestimmten medizinischen Dienstleistung orientiert (Pay-for-Service). Bei fehlenden Budgetdeckeln wie im klinischen Bereich entstehen dabei wirksame Anreize zur Mengenausweitung, wie bereits weiter oben beschrieben.

Dem entgegenwirken könnte eine differenzierte Vergütung der Leistungserbringer in Abhängigkeit von der Qualität der Versorgung bzw. dem durchschnittlichen Behandlungserfolg (Pay-for-Performance). Ziel ist es, auf diese Weise einen Qualitätswettbewerb in Gang zu setzen, der langfristig den erfreulichen Nebeneffekt hat, dass auch die Folgekosten im System deutlich absinken. In der Praxis orientiert man sich dabei an Prozess- oder Ergebnis-Kennziffern etwa für die Qualität der Behandlungsprozesse, für die klinische Qualität oder für die Patientenzufriedenheit. In den USA und dem Vereinigten Königreich ist dies mittlerweile ein in der Praxis durchaus verbreitetes Instrument geworden.[17]

Tatsächlich hat sich die Umsetzung bisher als hochkomplex erwiesen. Die Indikatoren müssen nach einzelnen Krankheitsbildern stark ausdifferenziert werden. Um halbwegs abgesicherte Ergebnisse zu erzielen, ist zumeist ein größeres Set an Kennzahlen erforderlich. Zudem muss ein auch langfristig wirksames Schema für die Bemessung der Erstattung gefunden werden. Absolute Zielerreichungsgrade sind kurzfristig am wirksamsten, relative schaffen Anreize für einen kontinuierlichen Verbesserungsprozess. Im Ergebnis wird heute eine Mischung von absoluten und relativen Komponenten empfohlen.[18] Untersuchungen zeigen Indizien für Qualitätssteigerungen, eine klare Evidenz liegt aber bisher nicht vor.[19] Allgemein anerkannt sind aber die positiven strukturaufbrechenden Wirkungen und prozeduralen Impulse.[20]

Letztlich werden wirkungsvolle Pay-for-Performance-Schemata sowohl durch die Trägheit des Systems als auch den Mangel an Daten erschwert. Beide Faktoren dürften sich aber mittelfristig abschwächen: Zum einen durch den stark wachsenden demographischen Druck in Verbindung mit der stark anwachsenden Zahl multimorbider Chroniker, zum anderen durch die stärker werdende Durchdringung der Medizin mit moderner Informationstechnologie.[21] Es kann daher erwartet werden, dass Pay-for-Performance in Zukunft an Bedeutung gewinnt.

---

17 Amelung et al., 2013.

18 Ebd., S. 10.

19 Mullen et al., 2009, S. 26–28.

20 Amelung et al., 2013.

21 Wehmeier, 2012.

4 Ausblick: Gesundheitspolitik als gleichsam unerschlossenes wie vielversprechendes Feld für ordnungs- und anreizökonomische Analysen

Nur auf den ersten Blick erscheint die gesundheitspolitische Debatte wenig zugänglich für ökonomische Überlegungen. Warnungen vor einer „Ökonomisierung der Medizin", wie auf dem letzten Ärztetag, gehen an dem Problem vorbei. Tatsächlich haben sich aber gerade ungestört von ordnungspolitischer Kritik Monopolstrukturen und der dominante Einfluss von Partikularinteressen durchgesetzt, die langfristige Qualitätsüberlegungen schwächen. Versorgungsinnovationen werden blockiert und sektorübergreifendes, gemeinwohlförderndes Handeln entmutigt.

Die vorhergehenden skizzenhaften Überlegungen zeigen, wie wettbewerbliche Impulse diese Verkrustungen auflösen und einer besseren Versorgung trotz der demographischen Herausforderung den Weg ebnen können.[22] Dabei ist Beharrlichkeit und Geduld gefragt, denn mehr denn je wird für die nächsten Jahre gelten: Gesundheitspolitik ist Reformpolitik.[23]

Literaturverzeichnis

Amelung, Volker, Sören Jensen und Sascha Wolf (2013): „Märchen oder Chance einer qualitätsorientierten Vergütung?", *Gesundheit und Gesellschaft Wissenschaft*, Jg.13 / 2, S. 7 – 15.

Arrow, Kenneth (1963): „Uncertainty and the Welfare Economics of Medical Care", *American Economic Review*, Jg. 53, S. 941 – 973.

Börsch-Supan, Axel (2003): „Vom Schnupfen zur Grippe: Der Patient und sein Gesundheitswesen", *MEA Discussion Paper* 027-02.

Eekhoff, Johann (1996): *Beschäftigung und soziale Sicherung*, 1. Aufl., Tübingen.

Eekhoff, Johann (2006): „Vom Umlage- zum Kapitaldeckungsverfahren in der Krankenversicherung", *Zeitschrift für Wirtschaftspolitik*, Jg. 55, S. 209 – 222.

Klauber, Jürgen, Max Geraedts, Jörg Friedrich und Jürgen Wasem (Hrsg.) (2013): *Krankenhaus-Report 2013*, Stuttgart: Wissenschaftliches Institut der AOK (Wido).

Knappe, Eckhard (1983): „Reform der Krankenversicherung", in: H. Giersch (Hrsg.), *Wie es zu schaffen ist, Agenda für die deutsche Wirtschaftspolitik*, Stuttgart 1983, S. 297 – 325.

Knieps, Franz (2013): „Die Aufwertung der Gesundheitsberufe", *Arbeitspapier der G21-Arbeitsgruppe*, Berlin: unveröffentlicht.

Knieps, Franz (2013): „Das Gesundheitswesen im Wandel – Herausforderungen und Reformnotwendigkeiten für die kommende Legislaturperiode", in: *Gesundheits- und Sozialpolitik*, Jg. 8, 2-3 / 2013, S. 9 – 13.

---

[22] Aus Sicht des Praktikers bleibt nur zu hoffen, dass diese Ansätze auch in Deutschland bald stärker aufgegriffen, mit dem Engagement und der Hartnäckigkeit eines Johann Eekhoffs verfolgt und damit vernehmlich werden.

[23] Knieps, 2013, S. 9 f.

Kopetsch, Thomas (2010): *Dem deutschen Gesundheitswesen gehen die Ärzte aus! – Studie zur Altersstruktur und Arztentwicklung*, Berlin: Bundesärztekammer und Kassenärztliche Bundesvereinigung.

Manouguian, Maral-Sonja, Jana Stöver, Verheyen Vöpel und Henning Frank: „Qualität und Effizienz der Gesundheitsversorgung im internationalen Vergleich", *HWWI Policy Paper* Nr. 55, Hamburg.

Mehl, Eberhard (2013): „Der Entwurf eines solidarischen Systemwettbewerbs – eine funktionierende Integrationsversorgung braucht neue gesetzliche Regelungen", *Arbeitspapier der G21 Arbeitsgruppe*, Berlin: unveröffentlicht.

Mullen, Kathleen J., Richard G. Frank und Meredith B. Rosenthal (2009): „Can you get what you pay for? Pay-for-Performance and the Quality of Healthcare Providers", *NBER Working Paper* 14886, Cambridge, MA.

Nebling, Thomas (2012): *Strategisches Verhalten bei selektiven Verträgen*, Baden-Baden.

Ostwald, Dennis A., Klaus-Dirk Henke und Clemens Otte (2013): *Ökonomischer Fußabdruck ausgewählter Unternehmen der industriellen Gesundheitswirtschaft für den deutschen Wirtschaftsstandort*, Berlin.

Porter, Michael E. und Clemens Guth (2012): *Chancen für das deutsche Gesundheitswesen. Von Partikularinteressen zu mehr Patientennutzen*, Heidelberg.

Roth, Steffen und Achim Wambach (2013): „Ökonomen als Gestalter von Märkten", *Frankfurter Allgemeine Zeitung* vom 18.01.2013.

Unterhuber, Hans (2013): „Gesundheitspolitischer Handlungsbedarf aus Sicht einer Betriebskrankenkasse", Vortrag bei der Bundesfachkommission des CDU-Wirtschaftsrats, Berlin, den 27.11.2013

Wehmeier, Axel (2012): *Moderne Informations- und Kommunikationstechnologie als Chance für die ländliche Versorgung*, Jg. 7, 6-2012, 47 ff.

Der Wechsel ist möglich: Aktuarielle Umsetzung von Portabilität in der privaten Krankenversicherung

Kai Menzel

1 Einleitung

Unter Ökonomen ist weitgehend unbestritten, dass ohne die Übertragung risikogerechter Beträge beim Wechsel zwischen Unternehmen und Tarifen kein sinnvoller Wettbewerb im System der privaten Krankenversicherung (PKV) möglich ist. Bisher wurde aber von Seiten der Versicherer oft eingewandt, dass ein solches wettbewerbliches Wechselmodell nicht in die bestehende Kalkulationssystematik der Branche eingepasst werden könne. Mit Rosenbrock (2012) liegt jedoch eine Arbeit vor, die dezidiert zeigt, dass genau dies ohne größere Schwierigkeiten möglich ist.[1] Die Erkenntnisse dieser Arbeit sollen im Folgenden auch für Leser ohne umfassende aktuarielle Vorbildung nachvollziehbar dargestellt und an einigen Stellen erweitert werden.

2 Grundzüge der Prämienkalkulation in der privaten Krankenversicherung

Berechnung der Nettoprämie

Grundlage der Prämienkalkulation ist das Äquivalenzprinzip. Im Rahmen der privaten Krankenversicherung bedeutet dieses Prinzip, dass die Prämie bei Versicherungseintritt so zu kalkulieren ist, dass die erwarteten Prämienzahlungen den erwarteten Gesundheitsausgaben entsprechen müssen. Wichtigste Grundlage für die Berechnung der Prämie ist die so genannte Kopfschadenreihe. Sie setzt sich zusammen aus den durchschnittlichen Schäden (also den Schäden pro Kopf) eines jeden Altersjahrgangs in einem Tarif (i. d. R. werden die Kopfschäden der Altersklassen 20 bis 102 ermittelt). Aus dieser Kopfschadenreihe wird eine (unter den getroffenen Annahmen) lebenslang konstante Prämie berechnet. Die Prämie könnte dann ein Leben lang konstant bleiben, wenn die Gesundheitsausgaben der heute in die Versicherung eintretenden Menschen in späteren Jahren genau so hoch sind wie diejenigen der heute Versicherten in dem jeweiligen Alter. Es wird

[1] Ich danke Stephan Rosenbrock ganz herzlich dafür, dass ich hier auf seine Erkenntnisse zurückgreifen durfte sowie für spannende Diskussionen und wichtige Hinweise.

also beispielsweise angenommen, dass die heute 30jährigen in 20 Jahren die gleichen Gesundheitskosten pro Kopf verursachen werden wie die heute 50jährigen. Es werden also gleich bleibende Verhältnisse unterstellt. Insbesondere gibt es annahmegemäß keine Kostensteigerungen (keine Inflation im Gesundheitswesen).[2] Da es tatsächlich aber in nahezu jedem Jahr zu Kostensteigerungen kommt, kann die Prämie auch nicht ein Leben lang konstant bleiben und es werden Nachkalkulationen erforderlich. Auf dieses Problem wird noch genauer eingegangen.

Die Prämienkalkulation soll anhand des in Tabelle 1 dargestellten 5-Generationen-Beispiels erläutert werden.

Tabelle 1: 5-Generationen-Beispiel für die Prämienkalkulation

0	**Lebensalter**	**1**	**2**	**3**	**4**	**5**	**Zeilen-summe**
1	**K**	10	15	22	30	35	
2	**k**	0,45	0,68	1	1,36	1,59	
3	**p**	1	0,80	0,64	0,51	0,41	
4	**v**	1	0,97	0,93	0,90	0,87	
5	**p · v**	1	0,77	0,60	0,46	0,36	3,19
6	**p · v · k**	0,45	0,53	0,60	0,63	0,57	2,78
7	**N**	100	80	64	51	41	
8	**S**	1000	1200	1408	1536	1434	
9	**Σ P**	1915,41	1532,33	1225,86	980,69	784,55	
10	**Finanzierungs-saldo**	915,41	332,33	–182,14	–555,31	–649,05	
11	**Σ AR**	947,45	1324,57	1182,41	649,05	0	
12	**AR (nach Vererbung)**	11,84	20,70	23,09	15,85	0	

In Zeile 1 ist der Verlauf der Kopfschäden für die Altersklassen 1 bis 5 dargestellt.[3] Wie die tatsächlichen Kopfschadenreihen in der PKV hat auch diese einen „sattel-

2 Tatsächlich wird der Trend der Kostenentwicklung um 3 Jahre extrapoliert. Insbesondere bei jüngeren Versicherten wird dadurch aber nur ein Bruchteil der zu erwartenden Kostensteigerungen erfasst.

3 Da es sich um ein vereinfachtes Zahlenbeispiel handelt, setze ich im Folgenden die Altersklassen mit den Lebensaltern 1 bis 5 gleich. In der PKV-Praxis wird – wie in den folgenden Beispielen auch – für jedes Lebensalter ein separater Kopfschaden bestimmt. Für ein realistischeres Beispiel möge der Leser sich die Altersklassen aber z. B. als zusammengefasste „Lebensjahrzehnte" vorstellen.

förmigen" Verlauf mit einem zunehmenden Anstieg der Schäden, der gegen Ende wieder abflacht.

In Zeile 3 ist mit der Größe p die Überlebenswahrscheinlichkeit dargestellt. Sie drückt aus, wie hoch die Wahrscheinlichkeit ist, dass ein Versicherter zu Beginn der jeweiligen Periode noch lebt. Vereinfachend nehme ich an, dass die Sterbewahrscheinlichkeit in jeder Periode 20 % beträgt (und wie üblich 100 % am Ende der letzten Periode). Damit ergibt sich eine Überlebenswahrscheinlichkeit p von 80 % zu Beginn von Periode zwei, 64 % zu Beginn von Periode drei usw.

In Zeile 4 ist mit v der Diskontfaktor bezeichnet. Er wird benötigt, um später anfallende Zahlungsströme mit heute anfallenden vergleichbar zu machen, z. B. bei der Berechnung des Leistungsbarwertes. Ich gehe von dem Höchstrechnungszins in der PKV von 3,5 % aus. In Periode 1 muss nicht abdiskontiert werden, daher ist $v_1 = 1$. In der zweiten Periode ergibt sich $v_2 = \frac{1}{1{,}035}$, in der dritten Periode wird dieser Bruch quadriert: $v_3 = \left(\frac{1}{1{,}035}\right)^2$ usw.

Grundsätzlich lässt sich anhand dieser drei Größen, K, p und v, die Prämie berechnen.[4] In der aktuariellen Praxis werden aber aus verschiedenen Gründen noch weitere Größen berechnet. In Zeile 2 ist das Profil der Kopfschäden dargestellt. Dafür wird der Kopfschaden eines bestimmten Alters (in der PKV Alter 40, hier Alter 3) definitorisch als 1 festgelegt und der zugehörige Kopfschaden als Grundkopfschaden (G) bezeichnet. Es gilt: $K = G \cdot k$. Die übrigen Profilwerte werden folglich als Vielfache des Grundkopfschadens berechnet (z. B. ist der Kopfschaden im Alter 4 1,36 mal so hoch wie im Alter 3).

In Zeile 5 ist das Produkt von v und p dargestellt. Die Summe der Zeile (3,19) wird mit ä bezeichnet. Sie kann als erwarteter Barwert einer Rente von 1 interpretiert werden. Der Wert der Rente wird abdiskontiert und mit der Überlebenswahrscheinlichkeit gewichtet.

In Zeile 6 wird außerdem noch mit dem Profilwert k multipliziert. Die Summe dieser Zeile (2,78) wird mit A bezeichnet. Sie kann als erwarteter Barwert zukünftiger Gesundheitsleistungen bei einem Grundkopfschaden von 1 interpretiert werden (Milbrodt, 2005).

In der Ausgangsperiode kann die lebenslang konstante Prämie P (genauer gesagt handelt es sich um die Nettoprämie) dann berechnet werden als

$$P = \frac{G \cdot A}{\ddot{a}} = \frac{22 \cdot 2{,}78}{3{,}19} = 19{,}15.$$ [5]

4 Die bisherige Kalkulation enthält auch die Vererbung aufgrund von Storno. In einem wettbewerblichen Wechselmodell entfällt dieser Posten, so dass er gar nicht erst eingeführt werden soll.

5 Da hier und im Folgenden bei allen Zahlenangaben nur die letzten beiden Nachkommastellen ausgewiesen werden, kann es zu Rundungsdifferenzen kommen.

Im Zähler wird der erwartete Leistungsbarwert bestimmt. Dieser wird dadurch, dass er durch ä geteilt wird, als konstante Prämie auf fünf Perioden aufgeteilt (wie eine Annuität unter Berücksichtigung der Überlebenswahrscheinlichkeit). Wie bereits erläutert wird davon ausgegangen, dass sich die der Kalkulation zu Grunde liegenden Größen im Zeitablauf nicht verändern, insbesondere dass der Grundkopfschaden G konstant bleibt.[6]

In den Zeilen 7 bis 12 werden Einnahmen, Ausgaben und Alterungsrückstellungen für eine fiktive Versichertenpopulation berechnet. N ist die Anzahl der Versicherten. Sie startet mit 100 und vermindert sich entsprechend der Sterbewahrscheinlichkeit. Unter der Annahme, dass alle Kohorten[7] anfänglich aus 100 Personen bestehen und die gleichen Überlebenswahrscheinlichkeiten aufweisen, ergibt sich die jeweils genannte Zahl von Versicherten in den aufgeführten Altersklassen, z. B. knapp 41 Versicherte im Alter 5. Die von diesen Versicherten jeweils verursachten Schäden S sind in Zeile 8 ausgewiesen. Sie sind das Produkt der Zahl der Versicherten und der jeweiligen Kopfschäden. Zeile 9 zeigt die Summe der Prämieneinnahmen (N · P). Aus der Differenz von Prämieneinnahmen und Schäden ergibt sich in Zeile 10 der Finanzierungssaldo für jede Altersklasse.

In Zeile 11 ist der Bestand der Alterungsrückstellungen der jeweiligen Altersklasse am Ende der Periode ausgewiesen. Alterungsrückstellungen sind die kumulierten Überschüsse der Prämienzahlungen über die Gesundheitsleistungen. Sie erfüllen zwei Funktionen: Zum einen dämpfen sie den Anstieg der Gesundheitsausgaben mit zunehmendem Alter und ermöglichen so (vermeintlich) die lebenslang konstante Prämie. Zum anderen stellen sie sicher, dass Versicherte, die sich im Zeitablauf als hohe Risiken erweisen, dennoch nicht höhere Prämien zahlen müssen, da ihre erhöhten Gesundheitskosten bereits vorfinanziert wurden (Absicherung des individuellen Prämienrisikos). Für Altersklasse 1 ergibt sich die Alterungsrückstellung als verzinster Finanzierungssaldo. Für Altersklasse 2 ergibt sich die Summe der Alterungsrückstellungen aus dem verzinsten Finanzierungssaldo und dem verzinsten Bestand an Alterungsrückstellungen der Vorperiode usw.

In Zeile 12 ist schließlich die Alterungsrückstellung pro Kopf dargestellt. Dabei ist schon die sogenannte Vererbung berücksichtigt, d. h. die Summe der Alterungsrückstellungen wurde nur durch die Versicherten geteilt, die in der folgenden Periode noch leben.

---

6 Die PKV-Unternehmen müssen zusätzlich zu den hier dargestellten Berechnungen einen 10 %-Zuschlag zu den Prämien erheben und den Alterungsrückstellungen zuführen, um ab dem Alter 65 den Prämienanstieg zu dämpfen. Dieser Aspekt wird hier nicht betrachtet.

7 Unter einer Kohorte versteht man in der PKV eine Gruppe von Versicherten gleichen Lebensalters und gleichen Eintrittsalters in einem bestimmten Tarif (z. B. alle 30jährigen, die im Alter von 28 Jahren in den Tarif eingetreten sind).

Unter den bei der Prämienberechnung getroffenen Annahmen konstanter Rechnungsgrundlagen entsprechen die in Tabelle 1 ausgewiesenen Ergebnisse für verschiedene Altersklassen auch dem Verlauf, den die verschiedenen Größen wie die Alterungsrückstellungen für die in Periode 1 eintretenden Versicherten über 5 Perioden nehmen. Der Verlauf weicht jedoch ab, wenn sich z. B. der Grundkopfschaden verändert.

Berechnung der Bruttoprämie und Ergebnisquellen

Die vom Versicherten zu zahlende Prämie muss nicht nur die erwarteten Gesundheitsausgaben, sondern auch die Kosten für Verwaltung und Vertrieb decken. Dies geschieht in Form eines festen Zuschlags. Dafür werden die unternehmensweiten Verwaltungskosten durch die Zahl der Versicherten geteilt und das Ergebnis der Prämie eines jeden Versicherten zugeschlagen.

Darüber hinaus wird bei der Berechnung der Bruttoprämie ein Sicherheitszuschlag angesetzt. Damit wird der Gefahr Rechnung getragen, dass die Ausgaben der Versicherer höher ausfallen als bei der Kalkulation unterstellt. Der Sicherheitszuschlag ist prozentual ausgestaltet, d. h. ein bestimmter Anteil wird der Prämie zugeschlagen.

Für die Versicherer ergeben sich damit fünf mögliche Ergebnisquellen:

1. Die Kopfschäden fallen niedriger aus als in der Kalkulation unterstellt.
2. Die Sterbewahrscheinlichkeiten und damit die Vererbung sind höher als kalkuliert.
3. Die Kapitalerträge sind höher als der angenommene Rechnungszins (Überzinsen).
4. Der Verwaltungskostenzuschlag war höher als die tatsächlich angefallenen Verwaltungskosten.
5. Der Sicherheitszuschlag war höher als die (obere) Abweichung der tatsächlichen Ausgaben von den kalkulierten.

Die Versicherungsunternehmen müssen 80 % des aus diesen fünf Quellen erzielten Ergebnisses (bei den Überzinsen sogar 90 %) den so genannten Rückstellungen für Beitragsrückerstattung (RfB) zuführen. Tatsächlich führen die Versicherer im Schnitt rund 90 % ihrer Ergebnisse den RfB zu. Die nicht den RfB zugeführten Teile des Ergebnisses werden Bestandteil des Eigenkapitals. Die RfB werden dafür eingesetzt, Prämiensteigerungen insbesondere bei älteren Versicherten abzumildern. Dieser Gedanke wird noch eine wichtige Rolle spielen beim Wechsel von Versicherten zwischen PKV-Unternehmen. Die Verwendung der RfB wird kontrolliert durch den verantwortlichen Aktuar, den Treuhänder und die Bundesanstalt für Finanzdienstleistungsaufsicht (BaFin).

Da die spezifischen Probleme der Behandlung von Größen zur Berechnung der Bruttoprämie beim Wechseln zwischen Versicherungsunternehmen vergleichsweise einfach zu lösen sind, wird im Folgenden nur auf die Nettoprämie eingegangen.

Berücksichtigung der medizinischen Inflation[8]

Grundsätzlich können sich alle Rechnungsgrundlagen ändern. Exemplarisch wird in diesem Abschnitt die Änderung mit der größten praktischen Relevanz, nämlich die Erhöhung der Kopfschäden, betrachtet. Dafür nehme ich an, dass die Kopfschäden der jeweiligen Altersklassen in jeder Periode um 10 % ansteigen. Ich betrachte die Situation der in Tabelle 1 ein Jahr alten Versicherten im Folgejahr, also im Alter 2. Die neuen Verhältnisse sind in Tabelle 2 dargestellt. In Spalte 1 ist noch einmal nachrichtlich die Lage in der Vorperiode (vor der Erhöhung der Kopfschäden, als die jetzt 2 Jahre alten Versicherten noch 1 Jahr alt waren) aufgeführt. Diese verfügen pro Kopf über eine Alterungsrückstellung von 11,84. Da die Kopfschäden der älteren Versicherten jedoch nicht – wie bei der Kalkulation der Prämie von 19,15 unterstellt – 15, 22, 30 und 35 betragen haben, sondern um 10 % höher ausgefallen sind (also 16,5; 24,2; 33 und 38,5 wie in Zeile 1 ab Spalte 2 dargestellt), ist eine Nachkalkulation erforderlich.

Tabelle 2: Beispiel für eine Nachkalkulation

0	**Lebensalter**	**1**	**2**	**3**	**4**	**5**	**Zeilen-summe**
1	**K**	10,0	16,5	24,2	33,0	38,5	
2	**k**		0,68	1	1,36	1,59	
3	**p**		1	0,80	0,64	0,51	
4	**v**		1	0,97	0,93	0,90	
5	**p · v**		1	0,77	0,60	0,46	2,83
6	**p · v · k**		0,68	0,77	0,81	0,73	3,00
7	**N**	100	80	64	51	41	
8	**S**	1000,00	1320,00	1548,80	1689,60	1576,96	
9	**Σ P**	1915,41	1719,01	1375,21	1100,17	880,13	
10	**Finanzierungs-saldo**	915,41	399,01	–173,59	–589,43	–696,83	
11	**Σ AR**	947,45	1393,59	1262,69	696,83	0	
12	**AR (nach Vererbung)**	11,84	21,77	24,66	17,01	0	

8 Darunter werden die spezifischen Preissteigerungen im Gesundheitswesen verstanden.

Bei der Berechnung der neuen Prämie muss der höhere Grundkopfschaden (24,2 statt 22) einkalkuliert werden. Ferner ist zu berücksichtigen, dass bereits Alterungsrückstellungen in Höhe von 11,84 aufgebaut wurden. Die neue Prämie P^{neu} ergibt sich dann als

$$P^{neu} = \frac{G \cdot A - AR}{ä} = \frac{24{,}2 \cdot 3 - 11{,}84}{2{,}83} = 21{,}49.$$

Im Zähler werden die bereits gebildeten Alterungsrückstellungen abgezogen, da die neue Prämie nur die Ausgaben abdecken muss, für die keine Alterungsrückstellungen vorhanden sind.

Der Anstieg der Kopfschäden um 10 % führt zu einem Prämienanstieg von mehr als 10 % (hier über 12 %). Dies liegt daran, dass die Alterungsrückstellung auf der Basis von um 10 % niedrigeren Kopfschäden gebildet wurde. Die zu niedrige Alterungsrückstellung muss daher durch höhere Prämien ausgeglichen werden. Dieser Effekt ist besonders gravierend bei älteren Versicherten, da weniger Jahre mit Prämienzahlungen zum Ausgleich der fehlenden Alterungsrückstellung bleiben. Man spricht daher auch vom Altenproblem der PKV.

Bedeutung des Eintrittsalters

Versicherte mit identischem Lebensalter zahlen unterschiedliche Prämien, wenn sie in unterschiedlichem Alter in die PKV eintreten. Bei höherem Eintrittsalter sind höhere Prämien erforderlich, da weniger Zeit zum Aufbau von Alterungsrückstellungen bleibt.

Ich unterstelle die gegenüber der Vorperiode um 10 % höhere Kopfschadenreihe aus dem vorherigen Beispiel zur medizinischen Inflation (Tabelle 2). Ein bereits im Alter 1 eingetretener Versicherter muss, wie zuvor berechnet, im Alter 2 eine Prämie von 21,49 zahlen. Ein Neukunde trete nun aber erst im Alter 2 der Versicherung bei. Er war in der vorherigen Periode nicht versichert und hat keine Alterungsrückstellungen aufgebaut. Um die Prämie für das Eintrittsalter 2 zu berechnen, müssen aus dem Bruch aus dem vorherigen Beispiel lediglich die Alterungsrückstellungen entfernt werden:

$$P_{EA2} = \frac{24{,}2 \cdot 3}{2{,}83} = 25{,}67.$$

Der Versicherte mit dem Eintrittsalter 2 müsste also eine höhere Prämie zahlen. Im Gegensatz zum Versicherten mit dem Eintrittsalter 1 kann er keine Alterungsrückstellungen Prämien mindernd einbringen.

3 Grundzüge der aktuariellen Behandlung eines wettbewerblichen Wechselmodells

Die Idee der aktuariellen Behandlung von Wechseln mit risikogerechten Übertragungswerten soll in diesem Abschnitt abstrakt skizziert werden, bevor sie im folgenden Abschnitt anhand von Zahlenbeispielen erläutert wird.

Jeder Versicherte, der das PKV-Unternehmen (oder auch den Tarif beim selben Unternehmen) wechseln möchte, erhält einen individuellen Übertragungswert (ÜW). Dieser wird berechnet als Differenz zwischen dem erwarteten Barwert der Schäden und dem erwarteten Barwert der Prämienzahlungen.[9] Er entspricht der individuellen risikogerechten Alterungsrückstellung, wie sie in verschiedenen ökonomischen Publikationen vorgeschlagen wurde.[10] Für die aktuarielle Behandlung des Übertragungswertes ist es sinnvoll, diesen zu unterteilen in

- die Alterungsrückstellung der jeweiligen Kohorte (z. B. der 30jährigen mit dem Eintrittsalter 28 in einem bestimmten Tarif) und
- einen individuellen Risikoausgleichsbetrag (RA_i).

In der Ausgangssituation ist der Risikoausgleichsbetrag größer Null für überdurchschnittlich hohe Risiken und kleiner Null für Versicherte mit unterdurchschnittlichem Krankheitskostenrisiko. So lange noch keine Wechsel stattgefunden haben, muss folglich die Summe aller Risikoausgleichsbeträge gleich Null sein (in Analogie zur Summenregel, die u. a. vom Kronberger Kreis vorgeschlagen wurde[11]).

Der Übertragungswert ist immer dann geringer als die Alterungsrückstellung der Kohorte des Versicherten, wenn ein niedriges Risiko[12] mit negativem Risikoausgleichsbetrag wechselt. Bei hohen Risiken mit positivem Risikoausgleichsbetrag ist der Übertragungswert größer als die durchschnittliche Alterungsrückstellung der Kohorte des Versicherten.

Situation beim abgebenden Versicherer

Verlässt nun ein Versicherter ein Unternehmen und wechselt zur Konkurrenz, so gibt ihm der Versicherer den aus Alterungsrückstellung und Risikoausgleichsbetrag bestehenden Übertragungswert mit. Beim abgebenden Versicherer werden dann die Alterungsrückstellungen entsprechend vermindert (es findet keine Verer-

---

9 Dabei sind die tatsächlich erwarteten nominellen Größen zu Grunde zu legen und nicht z. B. die Prämien, die sich auf Basis der Rechnungsgrundlagen ergeben.

10 Vgl. z. B. Meyer, 1992; Eekhoff et al., 2008.

11 Kronberger Kreis, 2002.

12 Exakt handelt es sich um ein unterdurchschnittlich hohes Risiko in Bezug auf den Durchschnitt der Ausgangskohorte.

bung mehr statt). Da es sich bei der Alterungsrückstellung um den durchschnittlichen Betrag der Kohorte handelt, ist dieser Vorgang leicht zu handhaben.

Ein innovatives Element des wettbewerblichen Wechselmodells ist die aktuarielle Verwaltung der Risikoausgleichsbeträge. Für sie wird sowohl beim abgebenden als auch beim aufnehmenden Versicherer eine neue Größe gebildet, die als Rückstellung für den Risikoausgleich (RfR) bezeichnet werden soll. Hier wird die Summe aller Risikoausgleichsbeträge von ab- und zuwandernden Versicherten verwaltet. In der Ausgangssituation, wenn noch keine Wechsel stattgefunden haben, ist die RfR offensichtlich Null. Verlässt nun ein Versicherter mit hohem Risiko und einem entsprechend positiven Risikoausgleichsbetrag den Versicherer, so vermindern sich die RfR um eben diesen Betrag. Die RfR können also sowohl positive als auch negative Werte annehmen. Wechselt ein niedriges Risiko mit entsprechend negativem Risikoausgleichsbetrag, so kann der abgebende Versicherer seine RfR erhöhen.

Die in den RfR enthaltenen Mittel können zu späteren Zeitpunkten zur Verminderung von Beitragsanstiegen eingesetzt werden. Sind die RfR positiv (z. B. weil nur niedrige Risiken abgewandert und keine Versicherten zugewandert sind), so können sie über mehrere Jahre ansonsten erforderliche Prämiensteigerungen vermindern oder sogar verhindern. Damit ist die Situation für das abgebende Versichertenkollektiv im Idealfall genau die gleiche, als wenn die Versicherten mit dem niedrigen Risiko in ihrem Kollektiv geblieben wären und dort über ihre niedrigen Gesundheitsausgaben die (als Durchschnitt berechneten) Kopfschäden entsprechend vermindert hätten. Die RfR stellen also sicher, dass der Wechsel von Versicherten für die jeweiligen Kollektive neutral gestaltet werden kann. Für die verbleibenden Versicherten entsteht kein Nachteil durch die Abwanderung niedriger Risiken.

Das gleiche gilt, wenn hohe Risiken abwandern. Angenommen, nur hohe Risiken wechseln von der betrachteten Versicherung weg und keine neuen Versicherten kommen hinzu. In diesem Fall sind die RfR beim abgebenden Unternehmen negativ. Daher wirken sie sich bei der Verrechnung erhöhend auf die Beitragssteigerungen aus. Auch hier kann eine Neutralität der Versichertenkollektive in Bezug auf Wechsel erreicht werden. Wären die Versicherten mit hohem Risiko nicht gewechselt, so hätten sich ihre hohen Gesundheitsausgaben in höheren Kopfschäden niedergeschlagen. Dieser Effekt wird nun durch die Verrechnung der RfR nachvollzogen.

Die schrittweise Verrechnung einer Rückstellungsgröße wie den RfR zur Beeinflussung von Beitragssteigerungen ist für die PKV kein neues Element. Die Vorgehensweise entspricht weitgehend dem etablierten Umgang mit den RfB. Anstelle von Ergebnisbestandteilen werden Risikoausgleichsbeträge verrechnet und die RfB können nicht negativ sein. Die Art und Weise der Verrechnung ist aber die gleiche. Das neue Element der RfR fügt sich also nahtlos in das bestehende Kalkulationsmodell der PKV ein. Auch die Verwendung der RfR wäre vom verantwortlichen Aktuar, dem Treuhänder und der BaFin zu kontrollieren.

Situation beim aufnehmenden Versicherer

Beim (potenziell) aufnehmenden Versicherer stellt sich die Situation wie folgt dar. Auch dieses Unternehmen kalkuliert, welche Gesundheitsausgaben es mit welcher Wahrscheinlichkeit bei dem aufzunehmenden Versicherten erwartet. Das Ergebnis kann von dem des abgebenden Versicherers abweichen, z. B. weil das aufnehmende Unternehmen den Wechsler effizienter versorgen kann.

Von dem erwarteten Barwert der Schäden beim aufnehmenden Versicherer zieht dieser den Übertragungswert ab, den der Versicherte mitbekommen hat. Die verbleibende Differenz zwischen erwartetem Leistungsbarwert und Übertragungswert muss durch Prämienzahlungen des wechselnden Versicherten gedeckt werden. (Verbliebe keine Differenz, so wäre eine Prämie von Null ausreichend). Der erwartete Barwert der Prämienzahlungen muss also mindestens so hoch sein wie die verbleibende Differenz. Entscheidend für diese Berechnung ist natürlich die Bestimmung der angemessenen Prämie (bzw. des zugehörigen Prämienpfades) für den Wechsler.

Die Art der Bestimmung der Prämie für Wechsler ist das zweite innovative Element des wettbewerblichen Wechselmodells. Als Regel formuliert lautet die Idee:

Ordne den Wechsler der Kohorte und dem fiktiven Eintrittsalter zu, deren erwarteter Prämienpfad seine erwarteten Gesundheitsausgaben nach Abzug des Übertragungswertes (mindestens) deckt!

Diese Regel soll im Folgenden genauer erläutert werden, zunächst die Bedeutung der Kohorte und des fiktiven Eintrittsalters:

- Wie zuvor dargestellt umfasst eine Kohorte die Versicherten eines Lebensalters (z. B. 40 Jahre) mit gleichem Eintrittsalter (z. B. 35 Jahre). Versicherte mit gleichem Lebensalter, aber geringerem Eintrittsalter, zahlen niedrigere Prämien als Versicherte mit höherem Eintrittsalter. (Bei höherem Eintrittsalter ist die für den Aufbau von Alterungsrückstellungen zur Verfügung stehende Zeit kürzer.)
- Wechselt ein Versicherter zu einer Versicherung, die ihn günstiger versorgen kann als seine vorherige, so kann es sein, dass der Übertragungswert so hoch ist, dass der Versicherte einer Kohorte mit niedrigerem Eintrittsalter zugeordnet werden kann als das seiner ursprünglichen Kohorte. Beispielsweise kommt der Versicherte im Alter von 40 Jahren nicht in die Kohorte mit seinem tatsächlichen Eintrittsalters von 35 Jahren, sondern in die Kohorte der 40jährigen mit dem Eintrittsalter 30 Jahre. Dadurch verringert sich seine Prämie. Sein fiktives Eintrittsalter wird also auf 30 herabgesetzt.

- Wechselt der 40jährige mit tatsächlichem Eintrittsalter 35 hingegen in eine Versicherung, die ihn zwar qualitativ hochwertiger, aber nur zu höheren Kosten versorgen kann, so kann es sein, dass sein fiktives Eintrittsalter auf 38 hochgesetzt wird. Er zahlt dann eine etwas höhere Prämie, erhält dafür aber bessere Leistungen.
- Nach der Zuweisung zu einer Kohorte und eines fiktiven Eintrittsalters gelten für den Wechsler genau die gleichen Prämienanpassungen wie für die übrigen Versicherten in dieser Kohorte.
- Die obere Grenze für das fiktive Eintrittsalter stellt offensichtlich das Lebensalter dar. Wird ein Wechsler in die Kohorte eingeordnet, in der Lebensalter = Eintrittsalter gilt, so entspricht dies dem Neueintritt eines normal gesunden Versicherten ohne Mitgabe eines Übertragungswertes. Hat der Versicherte aber bereits Vorerkrankungen und war bisher z. B. in einem Tarif versichert, in dem diese Erkrankungen weniger umfassend versorgt wurden, so kann es sein, dass die Prämie (genauer: der Prämienpfad) der Kohorte mit dem maximalen Eintrittsalter (= Lebensalter) nicht kostendeckend ist. In diesem Fall muss – genau wie sonst auch bei Neueintritten mit Vorerkrankungen – mit Risikozuschlägen gearbeitet werden.
- Umgekehrt ist vorstellbar, dass z. B. ein Versicherter von einem sehr umfangreichen in einen weniger leistungsstarken Tarif wechselt und der Übertragungswert so hoch ist, dass der Prämienpfad der Kohorte mit dem niedrigsten Eintrittsalter zu einer deutlichen Überdeckung der erwarteten Schäden führen würde. Hier könnte der Versicherer spiegelbildlich zu den Risikozuschlägen mit Abschlägen arbeiten.
- Die Frage, welches fiktive Eintrittsalter zu Grund gelegt wird und welche Prämie damit dem potenziellen Wechsler angeboten wird, hängt nicht zuletzt auch von der Wettbewerbssituation ab. Geht die aufnehmende Versicherung in dem zuvor diskutierten Beispiel davon aus, dass kein Konkurrent eine geringere Prämie als die zum Eintrittsalter 24 gehörende anbieten kann, so wird sie auf die Abschläge verzichten und kann zusätzliche Beträge in die RfR einstellen, wenn der Wechsel stattfindet.

Auch der Begriff des Prämienpfades soll noch genauer erklärt werden:

- Wie in Abschnitt 2 erläutert, ist die lebenslang konstante Prämie eine Fiktion, wenn sich die Rechnungsgrundlagen ändern. Steigen wie zuvor angenommen die Kopfschäden, so muss in regelmäßigen Abständen eine Nachkalkulation erfolgen und die Prämien müssen erhöht werden. Auf diese Weise ergibt sich für jede Kohorte ein individueller Prämienpfad.

- Damit Wechsel für die abgebenden und aufnehmenden Kollektive neutral bleiben können, muss von den tatsächlich erwarteten Gesundheitsausgaben und Prämienpfaden ausgegangen und nicht etwa mit den ursprünglichen Rechnungsgrundlagen zur Berechnung der lebenslang konstanten Prämie gearbeitet werden. Ansonsten würden von Versicherten, bei denen mit überdurchschnittlichen Ausgabensteigerungen zu rechnen ist, zu niedrige Prämien verlangt und es könnten sich Selektionsanreize zu Lasten dieser Versicherten ergeben.

Insgesamt ist die Zuweisung eines fiktiven Eintrittsalters ein entscheidender Bestandteil des wettbewerblichen Wechselmodells. Auf diese Weise wird dem Wechsler der Prämienpfad zugeordnet, mit dem seine nicht durch den Übertragungswert gedeckten Ausgaben mindestens abgedeckt werden. Der Wechsler mit dem fiktiven Eintrittsalter partizipiert in gleicher Weise an den Prämienerhöhungen wie die Versicherten der Kohorte mit dem entsprechenden tatsächlichen Eintrittsalter.

Mit der Festlegung eines fiktiven Eintrittsalters und der zugehörigen Prämie steht auch die (durchschnittliche) Alterungsrückstellung dieser Kohorte fest. Analog zum abgebenden Versicherer muss nun der aufnehmende Versicherer die Alterungsrückstellungen der Kohorte, der er den Wechsler zugeordnet hat, entsprechend erhöhen. Ansonsten wäre der Prämienpfad der Kohorte für einen Wechsler mit durchschnittlichem Risiko nicht kostendeckend, schließlich haben ja alle Bestandsversicherten bereits entsprechende Alterungsrückstellungen aufgebaut. Diese durchschnittliche Alterungsrückstellung muss dann vom Übertragungswert abgezogen werden (sie steht nicht für einen eventuell notwendigen Ausgleich überdurchschnittlich hoher Schäden zur Verfügung). Der verbleibende Betrag (Übertragungswert minus durchschnittliche Alterungsrückstellung der vom aufnehmenden Versicherer gewählten Kohorte) kann dann als Risikoausgleichsbetrag beim neuen Versicherer den RfR zugewiesen werden.

Auch beim aufnehmenden Versicherer können die RfR positiv oder negativ sein. Sind beispielsweise nur hohe Risiken mit hohen Übertragungswerten zugewandert (und keine Versicherten abgewandert), so sind die Risikoausgleichsbeträge nach Abzug der Alterungsrückstellungen vom Übertragungswert und in der Folge auch die RfR positiv. Mit den positiven RfR kann der aufnehmende Versicherer die erhöhten Kopfschäden der aufgenommenen hohen Risiken aktuariell ausgleichen. Auf diese Weise kann erreicht werden, dass die Zuwanderung von hohen Risiken für das aufnehmende Kollektiv zumindest neutral ist.

Nimmt der Versicherer hingegen nur niedrige Risiken mit niedrigen Übertragungswerten auf, so können die nach Abzug der Alterungsrückstellung verbleibenden Risikoausgleichsbeträge und folglich auch die RfR negativ werden. Im Laufe der Zeit müssen dann die in den RfR enthaltenen negativen Mittel verrechnet werden. Dadurch werden die durch die Aufnahme niedriger Risiken sinkenden Kopfschäden teilweise oder sogar komplett kompensiert.

Unter sonst gleichen Bedingungen sind die Auswirkungen eines Wechsels auf die RfR beim aufnehmenden Versicherer genau umgekehrt zu denen beim abgebenden Versicherer, da beim abgebenden der Risikoausgleichsbetrag subtrahiert, beim aufnehmenden hingegen addiert wird. Es ist aber durchaus möglich, dass aufgrund unterschiedlicher Einschätzungen, anderer Kostenstrukturen etc. die Risikoausgleichsbeträge beim aufnehmenden und beim abgebenden Versicherer unterschiedliche Vorzeichen haben und die Auswirkungen auf die RfR gleichgerichtet sind.

Bisher wurde die aktuarielle Behandlung von Wechseln dargestellt. Für das Funktionieren des Wettbewerbs ist es aber darüber hinaus wichtig, dass die Versicherer einen Anreiz haben, die Risikoausgleichsbeträge so zuzuweisen, dass der Abgang von Versicherten sich für die verbleibenden Kollektive zumindest neutral darstellt. Dieser Anreiz kann z. B. durch die modifizierte Summenregel gesetzt werden. Wie zuvor erwähnt besagt diese, dass in der Ausgangssituation vor Wechseln die Summe aller Risikoausgleichsbeträge gleich Null sein muss. Nachdem Wechsel stattgefunden haben und die RfR nur noch zufällig gleich Null sein können besagt die modifizierte Summenregel, dass die Summe aller Risikoausgleichsbeträge dem in den RfR enthaltenen (ggf. negativen) Betrag entsprechen muss.

4 Zahlenbeispiele zum Wechselmodell

Die bisher abstrakt dargestellten Zusammenhänge sollen im Folgenden anhand von Zahlenbeispielen erläutert werden.

Fall 1: Wechsel eines Durchschnittsrisikos

Betrachtet wird zunächst der vergleichsweise einfachen Fall eines in jeder Hinsicht durchschnittlichen Risikos, d. h. eines Versicherten, dessen erwartete Gesundheitsausgaben beim abgebenden genauso wie beim aufnehmenden Versicherer immer genau der jeweiligen erwarteten Kopfschadenreihe entsprechen. Auch seine Überlebenswahrscheinlichkeit entspreche dem Durchschnitt. Dieser Versicherte trete im Alter 3 in die aus den obigen Zahlenbeispielen bereits bekannte Versicherung ein, nachdem erneut – wie annahmegemäß in jeder Periode – ein Anstieg aller Kopfschäden um 10 % stattgefunden hat (vgl. Tabelle 3).

Tabelle 3: Eintrittsalter 3

0	Lebensalter	1	2	3	4	5	Zeilen-summe
1	K			26,62	36,30	42,35	
2	k			1	1,36	1,59	
3	p			1	0,80	0,64	
4	v			1	0,97	0,93	
5	p · v			1	0,77	0,60	2,37
6	p · v · k			1	1,05	0,95	3,00
7	N			80	64	51	
8	S			2129,60	2323,20	2168,32	
9	Σ P			2699,29	2159,43	1727,55	
10	Finanzierungs-saldo			569,69	–163,77	–440,77	
11	Σ AR			589,63	440,77	0	
12	AR (nach Vererbung)			9,21	8,61	0	

Die Prämie ergibt sich als

$$P_{EA3} = \frac{26{,}62 \cdot 3}{2{,}37} = 33{,}74.$$

Angenommen, der Durchschnittsversicherte möchte am Ende seiner ersten Versicherungsperiode zu einer anderen Versicherung wechseln. Bei einem Durchschnittsversicherten ist der Risikoausgleichsbetrag definitionsgemäß 0. Daher entspricht der Übertragungswert genau der Alterungsrückstellung von 9,21.

Ferner wird davon ausgegangen, dass er zu einer Versicherung wechseln will, deren Kopfschäden um jeweils 10 % niedriger liegen als die der abgebenden Versicherung. Die Situation für Versicherte im Lebensalter 4 mit dem Eintrittsalter 3 stellt sich bei der aufnehmenden, günstigen Versicherung wie folgt dar:

Tabelle 4: Eintrittsalter 3, günstige Versicherung

0	**Lebensalter**	**1**	**2**	**3**	**4**	**5**	**Zeilen-summe**
1	**K**			23,96	35,94	41,93	
2	**k**				1,36	1,59	
3	**p**				1	0,8	
4	**v**				1	0,97	
5	**p · v**				1	0,78	1,78
6	**p · v · k**				1,36	1,24	2,6
7	**N**			80	64	51	
8	**S**			1916,64	2299,97	2146,64	
9	**Σ P**			2426,33	2169,54	1735,63	
10	**Finanzierungs-saldo**			509,69	–130,42	–411,00	
11	**Σ AR**			527,53	411,00	0	
12	**AR (nach Vererbung)**			8,24	8,03	0	

Versicherte mit dem Eintrittsalter 3 zahlen im Lebensalter 4 (auch hier finde jedes Jahr eine Steigerung der Kopfschäden um 10 % statt) bei der günstigen Versicherung eine Prämie von 33,9.[13] (Im Lebensalter 3 haben sie eine Prämie von 30,33[14] gezahlt).

Die von dem Durchschnittsrisiko aufgebaute Alterungsrückstellung (nach Vererbung[15]) am Ende der ersten Versicherungsperiode in Höhe von 9,21 (vgl. Tabelle 3) ist höher als die Alterungsrückstellung bei gleichem Eintritts- und Lebensalter in der aufnehmenden günstigen Versicherung (8,24, vgl. Tabelle 4). Dies ist nicht weiter verwunderlich, denn bei niedrigeren Kopfschäden müssen auch weniger Alterungsrückstellungen aufgebaut werden. Der Übertragungswert, der bei dem

13 $\frac{23{,}96 \cdot 1{,}1 \cdot 2{,}6 - 8{,}24}{1{,}78}$.

14 $\frac{23{,}96 \cdot 3}{2{,}37}$.

15 Eine Betrachtung der Alterungsrückstellungen nach Vererbung ist sinnvoll, da beim abgebenden Versicherer die vererbten Alterungsrückstellungen auch auf die Versicherten aufgeteilt würden, die wechseln. Dadurch wird Neutralität erreicht. Beim aufnehmenden Versicherer wird die Alterungsrückstellung nach Vererbung vom Übertragungswert abgezogen, damit der Vererbungsbetrag nur dem ursprünglichen Kollektiv zu Gute kommt. In der Praxis dürfte dieses Thema aber aufgrund der niedrigen Sterbewahrscheinlichkeiten in jüngeren Jahrgängen allenfalls in hohen Altersklassen quantitativ bedeutsam sein.

angenommenen Durchschnittsrisiko genau der Alterungsrückstellung entspricht, ist also in jedem Fall ausreichend, um den Wechsler in die Kohorte „Lebensalter 4, Eintrittsalter 3" mit der Prämie 33,9 bei der günstigen Versicherung aufzunehmen. Bei der abgebenden Versicherung hätte der Wechsler im Alter 4 nach einer erneuten 10 prozentigen Steigerung der Kopfschäden eine Prämie von P = 37,63 gezahlt, wie in Tabelle 5 (Zeile 2, Lebensalter 4) dargestellt.

Tabelle 5: Prämienpfad Eintrittsalter 3, hochpreisige Versicherung

0	**Lebensalter**	**1**	**2**	**3**	**4**	**5**
1	**K**			26,62	39,93	51,24
2	**P**			33,74	37,63	42,29
3	**N**			100	80	64
4	**S**			2662,00	3194,40	3279,58
5	**Σ P**			3374,12	3010,79	2706,78
6	**Finanzierungs-saldo**			712,12	–183,61	–572,80
7	**Σ AR**			737,04	572,80	0
8	**AR (nach Vererbung)**			9,21	8,95	0
9	**Prämienänderung**				11,54 %	12,38 %

Der Prämienpfad in Tabelle 5 (v. a. Zeile 2) zeigt also, wie sich die Prämien entwickeln, wenn die Kopfschäden in jeder Periode um 10 % steigen.[16]

Da die vom Versicherten mitgebrachte Alterungsrückstellung höher ist als die der Kohorte „Lebensalter 4, Eintrittsalter 3" bei der günstigen Versicherung, ist zu prüfen, ob eine Einordnung in die Kohorte „Lebensalter 4, Eintrittsalter 2" bei der günstigen Versicherung möglich ist. Zu diesem Zweck betrachte ich den Prämienpfad der günstigen Versicherung für das Eintrittsalter 2:

[16] Bei den vorherigen Berechnungen der Anfangsprämie bzw. der einmalig angepassten Prämie wurde der Kalkulationsverordnung entsprechend davon ausgegangen, dass die Kopfschäden im Zeitablauf nicht weiter steigen. Faktisch wird damit nur die Prämie der aktuellen Periode bestimmt. Bei der Ermittlung des Prämienpfades wird hingegen der tatsächlich erwartete Prämienverlauf ermittelt. Mit dem erwarteten Verlauf der Prämien ergibt sich auch der erwartete Verlauf der Alterungsrückstellungen.

Tabelle 6: Prämienpfad Eintrittsalter 2, günstige Versicherung

0	**Lebensalter**	**1**	**2**	**3**	**4**	**5**
1	**K**		14,85	23,96	35,94	46,12
2	**P**		23,10	25,86	29,37	33,56
3	**N**		100	80	64	51
4	**S**		1485,00	1916,64	2299,97	2361,30
5	**Σ P**		2310,23	2069,04	1879,51	1718,27
6	**Finanzierungs-saldo**		825,23	152,40	–420,46	–643,03
7	**Σ AR**		854,12	1041,74	643,03	0
8	**AR (nach Vererbung)**		10,68	16,28	12,56	0
9	**Prämienänderung**			11,95 %	13,55 %	14,28 %

Es zeigt sich, dass für die Gewährung der günstigen Prämie der Kohorte „Lebensalter 4, Eintrittsalter 2" in Höhe von 29,37 (Zeile 2, Lebensalter 4) eine Alterungsrückstellung von mindestens 12,56 (Zeile 8, Lebensalter 4) erforderlich wäre. Folglich kann dem Wechsler diese günstige Prämie nicht gewährt werden.

In der Praxis dürfte es aufgrund der Vielzahl der zur Verfügung stehenden Kohorten keine großen Schwierigkeiten geben, eine Kohorte mit relativ genau passender Alterungsrückstellung zu finden. Ferner sind, wie in Abschnitt 3 dargestellt, Zu- oder Abschläge möglich, die in der Praxis aber wiederum gering ausfallen dürften. Im betrachteten Beispiel könnte die Differenz zwischen der mitgebrachten Alterungsrückstellung und der erforderlichen (9,21 – 8,24 = 0,97) auf die verbleibenden zwei Perioden unter Berücksichtigung der Abdiskontierung und der Überlebenswahrscheinlichkeit verteilt werden (versicherungsmathematisch: Division durch ä). Dabei würde sich ein Abschlag von 0,68 bzw. eine neue Prämie von 33,21 ergeben.

Hierbei handelt es sich allerdings um eine Mindestprämie. Wenn der Wettbewerb es erlaubt, kann auch eine höhere Prämie verlangt werden, z. B. die der Kohorte „Lebensalter 4, Eintrittsalter 3". In diesem Fall wäre der überschüssige Übertragungswert beim aufnehmenden Versicherer den RfR zuzuführen. Beim abgebenden Versicherer bleiben die RfR beim Abgang eines Durchschnittsrisikos hingegen in jedem Fall unberührt.

Wechsel eines hohen Risikos mit geminderter Überlebenswahrscheinlichkeit

Nun wird der kompliziertere Fall des Wechsels eines Versicherten betrachtet, der sowohl bei den erwarteten Gesundheitsausgaben als auch bei der Überlebenswahrscheinlichkeit vom Durchschnitt abweicht. Der Versicherte sei wie im vorherigen Beispiel im Alter 3 in die hochpreisige Versicherung eingetreten und habe dort die entsprechende Prämie von 33,74 gezahlt. Im Laufe der ersten Versicherungsperiode zeige sich eine kostenintensive Erkrankung, die zu erwarteten Ausgaben von 100 in den beiden folgenden Perioden führe (die erwartete medizinische Inflation sei bei dieser Erkrankung Null, z. B. weil sich Kosten steigernder und Kosten senkender technischer Fortschritt ausgleichen). Überdies vermindere sich die Überlebenswahrscheinlichkeit zu Beginn der letzten Periode auf 0,1.

Dieser Versicherte möchte wiederum in die günstige Versicherung mit um 10 % niedrigeren Kopfschäden wechseln. Die Prämienpfade dieser Versicherung für die Eintrittsalter 3 und 2 sind jeweils in den Tabellen 4 und 6 dargestellt. Ich nehme an, dass die günstige Versicherung auch den Wechsler mit der Vorerkrankung um 10 % günstiger versorgen kann als die abgebende Versicherung, also betragen die erwarteten Ausgaben in den letzten beiden Perioden jeweils 90.

Die für den Wechselvorgang erforderlichen Berechnungen und Schritte werden nun im Einzelnen dargestellt.

Schritt 1: Die abgebende Versicherung bestimmt Risikoausgleichsbetrag und Übertragungswert

Der Übertragungswert berechnet sich als Barwert der erwarteten Gesundheitsausgaben abzüglich des Barwerts der erwarteten Prämienzahlungen (Prämien aus Tabelle 5, Zeile 2):

$$\text{ÜW} = (100 - 37{,}63) + (100 - 42{,}29) \cdot 0{,}97 \cdot 0{,}1 = 67{,}94$$

mit 0,97 = Diskontfaktor und 0,1 = Überlebenswahrscheinlichkeit.

Nach Abzug der bekannten Alterungsrückstellung der Kohorte von 9,21 ergibt sich ein Risikoausgleichsbetrag von 58,73.

Schritt 2: Ausbuchung von Alterungsrückstellung und Risikoausgleichsbetrag beim abgebenden Versicherer

Der Bestand an Alterungsrückstellungen beim abgebenden Versicherer am Ende der ersten Versicherungsperiode der Kohorte von 737,04 (Tabelle 5, Zeile 7, Lebensalter 3) wird um die Alterungsrückstellung des wechselnden Versicherten, also 9,21, reduziert.

Die RfR (die zuvor Null betrugen) werden um den Risikoausgleichsbetrag, also 58,73, reduziert.

Schritt 3: Berechnung des erwarteten Leistungsbarwerts beim aufnehmenden Versicherer und der Differenz D zum Übertragungswert

$$LBW = 90 + 90 \cdot 0{,}97 \cdot 0{,}1 = 98{,}7.$$

$$D = LBW - ÜW = 98{,}7 - 67{,}94 = 30{,}76.$$

Diese Differenz zwischen erwartetem Leistungsbarwert und Übertragungswert muss durch den Prämienbarwert (PBW) gedeckt werden.

Schritt 4: Bestimmung des passenden Prämienbarwertes und Festlegung des fiktiven Eintrittsalters

Die zuvor berechnete Differenz D = 30,76 muss mit den erwarteten Barwerten verschiedener Prämienpfade unterschiedlicher Eintrittsalter verglichen werden.

Beim fiktiven Eintrittsalter 2 (tatsächliches Eintrittsalter: 3) ergibt sich bei der aufnehmenden günstigen Versicherung folgender erwarteter Prämienbarwert (Prämien aus Tabelle 6, Zeile 2, Lebensalter 4 und 5):

$$PBW = 29{,}37 + 33{,}56 \cdot 0{,}97 \cdot 0{,}1 = 32{,}61.$$

Der Prämienbarwert ist beim fiktiven Eintrittsalter 2 höher als die zu deckende Differenz zwischen erwartetem Leistungsbarwert und Übertragungswert. Folglich ist zu prüfen, ob der erwartete Prämienbarwert eines niedrigeren Eintrittsalters (hier: Eintrittsalter 1) immer noch größer oder gleich dieser Differenz ist (sofern der Wettbewerb eine niedrigere Prämie erforderlich macht).

Beim Eintrittsalter 1 ergibt sich ein erwarteter Prämienbarwert von 28,49 (Berechnung nicht dargestellt). Folglich ist der zum fiktiven Eintrittsalter 1 gehörige Prämienpfad nicht ausreichend, um die Differenz zwischen LBW und ÜW zu decken. Das fiktive Eintrittsalter 1 kommt also nicht in Frage.

Folglich kann dem Wechsler die Prämie der Kohorte „Eintrittsalter 2, Lebensalter 4" angeboten werden. Je nach Wettbewerbssituation könnte noch ein kleiner Abschlag gewährt werden, wovon hier abgesehen werden soll. Der Wechsler bekommt also das fiktive Eintrittsalter 2 und muss im Lebensalter 4 eine Prämie von 29,37 zahlen.

Schritt 5: Erhöhung der Alterungsrückstellungen und Addition des Risikoausgleichsbetrags beim aufnehmenden Versicherer

Am Ende der Vorperiode bzw. zu Beginn der Periode des Versicherungswechsels verfügen die Versicherten im Bestandskollektiv der aufnehmenden günstigen Versicherung über Alterungsrückstellungen von 16,28 pro Kopf. Damit die Alterungsrückstellung pro Kopf nach dem Zugang gleich bleibt (und kein Nachteil für das aufnehmende Kollektiv entsteht), müssen die Alterungsrückstellungen der Kohorte um 16,28 erhöht werden (von 1041,74 aus Tabelle 6, Zeile 7, Lebensalter 3 auf 1058,02).

Der Risikoausgleichsbetrag ergibt sich als Differenz zwischen Übertragungswert und Alterungsrückstellung beim aufnehmenden Versicherer, also

$$RA = ÜW - AR = 67{,}94 - 16{,}28 = 51{,}66.$$

Die RfR des aufnehmenden Versicherers müssen folglich um 51,66 erhöht werden. Die RfR sind dann in den beiden folgenden Perioden zur Minderung der Prämiensteigerungen einzusetzen.

Im Folgenden gehe ich davon aus, dass alle Erwartungen des Versicherers eintreffen. In der ersten Periode beim neuen Versicherer (im Lebensalter 4) verursacht der Wechsler mit dem hohen Risiko demnach Ausgaben von 90 und zahlt eine Prämie von 29,37. Die Ausgaben übersteigen die Prämienzahlungen also um 61,63. Die Alterungsrückstellungen pro Kopf vermindern sich in dieser Zeit um 16,28 – 12,56 = 3,72. Der verbleibende Verlust durch die Zuwanderung von 61,63 – 3,72 = 58,09 wäre dann aus den RfR auszugleichen (6,43 mehr als der Risikoausgleichsbetrag).

In der letzten Periode übersteigen die Gesundheitsausgaben die Prämienzahlungen um 90 – 33,56 = 56,44. Dieses Szenario tritt allerdings nur mit einer Wahrscheinlichkeit von 0,1 ein, der Erwartungswert ist also 5,64. Ferner vermindern sich die Alterungsrückstellungen um 12,56. In dieser Periode ergibt sich also eine Überdeckung der erwarteten Ausgaben von 12,56 – 5,64 = 6,92. Dieser Betrag kann mit der Verminderung der RfR in der Vorperiode verrechnet werden (und reicht dafür auch dann mehr als aus, wenn der vorherige Fehlbetrag von 6,43 aufgezinst wird). Bei dieser Art der Verrechnung ergibt sich im Erwartungswert kein Nachteil für das aufnehmende Kollektiv durch die Aufnahme des hohen Risikos (sogar ein geringer Vorteil).

In der Periode, in der der Wechsler hinzukommt, ergibt sich bei Eintreffen der Erwartungen keinerlei Unterschied zu der Situation ohne Wechsel. In der Folgeperiode hängt der Effekt auf das aufnehmende Kollektiv davon ab, ob der Versicherte noch lebt oder nicht. Im ersten Fall ergibt sich ein pekuniärer Nachteil, im zweiten ein pekuniärer Vorteil. Im Erwartungswert sind die Auswirkungen leicht positiv. Bei einer Vielzahl von Wechslern und korrekten Erwartungen sind die Auswirkungen auch in späteren Perioden neutral oder je nach Wettbewerbssituation leicht positiv.

5 Regulierungsbedarf

Ich nehme an, dass hinreichende Anreize zum korrekten Ausweis von Risikoausgleichsbeträgen, z. B. durch Anwendung der modifizierten Summenregel (ΣRA = RfR), gegeben sind. In diesem Abschnitt sollen noch kurz Probleme diskutiert werden, die entstehen können, wenn das Versicherungsmanagement kurzfristige Ergebnismaximierung betreibt.

Zum einen könnte ein Anreiz bestehen, unmittelbar hohe Beträge aus den RfR zu verwenden, um die Prämien anfänglich künstlich niedrig zu halten. Dadurch könnte die Versicherung zunächst Abwanderungen verhindern und Zugewinne an Versicherten verzeichnen. Später müssten die Prämien aber umso stärker steigen. Die Versicherung könnte auf diese Weise z. B. Ineffizienzen zunächst verschleiern. Für Versicherte und Anteilseigner ist es aber sehr schwer oder unmöglich zu erkennen, ob die Verrechnung der RfR angemessen ist.

Vor diesem Hintergrund kann es sinnvoll sein, Höchstanteile (z. B. anhängig vom Alter der Kohorte) und Mindestanteile (insbesondere relevant bei negativen RfR) von aus den RfR zu verrechnenden Beträgen festzulegen (z. B. höchstens 5 % der RfR pro Jahr), damit nicht die heutigen Prämien auf Kosten zukünftiger Prämiensteigerungen niedrig gehalten werden. Soll ein höherer Betrag aus den RfR verrechnet werden, so müsste dies gesondert gegenüber den Aufsichtsinstanzen (verantwortlicher Aktuar, Treuhänder, BaFin) begründet werden.

Ein anderes Problem könnte darin bestehen, dass das Management Versicherten- und Umsatzzahlen erhöhen möchte und dabei die Risiken der hinzukommenden Versicherten bewusst zu niedrig einschätzt. Auch hier zeigt sich erst später, dass dem Versichertenbestand geschadet wurde. Dieses Problem kann grundsätzlich auch schon heute im Neugeschäft auftreten. Im wettbewerblichen Wechselmodell erweitern sich aber die Möglichkeiten zur Umsetzung einer solchen Strategie. Wenn die Verrechnung von Beträgen aus den RfR wie zuvor gefordert begrenzt wird, zeigt sich aber zumindest schneller, wenn die Schäden im Verhältnis zu den Prämieneinnahmen hoch sind.

Die Publikation einer Kennzahl könnte darüber hinaus wichtige Orientierung für Versicherte und Anteilseigner bieten, die als kopfschadenadjustiertes Risikoausgleichsverhältnis (KRV) bezeichnet werden soll. Die Kennzahl wird gebildet aus dem Verhältnis der Risikoausgleichsbeträge der abgebenden (RA (A)) und der Risikoausgleichsbeträge des aufnehmenden Versicherers (RA(B)), geteilt durch das Verhältnis der Kopfschäden der Versicherer (K(A) und K(B)):

$$KRV = \frac{\frac{RA(A)}{RA(B)}}{\frac{K(A)}{K(B)}}$$

(Für die Beurteilung der Aufnahmepolitik eines Versicherers müsste eigentlich der Mittelwert aller KRV gebildet werden).

Kalkuliert ein aufnehmender Versicherer niedrigere Risikoausgleichsbeträge als seine Konkurrenten, obwohl bei ihm die Kopfschäden höher sind (KRV > 1), so muss er vor Versicherten und Anteilseignern rechtfertigen, mit welchen Mitteln er diesen zukünftigen Kostenvorteil erreichen möchte. (Ein KRV < 1 deutet hingegen auf eine defensive Aufnahmepolitik hin.)

6 Fazit

Die Umsetzung eines wettbewerblichen Wechselmodells ist auch aktuariell möglich. Sie erfordert nicht einmal eine Revolution im bestehenden Kalkulationsmodell der PKV. Es muss lediglich die Größe der RfR neu eingeführt werden. Daher gibt es jetzt keinen Grund mehr, die Einführung umfassenden Wettbewerbs in der PKV mit der Übertragung risikogerechter Beträge beim Unternehmens- oder Tarifwechsel noch weiter zu verschieben.

Literaturverzeichnis

Eekhoff, Johann, Vera Bünnagel, Susanna Kochskämper und Kai Menzel (2008): *Bürgerprivatversicherung. Ein neuer Weg im Gesundheitswesen*, Mohr Siebeck.

Kronberger Kreis [Juergen Donges, Johann Eekhoff, Wolfgang Franz, Wernhard Möschel, Manfred J. M. Neumann und Olaf Sievert] (2002): *Mehr Eigenverantwortung und Wettbewerb im Gesundheitswesen, Stiftung Marktwirtschaft*, Berlin.

Meyer, Ulrich (1992): „Zwei überflüssige Wettbewerbshemmnisse in der privaten Krankenversicherung“, in: Deutscher Verein für öffentliche und private Fürsorge (Hrsg.), *Sozialpolitik und Wissenschaft. Positionen zur Theorie und Praxis der sozialen Hilfen*, Frankfurt am Main, S. 185–202.

Milbrodt, Hartmut unter Mitwirkung von Tobias Kniep (2005): *Aktuarielle Methoden der deutschen Privaten Krankenversicherung*, Band 34 der Schriftenreihe „Angewandte Versicherungsmathematik“, Karlsruhe: Verlag Versicherungswirtschaft.

Rosenbrock, Stephan (2012): *Die risikogerechte Übertragung von Alterungsrückstellungen in der privaten Krankenversicherung*, Karlsruhe: Verlag Versicherungswirtschaft.

Nicht-Versicherung im U.S. amerikanischen Gesundheitssystem: Analyse der Ursachen und Bewertung des Affordable Care Acts

Ines Läufer

1 Das Phänomen der Nicht-Versicherung in den USA

Das Gesundheitssystem in den USA ist insbesondere aufgrund der hohen Zahl von Personen ohne Krankenversicherungsschutz regelmäßig in der Kritik. Insbesondere aus europäischer Perspektive erscheint die Tatsache, dass rund 50 Millionen Personen weder im privaten noch im staatlichen Versicherungssystem (Medicaid) versichert sind, untragbar.[1] Auch in den USA hat die hohe Zahl der nicht versicherten Personen regelmäßig zu kontroversen Diskussionen geführt. Die Reform von Präsident Obama, die primär auf die Erhöhung des Krankenversicherungsschutzes der Bevölkerung abzielt, war und ist in der amerikanischen Bevölkerung stark umstritten.

Im vorliegenden Artikel soll nun die Frage betrachtet werden, welche institutionellen Bedingungen das U.S. Phänomen der Nicht-Versicherung erklären können. Darauf aufbauend wird analysiert, ob die Reformmaßnahmen von Obama geeignet sind, die Zahl der nicht versicherten Personen zu reduzieren.[2]

2 Individuelle Krankenversicherungsverträge: Risikoäquivalente Prämien, langfristiger Schutz

Viele der nicht versicherten Personen haben nur die Option, einen individuellen Krankenversicherungsvertrag bei einem privaten Versicherungsunternehmen zu

---

[1] Alle diese Personen sind jünger oder maximal 65 Jahre alt. Personen über 65 Jahren sind im System Medicare versichert.

[2] Nicht diskutiert werden kann hier die Frage, inwiefern die Reduktion der Zahl von Personen ohne Krankenversicherungsschutz in den USA ein gesellschaftliches Ziel darstellen und wirtschaftspolitischen Handlungsbedarf begründen kann. Grundsätzlich könnte dies aus ökonomischer Perspektive zum einen dann der Fall sein, wenn diese nicht versicherten Personen gesellschaftlich finanzierte Leistungen in Anspruch nehmen, die bei frühzeitiger Vorsorge zu vermeiden gewesen wären. Zum anderen kann mit mangelndem Versicherungsschutz auch eine Einschränkung der individuell möglichen Gesundheitsversorgung verbunden sein, welche bei den Mitbürgern zu negativen Externalitäten, in Form von Mitleid oder Unwohlsein beim Anblick medizinisch unterversorgter Individuen führen kann.

erwerben. Die in den USA dominierende Versicherungsvariante, die Arbeitgeber-Gruppenversicherung, steht ihnen oftmals nicht offen, weil sie arbeitslos sind oder bei einem Arbeitgeber arbeiten, der keine Versicherungsleistung anbietet.[3] Ein individueller privater Krankenversicherungsschutz ist in den meisten Bundesstaaten nur zu risikoäquivalenten Prämien erhältlich. Versicherungen müssen unter wettbewerblichen Bedingungen die Prämien an dem individuellen Erwartungswert der Krankheitskosten ausrichten. Dies führt dazu, dass Personen mit Vorerkrankungen und gewissen Risikofaktoren recht hohe Prämien entrichten müssen, die ihre Zahlungsfähigkeit übersteigen können. Doch auch gute Risiken mit relativ niedrigen Prämien können bei unzureichendem Einkommen durch die Prämienzahlung finanziell überfordert sein, so dass es nicht zum Abschluss einer Krankenversicherung kommt.

Die Absicherung auf dem privaten Krankenversicherungsmarkt geht jedoch nicht zwangsläufig mit hohen Prämien einher. Da sich viele Risikofaktoren erst im Laufe der Zeit herauskristallisieren, kommt dem Zeitpunkt des Vertragsschlusses eine große Bedeutung zu. Erfolgt der Abschluss der Versicherung zu einem Zeitpunkt, an dem noch keine Risiken erkennbar sind, können sich Versicherte zur Durchschnittsprämie der jeweiligen Kohorte versichern.

Zugleich kann noch eine langfristige Absicherung gegen das Risiko finanzieller Überforderung durch Krankheit erfolgen: Wenn der Versicherungsschutz eine Prämienänderungsversicherung beinhaltet, schlagen sich die im Zeitablauf entstehenden individuellen Risikoveränderungen nicht in der Versicherungsprämie nieder. In den USA müssen seit der Einführung des Bundesgesetzes „Health Insurance Portability and Accountability Act“ (HIPAA) im Jahre 1996 alle individuellen Krankenversicherungsverträge die Möglichkeit der Vertragsverlängerung vorsehen. In den meisten Bundesstaaten wurde dieses Gesetz mit der Vorschrift umgesetzt, dass die Prämien bei Vertragsverlängerung nicht an die seit Vertragsschluss aufgetretenen Risikoveränderungen angepasst werden dürfen. Die meisten individuellen Versicherungsverträge in den USA sahen aber auch schon vor 1996 einen langfristigen Schutz vor individuellen Prämienanpassungen aufgrund von Risikoveränderungen vor.[4]

Viele der Personen, die zum heutigen Zeitpunkt aufgrund von Vorerkrankungen eine hohe, oftmals unerschwingliche, Prämie zahlen müssen, hätten zu einem früheren Zeitpunkt, also vor dem Auftreten der ersten Erkrankungen, durchaus

---

3 The Kaiser Family Foundation, 2013.

4 Patel / Pauly, 2002. Der effektive Schutz vor Prämienänderungen hängt aber von der Stabilität des Risikopools ab. Personen, deren Kostenrisiko sich im Zeitverlauf besser als ursprünglich angenommen entwickelt, haben einen Anreiz, einen neuen Vertrag zu neuen Prämien abzuschließen und das alte Kollektiv zu verlassen. In diesem Fall erhöhen sich die Durchschnittskosten des ursprünglichen Versicherungskollektivs, was zu entsprechenden Prämienanpassungen führt.

zu geringeren Prämien diesen langfristigen Schutz erwerben können. Wird dieser Zeitpunkt verpasst, erschwert die Kalkulation risikoäquivalenter Prämien auf privaten Versicherungsmärkten zwangsläufig gerade jenen Personen den Zugang zum Versicherungsschutz, die schon ein hohes Krankheitskostenrisiko aufweisen und auf eine gute, umfassende Versorgung angewiesen sind.

3 Arbeitgeber-Gruppenversicherung: Kostenvorteile und staatliche Förderung

Die dominierende Form des Krankenversicherungsschutzes in den USA ist jedoch kein individueller Krankenversicherungsvertrag, sondern der Abschluss einer Krankenversicherung über den Arbeitgeber. Insbesondere Angestellte großer Unternehmen sind meist über ihren Arbeitgeber krankenversichert: Der Arbeitgeber versichert seine Angestellten bei einer privaten Krankenversicherung oder er agiert als Selbstversicherer, finanziert also die anfallenden Krankheitskosten selbst. Die partielle Entlohnung über Krankenversicherungsschutz etablierte sich nach dem Zweiten Weltkrieg, um die damals eingeführten gesetzlichen Lohnobergrenzen zu umgehen und die Löhne auf diesem indirekten Wege weiterhin flexibel erhöhen zu können.[5]

Eine Arbeitgeber-Gruppenversicherung stellt keine langfristige Absicherung dar, da der Versicherungsschutz an den Arbeitsplatz gekoppelt ist und der Verlust des Arbeitsplatzes mit dem Verlust des Krankenversicherungsschutzes einhergeht. Für die Erklärung der hohen Zahl nicht versicherter Personen ist also die zu einem früheren Zeitpunkt getroffene Entscheidung zwischen einem Beitritt zur Gruppenversicherung und dem Abschluss eines langfristigen individuellen Versicherungsvertrags relevant.

Typischerweise wird bei einer Gruppenversicherung, insbesondere bei großen Belegschaften, für jeden Versicherten der Gruppe eine durchschnittliche Prämie verlangt, eine individuelle Risikoprüfung findet nicht statt. Von einer Durchschnittsprämie profitieren jene Arbeitnehmer, deren Krankheitskostenrisiko höher ist als das in der Durchschnittsprämie abgebildete Risiko. Unter ansonsten gleichen Bedingungen würde der Abschluss eines individuellen Versicherungsvertrages bei einer privaten Krankenversicherung aufgrund der dort kalkulierten risikoäquivalenten Prämien für hohe Risiken die Zahlung einer höheren Prämie erfordern. Für Personen mit einem niedrigen Krankheitskostenrisiko fällt der Vergleich der beiden Alternativen genau umgekehrt aus: Diese zahlen in der Gruppenversicherung c. p. einen Aufschlag auf die ansonsten bei einer individuellen Versicherung anfallende

5 Gruber, 2010, S. 2.

risikoäquivalente Prämie. Für diese Personen könnte die Gruppenversicherung also weniger attraktiv sein als die Auszahlung der Prämie durch den Arbeitgeber in bar und der Erwerb einer individuellen Krankenversicherung.

Es kommen jedoch sowohl versicherungsimmanente als auch staatlich gesetzte Bedingungen hinzu, welche die kurzfristige Gruppenversicherung gegenüber einer langfristigen individuellen Versicherung auch für Personen mit einem geringeren Krankheitskostenrisiko attraktiver machen können: Erstens können durch den Abschluss eines Gruppenversicherungsvertrages Vertragsabschlusskosten eingespart werden, weil die Versicherung nicht mit allen Personen unterschiedliche Verträge schließen muss, sondern ausschließlich mit einem Stellvertreter der Gruppe, dem Arbeitgeber, verhandelt. Zweitens können große Arbeitgeber bei einer Selbstversicherung weitere Kostenvorteile generieren, weil in diesem Fall keine umsatzsteuerpflichtigen Prämien an eine Versicherung entrichtet werden müssen. Außerdem können die Transaktionskosten, die beim Vertragsabschluss mit einer Versicherung entstehen würden, eingespart werden.

Eine Gruppenversicherung über den Arbeitgeber besitzt schließlich insbesondere den großen Kostenvorteil der steuerlichen Förderung.[6] Arbeitnehmer müssen auf den Lohn, der ihnen in Form des Krankenversicherungsschutzes ausbezahlt wird, keine Steuern zahlen. Dies führt zu einer großen Ersparnis gegenüber dem individuell abgeschlossenen Krankenversicherungsvertrag, der vom Arbeitnehmer aus versteuertem Einkommen finanziert werden muss. Die steuerliche Privilegierung der Arbeitgeber-Gruppenversicherung führt also dazu, dass der Beitritt zur Gruppenversicherung bei einer ansonsten gleich hohen Prämie günstiger ist als die Auszahlung des Lohnes und der anschließende Erwerb einer individuellen Krankenversicherung. Wenn für Arbeitnehmer mit einem geringen Kostenrisiko die Steuerförderung einen in der Gruppenversicherung bestehenden Aufschlag auf eine risikoäquivalente Prämie bei einer individuellen Versicherung mindestens kompensiert, wird der Beitritt zu einer Gruppenversicherung also auch für diese attraktiv.

4 Institutionell bedingtes Versäumnis der rechtzeitigen Vorsorge

Die steuerliche Förderung der Gruppenversicherung kann die Wahl der Versicherungsform nachhaltig beeinflussen, weil sie eine rechtzeitige Absicherung des Prämienänderungsrisikos bei einer privaten Krankenversicherung unattraktiver

6 Gruber, 2010, S. 3; Monahan / Schwarcz, 2010, S. 14–15; Pauly et al., 1999, S. 32.

macht.[7] Mit der frühen Entscheidung für die Gruppen- und gegen die individuelle Krankenversicherung ist der Verzicht auf eine langfristige Absicherung verbunden. Innerhalb der Gruppenversicherung besteht ebenfalls ein Schutz vor dem Prämienänderungsrisiko, weil die Prämie sich nicht am individuellen Risiko orientiert. Tritt jedoch der Verlust der Gruppenversicherung zu einem Zeitpunkt auf, zu dem die betreffende Person schon eine Verschlechterung des Krankheitskostenrisikos erfahren hat, geht der Abschluss einer individuellen Krankenversicherung mit entsprechenden Prämienaufschlägen einher.

Die Folgen eines versäumten Abschlusses langfristiger Krankenversicherungsverträge können in den USA besonders gravierend sein, weil keine systematisch an der Einkommensschwäche ausgerichtete sozialpolitische Unterstützung erfolgt. Das steuerfinanzierte Versicherungsprogramm Medicaid bietet zwar bedürftigen Personen eine gewisse Gesundheitsversorgung. Die Kriterien der Bedürftigkeitsprüfung sind jedoch sehr restriktiv: Neben geringem Einkommen müssen (in den meisten Bundesstaaten) weitere qualifizierende Merkmale wie Behinderung oder unterhaltspflichtige Kinder hinzukommen. Personen, deren wirtschaftliche Leistungsfähigkeit für einen Krankenversicherungsschutz nicht ausreicht, erhalten also nicht automatisch eine staatlich gewährte finanzielle Unterstützung.[8]

5 Der Affordable Care Act: Regulierung und Subventionierung von Versicherungsprämien

Die Reform von Präsident Obama, der Affordable Care Act (ACA), zielt vor allem auf die Reduktion der hohen Zahl von Personen ohne Krankenversicherungsschutz ab.[9] Rund zwölf Millionen derzeit unversicherte Personen sollen auf dem individuellen Krankenversicherungsmarkt versichert werden.[10] Durch eine strikte Prämienregulierung („Community rating") soll insbesondere Personen mit Vorerkrankungen der Erwerb einer Krankenversicherungspolice im Vergleich zum

---

[7] Einen weiteren gewichtigen Einfluss könnte die ab 65 erfolgende Pflichtversicherung im System Medicare besitzen: Wenn die langfristigen Versicherungsverträge in den USA immer nur auf den gesamten Lebenszyklus ausgelegt sind und nicht nur bis zum Alter von 65 Jahren abgeschlossen werden können, so würde sich eine individuelle langfristige Versicherung weniger lohnen: Der darin enthaltende kostenträchtige Schutz über den Zeitraum nach 65 wird nicht benötigt.

[8] Neben Medicaid gibt es noch das Versicherungsprogramm CHIP („Children's Health Insurance Program"), welches gezielt Kinder unterstützt und dabei bei der anspruchsrelevanten Einkommenshöhe großzügiger ist als Medicaid (The Henry Kaiser Family Foundation, 2011).

[9] Für einen Überblick über die Gesundheitsreform vgl. bspw. Eibner / Price, 2010; Harrington, 2010; Göpffahrt, 2012.

[10] Eibner / Price, 2012, S. 5.

Status quo erleichtert werden. Vorerkrankungen dürfen nicht mehr vom Versicherungsschutz ausgenommen werden und Versicherungen können die Prämien nur noch in begrenztem Umfang differenzieren, etwa nach Alter, Rauchverhalten, Familienstand und Wohnregion. Flankiert wird diese Prämienregulierung von einem Kontrahierungszwang für Versicherungen.

Diese Regulierung geht mit unerwünschten Anreizen für die Versicherungen einher: Krankenversicherungen haben in einem solchen regulatorischen Umfeld ein Interesse daran, möglichst nur Personen mit einem geringen Krankheitsrisiko zu versichern, weil sie dann mit niedrigeren Prämien Vorteile im Wettbewerb um Neukunden erzielen können. Hohe Risiken sind für Versicherungen dagegen keine attraktiven Kunden, da sie mehr Kosten verursachen als sie an Prämienzahlungen leisten. Um diese Risikoselektionsanreize zu vermeiden, bedarf es eines zentralen Ausgleichsmechanismus, der die Versicherungen für unterschiedlich attraktive Versicherte kompensiert. Die Reform sieht folgerichtig verschiedene Kompensationsmechanismen vor, um Risikoselektionsanreize für die Versicherungen zu reduzieren.[11] Allerdings kann auch ein ausgefeilter Risikostrukturausgleich die Anreize zur Risikoselektion nicht vollständigvermeiden, da hierzu eine vollständige Übereinstimmung zwischen Kostenerwartungen der Versicherungen und den zentralen Zuweisungen notwendig wäre.[12] Weichen die aus dem Risikostrukturausgleich erfolgenden Kompensationszahlungen für bestimmte Versicherte nach unten ab, bleiben diese Personen für die Versicherungen schlechte Risiken, die sie entsprechend zu vermeiden suchen. Auch ein gleichzeitiger Kontrahierungszwang kann diese Problematik nicht abschließend lösen. Des Weiteren steht ein Risikostrukturausgleich dem Ziel eines Versorgungswettbewerbs entgegen, da sich für die Versicherungen die Investitionen in ein umfassendes Versorgungsmanagement nicht lohnen, wenn sie im Falle einer Verschlechterung des Risikos eine Kompensation durch den Risikostrukturausgleich erhalten.[13]

Des Weiteren induziert die Regulierung der Versicherungsprämien aber auch auf Seiten der Versicherungsnehmer Ausweichreaktionen. Für Personen mit einem geringen Risiko wird der Abschluss einer Versicherung unattraktiver, da sie aufgrund der Durchschnittsprämie einen Aufschlag auf ihre risikoäquivalente

---

11 American Academy of Actuaries, 2011.

12 Ausführlich Eekhoff et al., 2008.

13 Diesen unerwünschten Nebeneffekten der Prämienregulierung kommt gerade im Gesundheitssystem der USA eine besondere Relevanz zu, weil dort der Tendenz nach zwei theoretisch wesentliche Voraussetzungen für Versorgungswettbewerb gegeben sind: In vielen Bundesstaaten ist es den Versicherungen beim erstmaligen Vertragsabschluss gestattet, risikoäquivalente Prämien zu verlangen und sie können selektive Verträge mit Leistungserbringern schließen. Das amerikanische Gesundheitssystem weist zwar im Bereich des Versorgungsmanagements auch aktuell schon einige Probleme auf, (Läufer 2013), die Prämienregulierung erschwert aber deren Lösung erst Recht.

Prämie bezahlen müssen. In der Folge werden gute Risiken ihre Nachfrage nach Versicherungsschutz reduzieren. Diese „adverse Selektion" reduziert das Umverteilungsvolumen zuungunsten der hohen Risiken.[14] Um diese adverse Selektion zu vermeiden, sieht der Affordable Care Act eine Versicherungspflicht („Individual Mandate") für alle Bürger der USA vor.[15] Inwiefern damit Personen mit geringen Kostenrisiken effektiv gezwungen werden, mit höheren Risiken in einen Versicherungspool zu gehen, ist zurzeit nicht abzusehen. Dagegen sprechen gleich mehrere Effekte: Erstens muss im Falle eines Verstoßes gegen die Versicherungspflicht nur eine vergleichsweise geringe Strafsteuer entrichtet werden, so dass es insbesondere für gute Risiken weiterhin attraktiver sein kann, auf eine Versicherung zu verzichten. Zweitens erlaubt auch der neue institutionelle Rahmen des Krankenversicherungsmarktes die Risikoselektion durch eine Wahl unterschiedlicher Leistungspakete: [16] Krankenversicherungsverträge für Neukunden ab 2014 sind zukünftig (in einigen Bundesstaaten schon seit Oktober 2013) auf staatlich organisierten Online-Plattformen („Exchange Markets") erhältlich. Dort sollen Informationen über die Versicherungspolicen übersichtlicher und verständlicher bereitgestellt werden, um Vertragsauswahl und –abschluss zu erleichtern. Die Leistungskataloge, die auf den Exchange Markets angeboten werden, müssen gewissen Mindeststandards genügen, dürfen darüber hinaus aber im Umfang variieren. Das zulässige Angebotsspektrum umfasst vier unterschiedlich hohe Leistungsumfänge, von „Bronze" über „Silber" und „Gold" bis zum umfassendsten Leistungskatalog „Platin". Da die Prämien nicht am individuellen Risiko bemessen sein dürfen, wäre zu erwarten, dass sich Personen mit geringem Risiko für einen wenig umfangreichen Katalog entscheiden, um sich der Subventionierung hoher Risiken zu entziehen, während Personen mit einem hohen Risiko einen umfassenden Katalog wählen.[17]

---

14 Die adverse Selektion wird hier im Hinblick auf die Intention der Prämienregulierung als Problem für Personen mit hohem Risiko angesehen: Deren Prämien steigen mit abnehmendem Anteil der guten Risiken in dem Versicherungskollektiv. Eigentlich jedoch sind die guten Risiken davon betroffen, weil es ihnen nicht möglich ist, einen umfassenderen Leistungskatalog zu risikoäquivalenten Prämien zu wählen. Sie müssen auf einen weniger umfangreichen Katalog ausweichen, um über diesen Weg am Ende doch risikoäquivalente Prämien zahlen zu können.

15 Einige Personengruppen sind davon ausgenommen, insbesondere jene, deren Versicherungsprämie mehr als 8 % des Einkommens betragen würde. Arbeitgeber größerer Betriebe (mehr als 50 Arbeitnehmer) müssen ihren Arbeitnehmern eine Krankenversicherung anbieten, also für diese eine Gruppenversicherung abschließen.

16 Vgl. im Folgenden Greenwood, 2012, S. 2 ff.

17 Allerdings ist eine derartige Separierung von guten und schlechten Risiken in unterschiedlichen Leistungskatalogen nur in einem ersten Schritt zu erwarten. Sobald sich in den hohen Leistungskatalogen ausschließlich hohe Risiken befinden, steigen deren Prämien massiv an, da die guten Risiken zum Ausgleich fehlen. In der Folge sind sie gezwungen, auf günstigere Leistungskataloge auszuweichen. Langfristig werden daher alle Versicher-

Der Affordable Care Act verpflichtet folgerichtig die Versicherungen, ab 2014 sowohl zwischen sämtlichen Tarifen innerhalb der Exchange Markets als auch zwischen den auf den Exchange Markets und außerhalb der Exchange Markets abgeschlossenen Tarifen einen Ausgleich dieser unterschiedlichen Risikostrukturen vorzunehmen. Prämienunterschiede, die nicht unterschiedlichen Leistungsumfängen, sondern Selektionseffekten geschuldet sind, sollen auf diesem Wege verhindert werden. Würden diese umfangreichen Regulierungsansätze wirksam funktionieren, könnten sich die guten Risiken dem Risikoausgleich mit den hohen Risiken nicht durch eine Tarifwahl entziehen: Das Niveau an Versicherungsschutz im Umfang von „Bronze" würde für hohe Risiken auf jeden Fall subventioniert. Mögliche Selektionseffekte könnten sich jedoch noch immer ergeben, weil Versicherungen komplett auf Angebote innerhalb der Exchange Markets verzichten und lediglich außerhalb der Exchange Markets Policen anbieten könnten.[18] Dort könnten sie sich sowohl durch die Tarifgestaltung als auch durch Marketingmaßnahmen auf die Anwerbung von niedrigen Risiken konzentrieren.[19] Sollte es den Versicherungen außerhalb der Exchange Markets gelingen, in großem Umfang Personen mit geringem Risiko anzuwerben, würde dies zu einer entsprechenden Verschlechterung der Risikostruktur auf den Exchange Markets und damit zu höheren Prämien für die dort versicherten Personen führen.[20]

Allerdings wird umgekehrt doch auch für einige gute Risiken ein Anreiz gesetzt, einen Versicherungsschutz auf den Exchange Markets zu erwerben, weil ausschließlich dort eine einkommensabhängige Prämiensubventionierung erfolgt. Die Subventionen werden an Personen in niedrigen Einkommensklassen (Personen mit einem Einkommen zwischen 133 % und 400 % der Nationalen Armutsgrenze) gezahlt. Den Referenzwert bildet die zweitniedrigste Prämie für einen Versicherungsumfang in der Kategorie „Silber".[21] Sie darf einen bestimmten

---

ten den günstigsten Leistungskatalog wählen, womit die guten Risiken schließlich doch zur Subventionierung der hohen Risiken beitragen müssen, da ihnen der vollständige Austritt aus dem Markt nicht möglich ist.

18 Allerdings haben die Bundesstaaten die Option, den Versicherungen den ausschließlichen Verkauf von Verträgen jenseits der Exchange Markets zu verbieten.

19 Vgl. im Folgenden Greenwood, 2012, S. 5 ff.

20 Es kann unter Umständen für Arbeitnehmer attraktiv werden, auf den Beitritt zur Gruppenversicherung zu verzichten und einen Versicherungsschutz auf den Exchange Markets nachzufragen. Der damit verbundene Verzicht auf die Steuerförderung muss aber mindestens kompensiert werden, damit sich dies lohnt (Monahan / Schwarcz, 2011, S. 23 ff.). Langfristig wäre zu erwarten, dass auch die Personen mit einem höheren Kostenrisiko den Exchange Market verlassen und den weniger umfangreichen Versicherungsschutz erwerben, weil dieser durch die Personen mit geringem Kostenrisiko subventioniert wird und damit günstiger ist als die Tarife auf den Exchange Markets.

21 Health Affairs Policy Brief, 2013.

Prozentsatz des Einkommens nicht überschreiten.[22] Für Personen mit geringem Einkommen kann es daher auch bei guter Gesundheit aufgrund der Subventionen attraktiv sein, eine Versicherung auf den Exchange Markets zu erwerben, solange die dort erhaltene Subvention höher ist als der durch die schlechtere Risikostruktur begründete Prämienaufschlag.[23]

6 Fazit

Insgesamt bleibt es fraglich, in welchem Umfang der vom ACA intendierte Prämienausgleich zwischen niedrigen und hohen Risiken zu erwarten ist. Unabhängig von möglichen Selektionseffekten ist die Prämienregulierung aber auch mit Verteilungswirkungen behaftet, die diskutiert werden müssten. Das Verbot der risikodifferenzierten Prämienkalkulation auf dem Versicherungsmarkt führt zu einer Subventionierung von Personen mit einem hohen Krankheitsrisiko, unabhängig von deren Einkommen. Personen mit einem geringen Einkommen, deren Kostenrisiko und damit risikoäquivalente Prämie gering ist, unterstützen aufgrund der Prämienregulierung auch Personen, die zwar ein höheres Risiko besitzen, aber zugleich ökonomisch deutlich besser situiert sind.

Für das Ziel, den nicht versicherten Bürgern systematisch einen Zugang zum Krankenversicherungsmarkt zu verschaffen, müsste aber nicht auf das Instrument der Prämienregulierung zurückgegriffen werden. Vielmehr könnte auch ausschließlich das Einkommen der betreffenden Person beachtet und ggfs. durch sozialstaatliche Hilfen erhöht werden. Die auf den Exchange Markets vergebenen Subventionen folgen der Tendenz nach diesem Prinzip der einkommensorientierten Sozialpolitik, da sie in Abhängigkeit vom Anteil der Versicherungsprämie am Einkommen geleistet werden. Der Affordable Care Act fördert also den Zugang zum Krankenversicherungsschutz auf zwei Wegen: Es werden sowohl die Prämien der Versicherungen reguliert, als auch die Einkommen der bislang nicht versicherten Personen erhöht. Angesichts der betrachteten Nebenwirkungen der Prämienregulierung wäre eine freie Preisbildung auf dem Versicherungsmarkt, verbunden mit einer steuerfinanzierten Unterstützung bedürftiger Personen sinnvoller, um die Zahl der nicht versicherten Personen im Status quo zu reduzieren.

Der Affordable Care Act verpasst darüber hinaus die Chance, an möglichen Ursachen der Nicht-Versicherung anzusetzen: Die hohe Zahl der nicht versicherten Personen lässt sich womöglich unter anderem als Folge der verzerrenden Steuer-

---

22 Ebd.

23 Da die Arbeitnehmer, die von ihrem Arbeitgeber eine Krankenversicherung angeboten bekommen, keinen Anspruch auf Subventionen auf den Exchange Markets besitzen, wird für diese die Arbeitgeber-Gruppenversicherung in jeden Fall weiterhin attraktiver sein.

förderung der Arbeitgeber-Gruppenversicherung erklären. Eine Abschaffung der Steuerförderung würde zumindest diese durch staatliche Rahmenbedingungen induzierte Nicht-Versicherung reduzieren.[24]

Literaturverzeichnis

American Academy of Actuaries (2011): „Risk adjustment and other risk-sharing provisions in the Affordable Care Act", Issue Brief, zuletzt abgerufen am 18. 10. 2013, http://www.actuary.org/files/Risk_Adjustment_IB_FINAL_060811.pdf,

Cannon, Michael F., Michael D. Tanner (2007): *Healthy Competition: What's Holding Back Health Care and How to Free It.* Washington: Cato Institute.

Eekhoff, Johann, Vera Bünnagel, Susanna Kochskämper und Kai Menzel (2008): *Bürgerprivatversicherung*, Tübingen: Mohr Siebeck.

Eibner, Christine, Price Carter (2012): „The effect of the Affordable Care Act on enrollment and premiums, with and without the individual mandate", Santa Monica, CA: RAND Corporation, zuletzt abgerufen am 18. 10. 2013, http://www.rand.org/pubs/technical_reports/TR1221.

Göpffarth, Dirk (2012): „Access, quality, and affordability in health care in Germany and the United States", *AICGS Policy Report* 51.

Greenwood, J. D. (2012): „The Affordable Care Act's risk adjustment and other risk-spreading mechanisms: Needed support for New Jersey's Health Insurance Exchange", Rutgers Center for State Health Policy / Seton Hall Center for Health & Pharmaceutical Law & Policy, zuletzt abgerufen am 18. 10. 2013, http://law.shu.edu/ProgramsCenters/HealthTechIP/HealthCenter/upload/affordable-care-act-risk-adjustment-9520.pdf

Gruber, Jonathan (2010): „The tax exclusion for employer sponsored health insurance", *NBER Working Paper* No. 15766 abgerufen am 15. 11. 2013. http://www.nber.org/papers/w15766.

Harrington, Scott E. (2010): „U.S. health care reform: The Patient Protection and Affordable Care Act", *The Journal of Risk and Insurance*, 77 (3), S. 703–708.

Health Affairs Policy Brief (2013): „Premium Tax Credits", zuletzt abgerufen am 18. 10. 2013, http://www.healthaffairs.org/healthpolicybriefs/brief.php?brief_id=97.

[24] Die steuerliche Gleichbehandlung der unterschiedlichen Versicherungsformen wird in den USA regelmäßig diskutiert und gefordert, jedoch aus unterschiedlichen Gründen. Vgl. bspw. Gruber, 2010, S. 1; Cannon / Tanner, 2007, S. 67 ff.; Pauly et al., 1999, S. 38 ff. Unabhängig davon, ob und wie sehr sich nach einer Abschaffung der Subventionierung kurzfristiger Arbeitgeber-Gruppenversicherungen die Nachfrage nach langfristigen Verträgen in den USA erhöhen würde: Aus ökonomischer Sicht ist entscheidend, dass die Nachfrage nach Versicherungsschutz erst unter neutralen institutionellen Bedingungen Rückschlüsse auf die Präferenzen der Amerikaner zulässt. Ob eine individuelle Entscheidung gegen eine Versicherung bzw. für eine kurzfristige Alternative ein gesellschaftliches und damit wirtschaftspolitisch relevantes Problem darstellt, ist eine andere Frage, die hier nicht untersucht wird.

Kaiser Family Foundation (2013): „Key Facts about the Uninsured Population" http://kaiserfamilyfoundation.files.wordpress.com/2013/09/8488-key-facts-about-the-uninsured-population.pdf, abgerufen am 15. 11. 2013.

Läufer, Ines (2013): „Private Krankenversicherung in den USA – Im Spannungsfeld zwischen Staat und Markt", *OWIWO Discussion Paper* 07 / 2013.

Monahan, Amy und Daniel Schwarcz (2010): „Will employers undermine health care reform by dumping sick employees?" (July 30, 2010), *Virginia Law Review*, Vol. 97, p. 125, 2011; Minnesota Legal Studies Research Paper No. 10–37, zuletzt abgerufen am 18. 10. 2013, http://ssrn.com/abstract=1651308.

Patel, Vip und Mark V. Pauly (2002): „Guaranteed renewability and the problem of risk variation in individual health insurance markets", *Health Affairs*, suppl. Web Exclusives 2002: W280–W289.

Pauly, Mark, Allison Percy und Bradley Herring (1999): „Individual versus job-based health insurance: weighing the pros and cons", *Health Affairs*, 18 (6), S. 28–44.

The Henry Kaiser Family Foundation (2012): „Medicaid and the uninsured. The uninsured and the difference health insurance makes.", zuletzt abgerufen am 15. 11. 2013, http://kaiserfamilyfoundation.files.wordpress.com/2013/01/1420-14.pdf.

Private Pflegevorsorge – kein Bedarf an staatlicher Intervention

Jochen Pimpertz und Steffen J. Roth

1 Einführung

Das Risiko, im Alter pflegebedürftig zu werden, ist spätestens seit Einführung der Pflichtversicherung im Jahr 1995 zunehmend ins kollektive Bewusstsein gedrungen. In der Öffentlichkeit wird dabei meist die steigende Zahl der Pflegefälle thematisiert. Waren im Jahr 2010 rund 2,4 Millionen Menschen pflegebedürftig, so muss bis zum Jahr 2030 mit einem Anstieg auf 3 bis 3,4 Millionen Pflegefälle gerechnet werden und im Jahr 2050 mit 3,8 bis 4,5 Millionen Pflegebedürftigen.[1] Diese Entwicklung stellt vor allem die umlagefinanzierte gesetzliche Pflegeversicherung vor große Herausforderung. Weil die Pflichtversicherung[2] aber nur für einen Teil der Kosten im Pflegefall eintritt, leitet sich daraus mittelbar die Frage nach einer privaten Pflegevorsorge ab. Denn eine Deckungslücke müssen die Betroffenen und bzw. oder ihre Angehörigen zunächst aus eigenem (Alters-)Einkommen oder Vermögen schließen, ehe die Gesellschaft im Fall materieller Bedürftigkeit eintritt. Möglicherweise gewinnt diese Lücke zukünftig sogar noch an Bedeutung, weil das Pflegekostenrisiko steigt. Außerdem steigt mit dem sinkenden Versorgungsniveau in der Gesetzlichen Rentenversicherung die Wahrscheinlichkeit eines Rückgriffs auf die Angehörigen. Deshalb stellt sich die im Folgenden zu diskutierende Frage, warum Altersvorsorge vor allem mit Blick auf die Sicherung des allgemeinen Lebensstandards diskutiert wird, aber die private Pflegevorsorge bislang kaum Beachtung findet – weder in der öffentlichen Debatte noch in den Vorsorgeentscheidungen der Bürger.

---

1 Vgl. Statistisches Bundesamt, 2010, S. 28 und S. 30. Die Berechnung basiert auf den Annahmen zur „unteren Grenze der mittleren Bevölkerungsentwicklung" der 12. koordinierten Bevölkerungsvorausberechnung. Die Spannbreite resultiert aus zwei unterschiedlichen Annahmen über den Zusammenhang von steigender Lebenserwartung und Pflegefallwahrscheinlichkeit. Während auf der einen Seite die Pflegefallquoten in jedem Lebensalter unverändert bleiben, verschieben sich die altersbezogenen Pflegefallquoten mit einer steigenden Lebenserwartung in entsprechend höhere Altersstufen.

2 Der gesetzlichen Versicherungspflicht kommen die Versicherten gesetzlicher Krankenkassen durch die Zwangsmitgliedschaft in der gesetzlichen Pflegeversicherung nach, während privat Krankenversicherte bei ihrer Versicherungsgesellschaft eine private Pflegepflichtversicherung abschließen müssen.

2 Steigt der Bedarf an privater Pflegevorsorge?

Die Projektion der Pflegefälle könnte zunächst die Vermutung nahelegen, dass auch das individuelle Pflegefallrisiko und damit ceteris paribus der Bedarf an privater Pflegevorsorge steigen wird. Allerdings ergibt sich ein solcher Zusammenhang nicht zwangsläufig. Denn weil das Pflegefallrisiko typischerweise stark altersabhängig auftritt, erhöht sich die Anzahl der zu pflegenden Personen im Versichertenkollektiv selbst bei einem unveränderten individuellen Pflegefallrisiko, allein weil die Gruppe der Hochbetagten infolge der Alterung der geburtenstarken Jahrgänge häufiger besetzt sein wird. Welchen Einfluss aber eine steigende Lebenserwartung auf das Risikoprofil von Mitgliedern unterschiedlicher Kohorten hat, also wie sich die Wahrscheinlichkeit verändert, pflegebedürftig zu werden, darüber existieren im Grundsatz zwei widerstreitende Hypothesen: Auf der einen Seite wird angenommen, dass die hinzu gewonnenen Lebensjahre ohne zusätzlichen Pflegebedarf verbracht werden können. Mit anderen Worten bleibt das Pflegefallrisiko eines Individuums über den gesamten Lebenszyklus unverändert. Diese Hypothese ergibt sich in Analogie zur „Kompressionsthese“, die einen ähnlichen Zusammenhang von Lebenserwartung und Gesundheitsausgaben postuliert.[3] Auf der anderen Seite steht die Vorstellung, dass der Pflegefall abhängig vom jeweiligen Lebensalter auftritt und dieses altersabhängige Risiko durch eine Verlängerung der Lebenserwartung nicht berührt wird. Daraus ergibt sich in Analogie zur „Medikalisierungsthese“, die von steigenden Gesundheitsausgaben infolge einer zunehmenden Lebenserwartung ausgeht, ein steigendes Pflegerisiko über den gesamten Lebenszyklus.[4] Denn mit zunehmender Lebenserwartung steigt für jedes Individuum die Wahrscheinlichkeit, eine Altersstufe mit überdurchschnittlich hohem Pflegerisiko zu erreichen.

Weil sich eine empirische Überprüfung beider Hypothesen schwierig gestaltet, wird in diesem Beitrag von einer abschließenden Einschätzung abgesehen.[5] Unabhängig von den unterschiedlichen Annahmen zur Entwicklung der Pflegefallhäufigkeit deuten aber andere Indizien auf einen Anstieg des Pflegekostenrisikos.

---

3 Stellvertretend dazu die zusammenfassende Darstellung bei Pimpertz, 2004, S. 252 f.

4 Ebd., S. 252. Unter anderem führt der medizinische Fortschritt demnach dazu, dass die Überlebenswahrscheinlichkeit insbesondere bei gravierenden Erkrankungen steigt. Die Genesung erfolgt aber unvollständig, so dass die Wahrscheinlichkeit, an weiteren Symptomen zu erkranken, zunimmt und im Ergebnis das Ausgabenrisiko infolge von Multimorbidität steigt.

5 Eine empirische Evaluation erfordert entweder grundlegende Kenntnisse über medizinische Frühindikatoren, deren Verteilung einen Rückschluss auf die Entwicklung des Pflegerisikos von Mitgliedern jüngerer Kohorten erlauben. Oder die historische Entwicklung des Pflegefallrisikos muss anhand von Längsschnittanalysen nachgezeichnet werden, um Aussagen über den Zusammenhang von Lebenserwartung und Pflegerisiko empirisch fundieren zu können.

Denn das verändert sich nicht nur infolge einer Variation der Eintrittswahrscheinlichkeit, sondern auch wenn die durchschnittlichen Aufwendungen je Pflegefall variieren. Allgemein wird in diesem Zusammenhang auf die „Baumol'sche Kostenkrankheit" verwiesen.[6] Demnach gelingt es in Dienstleistungssektoren weniger gut als in industriell geprägten Branchen, Produktionsprozesse zu rationalisieren. Um dennoch die Qualität aufrecht zu erhalten, werden gemessen an der Produktivitätsentwicklung überproportionale Lohnanpassungen notwendig, die zu einer relativen Verteuerung der Dienstleistungen führen.

Für den Pflegesektor noch spezifischer wirken sich die Veränderung von sozialen Strukturen aus, die bislang eine ambulante Pflege im familiären Kontext ermöglicht haben. Dazu zählt zunächst ein wachsender Anteil von Single-Haushalten, was eine Pflege durch Ehe- oder Lebenspartner unwahrscheinlicher werden lässt.[7] Ein außerdem steigender Anteil kinderloser Frauen und Männer lässt voraussagen, dass zukünftig auch weniger Menschen über die Möglichkeit verfügen, durch die eigenen Kinder gepflegt zu werden. So liegt derzeit der Anteil kinderloser Frauen in der Altersgruppe der 65-Jährigen und Älteren bei 11 Prozent. Mit abnehmendem Alter steigt dieser Anteil bei den jüngeren Kohorten kontinuierlich an. Unter den 45- bis 49-jährigen Frauen waren bereits 17 Prozent kinderlos.[8] Hinzu treten in beiden Fällen weitere sozio-ökonomische Veränderungen, die sich auf die Wahrscheinlichkeit der familiären Pflegebereitschaft auswirken. Die in den letzten Jahren abnehmende Bindungskraft einer einmal eingegangenen Ehe oder Lebenspartnerschaft erhöht die Wahrscheinlichkeit, im Alter alleine zu leben, über die bereits statistisch beobachtbare Quote der Alleinlebenden in jüngeren Jahren hinaus. Die zunehmende regionale Mobilität der Arbeitnehmer reduziert die Kompatibilität einer Berufstätigkeit mit der Pflege der eigenen Eltern ebenso wie die deutlich zunehmende Frauenerwerbstätigkeit. Wenn aber familiäre Pflegestrukturen immer häufiger fehlen, müssen im Pflegefall verstärkt professionelle Dienstleistungen und bei schwerer Pflegebedürftigkeit auch stationäre Pflegeeinrichtungen nachgefragt werden. Unterstellt man, dass insbesondere die stationäre Unterbringung zu einer höheren monetären Belastung führt als etwa die ambulante Pflege unter Mithilfe von Angehörigen, dann steigt das Kostenrisiko je Pflegefall.[9]

---

6 Vgl. Baumol / Bowen, 1966.

7 Laut Mikrozensus 2011 ist der Anteil der Alleinlebenden von 14,4 Prozent im Jahr 1991 auf 19,6 Prozent im Jahr 2011 angestiegen. Noch trifft diese Entwicklung vor allem Personen im Alter unter 65 Jahren. Sofern sich der Single-Status aber verstetigt, wird in den nächsten Jahrzehnten auch der Anteil der Alleinlebenden in der Altersgruppe ab 65 Jahren deutlich zulegen. Vgl. Statistisches Bundesamt, 2012, S. 8 und S. 16.

8 Vgl. Statistisches Bundesamt, 2009, S. 10. Dass unter den 40- bis 44-jährigen Frauen zum Erhebungszeitpunkt 21 Prozent kinderlos waren, ist dagegen mit Vorsicht zu interpretieren, da in dieser Altersgruppe die Familienplanung noch nicht abgeschlossen sein muss.

9 Dazu zum Beispiel Enquetekommission 2002, S. 229 ff.

3 Individuelle, familiäre und kollektive Absicherung im Pflegefall

Dem steht eine gesetzliche Pflegeversicherung gegenüber, die die Kosten im Pflegefall nur teilweise abdeckt. Die hieraus erwachsende Form der „Selbstbeteiligung" ist nicht zu unterschätzen, wie eine Auswertung der Pflegestatistik 2009 zeigt: Über die Leistungen der Pflegepflichtversicherung hinaus zahlten in stationärer Pflege befindliche Pflegebedürftige und deren unterhaltspflichtige Angehörige von Beginn des Pflegebedarfs bis zum Tod im Durchschnitt über 31.000 Euro je Pflegefall aus eigenen Mitteln. Die Belastung streut allerdings stark in Abhängigkeit von der Einkommensverteilung. Während in der unteren Hälfte kaum ein Eigenbeitrag zu leisten war, stieg der Aufwand in der oberen Hälfte steil an.[10] Bei ambulanter Pflege lag der entsprechende Durchschnitt mit knapp 6.100 Euro erwartungsgemäß niedriger, wobei auch hier die rechtssteile Verteilung auffällt. Der „Eigenanteil" steigt bis auf 55.600 Euro im obersten Dezil.[11]

Der „Teilkasko-Charakter" der Pflegepflichtversicherung wird durch die Konstanz der nominalen Pflegesätze untermauert. Denn abgesehen von der schrittweisen Anhebung der Leistungssätze in der ambulanten Versorgung[12] hat der Gesetzgeber bislang weder dem Inflationsrisiko noch der spezifischen Kostenentwicklung im Pflegebereich Rechnung getragen.[13] Wenn aber zwischen steigenden Pflegekosten und nominal oder real konstanten Leistungen der gesetzlichen Pflegeversicherung eine immer größere Lücke klafft, steigt die Wahrscheinlichkeit, dass im Pflegefall der Betroffene selbst oder seine unterhaltspflichtigen Angehörigen in Anspruch genommen werden.

Mit der durch die medizinischen Dienste attestierten Pflegebedürftigkeit tritt die gesetzliche Pflegeversicherung unabhängig von der materiellen Ausstattung des

---

10 Für Personen im 7. Einkommensdezil wurden über 33.000 Euro zusätzlich aus eigenen Mitteln aufgebracht, im 8. Dezil lagen die zusätzlichen Aufwendungen bei rund 61.000 Euro, im 9. Dezil dann bei 99.000 Euro und im obersten Zehntel sogar über 300.000 Euro. Vgl. Rothgang et al., 2012, S. 210 ff.

11 Ebd., S. 212 f. Zu beachten ist dabei, dass sich die Zahlen allein auf das Merkmal „ambulante" oder „stationäre" Pflege beziehen. Durch einen Wechsel von der ambulanten zur stationären Versorgung können also kumulative Effekte auftreten.

12 Letztmalig zum 1. 1. 2012 entsprechend den Vorgaben des 2008 verabschiedeten Pflege-Weiterentwicklungs-Gesetzes.

13 Erst ab 2014 soll die Bundesregierung alle drei Jahre „prüfen", ob die Notwendigkeit einer Anpassung der Leistungen an die Preisentwicklung besteht. Dieser „Prüfauftrag" schreibt keinerlei automatische Leistungsanpassung vor und lässt darüber hinaus offen, ob ein Abgleich der nominalen Leistungen mit der allgemeinen Preisentwicklung oder mit der speziellen Pflegekostenentwicklung vorgenommen werden soll. Auch die nun von der großen Koalition in Aussicht gestellten Leistungsausweitungen werden den Teilleistungscharakter nicht wesentlich verändern.

Betroffenen auf den Plan. Allgemein ist davon auszugehen, dass die im Rahmen der Pflegestufen initiierten Leistungen nur zu einem Teil durch die Leistungssätze gedeckt werden. Offenkundig wird das zum Beispiel bei der vollstationären Versorgung in der Pflegestufe 3. Dort entstehen durchschnittliche Fallkosten, die einschließlich des Entgelts für Unterkunft und Verpflegung leicht mehr als 3.000 pro Monat betragen können,[14] während die gesetzliche Pflegeversicherung derzeit im Regelfall lediglich 1.550 Euro pro Monat übernimmt.

Geht man zunächst von einem Single-Haushalt aus, dann muss die Differenz zwischen dem Pflegesatz sowie den Kosten für Unterkunft und Verpflegung einerseits und der Erstattung durch die Pflegepflichtversicherung andererseits aus dem Alterseinkommen, also aus gesetzlicher und betrieblicher Nettorente sowie sonstigen Einkünften beglichen werden. Sollte das laufende Einkommen nicht ausreichen, muss das Vermögen bis zu einer Freigrenze von 2.600 Euro für einen Single-Haushalt eingesetzt werden, um die Kosten der Pflege zu finanzieren. In einem Paar-Haushalt mit wechselseitigen Unterhaltspflichten werden gemeinsame Einkommen und Vermögen herangezogen, wobei dem unterhaltspflichtigen Partner Freibeträge (Grundbetrag, Kosten für Unterkunft ohne Heizkosten sowie ein Familienzuschlag auf den Grundbetrag) zustehen. Außerdem erhöht sich die Vermögensfreigrenze um weitere 614 Euro.

Im Rahmen der Unterhaltspflicht Angehöriger wird über den Ehe- bzw. Lebenspartner hinaus geprüft, ob auch die leiblichen Kinder für den Pflegebedarf ihrer Eltern aufkommen können. Zwar haften diese nicht mit ihrem Vermögen. Ihr Einkommen kann aber – unter Berücksichtigung von persönlichen Freibeträgen und solchen für Ehepartner und Kinder – zur Finanzierung ungedeckter Pflegekosten herangezogen werden. Je nach Verteilung des Haushaltseinkommens werden selbst Schwiegerkinder indirekt einbezogen. Zwar werden mögliche Unterhaltsansprüche des Ehepartners und der eigenen Kinder vorrangig behandelt. Je höher aber das Einkommen des Schwiegerkindes und damit je höher sein Anteil am Haushaltseinkommen, desto höher ist auch die Wahrscheinlichkeit, dass das leibliche Kind mit eigenem Einkommen für seine pflegebedürftigen Eltern „haftet".

---

[14] Vgl. Rothgang et al., 2012, S. 102. Auf der Basis der Pflegestatistik 2009 variieren die durchschnittlichen Pflegesätze, die in der vollstationären Dauerpflege in Rechnung gestellt werden, je nach Bundesland in einer Bandbreite von 1.780 Euro pro Monat in Sachsen-Anhalt bis zu 2.497 Euro pro Monat in Baden-Württemberg. Hinzu kommen Entgelte für Unterkunft und Verpflegung, die je nach Bundesland unterschiedlich hoch ausfallen. Im Bundesdurchschnitt kostete die vollstationäre Dauerpflege insgesamt 2.866 Euro pro Monat, Spitzenreiter war das Bundesland Hamburg mit durchschnittlichen Gesamtkosten von monatlich 3.171 Euro.

Erst wenn Einkommen und Vermögen des Haushalts nicht ausreichen, steht die Gesellschaft in Form der steuerfinanzierten Hilfe zur Pflege ein. Diese Rangfolge ergibt sich spiegelbildlich aus den drei tragenden Ordnungsprinzipien: Zunächst greift das Versicherungsprinzip über die Teilkostendeckung im Rahmen der gesetzlichen Pflegeversicherung. Darüber hinaus gilt das Subsidiaritätsprinzip, wonach jeder Bürger eigenverantwortlich für das verbleibende Kostenrisiko haftet. Über die Unterhaltspflicht wird der Subsidiaritätsgedanke auf Ehe- bzw. Lebenspartner sowie auf die Kinder ausgedehnt, bevor schließlich das Fürsorgeprinzip zum Tragen kommt. Erst wenn alle vorherigen Optionen ausgeschöpft sind, übernimmt die Gesellschaft bis dahin ungedeckte Kosten.

Damit fungiert der Staat als Garant einer pflegerischen Mindestversorgung, obwohl die Pflegepflichtversicherung lediglich einen Teilschutz garantiert. Dies könnte als Widerspruch wahrgenommen werden. Wenn analog zur Gesetzlichen Krankenversicherung das Obligatorium damit begründet werden kann, dass die Gesellschaft bei Bedürftigkeit eine pflegerische Grundsicherung notfalls aus Steuermitteln garantiert und sie deshalb ein legitimes Interesse an einem Schutz vor Freifahrerverhalten hat,[15] dann stellt sich im Fall der gesetzlichen Pflegeversicherung die Frage, warum der Gesetzgeber hier lediglich eine Teilabsicherung verpflichtend macht, obwohl er in letzter Konsequenz für das Gesamtrisiko einzutreten verspricht. Zu bedenken ist aber, dass zumindest für abhängig Beschäftigte sowie für eine Teilgruppe der Selbständigen neben der Pflegepflichtversicherung bereits eine obligatorische Alterssicherung besteht. So werden im Pflegefall zwar nicht sämtliche Kosten über die gesetzliche Pflegeversicherung gedeckt. Für die Finanzierung von Unterhalt und Verpflegung sowie nicht versicherungsgedeckter Pflegekosten stehen aber im Regelfall die weiterhin zufließenden Alterseinkommen zur Verfügung.

4 Motive für eine private Pflegevorsorge

Aus der zu erwartenden finanziellen Belastung im Pflegefall folgt allerdings noch nicht zwingend ein Anreiz zu zusätzlicher privater Pflegevorsorge.[16] Denn wie im letzten Abschnitt bereits angedeutet führt der Eintritt des Pflegefalls nicht immer auch zu einer Kostenbelastung für die Betroffenen. Zunächst resultiert aus der Pflegebedürftigkeit in jenen Fällen keine spürbare finanzielle Belastung, in de-

15 Vgl. Pimpertz, 2001, 78 ff. und die dort zitierte Literatur.

16 Dabei wird der Begriff der Pflegevorsorge im Folgenden ausschließlich im Sinne einer Absicherung des Pflegebedürftigen und seiner Angehörigen gegen die materiellen Folgen einer Pflegebedürftigkeit verstanden. Zumindest theoretisch wäre auch eine Pflegevorsorge im Sinne einer gesundheitlichen Prävention vorstellbar.

nen die Betroffenen bereits vor Eintritt der Pflegebedürftigkeit auf unterstützende Hilfe durch die Steuerzahlergemeinschaft angewiesen waren – aufgrund geringer Ersparnisse, niedriger Renteneinkünfte und in Ermangelung unterhaltspflichtiger oder unterhaltsfähiger Angehöriger. Aber auch für jene Bürger fehlt ein materieller Anreiz zum Abschluss einer Pflegezusatzversicherung, die zwar heute noch keiner Hilfe durch andere bedürfen, deren bisherige Erwerbsbiografie oder persönliche Situation aber auch nicht erwarten lässt, dass ihnen bis zum Erreichen des Rentenalters der Aufbau nennenswerter Ersparnisse oder hoher Rentenanwartschaften gelingt. Im Gegenteil: Menschen, die mit hoher Wahrscheinlichkeit auf die Grundsicherung im Alter und bzw. oder die Hilfe zur Pflege angewiesen sein werden, mangelt es nicht nur an Anreizen zur Vorsorge, sondern vielfach auch an Gelegenheit. Viele Bürger verfügen auch in jungen Jahren aufgrund von Phasen der Erwerbslosigkeit oder geringen Erwerbseinkommen nicht über die finanziellen Spielräume, eine private Pflegezusatzversicherung abzuschließen.[17]

Die Gruppe „potenzieller Interessenten“ lässt sich weiter eingrenzen, weil auch diejenigen Personen nicht in jedem Fall einen Anreiz zur ergänzenden Pflegevorsorge haben, die über ausreichende Alterseinkommen und Vermögen verfügen, um im Alter ohne Unterstützung der Gesellschaft auszukommen. Um das Kalkül dieser Gruppe weiter differenzieren zu können, ist vorab zwischen einer objektiv erfassbaren, ggf. unausweichlichen finanziellen Belastung durch die selbst zu tragenden Pflegekosten einerseits und einer dadurch nur unter speziellen Umständen einhergehenden subjektiv empfundenen Nutzeneinbuße andererseits zu unterscheiden. Zum Beispiel schränkt der Eintritt schwerer Pflegebedürftigkeit die Möglichkeiten der selbstbestimmten Lebensführung ohnehin stark ein. Ein drohender Verlust finanzieller Spielräume im Pflegefall wird vor diesem Hintergrund eventuell anders bewertet als eine vergleichbare finanzielle Einbuße, die bei voller Gesundheit hingenommen werden muss. Diese Überlegung gilt im Besonderen mit Blick auf demenzielle Beeinträchtigungen. Während die Vorstellung, die gesund erlebte Rentenphase in materiellem Wohlstand verbringen zu können, durchaus zur Sparsamkeit in jüngeren Jahren anreizen mag, wird die alternative Aussicht auf den Verlust frei verfügbarer Mittel insbesondere im Fall schwerer Pflegebedürftigkeit womöglich als weniger beeinträchtigend eingeschätzt und damit der Anreiz zur spezifischen Pflegevorsorge weniger dringlich empfunden.

Viele Menschen verfolgen mit ihrer Altersvorsorge ein eher allgemeines Sicherungs- denn ein spezifisches Vorsorgemotiv. Umgangssprachlich ausgedrückt legt man Geld zurück, um den Lebensunterhalt im Alter zu sichern, aber auch für die Wechselfälle des Lebens gerüstet zu sein. Die Vorsorge kann also der Aufbesserung des Alterseinkommens dienen, der Finanzierung besonderer Ausgaben wie der Er-

---

17 Vgl. Lewicki / Wigger, 2013; Göbel / Grabka, 2011 sowie eine Einordnung der empirischen Befunde bei Pimpertz, 2013, S. 279.

füllung eines langersehnten Reisewunsches, oder um sich gegen die finanziellen Folgen unvorhersehbarer Schicksalsschläge zu wappnen – zum Beispiel infolge gesundheitlicher Beeinträchtigungen. Zu diesem Strauß unterschiedlicher Vorsorgemotive kann auch das Vererbungsmotiv gezählt werden. Angesichts des unsicheren Eintritts verschiedener Risiken ist eine allgemeine, unspezifische Vorsorge durchaus sinnvoll, kann ein rational abwägendes Individuum doch bei einem gegebenen Budget allein daraus Nutzen ziehen, dass die Mittel nicht nur für ein bestimmtes Risiko reserviert und damit für alternative Verwendungen blockiert sind.

Folglich sorgt der rationale Nutzenmaximierer vor allem dann gezielt für den Pflegefall vor, wenn Einkommensanteile oder Vermögensbestände für andere Zwecke gesichert werden sollen, die unabhängig von den eigenen Lebensumständen sind. Dazu kann zum Beispiel die Unterstützung wohltätiger Organisationen zählen. Ein solches Motiv hätte durchaus auch im Pflegefall Bestand, während der Reise- oder Konsumwunsch infolge der eingeschränkten Gesundheit an Relevanz verlieren würde. Eine solche Motivlage dürfte aber vor allem dann vorliegen, wenn die betroffene Person Nutzen aus der Erwartung zieht, im Fall der Pflegebedürftigkeit niemand anderem (mehr als nötig) finanziell zur Last zu fallen. Mithin rückt die Sicherung des Lebensstandards von Angehörigen oder das Vererbungsmotiv in den Fokus der Betrachtung.

Ein solches Absicherungs- und Vererbungsmotiv unterliegt zunächst und naheliegender Weise denselben sozio-kulturellen Veränderungen, denen bereits in Abschnitt 2 eine Teilverantwortung für das Ansteigen der Pflegekosten attestiert wurde. Der wachsende Anteil von Bürgern, die entweder zeitlebens ohne festen Partner bleiben oder sich deutlich vor Eintritt der Pflegebedürftigkeit von einem solchen Partner wieder trennen, reduziert die Zahl derjenigen, für die plausibler Weise ein starkes Motiv zur Absicherung des Lebensstandards des Ehe- oder Lebenspartners unterstellt werden kann. Die Kinderlosigkeit zunehmender Bevölkerungsanteile reduziert zudem die Zahl derer, die ihre Kinder vor Unterhaltsansprüchen schützen oder ihnen Vermögen vererben wollen.

Aber auch für diejenigen, die in stabilen Partnerschaften leben und bzw. oder Kinder haben, denen sie sich liebend verbunden fühlen, ergibt sich nicht zwangsläufig ein Anreiz zum Abschluss einer privaten Pflegezusatzversicherung. So konkurriert der Abschluss einer Versicherung des spezifischen Pflegekostenrisikos oder eines nicht ohne größere Verluste kündbaren Altersvorsorgevertrags regelmäßig mit der Möglichkeit, Mittel für unspezifische Zwecke zurück zu legen (siehe vorangegangener Absatz) oder die Mittel schon vor Eintritt der Rentenphase zu verwenden. Zudem hängt der Anreiz zur Vorsorge bei ansonsten gleichen Voraussetzungen von der (empfundenen) Sicherheit der Erwerbseinkommen ab. Im Fall unsicherer Einkommenserwartungen erscheint eine Festlegung auf Vorsorgeinvestitionen weniger ratsam. Denn sobald es zu temporären Einkommenseinbußen kommt, verschärfen sich die Budgetrestriktion und damit die Konkurrenz zwischen dem Bedarf für den Lebensunterhalt und dem Vorsorgemotiv. Wenn zudem Wechselfälle des Lebens nicht erst im Alter und dann infolge von Pflegebedürftigkeit drohen, sondern auch schon während der Erwerbs- und Erziehungsphase auftreten können, erscheint eine private Pflegevorsorge noch weniger ratsam im Vergleich zu einer allgemeinen, nicht verwendungsbezogenen Risikovorsorge. Dies gilt selbst mit Blick auf ein Vererbungsmotiv zugunsten der Kinder. Denn eine private Pflegezusatzversicherung bindet Mittel, die damit nicht mehr zur Unterstützung bzw. Risikovorsorge zugunsten der jungen Kinder eingesetzt werden können. Darüber hinaus ist zu erwarten, dass das allgemeine Altersvorsorgemotiv im Vergleich zu einer privaten Pflegevorsorge an Bedeutung gewinnt. Dafür spricht in erster Linie die in Aussicht gestellte Absenkung des Versorgungsniveaus der Gesetzlichen Rentenversicherung.

Der Kreis derjenigen, für die der Abschluss einer privaten Pflegeversicherung lohnend erscheint, konzentriert sich also nicht nur auf die Gruppe derjenigen, die Angehörige haben und deren Einkommen schützen bzw. denen sie ein Erbe hinterlassen wollen.[18] Sondern dieser Kreis wird noch weiter eingeschränkt auf jene Haushalte, die wirtschaftlich ausreichend leistungsfähig sind, um sich nach Befriedigung vorrangiger Konsum- und Vorsorgebedürfnisse noch eine ergänzende private Pflegeversicherung leisten zu können.

5 Gründe für mangelnde private Pflegevorsorge

Auch wenn sich die Gruppe derer, für die eine ergänzende Pflegevorsorge interessant sein könnte, demnach wohl in erster Linie auf Angehörige der Mittel- und Oberschicht mit intakten familiären Strukturen konzentriert, bleibt zu fragen, warum die Zahl privater Pflegezusatzversicherungen bislang so gering ausfällt.[19] Mögliche Erklärungen sind erstens die Spekulation auf oder die (irrtümliche) Erwartung von einer ausreichenden Versorgung im Fall der Pflegebedürftigkeit durch das Kollektiv (Vollversicherungsillusion), zweitens die Erwartung einer hinreichenden und komfortablen Alterssicherung durch die Gesetzliche Rentenversi-

---

[18] Es sei der Vollständigkeit halber auf den theoretisch denkbaren Fall verwiesen, dass Personen zwar weder den Lebensstandard enger Angehöriger sichern wollen, noch ein persönliches Vererbungsmotiv verfolgen, aber dennoch Ersparnisse und Vermögen für Zwecke sichern möchten, die auch bei Eintritt der eigenen Pflegebedürftigkeit Bestand haben (zum Beispiel zum Zweck der Spende an wohltätige Organisationen).

[19] Der Verband der Privaten Krankenversicherungen weist in seinem aktuellen Zahlenbericht für das Jahr 2011 einen Bestand an sozialen Pflegezusatzversicherungen von 1.880.400 Policen aus – im Vergleich zu 9,7 Millionen privaten und weiteren über 70 Millionen gesetzlichen Pflegepflichtversicherungen. Vgl. PKV, 2012, S. 36.

cherung, zusätzliche Einkünfte sowie Vermögen, und drittens ein möglicherweise schwach ausgeprägtes oder gar fehlendes Motiv zur Absicherung der Angehörigen bzw. zur Vererbung des eigenen Vermögens.

Tatsächlich sprechen theoretische Überlegungen wie empirische Indizien dafür, dass ein durchaus relevanter Anteil der Bürger nur rudimentär über die Funktionsweise und den Umfang der zu erwartenden Leistungen der gesetzlichen Pflege- und Rentenversicherung informiert ist. Neben allen möglichen Eigenarten der menschlichen Natur, von denen uns Psychologen zu berichten wissen,[20] steht einer vollständigen Informiertheit bereits die ökonomische Erkenntnis der allgegenwärtigen Knappheit entgegen. Die zur Verfügung stehende Zeit und die damit einhergehende Informationsaufnahme- bzw. Informationsverarbeitungskapazität ist viel zu gering, um bezüglich der zu treffenden Vorsorgeentscheidungen auch nur ansatzweise ausreichend, geschweige denn gut informiert zu sein. So hielten laut einer Umfrage aus dem Jahr 2010 immerhin 17 Prozent der befragten erwachsenen Bürger die Leistungen der gesetzlichen Pflegeversicherung für „ausreichend" oder gar „vollkommen ausreichend".[21] Womöglich sind sich auch diese 17 Prozent im Klaren über den Teilleistungscharakter der gesetzlichen Pflegeversicherung und empfinden dies tatsächlich als „ausreichend". Vermutlich jedenfalls weiß der Großteil der Bevölkerung grundsätzlich, dass die Pflegepflichtversicherung nur einen Teilkaskoschutz bietet, der den Pflegebedürftigen oder ihren Angehörigen erhebliche Eigenbeiträge zur Finanzierung der Pflegeleistungen abverlangt.

Dennoch könnte eine trügerische Hoffnung auf eine zukünftige kostendeckende Absicherung daraus resultieren, dass im politischen Raum permanent vom Reformbedarf der Pflegeversicherung gesprochen wird. Angesichts eingeschränkter Informiertheit, möglicherweise gepaart mit einer naiven Fortschrittsgläubigkeit bezüglich der politischen Bemühungen, könnte die Reformrhetorik dazu führen, dass ein Teil der Bevölkerung erwartet, die Politik werde das (doch längst erkannte) Problem der Unterdeckung in den nächsten Jahren und Jahrzehnten (jedenfalls vor der eigenen Betroffenheit) noch im Sinne eines Vollversicherungsschutzes lösen.

---

20 Hier werden wohl am häufigsten so genannte myopische Präferenzen genannt, also eine (in irgendeiner Form von den Autoren vermeintlich oder tatsächlich als falsch erkannte) hohe Gegenwartspräferenz. Junge Menschen würden ihre zukünftigen Bedürfnisse systematisch „unterschätzen" und sich daher „nicht angemessen" um zukünftige Risiken kümmern bzw. „nicht angemessen" für diese Risiken vorsorgen. Der Verdienst der Einführung dieser Gedanken (Meritorik) in die ökonomische Literatur kommt Richard Musgrave (1957) zu. In jüngerer Zeit wird die Literatur überschwemmt von neueren Ausführungen, die im Rahmen der Debatte um einen „sanften" oder „liberalen" Paternalismus für steuernde Eingriffe votieren. Prominenteste Quelle hierfür ist das populärwissenschaftliche Buch von Thaler / Sunstein, 2008.

21 Vgl. statista. Es handelt sich um Antworten auf eine von DEVK-Versicherungen in Auftrag gegebene Umfrage im Januar 2010.

Eine ähnliche Begründung für die zurückhaltende Nachfrage nach ergänzenden privaten Pflegeversicherungen kann auf einer zu optimistischen Erwartung der Alterseinkommen beruhen, respektive in der Unterschätzung des zur Deckung des altersspezifischen Bedarfs benötigten Einkommens. Während ersteres wiederum auf mangelnde Informiertheit zurückzuführen wäre (siehe oben), bietet letzteres das Einfallstor für eine meritorische Argumentation unter Hinweis auf die „offenkundige" Minderschätzung zukünftiger Bedürfnisse. Beide Aspekte sind nicht von der Hand zu weisen, beides führt aber auch zu keiner eindeutigen Schlussfolgerung: Sollten die Bürger hinsichtlich ihrer zu erwartenden Alterseinkünfte zu optimistisch sein oder hinsichtlich ihres zukünftigen Bedarfs zu bescheiden, so würde eine wie auch immer zu bewerkstelligende „Korrektur" der Erwartungen keinesfalls automatisch eine höhere Zahl von Pflegeversicherungsabschlüssen erwarten lassen. Denn eine Ausdehnung der Vorsorge in Form von frei verfügbaren Alterseinkünften und Ersparnissen erscheint mindestens genauso plausibel.

Die zweite Kategorie von Erklärungen zieht in Erwägung, dass heute Erwerbstätige unter Umständen nicht irrtümlich, sondern begründet mit relativ hohen Alterseinkünften rechnen dürfen. Dafür spricht zum Beispiel die Erwartung, dass in den kommenden Jahren große Vermögenswerte vererbt werden. Ob davon die bis hierhin als Zielgruppe erkannten Angehörigen der Mittel- und Oberschicht verstärkt profitieren werden, muss an dieser Stelle offen bleiben, ist aber zumindest nicht unwahrscheinlich. Für diese Gruppe gilt eventuell, dass für gerade diejenigen mit Vererbungsmotiv die Möglichkeiten zur ergänzenden privaten Pflegevorsorge in jungen Jahren aufgrund der eigenen familiären Verpflichtungen eingeschränkt sind. Sofern die Mitglieder diese Gruppe aber mit Erbschaften größeren Umfangs und damit mit einer großzügigen Einkommens- bzw. Vermögensposition im Alter rechnen dürfen, folgt der Verzicht auf eine zweckgebundene Pflegevorsorge einem rational gut nachvollziehbaren Kalkül.

Die dritte Kategorie von Erklärungsansätzen greift Gründe auf, die das Absicherungs- und Vererbungsmotiv selbst relativieren. Zunächst ergibt sich das Motiv zur Absicherung des Lebensstandards von Ehe- oder Lebenspartnern vor allem für diejenigen, bei denen der Lebensstandard des Paares ganz oder doch immerhin überwiegend von den Alterseinkünften eines der Partner abhängt und dieses deshalb nicht für die Finanzierung der Pflege aufgewendet werden kann ohne den Lebensstandard des nicht pflegebedürftigen Partners empfindlich einzuschränken. Bei Paaren, bei denen beide Partner eine nur durch kurze Unterbrechungen reduzierte Vollzeiterwerbstätigkeit planen und entsprechend jeweils eigenständige Altersrenten zur Finanzierung des jeweiligen Lebensstandards erwarten, nimmt die Gefahr einer dramatischen Absenkung des finanziell gestaltbaren Lebensstandards durch die Pflegebedürftigkeit eines Partners deutlich ab. Zweitens verschiebt die deutlich längere Lebenserwartung den Vererbungszeitpunkt so weit nach hinten, dass das Erbe für viele Erben ohnehin nur noch als zusätzliche Altersabsicherung dienen kann und nicht mehr, wie früher vielleicht, die Verwirklichung von Lebensplänen in der Aufbauphase eigener Erwerbstätigkeit ermöglicht. Wenn potenzielle Erblasser dies antizipieren, reduziert sich eventuell nicht nur das Absicherungsmotiv mit Blick auf den Partner, sondern auch das Vererbungsmotiv mit Blick auf die eigenen Kinder. Das Erbe würde von einem Pensionär zum anderen fließen. Es käme ohnehin zu spät, um den Kindern beim Bau des Eigenheims, beim Aufbau einer beruflichen Existenz in Selbständigkeit oder bei der Finanzierung der Ausbildung der Enkelgeneration zu helfen.

Was resultiert aus diesen möglichen Erklärungen? Wer so schlecht informiert ist, dass er bis heute nichts vom Teilleistungscharakter der Pflegeversicherung gehört hat, dem ist durch wirtschafts- und sozialpolitische Maßnahmen kaum zu helfen. Vermutlich nimmt der Anteil derer, die diesem Irrtum unterliegen in naher Zukunft automatisch ab, da immer mehr Menschen leistungsberechtigte Pflegebedürftige im näheren persönlichen Umfeld haben. Wer sich bezüglich seiner Altersabsicherung bisher geirrt hat und sich nun diesem Problem widmen möchte, ist in vielen Fällen mit einer allgemeineren Altersvorsorge besser beraten als mit einer spezifischen Pflegekostenversicherung. Wer sich aufgrund relativ hoher Alterseinkommen und bzw. oder aufgrund zu erwartender relativ hoher Vermögen im Alter rational gegen den Abschluss einer Pflegeversicherung entscheidet, bedarf keiner gesellschaftlichen Hilfe. Ebenso wenig wie derjenige, der der Absicherung von Ehe- bzw. Lebenspartnern und der Vererbung an Partner oder Kinder eine nur untergeordnete Bedeutung beimisst.

6 Erbenschutz ist keine gesellschaftliche Aufgabe

Wer schließlich Partner absichern und Erspartes vererben möchte, dabei allerdings für die Zukunft auf eine nach weiteren „Reformen" eintretende Vollkaskoabsicherung durch die gesetzliche Pflegeversicherung spekuliert statt privat zusätzlich vorzusorgen, verkennt die immer enger werdenden finanziellen Restriktionen für den Sozialstaat, die sich alleine schon durch die demographische Entwicklung ergeben.

Ernst zu nehmende Vorschläge zur Reform der gesetzlichen Pflegeversicherung sehen nicht etwa eine Ausweitung der Leistungen vor, die den Charakter der Teilkaskoversicherung auflösen würden. Vielmehr mahnen sie mehrheitlich eine ergänzende oder vollständige Kapitaldeckung im Rahmen des bestehenden (ggf. gekürzten) Leistungsversprechens an.[22] Hoffnungen auf eine deutlich höhere oder gar vollständige Kostenübernahme durch die Pflegeversicherung sind aber auch aus sozialpolitischen Gründen nahezu unhaltbar. Zwar stellt die Übernahme des

22 Vgl. u.a. Häcker/Raffelhüschen, 2004; Häcker, 2008; Sachverständigenrat für die Begutachtung der gesamtwirtschaftlichen Entwicklung, 2004; Felder/Fetzer, 2008; Arentz et al., 2004; Arentz et al., 2005; Eekhoff/Läufer, 2011.

„Eigenanteils" an den Pflegekosten für Pflegebedürftige und ihre Angehörige häufig eine materielle Herausforderung dar. Die relativ geringe Inanspruchnahme der Hilfe zur Pflege legt aber die Vermutung nahe, dass es den meisten Betroffenen und ihren Familien gelingt, den Großteil des Eigenanteils an den Pflegekosten aufzubringen.[23] Die Pflegekosten nahezu vollständig im Rahmen der gesetzlichen Sozialversicherung abzudecken, würde hingegen zu einer sozialpolitisch unerwünschten Überversorgung führen. Denn bei einer Vollkostendeckung durch die Pflegeversicherung ginge der Eintritt einer Pflegebedürftigkeit mit einer massiven Steigerung des Lebensstandards für die Angehörigen einher, vor allem bei vollstationärer Versorgung des Pflegebedürftigen. Alterseinkünfte und Ersparnisse, die zur Finanzierung der gemeinsamen Lebenshaltung beider Partner dienen, stünden dem gesunden Partner plötzlich alleine zur Verfügung.

Dabei führte eine solche „Überversorgung" weder zu einer besseren Versorgung der Pflegebedürftigen, noch würden Bürger mit ausreichender wirtschaftlicher Leistungsfähigkeit zur Eigenvorsorge gezwungen, die andernfalls der Gesellschaft als Trittbrettfahrer zur Last fallen könnten. Im Gegenteil: Eine Ausdehnung der Geldleistungen in der gesetzlichen Pflegeversicherung verspricht den Angehörigen wohlhabender Pflegebedürftiger eine bessere Absicherung des eigenen Lebensstandards und eine höhere Erbschaftserwartung. Hingegen führten in den Familien, in denen eine zu geringe Altersvorsorge ohnehin keinen Lebensstandard jenseits der Grundsicherung verspricht, auch höhere Geldleistungen der Pflegeversicherung nicht zu einem höheren Lebensstandard. Schließlich wirken sich Erhöhungen der Beiträge zur gesetzlichen Pflegeversicherung, ohne die die Ausweitung der Geldleistungen nicht vorstellbar ist, insbesondere bei den Haushalten negativ auf das Budget aus, die bereits heute unter engen Einkommensrestriktionen wirtschaften müssen. Leistungsausdehnungen in der gesetzlichen Pflegeversicherung, die mit höheren Beiträgen für die Erwerbstätigen einhergehen, ohne dringende gesellschaftliche Probleme zu mindern, sind deshalb auch aus sozialpolitischen Erwägungen abzulehnen.[24]

---

23 Vgl. z. B. Statistisches Bundesamt, 2011. Die Ausgaben der Hilfe zur Pflege sind nach Einführung der gesetzlichen Pflegeversicherung um über 75 % zurückgegangen. Die zurzeit noch aufzuwendenden Mittel für Pflegebedürftige übersteigen die Anteile der Sozialhilfe zur Finanzierung eines würdigen Lebens in anderen Lebensphasen nicht mehr gravierend.

24 Davon zu unterscheiden ist die diskutierte Reform des Pflegebedürftigkeitsbegriffs, der die als notwendig erachteten Leistungen bei Vorliegen bestimmter Indikationen definiert. Gleichwohl wird mit einem gegenüber dem Status quo erweiterten Verständnis von Pflegebedürftigkeit nicht zwingend der Leistungsumfang vorgegeben, der durch die gesetzliche Pflegeversicherung abgesichert wird. Die Alternative zu einer Leistungsausweitung kann bei neu aufzunehmenden Indikationen (zum Beispiel demenzielle Erkrankungen) auch in einer Absenkung von Leistungen für Pflegebedarfe bestehen, die bislang Ansprüche begründen. Diese Ausführungen lassen sich durchaus auch unmittelbar als Kommentar zu

Wer in seiner Erwerbsphase nicht relativ knapp kalkulieren muss, zudem auf hohe Alterseinkünfte hoffen kann und damit insgesamt ausreichend wohlhabend ist, sich eine weitere Versicherung leisten zu können, sollte tatsächlich eine private Pflegezusatzversicherung in Erwägung ziehen. Für ausreichend solvente Angehörige der Mittel- und Oberschicht, die ihre Angehörigen vor einer im Pflegefall drohenden Absenkung des Lebensstandards und bzw. oder einem Aufzehren des vererbbaren Vermögens bewahren wollen, ist der Abschluss einer zusätzlichen Pflegeversicherung durchaus attraktiv. Wer eine Schadensversicherung, ähnlich einer Vollkaskoversicherung beim PKW, wünscht, tut außerdem gut daran, sich frühzeitig mit dem Gedanken an einen Abschluss zu befassen. Denn in der üblicherweise kapitalgedeckten Zusatzvorsorge sind die monatlichen Belastungen umso geringer, je jünger man in die Ansparphase einsteigt.

Eine staatliche Intervention im Sinne einer steuerlichen Förderung, einer Sparzulage o. ä. tut hier allerdings nicht Not. Eine Subventionierung privater Zusatzversicherungen ist ebenso wenig ökonomisch wie sozialpolitisch zu begründen. Die entsprechenden Steuermittel dienen nicht der Lösung verteilungspolitischer Probleme, sie werden nicht zielgenau, geschweige denn bedürftigkeitsorientiert ausgeschüttet und sie führen zu ungewollten Mitnahmeeffekten. Umgekehrt lohnt sich für weniger gut situierte Bürger eine private Zusatzversicherung selbst mit Subvention nicht. Finanzielle Anreize und politische Empfehlungen führen sie eher in Versuchung, eine für ihre Situation unpassende Versicherung abzuschließen. Dabei ist Erbenschutz gar keine gesellschaftliche Aufgabe.

Literaturverzeichnis

Arentz, Oliver, Johann Eekhoff, Steffen J. Roth und Vera Streibel (2004): *Pflegevorsorge – Vorschlag für eine finanzierbare, soziale und nachhaltige Reform der Pflegeversicherung*, München: vbw.

Arentz, Oliver, Johann Eekhoff, Kai Menzel und Vera Streibel (2004): „Nachhaltigkeit durch Kapitaldeckung in der gesetzlichen Pflegeversicherung – eine Blaupause“, *Jahrbuch für Wirtschaftswissenschaften*, Jg. 55, H. 3, S. 223–245.

Baumol, William J. und William G. Bowen (1966): *Performing Arts: The Economic Dilemma*, New York: The Twentieth Century Fund.

Eekhoff, Johann und Ines Läufer (2011): „Reform der Pflegeversicherung: Einstieg in den Umstieg dringend notwendig“, *Wirtschaftsdienst*, 91. Jg., H. 10, S. 670–674.

Enquetekommission Demographischer Wandel (2002): Schlussbericht – Herausforderungen unserer älter werdenden Gesellschaft an den Einzelnen und die Politik, deutscher Bundestag, 14. Wahlperiode, Drucksache 14/8800 vom 28.03.2002, Berlin

den zum Zeitpunkt der Endredaktion des Beitrags gerade vernehmbaren Ankündigungen der großen Koalition deuten, die gravierende Beitragssatzsteigerungen und Versprechungen auf Leistungserhöhungen beinhalten.

Felder, Stefan und Stefan Fetzer (2008): „Wenn nicht jetzt, wann dann? Zur Reform der Pflegeversicherung", *Zeitschrift für die gesamte Versicherungswissenschaft*, Jg. 97, H. 1, S. 144–161.

Göbel, Jan und Markus M. Grabka (2011): „Zur Entwicklung der Altersarmut in Deutschland", *DIW-Wochenbericht*, 78. Jg., Nr. 25 / 2011, S. 3–16.

Häcker, Jasmin (2008): *Die soziale Pflegeversicherung: Eine Generationenbilanz*, Freiburg im Breisgau.

Häcker, Jasmin und Bernd Raffelhüschen (2004): „Denn sie wussten, was sie taten: Zur Reform der Sozialen Pflegeversicherung", *Vierteljahreshefte zur Wirtschaftsforschung*, Jg. 73, H. 1, S. 158–174.

Lewicki, Maria und Berthold U. Wigger (2013): „Wer ist von Altersarmut bedroht?", *Wirtschaftsdienst*, 93. Jg., H. 7 / 2013, S. 462–465.

Musgrave, R. A. (1957): „A Multiple Theory of Budget Determination", *Finanzarchiv* 17, S. 333–343.

Pimpertz, Jochen (2001): „Marktwirtschaftliche Ordnung der sozialen Krankenversicherung", *Untersuchungen zur Wirtschaftspolitik* 121, Köln.

Pimpertz, Jochen (2004): „Soziale Sicherung", in: Institut der deutschen Wirtschaft Köln (Hrsg.), *Perspektive 2050 – Ökonomik des demographischen Wandels*, Köln: Deutscher Instituts-Verlag, S. 239–264.

Pimpertz, Jochen (2013): „Gegen Alarmismus und Bagatellisierung – empirische Befunde zur Altersarmut und wirtschaftspolitische Empfehlungen", *Sozialer Fortschritt*, Jg. 62, H. 11–12, S. 274–282.

PKV – Verband der Privaten Krankenversicherung (2012): *Zahlenbericht der privaten Krankenversicherung* 2011 / 2012, Köln.

Rothgang, Heinz, Rolf Müller, Rainer Unger, Christian Weiß und Annika Wolter (2012): *Barmer GEK Pflegereport* 2012.

Sachverständigenrat zur Begutachtung der gesamtwirtschaftlichen Entwicklung (2004): „Erfolge im Ausland – Herausforderungen im Inland", *Jahresgutachten* 2004 / 2005, Wiesbaden.

Statistisches Bundesamt (2011a): „Sozialleistungen", *Fachserie* 13, Reihe 2.3, Wiesbaden:

Statistisches Bundesamt (2012): „Alleinlebende in Deutschland", *Ergebnisse des Mikrozensus* 2011.

Statistisches Bundesamt (2010): „Demografischer Wandel in Deutschland", Heft 2: *Auswirkungen auf Krankhausbehandlungen und Pflegebedürftige in Bund und Ländern*, Ausgabe 2010.

Statistisches Bundesamt (2009): *Mikrozensus 2008, Neue Daten zur Kinderlosigkeit in Deutschland.*

Thaler, Richard H. und Cass R. Sunstein (2008): *Nudge – Improving Decisions About health, wealth and happiness*, London: Penguin Books.

Europäische Währungsunion – Wie kann es weitergehen?[1]

Gisela Eekhoff

1 Woran krankt die aktuelle Strategie der Krisenbewältigung?

Die Krise in der Eurozone hat ihre Ursachen in der hohen Staatsverschuldung und der Wachstumsschwäche einiger Mitgliedstaaten. Der Schlüssel zu ihrer Überwindung liegt daher in Maßnahmen auf nationaler Ebene zur Konsolidierung der öffentlichen Haushalte sowie in Strukturreformen, um die Wachstumskräfte zu stärken. Die aktuelle Politik auf europäischer Ebene hat zum Ziel, durch verschiedene Hilfsmaßnahmen zur Unterstützung der Krisenländer Zeit für diese Reformen zu „kaufen" und zugleich Reformdruck auf diese Staaten durch Auflagen zur Konsolidierung der öffentlichen Haushalte und der Umsetzung von Strukturreformen auszuüben. Dabei werden drei Arten von Hilfsmaßnahmen durchgeführt. Erstens werden Kredite aus den „Rettungsschirmen" gewährt (deren Tranchen letztlich immer ausgezahlt wurden). Zweitens kauft die Europäische Zentralbank Staatsanleihen (gemäß ihrer Ankündigung im Zweifel unbegrenzt), um unmittelbar Mittel zur Verfügung zu stellen bzw. die Zinskosten zu senken. Als letztes Mittel ist drittens – wie im Fall Griechenland im Februar 2012 – ein Schuldenerlass möglich.

Das entscheidende Problem der aktuellen Krisenbewältigungspolitik besteht darin, dass eine echte Staatsinsolvenz, bei der der Staat anschließend aus eigener Kraft klarkommen muss, kategorisch ausgeschlossen wird. Dadurch ist jede Androhung, dass keine weiteren Kredite gewährt bzw. Staatsanleihen nicht mehr aufgekauft werden, nicht glaubhaft. Die mit der Gewährung von Krediten und den Maßnahmen der EZB verbundenen Auflagen zur Haushaltskonsolidierung und für Strukturreformen laufen deshalb ins Leere. Ihre Nichteinhaltung ist letztlich nicht mit nennenswerten Konsequenzen verbunden. Die Menschen in diesen Ländern lehnen Sparmaßnahmen und Strukturreformen ab, weil sie zunächst mit

---

1 Die Argumentation in diesem Beitrag beruht in weiten Teilen auf einem intensiven Austausch mit meinem Mann Johann Eekhoff über rund 3 Jahre ab Beginn der Krise im Euroraum im Frühjahr 2010, auf seinen öffentlichen Äußerungen in Rundfunk und Fernsehen sowie auf folgenden Veröffentlichungen: Eekhoff, 2013; Eekhoff, 2012a; Eekhoff, 2012b; Eekhoff, 2012c; Eekhoff, 2011; Eekhoff, 2010.

tiefgreifenden Einschnitten verbunden sind. Die zum Teil gewaltsamen Massenproteste geben hierfür traurige Anschauung. Die Menschen haben keinen Anlass, Einschnitte hinzunehmen, weil sie die Erfahrung gemacht haben, dass die europäische Staatengemeinschaft (gemeinsam mit dem IWF) in letzter Konsequenz die Verantwortung für ihre öffentlichen Finanzen übernimmt. Daher ist es rational, dass sie Struktur- und Konsolidierungsmaßnahmen ablehnen.

Auch die Regierungen dieser Länder verhalten sich rational. Gegen den Willen der Bevölkerung bzw. der Interessengruppen ist es ihnen nur in sehr begrenztem Umfang möglich, Auflagen zu vereinbaren und erst recht, diese in ihren Ländern durchzusetzen. Dies ist selbst dann der Fall, wenn sie die Maßnahmen für sinnvoll erachten, um die Krise zu überwinden. Die Regierungen haben daher den Anreiz, Auflagen gerade nur in dem Umfang zuzustimmen, der es den Geberstaaten erlaubt, die nächste Kredit-Tranche ohne Gesichtsverlust zu gewähren. Zusätzlich besteht der Anreiz, die vereinbarten Auflagen nur so weit einzuhalten, dass die Geberstaaten bei den folgenden Tranchen konstatieren können, es seien zwar nicht alle, aber zumindest einige Auflagen erfüllt worden.

Im Rahmen der aktuellen Krisenbewältigungspolitik übernehmen die Geberstaaten immer größere Risiken aus den Rettungsschirmen und über die EZB. Hingegen ziehen sich die privaten Gläubiger immer weiter zurück. Da die Krisenstaaten zu geringe Anreize für Reformen haben, verschlechtert sich ihre Schuldentragfähigkeit immer weiter. Dadurch wird früher oder später der Haftungsfall für die öffentlichen Gläubiger[2] und damit für die Steuerzahler eintreten (besonders davon bedroht sind Griechenland und Portugal). Oder es kommt schleichend zu einer Transferunion ähnlich dem deutschen System des Finanzausgleichs, in dem allerdings die Transfersummen rapide wachsen. So oder so gilt: Je später der Übergang auf eine langfristig tragfähige Lösung erfolgt, desto höher fallen die Kosten aus.

2 Was ist zu tun?

Entscheidend ist, dass die Bürger und Interessengruppen eines Landes die Krisenbewältigungspolitik ihres Landes unterstützen. Dazu muss die Verantwortung für die Bewältigung der Schulden- und Strukturprobleme wieder auf die Mitgliedstaaten übergehen. Deshalb muss die Option einer dauerhaften Unterstützung durch die anderen Mitgliedstaaten der Eurozone ausgeschlossen werden. Ein solches System kann auf den Prinzipien des Vertrags von Maastricht aufbauen, muss

2 Beim ersten Schuldenschnitt in Griechenland war dies noch nicht der Fall, weil die öffentlichen Gläubiger verschont wurden.

aber um einige Elemente erweitert werden und soll als „Maastricht-Plus"-Regime[3] bezeichnet werden. Die entscheidenden Elemente sind:

1. *Wiedereinhaltung des No-Bail-out-Prinzips*

   Die Gewährung von Krediten aus den Rettungsschirmen wird gestoppt, die EZB beendet die Stützungskäufe von Staatsanleihen und nimmt ihre Zusage eines notfalls unbegrenzten Aufkaufs zurück. Dadurch haften die Mitgliedstaaten wieder in vollem Umfang für ihre Staatsschulden, notfalls bis zur Insolvenz. Dies wird für viele Mitgliedstaaten einen deutlichen Anstieg der Risikoprämien bedeuten. Die zuvor künstlich gedrosselten Zinsen für Staatsanleihen spiegeln das Marktrisiko dann vollständig wider. Dadurch wird es deutlich teurer, Kredite am freien Kapitalmarkt aufzunehmen, der dann die einzige Kreditquelle ist. Der Reformdruck wird nun nicht mehr von den Geberstaaten, sondern vom Kapitalmarkt ausgeübt. Viele Mitgliedstaaten haben somit einen ausgeprägten Anreiz, umgehend Pläne zur Haushaltskonsolidierung und zur Steigerung ihrer Wettbewerbsfähigkeit vorzulegen.[4] Wird ein solcher Pfad glaubwürdig angekündigt (insbesondere indem erste Schritte sofort umgesetzt werden), hat dies unmittelbar einen positiven Effekt durch sinkende Risikoaufschläge. Die Erwartung von Konsolidierungsanstrengungen und Strukturreformen wird unmittelbar durch geringere Finanzierungskosten belohnt.[5]

2. *Insolvenzverfahren für Staaten*

   Wird das No-Bail-out-Prinzips wieder eingehalten, so müssen die Mitgliedstaaten ihre öffentlichen Haushalte aus eigener Kraft konsolidieren, ohne dass ihnen Zeit gekauft – mit anderen Worten: ihre Insolvenz verschleppt – wird. Daher ist der Eintritt des Insolvenzfalls in einigen Ländern sehr wahrscheinlich. Daher ist ein Insolvenzverfahren für Staaten notwendig, in dem die Abläufe genau festgelegt werden. Dadurch erhalten die Investoren Transparenz und Verlässlichkeit. Das Verfahren enthält im Kern einen Schuldenschnitt, der alle Gläubiger – staatliche und private – einbeziehen muss. Der insolvente Mitgliedstaat hat den Anreiz, sich für einen ausgewogenen Schuldenschnitt einzusetzen: Einerseits muss der Schuldenstand deutlich genug reduziert wer-

---

3 Das vorgeschlagene Maastricht-Plus-Regime baut auf Eekhoff, 2012 auf und ist zudem eine Fortentwicklung der Konzepte des Kronberger Kreises, 2012 sowie des Sachverständigenrates, 2012, 2013. Abzulehnen ist dabei jede Art der Vergemeinschaftung von Schulden – auch in Form eines „Schuldentilgungspakts", den der Sachverständigenrat zwischenzeitlich vorgeschlagen hatte.

4 Issing, 2013 formuliert treffend: „Die Erfahrung der letzten Jahre legt den Schluss nahe, dass mit grundlegenden Reformen [...] nur unter dem Druck der Finanzmärkte zu rechnen ist."

5 Vgl. dazu auch Kronberger Kreis, 2012, S. 6f.

den, damit anschließend der Schuldendienst für die verbliebene Staatsschuld aus eigener Kraft geleistet werden kann und keine neuerliche Insolvenz droht. Andererseits signalisiert ein begrenzter Schuldenschnitt das Interesse des Mitgliedstaates, die Haftung für Staatsschulden auch künftig nicht auf die Gläubiger abzuwälzen und stattdessen eigene Konsolidierungsanstrengungen vorzunehmen.

Eine staatliche Insolvenz kann innerhalb der Europäischen Währungsunion erfolgen. Denn jeder Mitgliedstaat trägt die Konsequenzen einer Staatsinsolvenz selbst. Die Sanktionierung erfolgt über den Markt, d. h. über die Bedingungen für die künftige Kreditaufnahme. Entscheidend ist, dass die anderen Mitgliedstaaten im Fall einer Insolvenz nicht mit Krediten aushelfen. Sie werden nur insoweit unmittelbar in Mitleidenschaft gezogen, wie ihre Akteure unter Marktbedingungen Anleihen des insolventen Staates halten.

Für den Fall einer Insolvenz eines Mitglieds der Eurozone wird die Befürchtung geäußert, es könne zu einer „Ansteckung" anderer Mitgliedstaaten kommen. Erstens wird vorgebracht, dass die Investoren auch die Insolvenz anderer Mitgliedstaaten befürchten und sich die Risikoprämien erhöhen, woraufhin der Insolvenzfall tatsächlich eintritt. Richtig ist, dass die Investoren bei anderen Krisenstaaten noch genauer hinschauen werden. Jedes Land wird am Markt aber für sich bewertet. Es ist an den anderen Staaten, darzulegen, mit welchen Reformen eine Staatsinsolvenz vermieden werden soll. Eine weitere Befürchtung infolge einer Staatsinsolvenz wird darin gesehen, dass es zu Bankinsolvenzen käme und sich in der Folge die Banken nicht mehr vertrauten und kein Geld mehr liehen. Um dies zu vermeiden, ist ein staatliches Bail-out aber nicht die geeignete Lösung. Sinnvoller und weniger teuer wäre es, abzuwarten, welche Banken in Schwierigkeiten geraten. Diese könnten gegebenenfalls abgewickelt werden. Die Bankenlandschaft würde dadurch relativ schnell bereinigt und Risiken für die Zukunft ausgeräumt. Zudem hat sich die Krisenanfälligkeit der Banken im Vergleich zum Krisenbeginn 2010 deutlich verringert, da die Eigenkapitalanforderungen zwischenzeitlich deutlich erhöht wurden. In der öffentlichen Diskussion hält sich das Argument der Ansteckungsgefahren vor allem deshalb hartnäckig, weil es starke Interessen insbesondere unter den Finanzmarktakteuren gibt, diese Drohkulisse weiter aufrecht zu erhalten und dadurch Zeit zu gewinnen, sich aus den Krisenländern zurückzuziehen.

Eine unmittelbare Folge der Insolvenz eines Mitgliedstaates wäre hingegen, dass die Haftungssummen in Abhängigkeit vom Umfang des Schuldenschnitts sofort fällig werden. Hinzu kommen die Verpflichtungen, die bei der EZB und den nationalen Zentralbanken liegen, inklusive der Risiken aus dem Targetsystem. Auch diese werden sofort fällig und sind letztlich von den Mitgliedstaaten, also vom Steuerzahler, zu tragen. Ursache eines solchen Haftungsfalls ist aber nicht die Insolvenz eines Mitgliedstaats, sondern die über einen längeren Zeitraum erfolgte Übernahme nicht tragfähiger Schulden unter dem Rettungsschirm-Regime. Die erheblich vergrößerte Staatsschuld in den nationalen Haushalten könnte in Deutschland über einen längeren Zeitraum abgebaut werden, beispielsweise mit Hilfe eines Fonds (in Form eines Sondervermögens).

3. *Rückkehr der EZB zu ihrem Mandat der Preisstabilität*

Die EZB hat im Zuge der Unterstützung der Rettungsschirmpolitik durch unbegrenzte Kredite für Geschäftsbanken und Staatsanleihenkäufe sehr viel Liquidität in den Markt gegeben. Aufgrund von Risikoerwägungen haben die Banken diese Mittel in großem Umfang wieder bei der EZB angelegt, statt sie zu verleihen. Dadurch ist es bislang nicht zu einer höheren Inflationsrate gekommen. Dies ist ein gefährliches Spiel. Sobald die Risiken im Markt abnehmen, wird es für die Banken rentabel, die Mittel zu verleihen. Kommt ein Inflationsprozess erst einmal in Gang, so ist er kaum aufzuhalten: Bereits die Erwartung höherer Preissteigerungsraten führt zu höheren Lohnabschlüssen. Steigende Lohnkosten werden in steigende Preise überwälzt. Eine Lohn-Preis-Spirale entsteht. Der Inflationsprozess wird zu einer selbsterfüllenden Prophezeiung. Die Erfahrung zeigt, dass ein solcher Prozess durch geldpolitische Maßnahmen kaum zu stoppen ist. Die EZB sollte die entstandene Liquidität daher baldmöglichst wieder abschöpfen. Zudem sollte sie nur noch erstklassige Papiere als Sicherheit für Kredite an Staaten akzeptieren, wie es vor der Krise Praxis war.

4. *Konvergenzkriterien*

In einem Maastricht-Plus-Regime geht die Disziplinierung der Fiskalpolitik von den Risikoprämien auf die Zinsen für Staatsanleihen aus. Dieser Druck war im Maastricht-Regime nicht wirksam, weil die No-Bail-out-Klausel nicht glaubwürdig genug war. Dies belegt die Angleichung der Risikoprämien zu Beginn der Währungsunion, die zu einer Konvergenz der Zinsen führte. Entscheidend ist daher, dass das No-Bail-out-Prinzip durch die Möglichkeit einer Staatsinsolvenz glaubhaft wird. Zum Zweck einer Frühkoordinierung sind ergänzend Konvergenzkriterien sinnvoll. Die neuen Fiskalregeln sollten möglichst wieder vereinfacht werden. Ihre Verkomplizierung hat dazu geführt, dass die Europäische Kommission ihren Bewertungsspielraum deutlich ausgeweitet hat. Dadurch ist ein Einfallstor für politische Einflussnahme seitens der Mitgliedstaaten entstanden.[6]

---

6 Vgl. dazu vertiefend den Beitrag von Astrid Lemmer in diesem Band.

5. *Möglichkeit des freiwilligen Austritts aus der Eurozone*[7]

Es ist vorstellbar, dass einige Mitgliedstaaten nicht die Kraft haben, der Verantwortung für ihre Staatsfinanzen und ihr Wirtschaftswachstum durch Konsolidierungsanstrengungen und Strukturreformen wahrzunehmen. Denn dieser Weg führt zwar zu dauerhafter Prosperität, kurzfristig aber zu erheblichen Belastungen für die Bevölkerung. Er wird sich nur durchsetzen lassen, wenn die Bevölkerung ihn unterstützt. Ist dies nicht der Fall, so müssen diese Länder die Möglichkeit haben, ihre Währung abzuwerten und ihre Staatsfinanzen gegebenenfalls durch Drucken von Geld zu sanieren. Beide Maßnahmen münden letztlich in hohe Inflationsraten.[8] Deren Kosten sind kurzfristig gering, aber langfristig sehr hoch, denn sie führen zu einer dauerhaft geringen Verlässlichkeit der Währung, einer Verringerung der Standortattraktivität für private Investoren sowie zu Umverteilungseffekten zu Lasten von Sparern und Gläubigern. Das Wirtschaftswachstum ist dauerhaft geringer als beim ersten Weg. Die Wahl zwischen diesen beiden Alternativen ist aber letztlich von den Präferenzen der Bevölkerung abhängig. Für eine eigene Währungs- und Geldpolitik ist ein Austritt aus der Währungsunion erforderlich. Daher muss jedem Mitgliedstaat die Möglichkeit eingeräumt werden, freiwillig auszuscheiden. Sollte ein Land bereit sein, die Bedingungen wieder einzuhalten, kann es wieder eintreten. Dabei kann davon ausgegangen werden, dass eine Austrittsentscheidung nicht leichtfertig gefällt wird, nicht nur aufgrund hoher Umstellungskosten, sondern vor allem, weil ein Austritt zu einem deutlichen Vertrauensverlust bei den privaten Investoren führen würde.

Durch die Möglichkeit des freiwilligen Austritts erübrigt sich die Diskussion über den optimalen Zuschnitt eines Währungsraumes. Häufig wird argumentiert, die Wirtschaftsstrukturen der Länder einer Währungsunion müssten ähnlich sein, da der Wechselkurs als Anpassungsmechanismus entfalle. Dies ist unzutreffend, da die Anpassungen stattdessen in der Realwirtschaft vonstatten gehen können. Mangelnde internationale Wettbewerbsfähigkeit kann außerhalb eines Währungsraums (vorübergehend) durch eine Abwertung der Währung ausgeglichen werden. Innerhalb eines Währungsraums muss die Wettbewerbsfähigkeit gesteigert werden, insbesondere durch eine reale Abwertung (Rückgang bzw. verlangsamter Anstieg von Güter- und Faktorpreisen) sowie durch schnelle Umstrukturierungen zugunsten effizienter Branchen.

---

7 Die Möglichkeit eines Austritts bzw. die freiwillige Möglichkeit der Teilnahme an einer Währungsunion ist ein zentrales Beispiel für eine flexible, auf Freiwilligkeit und dezentralen Lösungen basierende Europäische Union. Vgl. dazu den Beitrag von Nora Hesse in diesem Band.

8 Der Kronberger Kreis, 2012, S. 12, formuliert treffend: „Wiederkehrende Abwertungen einer Währung sind lediglich das außenwirtschaftliche Pendant der binnenwirtschaftlichen Geldillusion."

Dazu müssen Gütermärkte (v.a. geringe Zugangsbeschränkungen für neue Anbieter) und Arbeitsmärkte (keine Lohnuntergrenzen, geringe Regulierung, insbes. des Kündigungsschutzes, etc.) flexibel sein. Ähnliche Strukturen der teilnehmenden Länder erleichtern zwar die Funktionsfähigkeit einer Währungsunion, sind aber keine Grundvoraussetzung. Letztlich definiert sich ein optimaler Währungsraum über den Anpassungswillen der Mitgliedstaaten.

6. *Rückführung der Kredite aus den Rettungsschirmen und Wegfall der Auflagen*

Die Rückkehr zum No-Bail-out-Prinzip bedeutet zwar die Einstellung der Vergabe von staatlich garantierten Krediten. Bereits bestehende Verpflichtungen können aber nicht ohne weiteres aufgekündigt werden. Sie entfallen allmählich mit dem Auslaufen der garantierten Kredite. Da die Mitgliedstaaten eines Maastricht-Plus-Regimes selbst den Anreiz haben, Konsolidierungs- und Strukturreformen durchzuführen, sollten die mit den garantierten Krediten verbundenen Auflagen entfallen. Nur wenn die Mitgliedstaaten völlig frei in der Wahl der Maßnahmen sind, erhalten sie ihre Eigenverantwortung vollständig zurück.

7. *Gemeinschaftliche Haftung in der Bankenunion ausschließen*

Gemeinschaftliche Risiken dürfen auch im Bankensenktor nicht mehr übernommen werden. Im Fall der Insolvenz einer Geschäftsbank ist eine Haftungskaskade die richtige Idee: Wenn Eigentümer und Gläubiger der Bank sowie die Einlagensicherung des im Mitgliedstaat bestehenden Banksystems herangezogen wurden, haftet ggf. der Mitgliedstaat. Der Rückgriff auf den ESM muss wieder abgeschafft werden, um auch hier eine gemeinschaftliche Haftung ausschließen und den ESM abwickeln zu können. Überdies darf es keinesfalls unmittelbar zu einer gemeinsamen Einlagensicherung kommen.[9]

3 Wie kann Maastricht-Plus politisch erreicht werden?

In der Eurozone hat Deutschland eine gute Verhandlungsposition. Zwar befürwortet derzeit eine breite Mehrheit die Fortsetzung und den Ausbau der derzeitigen Krisenbewältigungspolitik. Dies sind vor allem die Staaten, die daraus unmittelbare Vorteile ziehen, indem sie direkte Hilfen erhalten bzw. von der Drosselung der Zinsen für ihre Staatsanleihen profitieren. Dennoch ist der Ausweg aus der aktuellen Krisenpolitik politisch durchsetzbar. Das System ist darauf angelegt, dass der ESM weiter vergrößert werden muss. Dies gilt insbesondere, seit er in letzter

[9] Vgl. hierzu vertiefend den Beitrag von Arentz / Paulus in diesem Band.

Instanz für insolvente Banken haftet. Deutschland kann die aktuelle Krisenpolitik jederzeit beenden, indem es sich am weiteren Ausbau des ESM nicht beteiligt. Ohne Deutschland als größtem Geberland ist eine Vergrößerung des ESM kaum denkbar, da diese für die anderen Mitgliedstaaten deutlich teurer würde. Dann würden auch andere Länder aussteigen. Ohne die Zahlungsfähigkeit Deutschlands würde das System letztlich zusammenbrechen. Diese Position kann Deutschland nutzen, um ein Maastricht-Plus-Regime durchzusetzen. Da alle Elemente wichtig sind, darf es hier keine Kompromisse geben. Margaret Thatcher hat bei den Verhandlungen über den „Briten-Rabatt" 1984 gezeigt, dass eine solch konsequente Verhandlungsführung möglich ist.

Sollte sich dennoch keine ausreichende Mehrheit für ein Maastricht-Plus-Regime finden, bestünde als zusätzlicher Hebel die Ankündigung eines Austritts aus der Währungsunion. Ist auch dies als Argument nicht wirksam, so müsste dieser Schritt tatsächlich vollzogen werden. Deutschland würde dann eine neue Währungsunion entsprechend dem Maastricht-Plus-Regime gründen. Die Teilnahme würde auf Freiwilligkeit beruhen. Alle Länder, die bereit sind, die Bedingungen des Regimes einzuhalten, werden aufgenommen. Insofern erübrigt sich die Diskussion, welche Länder für einen neuen Währungsraum theoretisch geeignet sind. Denn auch hier gilt: Der Erfolg der Teilnahme an der Währungsunion hängt nicht in erster Linie von den Strukturen des Landes ab, sondern von dem Willen, diese anzupassen. Dies muss jedes Land bzw. seine Bevölkerung für sich entscheiden.

Fraglich ist weiterhin, wie in Deutschland eine Mehrheit für ein Maastricht-Plus-Regime gewonnen werden kann und wie verhindert werden kann, dass die Prinzipien in Zukunft gebrochen werden. Eine Mehrheit für die Beendigung der aktuellen Krisenbewältigungspolitik dürfte eine Frage der Zeit sein: Die immer größeren Haftungssummen und die damit verbundenen Transfers treffen die Steuerzahler unmittelbar. Dies wird früher oder später den Wunsch einer langfristig tragfähigen Lösung erzeugen. Das Maastricht-Regime hat aber gezeigt, dass die Gefahr eines Bruchs des No-Bail-out-Prinzips real bleiben könnte. Denn es kann immer wieder zu Situationen kommen, in denen sich Länder der Disziplinierung durch den Markt zu entziehen suchen und Druck ausüben, finanzielle Hilfen zu erhalten. Die Erfahrung zeigt, dass die politischen Kräfte nicht stark genug waren, einen offensichtlichen Bruch des No-Bail-out-Prinzips zu verhindern. Eine Selbstbindung Deutschlands kann dazu beitragen, dies künftig zu verhindern. Dazu könnte im Grundgesetz die Selbstverpflichtung verankert werden, bei einem Bruch des No-Bail-out-Prinzips bzw. einer Mandatsverletzung der EZB aus der Währungsunion auszutreten. Eine Verfassungsbeschwerde würde ausreichen, um die dann amtierende Bundesregierung zu einem solchen Schritt zu verpflichten. In der Vergangenheit haben sich Entscheidungen des Bundesverfassungsgerichts als scharfes Schwert erwiesen. So darf beispielsweise die Vermögensteuer seit 1997 nicht mehr erhoben werden, nachdem sie für verfassungswidrig erklärt worden war. Insgesamt zeigt sich, dass die Einführung eines Maastricht-Plus-Regimes international wie national politisch realistisch ist – je früher, desto besser.

Literaturverzeichnis

Eekhoff, Johann (2013): „Krise in der Europäischen Währungsunion: Wie kann es weitergehen?“, in: Oermann, Nils Ole (Hrsg.), *Der Euro – eine Karriere? für Horst Köhler*, Freiburg im Breisgau, S. 35–53.

Eekhoff, Johann (2012a): „Europäische Integration zum Vorteil aller Beteiligten“, *Orientierungen*, 3/2012, S. 8–12.

Eekhoff, Johann (2012b): „Vergemeinschaftung der Schulden ist der falsche Schritt“, Interview mit der Deutschen Welle, 27. Juni 2012.

Eekhoff, Johann (2012c): „Schuldenschnitt wird wieder zum Thema“, Interview mit der Deutschen Welle, 25. Oktober 2012.

Eekhoff, Johann (2011): „Die Schuldenkrise schwelt weiter“, *Mimeo*, 30. März 2011.

Eekhoff, Johann (2010): „Finanz- und Wirtschaftskrise als Chance“, *Kölner Schrift zum Wirtschaftsrecht*, 2/10, S. 137–140.

Issing, Otmar (2013): „Wohin steuert die Europäische Währungsunion?“, *ifo Schnelldienst*, Jg. 66, 13/2013, 11. Juli 2013.

Kronberger Kreis (2012): „Wie viel Koordinierung braucht Europa?“, *Schriftenreihe der Stiftung Marktwirtschaft*, Band 55.

Sachverständigenrat (2012): „Stabile Architektur für Europa – Handlungsbedarf im Inland“, *Jahresgutachten* 2012/2013.

Sachverständigenrat (2013): „Gegen eine rückwärtsgewandte Wirtschaftspolitik“, *Jahresgutachten* 2013/2014.

Die neuen europäischen Fiskalregeln können die nächste Staatsschuldenkrise wieder nicht verhindern

Astrid Lemmer

1 Einleitung und Problemaufriss

Mit den Vereinbarungen für die europäische Währungsunion im Maastricht-Vertrag wurden Vorkehrungen für die Fiskalpolitik getroffen. Diese sollte zwar grundsätzlich in nationaler Verantwortung bleiben. Aber es wurde erkannt, dass Grenzen erforderlich sind, nicht zuletzt da für nationale fiskalpolitische Akteure Anreize für eine übermäßige Verschuldung bestehen. So können Eigennutz orientierte Politiker insbesondere bei rationaler Ignoranz der Wähler und bei Einflussmöglichkeiten von Interessengruppen Wahlstimmen maximieren, indem sie bestimmten Gruppen finanzielle Vorteile gewähren. Um auf der anderen Seite keine Wahlstimmen durch die direkte Belastung anderer Gruppen zu verlieren, besteht der Anreiz, Defizite einzugehen und so die Verschuldung zu erhöhen. Deren Finanzierung wird erst in der Zukunft relevant und ist daher meist weniger ausschlaggebend für die Wahlentscheidung oder betrifft – zumindest auf den ersten Blick – nicht die (aktuellen) Wähler. Auch andere Folgen einer (übermäßigen) Verschuldung, wie Zinsreaktion, Wechselkursänderung oder Risikozuschläge auf dem Kapitalmarkt, die sich ungünstig auf das Wirtschaftswachstum auswirken, treten häufig erst verzögert auf, verteilen sich über die gesamte Wirtschaft und sind weniger eindeutig dem Regierungshandeln zuzuordnen, sodass auch hieraus die Gefahr Wahlstimmen zu verlieren häufig eher gering ist. In einer Wirtschafts- und Währungsunion nehmen die Anreize zu einer übermäßigen Verschuldung noch einmal zu. Negative Rückwirkungen einer übermäßigen Verschuldung verteilen sich teilweise im Währungsraum insgesamt, machen sich also auch in anderen Ländern negativ bemerkbar und treten damit für den Wähler noch weniger in Erscheinung.

In der europäischen Währungsunion ist keine gemeinsame europäische Fiskalpolitik vorgesehen, d. h. grundsätzlich finanzieren nationale Steuern nur nationale Ausgaben. Vor dem Hintergrund der nationalen Eigenverantwortung wurde auch explizit vertraglich verankert, dass kein Land die Schulden eines anderen Landes übernimmt (sog. No-Bail-Out Klausel). Dennoch kann eine unsolide Fiskalpolitik auf andere Länder ausstrahlen. Selbst wenn die Verschuldung im Währungsraum aggregiert nicht übermäßig ist, können – nicht zuletzt über die Kapitalmarktverflechtung – insbesondere die Zahlungsunwilligkeit / -fähigkeit oder auch Zweifel an der Willigkeit oder Fähigkeit eines Landes andere Länder und schließlich auch den Währungsraum insgesamt gravierend negativ beeinflussen.

Durch übermäßige Verschuldung des gesamten Währungsraums oder einzelner Länder kann es zu Konflikten zwischen der Geld- und Fiskalpolitik kommen, denn jede finanzpolitisch zu verantwortende Schuldenlast kann im Prinzip mit „geldpolitischen" Mitteln tragbar gemacht werden. Jedoch ginge dies letztlich zu Lasten der Preisstabilität und den damit verbundenen negativen allokativen und distributiven Folgen. Allerdings könnten die mit einer übermäßigen Verschuldung verbundenen Gefahren als so bedeutend angesehen werden, dass politische Akteure Kosten der Preisinstabilität gegen Kosten eines Staatsbankrotts abwägen und massiven Druck auf die Notenbank ausüben – eine Entscheidungssituation, die schon aufgrund von Zeitinkonsistenz höchst problematische Ergebnisse zu liefern droht. Gesamtwirtschaftliche Kosten können aber bereits weit vor diesem Punkt entstehen. Schon alleine bei Unsicherheit über das Kräfteverhältnis zwischen Geld- und Fiskalpolitik können Inflationserwartungen weniger gut verankert und daher ungewünschte Preisentwicklungen nur mit vergleichsweise hohen gesamtwirtschaftlichen Kosten verhindert werden. Um Kämpfe um die Vorherrschaft und die damit verbundene Unsicherheit zu vermeiden, sollten geldpolitische Entscheidungen unabhängig von fiskalischen fallen. Unabhängigkeit sollte die monetäre Dominanz sichern, um zu verhindern, dass fiskalischer Druck zur Aufgabe des Ziels der Preisniveaustabilität überhaupt erst entsteht.

Die europäische geldpolitische Instanz der Währungsunion, die EZB und das Europäische System der Zentralbanken, wurde vor diesem Hintergrund mit außerordentlich weitreichender institutioneller, personeller und finanzieller Unabhängigkeit ausgestattet. Daneben muss aber auch die faktische Unabhängigkeit gewährleistet werden, die den fiskalischen Zwang ausräumt. Um zu verhindern, dass ein Mitgliedstaat von der Fiskalpolitik eines anderen negativ betroffen wird, wurden Grenzen für die nationalen Fiskalpolitiken beschlossen. Sie sollen gewährleisten, dass diese tragfähig sind und bleiben. Im Maastricht-Vertrag und später konkretisierend mit dem Stabilitäts- und Wachstumspakt wurden Referenzwerte für die nationalen jährlichen Haushaltssalden und die Schulden eingeführt. Demnach soll grundsätzlich die Defizitquote eines Landes 3 % und die Schuldenquote 60 % nicht überschreiten. Wobei diese Werte keine Zielgrößen, sondern Obergrenzen darstellen. Die Höhe der Grenzen ist nicht eindeutig ableitbar. Sie stellen nur eine Annäherung an Tragfähigkeit dar. Letztere ist kaum genau zu bestimmen. Abstrakt wird darunter die Fähigkeit des Staates verstanden, seine Schulden zu bedienen. Welche Defizit- und Schuldenquote tatsächlich tragfähig ist hängt aber von vielen Faktoren ab. Darunter die langfristige Wirtschaftsentwicklung, die impliziten Verbindlichkeiten aber auch die Stabilität der politischen Verhältnisse und anderen schwer zu operationalisierende und kaum vorherzusehende Einflüssen. Zudem sind alle diese grundsätzlich relevanten Determinanten nicht nur von Land zu Land sehr unterschiedlich, sondern variieren teilweise auch im Zeitablauf. Diese Komplexität kann auf der Regelebene nicht sinnvoll aufgegriffen werden. Um die politischen Entscheidungen dennoch klar leiten zu können, wurden – zunächst – einfache, messbare und erkennbare Größen festgelegt. Deren Einhaltung sollte den Handlungsspielraum der politischen Akteure eingrenzen, die Tragfähigkeit weitgehend absichern und so verhindern, dass von der Fiskalpolitik eines Landes negative Effekte auf ein anderes Land und / oder die Geldpolitik ausgehen.[1]

Allerdings wurden die Fiskalgrenzen und Vorgaben von Beginn an häufig nicht eingehalten. Nur sehr wenige Länder im Euroraum haben über einen längeren Zeitraum einen annähernd ausgeglichenen strukturellen Saldo erreicht, die meisten Länder nicht einmal in einzelnen Jahren. Aus heutiger Sicht wurde seit 2001 selbst die Obergrenze für die Defizitquote von vielen Ländern und von diesen nicht selten über einen langen Zeitraum überschritten. Die Schuldenquoten lagen zu Beginn der Währungsunion in manchen Ländern über oder weit über 60 % und konnten hier bis Ende 2007, vor Beginn der Finanz- und Staatsschuldenkrise, zwar meist reduziert werden, jedoch eher geringfügig. In Deutschland und Frankreich stiegen sogar die Schuldenquoten in diesem Zeitraum auf über 60 %.

Mit den Verfahren und ihrer Handhabung gelang es somit nicht, durchgängig solide öffentliche Finanzen zu erreichen. Zum einen galten die Regeln hinsichtlich des Ziels eines mittelfristigen strukturellen Haushaltsausgleichs nicht von Anfang an und wurden dann auch nicht besonders wahrgenommen, auch war das Kriterium für den Schuldenstand nicht operationalisiert und wurde nicht näher berücksichtigt. Zum anderen wurden Teile der Regeln auch lax umgesetzt. Zwar wurden Verfahren bei einem übermäßigen Defizit gestartet und erst bei Unterschreitung der 3 %-Grenze wieder eingestellt – zumindest soweit die Verfehlungen in den Daten offensichtlich und nicht durch erst später revidierte oder gar vorsätzlich falsche statistische Angaben verborgen waren. Dennoch erlaubten etwa großzügige Korrekturfristen eine vieljährige Überschreitung der Obergrenzen.[2] Gravierend beschädigt wurden die Regeln aber nicht zuletzt dadurch, dass der Ecofin-Rat dem Kommissionsvorschlag im Jahr 2003 nicht folgte und daher das Verfahren gegen Deutschland und Frankreich zu dem Zeitpunkt nicht wie eigentlich vorgesehen verschärft wurde. Infolge dieses Konfliktes wurden die Regeln im Jahr 2005 geändert – allerdings nicht verschärft, sondern aufgeweicht.[3]

Vor diesem Hintergrund ist auch die aktuelle Staatsschuldenkrise zu sehen. Zwar wiesen einige der von der Krise besonders betroffenen Länder vor deren Ausbruch

1 Die Literatur zu Problemen der Währungsunion bei nationalen Fiskalpolitiken ist vielzählig. Einen schnellen Überblick über die ökonomischen Probleme bietet beispielsweise Ohr, 2006.

2 Vgl. Sachverständigenrat, 2013 / 14, S. 184 ff.

3 Vgl. Deutsche Bundesbank, 2004, S. 9.

relativ solide Staatsfinanzen auf. Allerdings basierte dies zum guten Teil auf gesamtwirtschaftlichen und finanziellen Ungleichgewichten. Dabei stiegen die Ausgaben sehr dynamisch, was jedoch durch eine Einnahmenentwicklung überdeckt wurde, die beträchtlich stärker war, als es aufgrund der Entwicklung des BIP und vor dem Hintergrund der Rechtsänderungen zu erwarten wäre (sogenannte windfalls). Der strukturelle Saldo verbesserte sich in dieser Ländergruppe, es wurden staatliche Überschüsse realisiert, und die Schuldenquote lag deutlich unterhalb des 60 %-Referenzwerts. Andere Länder wiesen indes erhebliche strukturelle Defizite, weit entfernt vom mittelfristigen Ziel eines ausgeglichenen Haushalts, auf.[4] Die Defizitquoten stiegen dann meist 2008 und verstärkt 2009 aufgrund konjunktureller (oder als konjunkturell gemessener) Einflüsse. Aber auch das strukturelle Ausgabenwachstum blieb zunächst noch dynamisch und die „Windfalls" der Vorjahre schlugen in erhebliche „Shortfalls" um. In zahlreichen Ländern gab es zudem Maßnahmen, die die Defizitquote weiter erhöhten. Mit einer expansiven finanzpolitischen Reaktion sollen im Abschwung Kontrapunkte gesetzt werden, mit dem Ziel die Wirtschaft zu stabilisieren. In diesem Sinne hatte u. a. auch die EU-Kommission den Mitgliedstaaten fiskalische Lockerung empfohlen – auch jenen, die sich bereits vor der Krise in einer eher schwierigen finanzpolitischen Lage befanden. Im Kontext der Krise sind auch die Schuldenquoten sprunghaft gestiegen und weisen in nicht wenigen Ländern dramatische Höhen auf. Das Vertrauen in die Tragfähigkeit der öffentlichen Finanzen erodierte in Griechenland, Portugal, Irland und Zypern in einem solchen Maße, dass sie von der stärkeren Spreizung der von den Marktakteuren geforderten Renditen auf Staatsanleihen, schließlich durch die Gewährung von Hilfskrediten abgeschirmt wurden. Obschon weniger drastisch, standen auch Italien sowie Spanien einer größeren Skepsis der Investoren gegenüber. Hier dürfte nicht zuletzt das politische Bekenntnis des EZB-Präsidenten, den Euro-Raum zu erhalten,[5] einen nachlassenden Druck herbeigeführt haben. Spanien wurde auch dadurch entlastet, dass Hilfskredite zur Stützung des Bankensektors vergeben wurden. Auch Slowenien steht anhaltend unter besonderer Beobachtung der Marktakteure. Hier wurde wiederholt der Antrag auf ein Hilfsprogramm öffentlich diskutiert.

Alles in allem gerieten einige Länder vor allem aufgrund mangelnder fiskalischer Disziplin und die über einen längeren Zeitraum aufgebauten Schieflagen in eine prekäre Situation, ohne fiskalischen Handlungsspielraum. Zum einen waren die Regeln im präventiven Teil des Stabilitäts- und Wachstumspakts zu schwach, um das Erreichen strukturell ausgeglichener Haushalte durchzusetzen und Schulden-

4 Vgl. zu Entwicklung der Krisenländer auch Deutsche Bundesbank, 2014.

5 Rede des EZB-Präsident Draghi, 26. Juli 2012 auf der Global Investment Conference in London, in der er erläutert, dass die eigentlich nur überraschender Weise fliegende Hummel „Euro" zu einer Biene wird und dies von der EZB unterstützt werde: „Within our mandate, the ECB is ready to do whatever it takes to preserve the euro. And believe me, it will be enough." http://www.ecb.europa.eu/press/key/date/2012/html/sp120726.en.html

quoten auf ein niedriges Niveau zu bringen, zum anderen wurden Windfalls und eine hohe Ausgabendynamik noch nicht in den Blick genommen. Unzureichende und unzureichend angewandte Regeln und Vorgaben für die Fiskalpolitik waren zumindest zum Teil Ursache dafür, dass die Wirtschafts- und Finanzkrise in der Staatsschuldenkrise mündete. Hinsichtlich des Ziels, mittels solider Staatsfinanzen die Wiederholung einer Krise zu vermeiden, sollen nachfolgend die bestehenden europäischen Fiskalregeln kritisch betrachtet werden. Dazu wird der Haushaltsüberwachungsablauf dargelegt und auf besondere Schwachstellen aufmerksam gemacht. Die Bewältigung notwendiger realwirtschaftlicher Korrekturen und die Vermeidung neuer Ungleichgewichte sowie die Etablierung eines widerstandskräftigen Bankensektors müssen mit Mitteln anderer Politikbereiche erreicht werden.[6]

2 Die Fiskalregeln und ihre Schwachstellen

Die gemeinsamen europäischen Fiskalregeln, die im Maastricht-Vertrag verankert sind und durch die Verordnungen des Stabilitäts- und Wachstumspakts konkretisiert werden, wurden zuletzt vor dem Hintergrund der Erfahrungen aus der Krise mit den sogenannten 6-Pack und 2-Pack geändert.[7] Die Grenzen für die Fiskalpolitik gelten grundsätzlich für alle Mitgliedstaaten der Europäischen Union, allerdings sind die Regeln für die Länder der Währungsunion weitreichender. Hier wird auf die für die Euro-Länder geltenden Bestimmungen eingegangen.

Die europäischen Regeln geben vor, dass Mitgliedstaaten mittelfristig einen ausgeglichenen Haushalt aufweisen sollen und sie sind verpflichtet, übermäßige Defizite zu vermeiden. Entlang dieser Vorgaben kann der sogenannte präventive Teil, der strukturell nahezu ausgeglichene Haushalte verlangt, und der korrektive Teil des Stabilitäts- und Wachstumspaktes, der eine Einhaltung der 3 %-Grenze für das unbereinigte Defizit und eine Schuldenquote nicht über 60 % verlangt, unterschieden werden.[8]

---

6 Vgl. dazu die Beiträge von Gisela Eekhoff bzw. Arentz / Paulus in diesem Band.

7 Eine umfangreiche Darstellung der Regelungen findet sich in: European Commission, 2013. Den Ausführungen hier liegen zudem die Verordnungen des Stabilitäts- und Wachstumspaktes zugrunde.

8 Sowohl hinsichtlich des präventiven als auch des korrektiven Teils prüfte die Kommission erstmals Ende 2013 die von den Mitgliedstaaten einzureichenden Draft Budgetary Plans, die den Ausblick auf das kommende Jahr geben, bevor die nationalen Haushaltspläne verabschiedet sind. Bei Feststellung signifikanter Verfehlungen kann die Kommission in diesem Prozess zur Planänderung auffordern. Das Bestreben, frühzeitig gegen mögliche Fehlentwicklungen vorzugehen, ist grundsätzlich zu begrüßen. Es darf jedoch nicht übersehen werden, dass damit die Gefahr besteht, Verantwortung für Fehlentwicklungen auf die supranationale Ebene zu verschieben. Wird mit einem von der Kommission bestätigten Haushalt ein Ziel verfehlt, so kann sie schwerer ein Verfahren starten, Sanktionen

2.1 Der präventive Arm des Stabilitäts- und Wachstumspakts

Für die präventive Komponente haben sich die Mitgliedstaaten sogenannte mittelfristige Ziele für den Haushaltssaldo zu setzen. Diese sind länderspezifisch und sie sind in strukturellen Größen definiert. Der strukturelle Saldo gibt den Finanzierungssaldo bereinigt um den Einfluss der Konjunktur und bereinigt um temporäre Maßnahmen wieder. Ein gewähltes strukturelles Ziel darf aber nicht einen Wert von –1 % des BIP unterschreiten. Das Einhalten des mittelfristigen Ziels soll insbesondere gewährleisten, dass auch im Falle eines normalen Konjunkturabschwungs die (unbereinigte) Defizitgrenze von 3 % eingehalten wird. Werden die Konjunkturschwankungen symmetrisch berücksichtigt, gleichen sich die zusätzliche Nettoneuverschuldung bei konjunktureller Unterauslastung und die Überschüsse bei Überauslastung aus, sodass hieraus die Verschuldung nicht steigt. Länder, die ihr mittelfristiges Ziel nicht erreicht haben, sollen jährlich bis zum Erreichen des Ziels das strukturelle Defizit um 0,5 % des BIP verringern. Allerdings darf von diesem Richtwert abgewichen werden; in konjunkturell „guten Zeiten" soll eine darüber hinaus gehende Verbesserung, in „schlechten Zeiten" darf eine geringere Verbesserung stattfinden. Darüber hinaus sollen auch Investitionsausgaben besonders berücksichtigt werden. Neben der Veränderung des strukturellen Saldos wird seit Geltung des 6-Pack auch die Ausgabenentwicklung isoliert in den Blick genommen. Um zu vermeiden, dass eine gemessene Verbesserung des strukturellen Saldos alleine aus letztlich nicht nachhaltigen Einnahmenwindfalls resultiert, sollen die Ausgaben eines Landes „angemessen" wachsen, wobei die konjunkturreagiblen Ausgaben für Arbeitslose aber auch Zinsausgaben nicht einbezogen werden. In Länder, die ihr mittelfristiges Haushaltsziel erreicht haben, dürfen die Ausgaben in Höhe des mittelfristigen Wachstums des BIP-Potenzials wachsen. Länder, die sich auf dem Anpassungspfad zum mittelfristigen Haushaltsziel befinden, sollen das Ausgabenwachstum so begrenzen, dass sich hierdurch der strukturelle Saldo im geforderten Maße verringert. Einnahmenseitige Maßnahmen, z. B. Steuererhöhungen, werden in dem geforderten Referenzwachstum berücksichtigt. Werden aber signifikante Verfehlungen bezüglich des mittelfristigen Haushaltsziels festgestellt, kann der Rat auf Empfehlung der Kommission das Ergreifen von Maßnahmen innerhalb einer bestimmten Frist empfehlen. Wird dem nicht Folge geleistet, so kann der Rat schließlich eine verzinsliche Einlage fordern.

Hinsichtlich der Ausgabenregel im präventiven Arm ist vor allem das hohe Maß erforderlicher Detailkenntnissen problematisch. Zwar ist auch hier die Absicht zu begrüßen. Gerade die Krise hat verdeutlicht, dass die Fehleinschätzung der grund-

initiieren oder anderweitig auf eine zügige Konsolidierung drängen. Davon abgesehen ist eine Warnung der Kommission weitgehend wirkungslos. Eine Nichtberücksichtigung der Stellungnahme kann sich (nur) bei der Eröffnung eines etwaigen späteren Defizitverfahrens ungünstig auswirken.

legenden fiskalischen Position in einigen Fällen auf unerwartet hohe Einnahmen, die als strukturell interpretiert werden, und die in diesem Zug besonders dynamischen Ausgabenzuwächse zurückzuführen waren. Es kann versucht werden, den methodisch / technischen Schwächen des strukturellen Saldos zu begegnen. Jedoch besteht die Gefahr, dass auch diese Ausgabengrenzen zu generös ausfallen, wenn das tatsächliche BIP-Wachstum steuerunergiebig ist (eher geringes Lohnwachstum, wachsender Exportanteil), was gerade für Länder mit hohem makroökonomischem Anpassungsbedarf zutreffen dürfte. Auch hängt die Wirksamkeit der Regel davon ab, dass es gelingt, diskretionäre einnahmeseitige Maßnahmen treffend zu quantifizieren. Selbst wenn Erfahrungen und Detailkenntnisse vorhanden sind, ist der Umfang schwer abzuschätzen; und es ist nicht auszuschließen, dass Regierungen auch hier – gerade in kritischen Lagen – ihren klar vorhandenen Informationsvorsprung strategisch einsetzen. Zudem ist zu kritisieren, dass die Entwicklung der Zinsausgaben nicht berücksichtigt werden soll. Diese auszuklammern, ist systematisch nicht korrekt, da es sich nicht um konjunkturelle oder temporäre Einflüsse handelt. Steigen aber die Zinsausgaben strukturell, so ist dieser Anstieg im Interesse tragfähiger Staatsfinanzen zu kompensieren.

Ein weiterer Kritikpunkt ist, dass Sanktionen im präventiven Arm wohl nur bei einer ex post festgestellten gleichzeitigen Verfehlung sowohl der Ausgabenregel als auch der Verbesserung des strukturellen Saldos in Frage kommen. Die Einführung der Ausgabenregeln, die zur Betrachtung des strukturellen Saldos neu hinzukam, könnte damit in Grenzfällen sogar eine Aufweichung darstellen. Dies wäre der Fall, wenn das Ausgabenkriterium nicht verletzt ist, auch wenn die Verbesserung des strukturellen Saldos deutlich unzureichend ist.

Bedenklich ist zudem, dass im präventiven Arm auch der Anpassungspfad zum mittelfristigen Haushaltsziel bei „größeren Strukturreformen“ aufgeweicht werden soll. Der Vorstoß des Europäischen Rates vom Dezember 2012, der sich im 2-Pack wieder findet, Investitionen mit nachprüfbaren positiven Auswirkungen auf die langfristige Tragfähigkeit der öffentlichen Finanzen nicht durch zu strikte Regeln zu unterbinden, entbehrt zwar nicht einer gewissen ökonomischen Fundierung – ist jedoch vor allem im politischen Prozess ungeeignet. Grundsätzlich ist die Wirkung von Strukturreformen schwer messbar. Dass aber – wie die gewählte Regel unterstellt – öffentliche Investitionsausgaben, die von EU-Fonds ko-finanziert werden, per se mit positiven Wirkungen auf das BIP-Potenzial verbunden seien, ist kaum glaubhaft, zumindest nicht auf Basis der in der Vergangenheit gesammelten Erfahrungen.

Probleme der Sicherung tragfähiger öffentlicher Finanzen über die mittelfristigen Haushaltsziele resultieren auch daraus, dass die Schätzung von gesamtwirtschaftlichen Potenzialen mit großer Unsicherheit behaftet ist. Dies beeinflusst insbesondere die Schätzung von Niveaus struktureller Salden, die bei negativen

Produktionslücken günstiger erscheinen. Zudem kann vom Anpassungspfad zum mittelfristigen Haushaltsziel von jährlich 0,5 % des BIP in „schlechten Zeiten" abgewichen werden. Zwar soll dafür in „guten Zeiten" eine größere Anpassung stattfinden. Rückblickend ist aber erkennbar: Einschätzungen über die aktuelle Lage der Wirtschaft sind verzerrt. Es werden in Echtzeit eher schlechte als gute Zeiten ausgewiesen.[9] Ein Aufholen nachgelassener Konsolidierung wird damit unwahrscheinlich und der Abbau der Verschuldung wird verschleppt. Zudem sind die Vorgaben „gute / schlechte Zeiten" und „mehr / weniger" äußerst unbestimmt und sind im Einzelfall auszulegen. Insgesamt erscheint das mittelfristige Haushaltsziel ein recht bewegliches Ziel zu sein.

Auch kritikwürdig ist die Einschränkung der Sanktionsmöglichkeit auf eine „signifikante" Verfehlung. Hier sind die Grenzen nicht ambitioniert. Eine nur minimale Konsolidierung in einem Jahr oder auch eine anhaltend geringe strukturelle Konsolidierung von gerade über 0,25 % des BIP pro Jahr kann nicht sanktioniert werden.[10]

2.2 Der korrektive Arm des Stabilitäts- und Wachstumspakts

Im korrektiven Teil des Stabilitäts- und Wachstumspaktes bestehen für die Einhaltung der Vorgaben aufgrund potenziell schmerzlicherer Sanktionen etwas stärkere Anreize. Meldet ein Land die Überschreitung des Referenzwertes für die Defizitquote oder plant es eine solche, so prüft die Kommission zunächst, ob es sich um ein übermäßiges Defizit handelt oder ob Ausnahmen vorliegen. Denn eine Defizitquote darf höher sein als 3 %, wenn sie mit der Überschreitung noch nahe an der 3 %-Grenze liegt, der Referenzwert damit nur temporär nicht eingehalten wird und die öffentlichen Finanzen aufgrund eines außergewöhnlichen Ereignisses oder eines schwerwiegenden Wirtschaftsabschwungs beeinträchtigt wurden. Allerdings ist die Definition eines „schwerwiegenden Abschwung" der eine Referenzwertüberschreitung unter Umständen exkulpieren kann vergleichsweise weit. Ein solcher wird nicht nur bei Vorliegen deutlicher negativer Wachstumsraten des realen BIP vermutet, sondern bereits bei einem im Vergleich zum Potenzial geringen BIP-Wachstum über einen längeren Zeitraum. Genauere Angaben fehlen jedoch, sodass dies im Einzelfall diskretionär auszulegen ist. Auch die Schuldenquote kann den Referenzwert von 60 % übersteigen. Hier wird erst dann zu Korrekturen aufgefordert – unabhängig von der Höhe der Defizitquote – wenn sich der Abstand der Schuldenquote zum Referenzwert in den letzten drei Jahren jährlich durchschnittlich nicht um ein Zwanzigstel verringert hat. Es wird

9 Vgl. Kempkes, 2012.

10 Das Potenzial einer diesbezüglich strategisch minimalen Konsolidierung wird allerdings dadurch begrenzt, dass der strukturelle Saldo ex ante schwer planbar ist. Jedoch bleibt eine erhebliche Verfehlung in einem Jahr (wenn unter 0,5 % des BIP) ungeahndet.

aber auch in einem solchen Fall dann nicht zu Korrekturen aufgefordert, wenn die Prognose der Kommission zeigt, dass diese Verringerung in den kommenden drei Jahren erreicht wird.[11] Außerdem sind sowohl beim Defizitkriterium[12] als auch beim Schuldenkriterium zahlreiche und vielfältige „einschlägige Faktoren" zu berücksichtigen. Diese betreffen die mittelfristige Wirtschaftsentwicklung, die mittelfristige Entwicklung der öffentlichen Haushalte und die mittelfristige Entwicklung der Schuldenstandsquote und darüber hinaus sonstige Faktoren, die aus Sicht des Mitgliedstaates von Bedeutung sind. Ihre Berücksichtigung soll eine „ausgewogene Gesamtbewertung" ermöglichen.

Die heranzuziehenden „einschlägigen Faktoren" sind aber in der Verordnung nicht abschließend aufgezählt, sie sind nicht quantifiziert und nicht selten auch nicht quantifizierbar, sie sind zahlreich und es ist nicht definiert, wie sie angewendet werden sollen. Somit besteht ein erheblicher politischer Diskussions- und Entscheidungsspielraum; das Verfahren ist dadurch intransparent und manipulationsanfällig. Bedenklich im Hinblick auf einen klaren Fokus auf solide Staatsfinanzen ist auch, dass hiermit verschiedene Bereiche der europäischen wirtschaftspolitischen Koordinierungsinstrumente verzahnt werden. Es sollte aber vermieden werden, dass die Befolgung von Verabredungen in anderen Bereichen eine fiskalische Verfehlung legitimiert. Anders als bei dem Defizitkriterium sollen die Faktoren bei Verletzung des Schuldenkriteriums zudem in jedem Fall berücksichtigt werden, selbst wenn die Verfehlung deutlich ist. So ist insgesamt nicht gewährleistet, dass eine weiter steigende Schuldenquote hinreichend eingedämmt wird.

Wird aber ein übermäßiges Defizit festgestellt, können – allerdings nur in bestimmten Fällen – zu diesem Zeitpunkt Sanktionen fällig werden. Sofern die Feststellung eines übermäßigen Defizits ein Land betrifft, das bereits verzinsliche Einlagen im Rahmen der Entscheidungen im präventiven Arm leistet, können diese in unverzinsliche Einlagen gewandelt werden. Unverzinsliche Einlagen können aber auch von Ländern gefordert werden, für die eine (allerdings nicht näher definierte) besonders gravierende Verfehlung des Referenzwertes festgestellt wird.

Außerdem sind bei Feststellung eines übermäßigen Defizits Fristen für das Ergreifen wirksamer Maßnahmen und für die Korrektur zu setzen. Länder mit übermäßigen Defiziten sollen Maßnahmen zur Korrektur in der Regel binnen sechs Monaten ergreifen und der Referenzwert soll damit im Jahr nach der Feststellung

---

11 Für alle Länder, die sich bei Beschluss der Verordnungen des 6-Packs (November 2011) bereits im Defizitverfahren befanden, gelten (weichere) Übergangsbestimmungen für das Schuldenkriterium noch drei Jahre nach der Korrektur des übermäßigen Defizits.

12 Die einschlägigen Faktoren sind für die Feststellung eines übermäßigen Defizits auf Basis des Defizitkriteriums aber nur in dem Fall zu berücksichtigen, dass die Schuldenquote unter 60 % liegt und die Defizitquote gemäß Kommissionsprognose nur vorübergehend über 3 % und dabei in der Nähe des Referenzwertes liegt.

eines übermäßigen Defizits wieder eingehalten werden, sofern keine besonderen Umstände vorliegen. Der Rat empfiehlt dabei jährliche Haushaltsziele, die mit der ebenfalls empfohlenen Verbesserung des strukturellen Saldos vereinbar sein sollen. Die jährliche strukturelle Verbesserung soll mindestens 0,5 % des BIP betragen. Bezüglich der zu wählenden Korrekturfrist für ein übermäßiges Defizit, können offenbar übermäßige Defizite, die zur Korrektur eine größere strukturelle Konsolidierung als 0,5 % des BIP in einem Jahr erfordern, als „besondere Umstände" verstanden werden, und ein längerer Zeitraum gewährt werden. Auch dies ist im Einzelfall diskretionär auszulegen und kann zu einem verzögerten Anpassungsprozess führen.

Im nächsten Schritt des Defizitverfahrens ist dann zu prüfen, ob der Empfehlung gefolgt wurde. Dazu legt der betroffene Mitgliedstaat einen Bericht vor, der die fiskalische Anpassung darstellt. Dieser Bericht ist erstmals nach Ablauf der Frist für das Ergreifen von Maßnahmen, dann regelmäßig alle sechs Monate vorzulegen.[13] Der Prüfung, ob die Korrekturempfehlungen befolgt werden, kommt im Defizitverfahren ein besonderes Gewicht zu, denn hieran hängen potenziell finanzielle Sanktionen in Form von Geldbußen.

Bei der Überwachung der Einhaltung der Empfehlung prüft die Kommission zunächst, ob das empfohlene Haushaltsziel erreicht werden wird. Ergibt die Kommissionsprognose, dass die unbereinigten Zielvorgaben erreicht werden, so kann jedoch die Konsolidierung durch eine günstige konjunkturelle Entwicklung oder temporäre Maßnahmen ersetzt worden sein, was die nachhaltige Position nicht verbessert. Dennoch wäre dies ausreichend, um das Verfahren in der Schwebe zu halten. Es würde nicht auf eine nachhaltige Korrektur hingewirkt.

Wird erwartet, dass die unbereinigten Zielvorgaben verfehlt werden, so wird geprüft, ob wirksame Maßnahmen zur fristgerechten Korrektur ergriffen wurden. Dazu wird insbesondere die Veränderung des strukturellen Saldos an den zu Beginn des Defizitverfahrens ausgesprochenen Empfehlungen gemessen und diese Größe wird auch noch um verschiedene Einflüsse bereinigt, die nicht dem Regierungshandeln zugeschrieben werden. Hierzu zählen insbesondere die zwischen dem Zeitpunkt der Empfehlung und der Beurteilung revidierte BIP-Potenzial- und Einnahmenentwicklung. Solche unerwarteten Entwicklungen können also eine Verfehlung entschuldigen, was jedoch in einer weiteren Untersuchung, einschließlich einer bottom-up Analyse genauer zu überprüfen ist. Grundsätzlich

---

13 Außerdem sind in einem Wirtschaftspartnerschaftsprogramm die Prioritäten insbesondere hinsichtlich Wettbewerbsfähigkeit und nachhaltigem Wachstum zu erläutern. Erscheint aufgrund der Informationen in den regelmäßigen Berichten die Einhaltung der Korrekturfrist gefährdet, so richtet die Kommission eine Empfehlung an den Mitgliedstaat und sie kann dem Rat schließlich empfehlen, festzustellen, dass keine wirksamen Maßnahmen getroffen wurden.

kann eine Anpassung des strukturellen Saldos bzw. seiner Änderung damit begründet werden, dass unverzerrte Prognosefehler nicht dazu führen sollen, dass ein Land zu Strafzahlungen herangezogen wird. Bedenklich ist an der Vorgehensweise aber, dass sich in der Korrektur der Einnahmenelastizitäten auch falsch eingeschätzte Effekte steuerlicher Maßnahmen verbergen können. Hierfür wird aber auf Regierungsangaben zurückgegriffen. Es besteht daher ein Anreiz und die Möglichkeit strategischer Meldungen, um das Urteil darüber, ob Sanktionen zu verhängen sind, zu beeinflussen. Darüber hinaus ist in den meisten Fällen – außer wenn sowohl die Verringerung des strukturellen Saldo als auch die des angepassten strukturellen Saldos der Empfehlung entspricht – letztlich die sogenannte „carefull analysis“ ausschlaggebend. Erst wenn mit dieser das vorläufige Urteil auf Basis der veränderten strukturellen Salden bestätigt wird, ist zu beschließen, ob wirksame Maßnahmen ergriffen wurden oder nicht. Hierzu wird insbesondere die Konsolidierung anhand einer bottom-up Betrachtung bewertet. Die Methode dafür ist jedoch (noch) nicht kodifiziert. Grundsätzlich definiert die Kommission als bottom-up fiscal effort die Summe der quantifizierten fiskalischen Wirkungen einzelner ergriffener Maßnahmen und greift dabei (wieder) auf die Angaben der Regierungen zurück. Die Quantifizierung der Wirkung ist dabei nur möglich, wenn sie gegen eine Entwicklung gemessen wird, die für den Fall zu unterstellen ist, in der keine Maßnahmen ergriffen werden. Bei dieser Konstruktion sind viele Annahmen zu treffen, sodass der „gemessene“ Konsolidierungsumfang gestaltbar ist. Gegenüber dieser Praxis hat sich das Verfahren wohl zuletzt verbessert. Im Prinzip soll eine der Ausgabenregel im präventiven Arm ähnliche Vorgehensweise gewählt werden. Wenn das Ausgabenwachstum dem Wachstum des Trend-BIP entspricht, findet keine strukturelle Verbesserung statt; diskretionäre Einnahmenmaßnahmen sind (bottom-up) gegenzurechnen. Allerdings kann damit – wie schon oben angeführt – nicht gewährleistet werden, dass die Maßnahmen auch tatsächlich den angegebenen Umfang gehabt haben (z. B. im Falle einer Steueramnestie), da auch ex post die Wirkung der Maßnahmen nicht immer eindeutig quantifizierbar ist. Besonders kritisch ist darüber hinaus, dass dieses immerhin verbesserte Verfahren nicht einheitlich angewendet wurde.

Ob mit dieser Methode tatsächlich – wie beabsichtigt – nur unverzerrte Prognosefehler unberücksichtigt bleiben, kann nicht mehr von Dritten beurteilt werden. Die außerordentlich komplexen Berechnungen können nur dann nachvollzogen werden, wenn umfangreiche Daten bereitgestellt werden – und auch dann nur mit hohem Aufwand. Das im Detail nicht überprüfbare Urteil der Kommission ist ausschlaggebend. Somit besteht aber auch hier erheblicher politischer Diskussions- und Entscheidungsspielraum; das Verfahren ist dadurch intransparent und manipulationsanfällig. Es droht, dass diese Betrachtung nur einseitig zur Entschuldigung von Fehlentwicklungen eingesetzt wird. Auch erscheint das vollständige Herausnehmen unerwarteter Entwicklungen bei der Bewertung der Einhaltung der Konsolidierungsvorgaben in Anbetracht der Tragfähigkeitsprobleme kaum angemessen. Die 3 %-Grenze könnte so letztlich ein bewegliches Ziel werden. Hinsichtlich der Tragfähigkeit der öffentlichen Finanzen ist dies sehr bedenklich, da die (Veränderung der) Schuldenquote und damit die Tragfähigkeit zu einem beträchtlichen Teil von der Defizitquote abhängt.

Eine weitere Verfahrensschlaufe, die die durch drohende Sanktionen erzeugten Anreize zu einem raschen Abbau der Verschuldung schwächen, ist die Möglichkeit der Fristverlängerung. Denn sofern – auf Basis der kritikwürdigen Vorgehensweise – festgestellt wird, dass wirksame Maßnahmen ergriffen worden sind, aber – nicht ex ante spezifizierte – unerwartete nachteilige wirtschaftliche Ereignisse mit sehr ungünstigen Auswirkungen auf die öffentlichen Finanzen eingetreten sind, kann die Frist um – in der Regel – ein Jahr verlängert werden.

Wird jedoch festgestellt, dass die Empfehlungen nicht befolgt wurden, so kann eine Sanktion in Form einer Geldbuße beschlossen werden. (Wurde bereits eine unverzinsliche Einlage geleistet, so wird diese in eine Geldbuße umgewandelt.) Ein Land ist in Verzug zu setzen, wenn festgestellt wird, dass keine wirksamen Maßnahmen ergriffen wurden. Mit der Inverzugsetzung sind wiederum Fristen für das Ergreifen von Maßnahmen und die Korrektur zu nennen; auch sollen jetzt konkrete Maßnahmen zur Korrektur vorgegeben werden. Wie zuvor muss der Mitgliedstaat Berichtspflichten nachkommen, deren Turnus jetzt von sechs auf drei Monate verkürzt wird; und die Befolgung der Empfehlung wird wie zuvor geprüft. Fällt das Prüfergebnis negativ aus, können wiederum finanzielle Sanktionen in Form einer Geldbuße erhoben werden. In jedem Jahr bis zur Aufhebung des Beschlusses, dass ein übermäßiges Defizit besteht, beurteilt der Rat ob wirksame Maßnahmen ergriffen wurden und ggf. sind die Sanktionen zu verschärfen.[14]

Für die mit dem 6-Pack neu eingeführten Sanktionsmöglichkeiten im präventiven Arm (verzinsliche Einlage) und im korrektiven Arm (unverzinsliche Einlage und Geldstrafe bei nicht Befolgung der Empfehlungen) wurde auch ein neues Abstimmungsverfahren im Rat eingeführt. Der Rat kann hier – aber nicht bei den schon älteren Sanktionen nach Inverzugsetzung – mit sog. umgekehrter qualifizierter Mehrheit entscheiden. Mit diesem Abstimmungsverfahren soll gewährleistet werden, dass sich die Vorgaben der Kommission mit einer größeren Wahrscheinlichkeit durchsetzen. Eine Kommissionempfehlung gilt hiernach als angenommen, wenn nicht eine qualifizierte Mehrheit im Rat dagegen votiert. Üblich ist für Ratsentscheidungen demgegenüber, dass eine qualifizierte Mehrheit

14 Seit der Änderung durch das 6-Pack können außerdem Sanktionen erhoben werden, wenn Daten über Defizite und Schulden absichtlich oder aufgrund schwerwiegender Nachlässigkeit falsch dargestellt sind. Diese Androhung von Sanktionen ist zu begrüßen, auch wenn der Vorsatz oder die grobe Fahrlässigkeit trotz eingeräumter weitreichender Untersuchungsrechte der Kommission schwer nachzuweisen sein könnte.

im Rat der Kommissionsempfehlung zustimmen muss. Bei umgekehrter qualifizierter Mehrheit ist eine striktere Regelanwendung grundsätzlich dann möglich, wenn die Kommission daran ein größeres Interesse hat als der Rat. Dies kann, muss aber nicht immer der Fall sein. Zudem ist dieses Verfahren nicht in allen Entscheidungsschritten relevant. Und vor allem an den neuralgischen Punkten bleibt es bei der qualifizierten Zustimmung, nämlich wenn es festzustellen gilt, dass keine wirksamen Maßnahmen ergriffen wurden. Erst nach dieser Entscheidung können dann mit umgekehrter qualifizierter Mehrheit Sanktionen entschieden werden. Zwar wurde mit dem Fiskalpakt vereinbart, dass auch in den anderen Entscheidungen im Defizitverfahren, sofern es das Defizitkriterium betrifft, quasi die Bedingungen der umgekehrten qualifizierten Mehrheit gelten sollen, jedoch bestehen Zweifel daran, dass dies rechtlich bindend ist.

3 Fazit

Fiskalregeln schützen gegen unerwünschte Folgen unsolider öffentlicher Finanzen – aber nur wenn sie effektiv sind. Die europäischen Fiskalregeln sind im Prinzip nicht unambitioniert und könnten einen wesentlichen Beitrag dazu leisten, tragfähige öffentliche Finanzen zu gewährleisten. Es könnten tendenziell strikte Vorgaben gemacht werden, zu deren Einhaltung aufgrund von Sanktionen Anreize bestehen.

Mit den Änderungen durch das 6-Pack und das 2-Pack wurde auch durchaus zuvor bestehenden Schwachstellen begegnet. Vor allem die Operationalisierung des Schuldenkriteriums und die nun zu einem früheren Zeitpunkt mögliche Sanktionierung bei anhaltendem Verfehlen der Vorgaben sind hier zu nennen, wie auch die genaueren Regelungen für die laufende Berichterstattung und Überwachung. Zudem wurde mit dem Fiskalpakt vereinbart, vor allem die Bestimmungen des präventiven Arms im nationalen Recht zu verankern, sodass die Vorgaben möglicherweise von dieser Seite eine Stärkung erfahren.[15] Andererseits können aber Mitgliedsländer an vielen Stellen aus der Verantwortung entlassen werden, etwa bei unerwarteten wirtschaftlichen Entwicklungen, überraschenden Einnahmenausfällen, steigenden Zinsen oder auch hinsichtlich der Kosten der Finanzmarktstützung oder anderer „einschlägiger Faktoren". Dies mag in manchen Fällen mehr, in anderen weniger gut begründbar sein.

---

15 Jedoch hängt die Wirksamkeit des Fiskalpaktes an der Anwendung im rein nationalen – nicht europäischen – Kontext. Zu bedenken ist dabei, dass oktroyierte Regeln, wenn sie wenig Zustimmung finden, im Zweifel trotz hochrangiger gesetzlicher Verankerung wenig Kraft entwickeln und „im nationalen Einverständnis" umgangen werden könnten.

Der Erfolg der Regeln ist nicht systematisch verankert. Es gibt zahlreiche kritische Stellen, an denen das Ziel, zügig zu soliden öffentlichen Finanzen zurückzukehren, unterlaufen werden kann. Hierzu zählen die erheblichen Entscheidungsspielräume an vielen Stellen, in Verbindung mit einem sehr hohen Grad an Komplexität, Intransparenz und Wissensvorsprung der nationalen Regierungen. Anstelle einfacher, nachvollziehbarer und durch die Öffentlichkeit überprüfbarer Kriterien, ist der Einfluss von ad-hoc Faktoren gestiegen. Die Entscheidungen resultieren damit stärker aus dem politischen Prozess – und möglicherweise weniger aus den Tragfähigkeitsanforderungen.

Der Anstieg der Schuldenquote kann so nicht wirksam verhindert werden – womit das Ziel der Regeln verfehlt wird. Auch vor dem Hintergrund der ersten Anwendungen der neuen Regeln besteht wenig Grund für Optimismus.

Literatur

Deutsche Bundesbank (2004): Monatsbericht September 2004.

Deutsche Bundesbank (2014): Monatsbericht Januar 2014.

European Commission, Directorate General for Economic and Financial Affairs (2013): „Vade mecum on the Stability and Growth Pact, European Economy", *Occasional Papers* 151, May 2013.

Kempkes, Gerhard (2012): „Cyclical adjustment in fiscal rules: some evidence on real-time bias for EU-15 countries", *Discussion Paper Deutsche Bundesbank*, No 15 / 2012.

Ohr, Renate und André Schmidt (2006): „Handelbare Verschuldungsrechte zur Sicherung fiskalischer Stabilität in der Währungsunion?" *Diskussionsbeiträge Universität Göttingen* Nr. 128, Februar 2006.

Sachverständigenrat zur Begutachtung der gesamtwirtschaftlichen Entwicklung, Gegen eine rückwärtsgewandte Wirtschaftspolitik, Jahresgutachten 2013 / 14.

Relevante Verordnungen der hier besprochenen Aspekte des Stabilitäts- und Wachstumspaktes:

Council Regulation (EC) 1466 / 97 on the strengthening of the surveillance of budgetary positions and the surveillance and coordination of economic policies, as amended by Council Regulation (EC) 1055 / 2005 of 27 June 2005 and Regulation (EU) No 1175 / 2011 – the preventive arm of the Stability and Growth Pact.

Council Regulation (EC) 1467 / 97 on speeding up and clarifying the implementation of the Excessive Deficit Procedure, as amended by Council Regulation (EC) No 1056 / 2005 of 27 June 2005 and Regulation (EU) No 1177 / 2011 – the corrective arm of the Stability and Growth Pact.

Regulation (EU) No 1173 / 2011 on the effective enforcement of budgetary surveillance in the euro area – sanctions regulation.

Regulation (EU) No 473 / 2013 of the European Parliament and of the Council of 21 May 2013 on common provisions for monitoring and assessing draft budgetary plans and ensuring the correction of excessive deficit of the Member States in the euro area.

Das Potenzial von Systemwettbewerb und nationalen Alleingängen bei der Finanzmarktregulierung

Oliver Arentz und Philipp Paulus

1 Einleitung

Internationale Abkommen zur Finanzmarktregulierung gelten gegenüber nationalen Alleingängen in den meisten Fällen aufgrund der internationalen Systemrisiken als überlegen. Allerdings sind – bei allen beachtlichen Fortschritten der bisherigen regulatorischen Konsequenzen aus der globalen Finanzmarktkrise – internationale Abkommen oftmals nur schwer zu verwirklichen und die Ergebnisse durch zahlreiche Kompromisse möglicherweise verwässert, so dass die ursprünglichen Hoffnungen auf stabilere Finanzmärkte enttäuscht werden. Daher soll in diesem Beitrag untersucht werden, wann nationale Alleingänge durch Systemwettbewerb eine sinnvolle Alternative sein können, um unerlässliche internationale Koordinierungen der Stabilisierungsbemühungen zu flankieren.

2 Einige Vorbemerkungen zur Regulierung des Finanzsystems

Finanzmärkte sind hochregulierte Märkte. Bereits das alte internationale Regelwerk zu den Mindesteigenkapitalanforderungen an Banken (Basel II) umfasst rund 200 Seiten. Die seitdem beschlossenen Reformen auf europäischer Ebene (Verordnung (EU) Nr. 575/2013 und Richtlinie 2013/36/EU) füllen rund 400 Seiten. Hinzu kommen zahlreiche weitere internationale und nationale Regulierungen – in Deutschland sind hier etwa das Gesetz über das Kreditwesen oder die Mindestanforderungen an das Risikomanagement zu nennen. Unregulierte Finanzmärkte existieren in entwickelten Industriestaaten somit nicht. Auch in der wirtschaftswissenschaftlichen Literatur besteht weitgehend Einigkeit, dass Finanzmärkte aufgrund systemischer Risiken, die z. B. aus der Fristentransformationsfunktion der Banken erwachsen,[1] einer speziellen Regulierung bedürfen.[2]

---

[1] Vgl. hierzu grundlegend den Aufsatz von Diamond und Dybvig, 1983.

[2] Eine Gegenposition vertreten z. B. Rodríguez, 2003 und Knorr, 1999. Arentz, 2012, S. 190–191 ausführlich, warum Marktversagen vs. Staatsversagen Nirwana ist. Issing, 2009, weist darauf hin, dass bereits Adam Smith die Notwendigkeit von Finanzmarktregulierung anerkannte.

Die Frage ist daher nicht, ob Regulierung grundsätzlich sinnvoll ist, sondern welche Regulierungsmaßnahmen gewählt werden sollen, um die spezifischen Systemrisiken im Finanzmarktsektor zu begrenzen.

Systemrisiko an Finanzmärkten beschreibt generell das Risiko, dass Ereignisse das Finanzsystem insgesamt in seiner Existenz oder zumindest seiner Funktionalität bedrohen.[3] Die Wahrung der Systemstabilität ist ein öffentliches Gut, denn von seiner Nutzung können einzelne Finanzmarktteilnehmer nicht ausgeschlossen werden und es besteht Nicht-Rivalität bei der Nutzung.[4] Wenn ein grenzüberschreitendes Systemrisiko besteht, kann zur Herstellung des öffentlichen Guts „Finanzmarktstabilität" eine Regulierung und Finanzaufsicht auf internationaler Ebene notwendig sein.

Hinzu kommt die Bedrohung der internationalen Systemstabilität durch die Aktivitäten einzelner Marktteilnehmer. Eine Transaktion zwischen zwei international tätigen Marktteilnehmern könnte beispielsweise das Risiko einer allgemeinen Finanzmarktkrise und damit eines Zusammenbruchs des Finanzsystems steigen lassen, ohne dass dies in den Preisen der Transaktion abgebildet ist.[5] Monopolstrukturen und marktbeherrschende Stellungen können durch Preismanipulationen ebenfalls das Systemrisiko erhöhen. Schließlich stehen auch noch nationalstaatliche Aktivitäten im Verdacht, das Systemrisiko international erhöhen zu können. Dazu gehören Mängel in der nationalen Finanzaufsicht und Regulierungslücken ebenso wie Subventionen, die auch für die Subprime-Krise und die globale Finanzmarktkrise mit verantwortlich waren.[6]

Solche Spillover-Effekte durch Marktversagen und Staatsversagen wären dann auch Grundlage für internationale Maßnahmen – ob durch Wettbewerbs- oder Finanzmarktpolitik.

Die zuständigen Institutionen müssen den Nutzen einer Regulierungsmaßnahe, also die Vermeidung bzw. Abschwächung von Finanzmarktkrisen, und deren Kosten gegeneinander abwägen. Dabei sind sowohl direkte als auch indirekte Kosten der Regulierung zu berücksichtigen. Direkte Kosten sind alle Mittel, die der Staat aufwendet, um den Bankensektor zu stabilisieren (z. B. Verwaltungskosten

---

3 Vgl. Gischer et al.,2012, S. 163.

4 Es ließe sich sogar argumentieren, dass mit zunehmender Größe des Finanzsektors die Marktliquidität steigt und somit jede einzelne Transaktion das Finanzsystem stabiler werden lässt.

5 Vgl. z. B. IWF, 2010, S. 10. Denkbar wäre hier z. B. ein negativer externer Effekt, bei dem durch stark steigendes Kreditvolumen – selbst in einem einzelnen Land – durch internationale Verflechtungen das Risiko einer internationalen Schuldenkrise steigt. Auch ein nationaler Bank Run kann demnach zu Verwerfungen in anderen Ländern führen – ohne dass dies im Marktzins zwischen Bank und Bankkunde berücksichtigt ist.

6 Vgl. z. B. Arentz et al., 2010, S. 18–25, zur Rolle der US-Immobilienpolitik.

der Finanzaufsicht oder Stützungszahlungen und Garantiezusagen im Krisenfall). Indirekte Kosten sind Effizienzverluste der Banken aufgrund regulatorischer Beschränkungen (z. B. beschränkte Kreditvergabe). Weder Kosten noch Nutzen einer Regulierungsmaßnahe können mit hinreichender Genauigkeit in Geldbeträgen angegeben werden. Die Gegenüberstellung beider Posten bleibt daher immer mit einer gewissen Unsicherheit behaftet. Umso sorgfältiger müssen jedoch die verfügbaren Argumente geprüft und abgewogen werden, um zu einer begründeten Einschätzung gelangen zu können, ob eine Regulierung mit einem positiven Nettonutzen verbunden ist.[7]

Politikökonomisch ist es fraglich, ob die Staaten einen hinreichenden Anreiz haben, die Finanzmarktregulierung mit der hinreichenden Sorgfalt voranzutreiben.[8] Die Staaten sind nicht nur die Ordnungsinstanz, die die Regeln für die Finanzmärkte beschließt, sondern sie sind gleichzeitig auch Marktteilnehmer. So treten sie an den Finanzmärkten als Anbieter von Wertpapieren (Staatsschuldverschreibungen) auf. Zur Deckung ihres Finanzbedarfs sind sie in steigendem Umfang auf die Finanzmärkte angewiesen – nach Angaben der Bundesbank ist die Abhängigkeit zahlreicher Staaten in der EWU von inländischen Banken auch in den letzten Jahren weiter angestiegen.[9] Diese Abhängigkeit erhöht die Anreize für Staaten, statt der gesamtwirtschaftlich wünschenswerten Regulierungen solche Regeln zu wählen, die ihnen Vorteile verschaffen. Das zeigt sich beispielsweise im Bereich der Eigenkapitalanforderungen für Staatsanleihen, die auch unter Basel III systematisch geringer sind als die für Unternehmensanleihen. Die Staaten zementieren somit ihren Refinanzierungsvorteil.

Politökonomisch ebenfalls bedenklich ist der Umstand, dass Finanzmarkakteure, zumindest die Akteure mit starker Lobby, unmittelbar in den Regelfindungsprozess einbezogen werden. Dies ist zum einen richtig, weil Regeln nicht im „Elfenbeinturm" oder auf der „grünen Wiese" entworfen werden können, sondern den Realitäten angepasst sein müssen. Allerdings steht zu befürchten, dass sich dadurch die Interessen der Finanzmarktakteure zulasten des Allgemeinwohls durchsetzen können. Auch sind personelle Verflechtungen zwischen staatlichen Aufsichtsbehörden und privaten Finanzmarktinstitutionen keine Seltenheit und ein weiterer Grund, warum die Finanzmarktregeln oftmals nicht nur auf gesamtwirtschaftliche Erwägungen hin ausgerichtet sind.

---

7 Vgl. Hartmann-Wendels et al., 2000, S. 339–341. Vgl. auch bei Gischer et al., 2012, S. 167–169, die Rolle von technischem Fortschritt, erhöhter Markttransparenz und abnehmenden Grenznutzen von Regulierung bei der Begrenzung von Systemrisiko und bei der theoretischen Bestimmung des optimalen Regulierungsausmaßes.

8 Vgl. zu den polit-ökonomischen Überlegungen auf nationaler und internationaler Ebene in diesem und den folgenden Absätzen auch Arentz, 2013, S. 191–193, und die dort angegeben Quellen.

9 Vgl. Bundesbank, 2013, S. 33.

Auf internationaler Ebene kommt hinzu, dass eine Einigung auf die allokativ notwendigen Maßnahmen schwer zu erreichen ist. Denn die Anreize für einzelne Staaten, sich für globale Finanzmarktstabilität einzusetzen sind gering und der Koordinationsaufwand sehr hoch. Obwohl alle Staaten von einer Stabilisierung der globalisierten Finanzmärkte durch ein internationales Abkommen profitieren würden, liegt es nicht im Interesse der einzelnen Staaten, sich an dessen Durchsetzung mit Nachdruck und den entstehenden Kosten (z. B. befürchtete Standortnachteile, geringere Kreditvergabe etc.) zu beteiligen.[10] Der Grund hierfür ist, dass die Finanzmarktstabilität wie oben beschrieben ein öffentliches Gut darstellt, von dessen Nutzung kein Staat ausgeschlossen werden kann. Dadurch ist es für die einzelnen Staaten rational, darauf zu spekulieren, dass die anderen Staaten die notwendigen Reformen durchführen und die damit verbundenen Kosten tragen. Sie selbst würden hingegen als Trittbrettfahrer ohne eigenen Beitrag in den Genuss der erhöhten Finanzmarktstabilität kommen. Mögliche Kompromisse weichen in der Tendenz daher von dem Ziel der Finanzmarktstabilisierung ab, um die Zustimmung auch der Staaten zu sichern, die sich ansonsten auf die Trittbrettfahrerposition zurückziehen würden. Die zum Teil stark divergierende Interessenlage der einzelnen Staaten erhöht den Koordinierungsaufwand enorm.

Dennoch – oder gerade deswegen – wird von nationalen Regierungen im Bereich der Finanzmarktregulierung auf die Notwendigkeit eines international koordinierten Vorgehens verwiesen. Vor dem Hintergrund des hohen Globalisierungsgrads der Finanzmärkte ist es in vielen Fällen durchaus vorteilhaft, ein internationales Abkommen zu erreichen. Im Folgenden soll aber insbesondere der Frage nachgegangen werden, welche Regulierungen nationale Regierungen ohne internationale Absprachen durchführen können bzw. sollten. Es geht also um die Frage, in welchen Bereichen internationaler Regulierung es sinnvoller wäre, auf Systemwettbewerb zurückzugreifen, und wann der aufwändige Weg einer internationalen Lösung lohnt. Ferner können Alleingänge auch eine zweitbeste Lösung darstellen, wenn internationale Abkommen aus den genannten Gründen nicht realistisch erscheinen. Durch den nationalen Alleingang muss dann nur eine Verbesserung gegenüber dem Status quo erreicht werden. Ein Vergleich mit einer theoretisch vorzugswürdigen, praktisch aber nicht erreichbaren internationalen Lösung führt hier in die Irre.

---

10 So zum Beispiel die Weigerung Großbritanniens, aus Angst um den Finanzstandort London schärfere Finanzmarktregeln mitzutragen (FAZ, 2011).

3 Status quo der Regulierung und offene Fragen

Die Tabelle am Ende dieses Beitrags zeigt einen Überblick über die wesentlichen internationalen und nationalen (bzw. EU/EWU-) Regulierungen, die seit 2007 diskutiert, entworfen und zum Teil umgesetzt wurden. Dabei wird in den Spalten 2 und 3 mit dem Ausmaß der Schattierung einerseits der Arbeitsstand des Regulierungsentwurfs gezeigt und andererseits der Arbeitsstand der nationalen Umsetzung (meist aus Sicht des Finanzstabilitätsrats, FSB, und der aus Sicht der Autoren für die anderen Regulierungen zuständigen Institutionen[11]). Hellere Schattierungen der Tabelle weisen auf die Regulierungsbereiche mit fraglichen bzw. unsicheren Abstimmungsstand hin.

Dabei ist hervorzuheben, dass die größten internationalen regulatorischen Fortschritte bei der Eigenkapital- und Liquiditätsregulierung (den Regelwerken Basel II.5 und III) erreicht wurden. Eher nationale Initiativen wie die deutsche Bankenabgabe, EU-Leerverkaufsverbote sowie Stresstests sind bereits etablierte Praxis. Relativ weit bei Konzeption und Umsetzung sind auch die internationalen Regulierungsinitiativen zur Registrierung von Ratingagenturen und Hedgefonds, sowie die Prinzipien zur Identifikation und Regulierung von systemrelevanten Finanzinstitutionen.

Bei einem großen Teil der internationalen Regulierungsabsichten ist jedoch eine Einigung und Umsetzung in nationale Regulierung noch nicht absehbar, so etwa bei der grenzüberschreitenden Bankenrestrukturierung und -abwicklung im Konkursfall (einschließlich der häufig dazugerechneten präventiven Maßnahme eines Trennbankensystems), der EU-Einlagensicherungsharmonisierung und dem Verzicht auf die Verwendung von Ratings bei Finanzaufsicht und Regulierung. Zwar werden diese Maßnahmen international diskutiert und es gibt zum Teil auch konkrete Vorschläge, allerdings erscheint der Weg zu einer effektiven Regelung noch weit. Auch ist die Frage, wie mögliche nationale Vetorechte (zum Beispiel bei der Bankenabwicklung) im Rahmen einer „internationalen" Lösung zu be-

11 Die Einstufungen des FSB basieren auf FSB, 2013. Der FSB wurde 2008 von den G20 ins Leben gerufen, um die wesentlichen internationalen Regulierungsreformen infolge der globalen Finanzmarktkrise zu initiieren, abzustimmen und für die nationale Umsetzung zu formulieren (Vorgänger: das internationale Beratungsgremium des Financial Stability Forum von 1999). Anders als der Baseler Ausschuss für Bankenaufsicht (BCBS) gehören dem FSB nicht nur Vertreter von Finanzaufsicht und Zentralbanken der G20, sondern auch Delegationen der Regierungen an. Der FSB arbeitet dabei eng mit den bereits bestehenden internationalen Organisationen zusammen, die an einer internationalen Finanzmarktregulierung mitwirken: der für die Baseler Abkommen zuständige BCBS, die EU-Kommission (Generaldirektion Binnenmarkt und Dienstleistungen), der Internationale Währungsfonds (IWF), die Wertpapierorganisation IOSCO und die Standardsetzer für internationale Bilanzierungsregeln, wie z. B. dem IASB.

werten sind. „Schlusslicht" bei den Regulierungsinitiativen bilden solche Bereiche, die zwar international diskutiert werden, für die aber keine nationale Umsetzung nach internationalen Vorgaben und Vorschlägen angedacht ist (wie z. B. Finanztransaktions- bzw. Finanzaktivitätensteuer und ein gemeinsamer internationaler Bilanzierungsstandard). [12]

Angesichts dieses Stands zur Regulierungsdiskussion und -umsetzung stellen sich die folgenden Fragen:

- Reichen die bereits auf den Weg gebrachten Maßnahmen (vor allem Basel III) aus, um das grenzüberschreitende Systemrisiko zu bekämpfen?
- Wenn nicht, auf welche Bereiche sollten dann internationale Verhandlungen fokussieren?
- Droht möglicherweise eine Überregulierung mit Maßnahmen, die gar nicht das Systemrisiko wirkungsvoll bekämpfen können?

Für eine grobe Einstufung und Beurteilung der aktuellen internationalen und nationalen Regulierungsinitiativen infolge der Krisenjahre seit 2007 wird auf zwei Bedingungen zurückgegriffen.

1. Die notwendige Bedingung ist: Die regulatorische Maßnahme muss ein grenzüberschreitendes Systemrisiko wirkungsvoll bekämpfen. Möglicherweise trägt eine Regulierung – ob international oder national – sogar zu einer Erhöhung des Systemrisikos bei. Dies wird in der Tabelle in der 4. Spalte abgebildet.
2. Die hinreichende Bedingung ist: Der Nettonutzen einer internationalen Regulierung muss höher liegen als bei nationalen Alleingängen. Dies läuft auf die Frage hinaus, ob Systemwettbewerb in dem jeweiligen Regulierungsbereich einer internationalen Lösung überlegen ist. Die Antwort ist hier an der 5. Spalte der Tabelle am Ende des Beitrags zusammengefasst.

[12] Inwiefern bei der Finanztransaktionsteuer eine effektive „internationale" Lösung in Sicht ist, hängt vom Standpunkt ab. Hier wird die Auffassung vertreten, dass eine Einführung in nur elf EU-Mitgliedstaaten – wie sie aktuell diskutiert wird – keine solche Lösung darstellt. Zur Erinnerung: Ausgangspunkt der Überlegungen war eine weltweite Finanztransaktionsteuer in allen wichtigen Finanzzentren, dann wurde eine EU-einheitliche Lösung angestrebt, an der sich nun nur noch elf Mitgliedstaaten beteiligen wollen und auch hier ist noch nicht absehbar, ob eine Einigung erzielt werden kann.

4 Welche Regulierungen bekämpfen grenzüberschreitendes Systemrisiko – welche nicht?

Bei internationaler Finanzmarktregulierung, die grenzüberschreitendes Systemrisiko wirksam bekämpfen soll, reicht die Identifikation des Systemrisikos bestimmter Finanzmarktbereiche und -aktivitäten allein nicht aus. Entscheidend ist, ob das vermutete Systemrisiko auch andere Länder betrifft. Durch die zunehmende internationale Verflechtung der Finanzmärkte und Banken wird dies jedoch in den meisten Fällen der Fall sein, zumal wenn Intransparenz und Unsicherheit über das Ausmaß der Verflechtungen international bestehen.[13] Allerdings kann davon ausgegangen werden, dass nicht alle Maßnahmen diese Systemrisiken gleich stark bekämpfen. Im Folgenden wird eine grobe Einteilung der Wirksamkeit der bisher diskutierten und umgesetzten Maßnahmen (einschließlich einiger nationaler Initiativen) beschrieben, die in der Tabelle am Ende zusammengefasst sind.

Besonders starke Wirkung (in der Tabelle „+++") werden vermutlich internationale Mindeststandards bei Eigenkapitalunterlegung wie in Basel III (und den Vorläufern Basel I, II und II.5) erreichen.[14] Denn wenn eine Bank aufgrund mangelnden Eigenkapitals in Schieflage gerät, kann durch ihre Verflechtung mit Banken in anderen Ländern das internationale Systemrisiko erhöht werden. Gleichzeitig ist eine Erhöhung des Eigenkapitals für Banken weniger aufwändig, um Systemrisiken zu internalisieren, als eine Gewinnschmälerung durch Gebühren, Strafen und Steuern. Entsprechend wichtig sind Bemühungen um die Regulierung und Aufsicht von „Schattenbanken", um Regulierungsarbitrage zu vermeiden. Schattenbanken umfassen hier alle Tätigkeiten, die einem Bankgeschäft ähneln, ohne jedoch durch die übliche Bankenregulierung erfasst zu werden. Dies kann zum einen bei Banken selbst in Bereichen außerhalb des beaufsichtigten Geschäfts entstehen, andererseits in anderen Finanzinstituten wie Hedgefonds und Versicherungen. Eine Orientierungsgröße für die erforderlichen Mindestquoten für Eigenkapital (entsprechend der jeweiligen Definitionen und Messungen) sind die Verluste, die das Bankensystem während der Krisenjahre erleiden mussten. Dies scheinen die neuen Regeln von Basel III in den Augen der internationalen Regulierungsinstitutionen gut abzubilden (s. aber auch unten im Abschnitt zum Systemwettbewerb).

---

13 Ein Beispiel sind Informationsnachteile von Bankgläubigern (vgl. auch Fey, 2006, S. 65 f.). Das bloße Risiko einer systemischen Verbindung reicht potenziell für einen internationalen Bank Run aus.

14 Dies umfasst nicht nur höhere Eigenkapitalausstattung, sondern auch eine höhere Anforderungen an die Qualität des Eigenkapitals, inklusive zyklische Puffer und zusätzliche Eigenkapitalanforderungen für als global systemrelevant eingestufte Kreditinstitute. Vgl. z. B. die Einschätzungen des Kronberger Kreises in Donges et al., 2009 oder des Sachverständigenrats, 2011.

Ähnlich starke Wirkungen können internationale Regulierungen zur Abwicklung von Banken entfalten, die allerdings auf schwereren Widerstand bei der Umsetzung stoßen als die Eigenkapitalstandards.[15] Von zentraler Bedeutung ist hierbei, dass Banken ohne Erschütterung des Finanzsystems abgewickelt werden können, was direkt die Problematik des „too big to fail" angeht.[16] Häufig werden Regulierungsansätzen wie Bankenabgabe oder Trennbankensystem ebenfalls eine erleichterte Bankenabwicklung und damit Systemstabilisierung zugebilligt. Allerdings dürfte die Wirksamkeit dieser Maßnahmen gegenüber einem klaren Insolvenzregime deutlich geringer sein – die indirekten Kosten sind vermutlich höher.[17]

Relativ effektiv bei der Bekämpfung (in der Tabelle „++") dürften solche internationalen Regulierungen sein, die das grenzüberschreitende Transaktionsrisiko (vor allem bei Derivaten) sowie die Transparenz über systemrelevante Finanzströme (inklusive Derivate) bei den Finanzmärkten allgemein erhöhen. Hierzu gehören verbesserte Datensammlung und -analyse sowie entsprechender Informationsaustausch bei Aufsichtsbehörden.[18] Eine zumindest reduzierte Verwendung von Ratings bei der Regulierungs- und Aufsichtspraxis sollte ebenfalls angestrebt werden, denn sie wirkt wie eine Subventionierung eines internationalen Oligopols von Ratingagenturen und trägt damit zur Verzerrung internationaler Finanzmarktpreise bei.

Von nur begrenzter Effektivität (in der Tabelle „+") und daher den Aufwand internationaler Koordination nicht unbedingt lohnend sind jedoch wahrscheinlich eine Vielzahl weiterer Regulierungsinitiativen. Hervorzuheben ist hier die Finanzaktivitätensteuer, die versucht, den negativen externen Effekt des Systemrisikos durch Besteuerung von Lohnsumme und Gewinn eines Finanzinstituts zu begrenzen. Durch die Steuer würden die Aktivitäten der Finanzinstitute unrentabler und entsprechend eingeschränkt, was letztlich auch einen Rückgang des Systemrisikos bewirken könnte.[19] Eine weitere Rechtfertigung für die Finanzaktivitätensteuer kann im Fehlen einer Besteuerung der Umsätze von Finanzdienstleistungen gesehen werden, da die Bemessungsgrundlage bei beiden Steuern weitgehend identisch

15 Vgl. Sachverständigenrat, 2011, S. 167.

16 Dabei bezieht sich „Too big to fail" nicht unbedingt auf die Größe eines Finanzinstituts. Die Erfahrungen der globalen Finanzmarktkrise haben gezeigt, dass auch die Schieflage mittelgroßer Institute Systemrisiken auslösen können. Der FSB berücksichtigt bei seiner Liste systemrelevanter Banken neben der Größe auch die Vernetzung, die Komplexität der Finanzpositionen und die Bedeutung für das Finanzsystem allgemein.

17 Vgl. kritisch zur Bankenabgabe in Deutschland Donges et al., 2009, S. 29–31, und zum Trennbankensystem Sachverständigenrat, 2011, Ziff. 278–281.

18 Ein Beispiel hierfür ist die Idee einer globalen Risikolandkarte der Issing-Kommission (Issing et al., 2009).

19 Vgl. IWF, 2010. Dies ist zu unterscheiden von einer Besteuerung des Finanz- und Bankensystems, welche die entstandenen fiskalischen Kosten aus der Krise finanzieren soll (also aus Gründen der Umverteilung).

ist. Allerdings birgt dieser Regulierungsansatz einige technische Probleme wie Steuererhebung und internationale Steuerkoordination, außerdem ist in der Folge mit geringeren Gewinnen und damit einer Beeinträchtigung des Regulierungsziels erhöhter Eigenkapitalstandards zu rechnen.[20] Ebenfalls begrenzte Wirkung dürfte die Regulierung von Verbriefungen haben, auch wenn ein verpflichtender Selbstbehalt von Banken deren Monitoring-Funktion von Krediten aufrecht erhält. Denn Finanzmarktteilnehmer werden ohnehin aufgrund der Erfahrungen der Krise erhöhte Vorsicht bei Verbriefungen walten lassen.

Der weitaus größere Teil der aktuellen Regulierungsinitiativen ist jedoch entweder für die Bekämpfung von grenzüberschreitenden Systemrisiken nicht geeignet („0" in der Tabelle), unsicher in der Wirkung („+/–") oder sogar schädlich (je nach Ausmaß von „–" bis „– – –").

Beispielsweise kann die Registrierung von Ratingagenturen und Hedgefonds ein grenzüberschreitendes Systemrisiko nicht bekämpfen, sie schadet aber auch vermutlich nicht. Eine gewisse Unklarheit und Kontroverse besteht bei den Liquiditätsregeln von Basel III. Ein Minimum an Liquidität bei Banken kann das Risiko von Liquiditätskrisen mildern. Allerdings ist fraglich, ob durch den Eingriff in die Fristentransformation bei Banken (über die Net Stable Funding Ratio[21]) die Gewinne von Banken und Geschäftstätigkeit so eingeschränkt werden, dass sie entweder zu riskanteren Geschäften neigen oder aber zu wenig Eigenkapital ansammeln können (das gleichzeitig durch die anderen Regelungen von Basel III erhöht und verbessert werden muss).[22] Ferner ist zu bedenken, ob in Finanzkrisen wirklich alle in Basel III und von der jeweiligen Aufsicht als liquide geltenden Finanztitel das Vertrauen am Geldmarkt aufrechterhalten können. Zumindest droht in der Zeit vor einer Krise bei Anwendung der Liquiditätsregeln eine Bevorzugung von bestimmten Finanztiteln wie etwa Staatsanleihen, die ihrerseits Verzerrungen auslösen könnte. Ebenfalls offen in der prinzipiellen Wirkung sind (temporäre) Leerverkaufsverbote in einer Reihe von Ländern und der EU. Einerseits kann auf Verdacht ein solches Verbot potenziell wettbewerbsverzerrende und damit Systemrisiko auslösende Aktivität unterbinden. Andererseits kann die Einschränkung von Verkaufsmöglichkeiten für Finanztitel mittelfristig wiederum eine Verzerrung auslösen, die zu einer umso heftigeren Marktreaktion führen kann.

---

20 Vgl. Donges et al., 2009, S. 33–37.

21 Die Net Stable Funding Ratio (auch: strukturelle Liquiditätsquote) bezeichnet das Verhältnis von verfügbarem Betrag stabiler Refinanzierung zum erforderlichen Betrag stabiler Refinanzierung.

22 Wenig überraschend sehen der internationale Bankenverband (IIF, 2010) und die Seite der Regulierer (BCBS, 2010) die volkswirtschaftliche Wirkung von Basel III – also Eigenkapital- und Liquiditätsstandards – kontrovers. Das IIF erwartet für die Länder, die Basel III einführen, deutlich höhere Wachstumseinbußen als der BCBS.

Abzulehnen als regulatorische Maßnahmen sind solche Initiativen, die bei einer Umsetzung das Systemrisiko eher erhöhen würden als es zu dämpfen. Dazu gehört z. B. die Finanzmarkttransaktionssteuer, die die Liquidität am Markt senkt und damit größere Krisenrisiken birgt.[23] Ebenfalls zu hinterfragen sind die bereits mit gemischten Ergebnissen durchgeführten und veröffentlichten Stresstests der Bankenaufsicht. Denn entweder diese Tests verlaufen für das System zufriedenstellend und werden deswegen als „zu lasch" kritisiert (was das Vertrauen in die Aufsicht senkt). Oder aber sie stellen ein Risiko fest (mit Nennung möglicher „Probleminstitute"), was natürlich erst Recht als selbst erfüllende Prophezeiung eine Destabilisierung des Marktes auslösen kann.

Ein Beispiel für vermutlich begrenzt negative Wirkungen ist die Identifikation und Veröffentlichung von Listen „systemrelevanter" Finanzinstitute, wie dies bereits jährlich durch das FSB auf globaler Ebene geschieht. Eine solche Etikettierung kann einerseits die Erwartung fördern, dass solche Institute mit staatlicher Unterstützung im Krisenfall rechnen können – was einen Wettbewerbsvorteil darstellt. Andererseits wäre denkbar, dass die höhere regulatorische Belastung von als systemrelevant angesehenen Finanzinstituten eine Wettbewerbsverzerrung zu ihren Ungunsten auslöst.

Allein durch eine kritische Betrachtung der Effektivität einer Maßnahme gegen das (grenzüberschreitende) Systemrisiko kann also eine gewisse Orientierung erfolgen, welche der aktuell diskutierten, beschlossenen oder sogar umgesetzten Maßnahmen wirklich sinnvoll sind. Internationale Zusammenarbeit erscheint nur bei mit „+" oder besser in der Tabelle markierten Maßnahmen grundsätzlich erwägenswert. Eine weitere Reduzierung der international notwendigen Anstrengungen ist jetzt noch durch die Überlegung möglich, einige der Regulierungsmaßnahmen den jeweiligen Ländern zu überlassen und damit Systemwettbewerb zu erlauben.

5 Internationale Regulierung versus Systemwettbewerb

Systemwettbewerb zur Umsetzung der Lehren aus der globalen Finanzmarktkrise erscheint zuerst kontraintuitiv. Bereits als Reaktion auf den Zusammenbruch von Lehman Brothers stellten die G20 auf ihrem ersten Krisengipfel klar, dass fortan internationale Standards intensiv gefördert werden und Regulierungsarbitrage zu vermeiden ist, um künftig Krisen zu vermeiden.[24] Generell wurde bereits vor

---

[23] Hierzu z. B. Donges et al., 2011, S. 32 f., oder auch IWF, 2010.

[24] Vgl. die Erklärung der G20, 2008, S. 2, vom Gipfel in Washington: „… our financial markets are global in scope, therefore, intensified international cooperation among regulators and strengthening of international standards, where necessary, and their consistent

der Krise ein „level playing field“ von internationalen Regulierern gewünscht, nationale Alleingänge bei Regulierungen gegen internationales Systemrisiko also misstrauisch betrachtet.[25] Bei wirtschaftspolitischen Spillovers durch öffentliche Güter und Marktversagen wird des Weiteren durch einen Systemwettbewerb ein „Race to the bottom“, z. B. beim Steuer- und Standortwettbewerb befürchtet:[26] Der (nationale) Regulierer will Marktversagen bekämpfen oder das öffentliche Gut Finanzstabilität erbringen und kann dies möglicherweise nicht effektiv ohne internationale Zusammenarbeit tun (z. B. wegen Ausweichreaktionen der Märkte in andere Finanzzentren). Zudem lässt sich der Widerstand von Interessengruppen gegen das Wohl der Allgemeinheit möglicherweise besser mit internationalen Abkommen aushebeln.

Gleichzeitig ist – wie eingangs festgehalten – eine Koordination und Einigung auf internationaler Ebene schwierig. Des Weiteren wurde anhand der bisherigen Ausführungen deutlich, dass nicht alle international diskutierten oder bereits umgesetzten Regulierungsmaßnahmen wirklich wirksam sind, im Gegenteil, manche können sogar als schädlich erachtet werden.

Hinweise auf eine allokativ effiziente Nutzung von Systemwettbewerb finden sich in der Literatur zur ökonomischen Theorie des Föderalismus, die auf zwei Vorteile hinauslaufen: zunächst der Begrenzung von Machtmissbrauch international geltender Finanzregulierung und dann der besseren Findung geeigneter Regulierungsansätze zur Bekämpfung des Systemrisikos.[27]

Die Vorteile des Systemwettbewerbs liegen aus politökonomischer Perspektive darin, dass nationale Regulierer und Interessengruppen gezwungen werden, sich zumindest für den eigenen Finanzsektor um effiziente Regulierungen zu bemühen. Spillover-Effekte verfehlter und unzureichender Regulierung wären zwar vorhanden – und eine internationale Lösung gerade bei den besonders wirksamen Maßnahmen besonders vorzuziehen. Aber es bestünde bei Abwesenheit internationaler Regulierung kein Anreiz, vollständig auf nationale Regulierung zu verzichten: Finanzmarktteilnehmer würden in einem solchen Szenario eine höhere Krisen-

implementation is necessary to protect against adverse cross-border, regional and global developments affecting international financial stability. Regulators must ensure that their actions support market discipline, avoid potentially adverse impacts on other countries, including regulatory arbitrage, and support competition, dynamism and innovation in the marketplace.“

[25] Fey, 2006, S. 106. Ein „level playing field“ wird auch für Basel III gewünscht (BCBS, 2011, S. 8).

[26] Vgl. z. B. das Selektionsprinzip von Sinn, 1997.

[27] Vgl. Fey, 2006, S. 44–54, für einen Überblick der Literatur und Anwendung auf internationale Finanzmarktregulierung.

wahrscheinlichkeit in dem betreffenden Land antizipieren und abwandern.[28] Die Regulierungsansätze mit geringer oder sogar schädlicher Wirkung gegen grenzüberschreitendes Systemrisiko würden leichter identifiziert und beseitigt. Die Anfälligkeit für Regelungen zugunsten des inländischen Finanzsektors bzw. der jeweils beteiligten Interessengruppen wäre ebenso durch Systemwettbewerb begrenzt wie der eingangs erwähnte Anreiz von Staaten, für ihre eigene Finanzierung marktwidrige Vorteile zu erlangen. In diesen Fällen hätte Regulierungsarbitrage einen allokativ wünschenswerten Effekt, sofern grenzüberschreitendes Systemrisiko zumindest mit einigen wirksamen internationalen Regulierungsmaßnahmen internalisiert würde.

Ferner könnten nationale Regulierer internationale Regulierungsstandards auf drei Arten für ihre Zwecke missbrauchen und so das Systemrisiko erhöhen. Erstens könnte versucht werden, einen Kompromiss mit sehr hohen Regulierungsniveaus zu finden, die die ausländische Konkurrenz zugunsten des eigenen Finanzsektors benachteiligt und eine internationale Überregulierung verursacht.[29] Zweitens kann durch eine Verstrickung mit nationalen Regulierungen und Aufsichtspraxis der Standard ausgehöhlt und so die globale Regulierungswirkung weitaus intransparenter gemacht werden. Drittens ist es möglich, dass durch den Verweis auf internationale Bemühungen jegliche Initiative der nationalen Regulierer erlahmt, zumindest das inländische Systemrisiko zu bekämpfen – was auch Interessengruppen aus der heimischen Finanzindustrie entgegenkommen würde. Diese drei politökonomischen Fehlanreize würden durch Systemwettbewerb ebenfalls eingeschränkt.

Hinzu kommen die innovativen Wirkungen eines Systemwettbewerbs. Nach wie vor besteht in der Wirtschaftswissenschaft eine große Unsicherheit über den richtigen Umgang mit grenzüberschreitenden Systemrisiken,[30] die zudem durch ideologische Interpretation der Krise und Komplexität der Krisenursachen verstärkt wird.[31] Dies wird auch an den oben dargestellten Problemen und offenen Fragen bei vielen aktuellen Regulierungsinitiativen deutlich. Generell besteht zudem das

---

28 Denkbar ist hier, dass gerade für große Länder oder Länder mit großen Finanzsektoren bei Fehlen internationaler Vereinbarungen der Anreiz für eine schärfere Regulierung höher liegt als bei anderen Ländern.

29 Vgl. z. B. aus theoretischer Sicht das Prinzip des „Raising rivals' costs" bei Vaubel, 2010, oder auch die Hintergründe der Entwicklung der Baseler Eigenkapitalstandards, mit denen die USA und die EU versuchten, die jeweiligen Finanzsysteme zu fördern und die anderen Finanzysteme zu benachteiligen (vgl. Fey, 2006, S. 260–268). Auch das harte Vorgehen in der OECD gegen „nicht kooperierende" Länder in der Zusammenarbeit von Steuerbehörden bei gleichzeitiger Schonung eigener Steueroasen kann in diesen Zusammenhang eingeordnet werden.

30 Vgl. Arentz, 2012, S. 193 f.

31 Ebd., S. 191 f.

Risiko, durch gemeinsame internationale Regulierungslösungen eine fehlerhafte Regulierung weiter zu verbreiten – und es ist klar, dass Fehlregulierungen von vor 2007 bereits zur globalen Finanzmarktkrise beigetragen haben.[32] Ein Systemwettbewerb kann hingegen mit der Suchfunktion des Wettbewerbs helfen, die effektivsten und effizientesten regulatorischen Lösungen zu finden bzw. die Regulierungen zu identifizieren, die sich in den nächsten Jahren am ehesten bewähren werden. Finanzmarktteilnehmer würden ihr Geschäft auf die Länder konzentrieren, bei denen das System- und Krisenrisiko für sie erkennbar am niedrigsten ist. Voraussetzung bleibt aber auch hier für eine positive Wirkung des Systemwettbewerbs, dass regulatorischen Alleingänge das globale Systemrisiko nicht erhöhen.

Nationale Alleingänge in der Regulierung könnten bei den folgenden Fällen Vorteile bieten:

- Generell sind nationale Alleingänge sinnvoll bei allen Regulierungsinitiativen und -maßnahmen, die auf nationaler Ebene das Systemrisiko begrenzen, bei international koordiniertem Vorgehen das Systemrisiko aber eher erhöhen als mindern würden. Zwei Beispiele sollen dies verdeutlichen: 1) International koordinierte Standards für Risikomanagement reduzieren die Vielfalt der möglichen Risikomanagementansätze auf Ebene der Staaten und einzelnen Institute, was ein weltweit erhöhtes Klumpenrisiko in der Bewertung von Risiken nach sich ziehen könnte. Das gesamte Systemrisiko wäre damit gestiegen. National unterschiedliche Vorgaben hingegen erlauben ein höheres Maß an Vielfalt und reduzieren Klumpenrisiken. 2) Einlagensicherungen werden häufig als gute Maßnahme gegen Bank runs gesehen – internationale Standards zur Einlagensicherung hingegen (und nicht etwa nur Mindeststandards) können aber die jeweiligen nationalen Gegebenheiten und Einlagenhöhen nicht berücksichtigen. Vor allem ist aber Trittbrettfahrerverhalten zu befürchten, wenn ärmere Länder die Einlagensicherungssysteme reicherer Länder mit nutzen wollen.
- Auch bei den Regulierungsinitiativen, die vermutlich keine Wirkung auf das Systemrisiko haben, oder aber die in ihrer Wirkung unsicher sind, kann Systemwettbewerb positiv wirken. So ist bspw. noch unklar, ob ein Leerverkaufsverbot wirklich die am besten geeignete Maßnahme ist, Marktmanipulationen und sich selbst verstärkende Abwärtsbewegungen zu verhindern. Bei den Liquiditätsstandards aus Basel III kann eine Beurteilung ohnehin erst dann erfolgen, wenn die bedeutendsten Zentralbanken eine nachhaltige Exit-Strategie aus ihren Interventionen am Geldmarkt gefunden haben.
- Ein global einheitlicher Bilanzierungsstandard kann zwar die Transaktionskosten der Finanzmärkte senken und damit für mehr Transparenz sorgen – aber über die beste Bilanzierung zur Eindämmung von Systemrisiken herrscht noch

[32] Vgl. Vaubel, 2010, S. 316f.

Uneinigkeit. Daher kann ein Systemwettbewerb lohnen, um in den kommenden Jahren potenziell destabilisierende Wirkungen der einen oder anderen Bilanzierungspraxis (vor allem US GAAP und IFRS) besser einzuschätzen.

- Internationale Maßnahmen in Richtung Trennbankensystem, Bankenabgabe, Gehaltsregulierung, Gewinnbesteuerung des Finanzsektors und Bankenaufsicht können zwar in gewissem Maße grenzüberschreitendes Systemrisiko adressieren, ignorieren aber gleichzeitig die erheblichen Unterschiede in den nationalen Regulierungsvorstellungen. Die Präferenzverfehlungskosten einer einheitlichen Regulierung und Aufsicht wären also sehr hoch. Auch die hohe Unsicherheit über die Wirkung dieser neuartigen Regulierungen steigert das Risiko einer Fehlregulierung auf globaler Ebene und damit einer unnötigen Verteuerung des Bankgeschäfts und der Finanzmarktaktivität. Der Systemwettbewerb würde den verschiedenen Ansätzen eine Chance geben, sich hinsichtlich ihrer Kosten und Wirkungen zu bewähren – und gleichzeitig zumindest auf nationaler Ebene Systemrisiken zu senken versuchen.

- Selbst bei stark wirksamen internationalen Maßnahmen gegen grenzüberschreitendes Systemrisiko kann Systemwettbewerb positiv wirken – solange die international vereinbarten Mindeststandards gesichert sind (in der Tabelle mit „Ja (Standard)“ gekennzeichnet). Bestes Beispiel hierfür sind die neuen Baseler Eigenkapitalstandards. Einige Länder mit großen Finanzzentren haben bereits signalisiert, auf Dauer höhere Eigenkapitalanforderungen als in Basel III vorgegeben umzusetzen.[33] Außerdem ist es in der Wirtschaftswissenschaft umstritten, ob das Regelwerk von Basel III in dieser Form ausreicht.[34]

- Eine – von den Prinzipien der Tabelle abweichende – Ausnahme zum vorigen Punkt könnte auch ein für die globale Systemstabilität so wichtiges, internationales Abkommen zur Abwicklung grenzüberschreitend tätiger Banken darstellen. Zwar würde hier aller Voraussicht nach Systemwettbewerb leicht den unbefriedigenden Status quo zementieren, oder sogar zu finanzmarktpolitischen Konflikten führen, weil beim Konkurs international tätiger Banken unterschiedliche Regeln zur Anwendung kämen. Andererseits wäre hier der oben erwähnte Ansatz einer „Second-Best-Lösung“ durch Systemwettbewerb unter bestimmten Umständen vorteilhaft: Angenommen, es käme zu keiner

---

33 Dies wird seit der Initiative der Schweizer Behörden für mehr Eigenkapitalanforderungen für das eigene Bankensystem als „Swiss finish“ bezeichnet und mittlerweile zum Teil als Wettbewerbsvorteil für den eigenen Finanzsektor angesehen.

34 Vor allem die weiterhin geltenden Regeln zur Bewertung von Risiken beim risikogewichteten Eigenkapital werden kontrovers gesehen. Einige der Kritiker fordern auch eine stärkere Rolle der Leverage Ratio, also einem Minimum für das nicht risikogewichtete Verhältnis von Eigen- und Fremdkapital bei Banken – so z. B. Admati / Hellwig, 2013, S. 176–183, die eine Leverage Ratio von 20–30 Prozent für gerechtfertigt halten.

Einigung bei der grenzüberschreitenden Bankenabwicklung. In diesem Fall könnten nationale Regierungen für ihre jeweilige Aufsichtspraxis immer noch ein System von fallweiser Koordination und bilateralen Vereinbarungen wählen. Alternativ könnte ein eigenständiges, nicht kooperierendes Abwicklungssystem angestrebt werden, welches ausländische Banken zwingt, sich separat in dem Land der Geschäftstätigkeit zu inkorporieren und dieselben Insolvenzvorschriften wie inländische Banken einzuhalten.[35] Im Systemwettbewerb würden dann international tätige Banken und ihre jeweiligen Kunden und Gläubiger eher solche Länder für ihr Geschäft wählen, die mit mehr Ländern die Transparenz fördernde Vereinbarungen zur Abwicklung etabliert haben – was letzten Endes einer globalen Einigung näher kommt als ein auf einen unbestimmten Zeitpunkt verschobenes, ehrgeiziges globales Abkommen.

- Zum Schluss sei noch angemerkt, dass die betrachteten internationalen und nationalen Finanzmarktregulierungen nur wenig Reformansätze für Regulierungsbereiche enthalten, die vermutlich das Systemrisiko negativ beeinflusst haben und es noch weiterhin beeinflussen können. Die Rolle staatlicher Fehlregulierung vor der Krise wird jedenfalls in der internationalen Regulierungsdiskussion eher in Regulierungslücken und zu geringer Regulierung gesehen, nicht jedoch in vorheriger Fehl- und Überregulierung.[36] Systemwettbewerb kann auch hier zu einem allokativ besseren regulatorischen Rahmen beitragen.

6 Fazit

Um internationales Systemrisiko und damit Krisenrisiken zu senken, wird internationale Finanzmarktregulierung unerlässlich sein. Allerdings ist nicht jede der aktuell diskutierten und bereits umgesetzten Regulierungsmaßnahmen geeignet, dieses Risiko zu senken. Hinzu kommt, dass Systemwettbewerb – also die Abwesenheit von internationaler Regulierung – in bestimmten Bereichen einen besseren

---

[35] Dies läuft auf eine tiefgreifende Einschränkung von Liquiditätsmanagement für internationale Banken hinaus, die z. B. auf Liquidität und Eigenkapital ausländischer Tochterunternehmen nur mit expliziter Erlaubnis der dortigen Aufsicht zugreifen könnten bzw. immer deren lokale Vorschriften für Insolvenz und Gläubigerschutz des dortigen Geschäfts einhalten müssten. Ob der Preis einer sinkenden Integration internationaler Kapitalmärkte und Banktätigkeit zu groß ist, wäre gegenüber dem ansonsten höheren internationalen Krisenrisiko abzuwägen.

[36] So wurde die Regulierung des US-Immobilienmarkts ebenso wie die US-Finanzaufsicht, die erheblich zur Subprime-Krise beitrugen, bisher kaum verändert. Auch die Bevorzugung staatlichen Finanzierungsbedarfs an den Finanzmärkten wird erhalten und zum Teil über die neuen Liquiditätsstandards von Basel III ausgebaut.

Umgang mit internationalem Systemrisiko verspricht. Angesichts hoher Kosten bei der Einigung und Umsetzung internationaler Maßnahmen ist es geboten, auf die aussichtsreichsten Regulierungen zu fokussieren, wie etwa Mindesteigenkapitalstandards und die – leider noch nicht sehr weit gediehenen – gemeinsamen Regeln für die Abwicklung von international tätigen Banken im Krisenfall.

Literaturverzeichnis

Admati, Anat R. und Martin Hellwig (2013): *The bankers' new clothes: what's wrong with banking and what to do about it*, Princeton University Press.

Arentz, Oliver (2012): „Finanzmarktregulierung – Anspruch und Wirklichkeit", *Zeitschrift für Außen- und Sicherheitspolitik*, Nr. 5, S. 189–201.

Arentz, Oliver, Johann Eekhoff und Christine Wolfgramm (2010): „Zur Finanzmarktkrise – Die Rolle der Immobilienbewertung", *iwp Discussion Paper* Nr. 2010/1, Februar, Köln: Institut für Wirtschaftspolitik an der Universität zu Köln.

Basel Committee on Banking Supervision (BCBS, 2010): *An assessment of long-term economic impact of stronger capital and liquidity requirements*, August, Basel: Bank für Internationalen Zahlungsausgleich (BIZ). http://www.bis.org/publ/bcbs173.pdf [Download: 25.11.2013]

Basel Committee on Banking Supervision (BCBS, 2011): *Basel III: A global regulatory framework for more resilient banks and banking systems*, Basel: Bank für Internationalen Zahlungsausgleich (BIZ), revidierte Fassung vom Juni 2011. http://www.bis.org/publ/bcbs189.pdf [Download: 24.11.2013].

Bundesbank (2013): *Monatsbericht*, 65. Jahrgang, Heft 11.

Diamond, Douglas W. und Philip H. Dybvig (1983): „Bank Runs, Deposit Insurance, and Liquidity", *Journal of Political Economy*, Vol. 91, pp 401–419.

Issing, Otmar (2009): „Anforderungen an eine neue Ordnung der Finanzmärkte", *Zeitschrift für Wirtschaftspolitik*, Band 58, Nr. 3, S. 337–345.

Issing, Otmar, Jörg Asmussen, Jan Pieter Krahnen, Klaus Regling, Jens Weidmann und William White (2009): „New Financial Order Recommendations by the Issing Committee / Preparing G20", *CFS White Paper* No. II, London: Center for Financial Studies.

Donges, Juergen B., Lars P. Feld, Wernhard Möschel, Manfred J. M. Neumann und Volker Wieland (2011): „Systemstabilität für die Finanzmärkte", *Kronberger Kreis Studien* Nr. 53, Berlin: Stiftung Marktwirtschaft http://www.stiftung-marktwirtschaft.de/uploads/tx_ttproducts/datasheet/KK_53_Finanzmaerkte_2011_01.pdf [Download: 24.11.2013]

Frankfurter Allgemeine Zeitung (FAZ, 2011): Briten hadern mit der neuen Isolation in Europa, Ausgabe vom 10. Dezember 2011, S. 11.

Fey, Gerrit (2006): „Banken zwischen Wettbewerb, Selbstkontrolle und staatlicher Regulierung", *Schriften zu Ordnungsfragen der Wirtschaft*, Band 80, Stuttgart: Lucius und Lucius.

Finanzstabilitätsrat (FSB, 2013): Progress in implementing the G20 Recommendations on Financial Regulatory Reform – Status report by the FSB Secretariat, 5. September 2013, Washington, D.C.: FSB. http://www.financialstabilityboard.org/publications/r_120619b.pdf [Download: 24.11.2013]

G20 (2008): Declaration summit of financial markets and the world economy, 15. November 2008, Washington, D.C. Abrufbar auf: http://www.g20.org/documents/ [Download: 24. 11. 2013].

Gischer, Horst, Bernard Herz und Lukas Menkhoff (2012): *Geld, Kredit und Banken – Eine Einführung*, Berlin und Heidelberg: Springer, 3. Auflage.

Hartmann-Wendels, Thomas, Andreas Pfingsten und Martin Weber (2000): *Bankbetriebslehre*, 2. Aufl. Berlin, Heidelberg, New York u. a.: Springer.

Institute of International Finance (IIF, 2010): The Net Cumulative Economic Impact of Banking Sector Regulation: Some New Perspectives, Oktober 2010, Washington, D.C.: IIF.

Internationaler Währungsfonds (IWF, 2010): A fair and substantial contribution by the financial sector – final report for the G-20, Juni 2010, Washington, D.C.: IWF. http://www.imf.org/external/np/g20/pdf/062710b.pdf [Download: 24. 11. 2013].

Knorr, Andreas (1999): „Staatliche Bankenaufsicht – eine effiziente Institution?", *Ordo (Jahrbuch für die Ordnung von Wirtschaft und Gesellschaft)*, Bd. 50, S. 345–369.

Rodríguez, Jacobo L. (2003): „Banking Stability and the Basel Capital Standards", *Cato Journal*, Vol. 23, S. 115–126.

Sachverständigenrat zur Begutachtung der gesamtwirtschaftlichen Entwicklung (2011): „Der Umgang mit systemrelevanten Finanzinstituten", *Jahresgutachten* 2011 / 2012, Wiesbaden, Textziffern 251–294. http://www.sachverstaendigenrat-wirtschaft.de/fileadmin/dateiablage/download/ziffer/z251_z294j11.pdf [Download: 24. 11. 2013].

Sinn, Hans-Werner (1997): „Das Selektionsprinzip und der Systemwettbewerb", in: A. Oberhauser (Hrsg.), *Fiskalföderalismus in Europa*, Berlin: Duncker und Humblot, S. 9–60.

Vaubel, Roland (2010): „Die Finanzkrise als Vorwand für Überregulierung", *Wirtschaftsdienst*, Nr. 5, S. 313–320.

Überblick der Regulierungsinitiativen und -maßnahmen seit 2007 [Stand Nov. 2013]

Regulierungs-maßnahme	Nat./EU/Int.?*	Regulierungs-stand**		Ausmaß der Wirkung vs grenzüber-schreitendendes Systemrisiko?	System-wettbewerb sinnvoll?***
		Plan	Nat. Um-setzung		
Bankenregulierung					
Identifikation/Regul. von int. systemrelevanten Banken	Int.			–	Nein
Identifikation von Systemrelevanz bei lokalen Banken	Int.			–	Ja
Eigenkapitalregeln/Basel II.5	Int.			+++	Ja (Standard)
Eigenkapitalregeln/Basel III	Int.			+++	Ja (Standard)
Liquiditätsregeln/Basel III	Int.			+/–	Ja (Standard)
Risikomanagement	Int			–	Ja
Internationale Abwicklungsregulierung	Int.			+++	Nein
Trennbankensystem	Nat./EU			+	Ja
Bankenabgabe	Nat.		(D)	+	Ja
Internationale Einlagensicherung	EU			––	Ja (Standard)
Gehaltsregulierung	Int.			+	Ja
Internationale Bankenaufsicht	Nat./EU			+	Ja****
Öffentl. Stresstests	Nat./EU			–––	Nein
Regulierung und Aufsicht anderer Finanzinstitute					
Identifikation int. systemrelevanter Institute	Int.			–	Nein
Ratingagenturen (Registrierung)	Int.			0	Ja

Weniger Ratings von Aufsicht/Regulierung genutzt	Int.			++	Ja
Hedgefonds (Registr.)	Int.			0	Ja
Regulierung von „Schattenbanken"*****	Int.			+++	Nein
Aufsicht von „Schattenbanken"*****	Int./Nat.			+++	Nein
Regulierung von Finanzprodukten					
Derivate (inkl. OTC/CCP; CDS)	Nat./EU			++	Ja
Verbriefungen	Int.			+	Ja
Regulierung des generellen institutionellen Rahmens					
Mehr Berichtspflichten und intensivere Datensammlung für makroprudenzielle Aufsicht	Nat./EWU			++	Ja
Internationale Bilanzierungsstandards	Int.			+	Ja
Finanztransaktionssteuer	Nat./EU			–––	Nein
Finanzaktivitätensteuer (IWF)	Int.			+	Nein
Leerverkaufsverbot	Nat./EU			+/–	Ja

* Int.: Internationale Regulierungsinitative (G20/FSB, BCBS, /IWF). EU: Regulierungsinitiative auf EU-Ebene. Nat.: Nationale Regulierungsinitiative in mindestens einem Land.

** Auf Basis der Abstufungen des FSB (2013) inklusive Einschätzungen der Autoren: Stand der internationalen Initiative (FSB-Konzept/EU-Konzept) sowie Stand der nationalen Umsetzung, mit:
Schwarz = abgeschlossen, Dunkelgrau = Umsetzung im Zeitplan, Mittelgrau = in Umsetzung, aber verzögert/mit Schwierigkeiten, Hellgrau = Umsetzung fraglich, Weiß = noch keine Initiative bzw. Umsetzung vorhanden.

*** „(Standard)": Nationaler Alleingang nur i. V. mit internationalen Mindeststandards sinnvoll. In einigen Fällen (wie z. B. bei internationaler Abwicklungsregulierung) kann Systemwettbewerb eine „Second-Best-Lösung" bewirken.

**** Nur für das Inland und inländische Steuergelder betreffende Entscheidungen (Ausnahme: EWU, um Bailouts der EZB wegen mangelnder nationaler Finanzaufsicht zu verhindern); regelmäßiger und verpflichtender Informationsaustausch ist auf int. Ebene sinnvoll.

***** „Schattenbanken" umfassen alle Institute (inkl. SPVs), die bankähnliche Geschäfte betreiben, ohne wie eine Bank reguliert zu werden.

Freiwilligkeit und Flexibilität: Ein Ausweg, nicht nur für die Währungsunion

Nora Hesse

1 Warum ist der Binnenmarkt ein Erfolg – während es in der Währungsunion Probleme gibt?

Wir leben in einem wohlhabenden Land, treiben mit unseren Nachbarn regen Handel und leben mit ihnen seit fast 70 Jahren in Frieden. Diese Errungenschaften sind ganz wesentlich das Ergebnis des gemeinsamen europäischen Binnenmarktes mit seinen vier Grundfreiheiten. Hingegen wurde die gemeinsame europäische Währungsunion durch die Staatsschuldenkrise zuletzt schwer belastet. Das Wohlstandsniveau in der Eurozone ist in den letzten Jahren gesunken, in den Krisenländern steigt die Arbeitslosigkeit, in den Rettungsländern die Haftungsrisiken. Noch schlimmer ist: Die Beziehungen innerhalb der Währungsunion sind zunehmend durch alte Ressentiments, neue Feindseligkeiten und verstärktes Misstrauen geprägt. Das Vertrauen der Bürger in Recht, Gesetz und verlässliche Politik hat zuletzt stark gelitten. Diese doch sehr unterschiedliche Bilanz zweier europäischer Institutionen hat einen wesentlichen Grund.

Der europäische Freihandel erfordert von den beteiligten Ländern nicht, dass sie sich in wesentlichen wirtschaftlichen, politischen und kulturellen Merkmalen, Denkweisen und Mentalitäten angleichen. Im Gegenteil: Gerade die Unterschiede etwa in der Arbeitsproduktivität oder in der Staatsquote machen den Freihandel für alle Beteiligten so attraktiv. Dank komparativer Vorteile profitieren alle Beteiligten vom Freihandel. Deshalb sind für alle Beteiligten auch die Anreize groß, sich an übergeordnete gemeinsame Regeln im Binnenmarkt zu halten und sich gleichzeitig im Inneren solche Regeln zu geben, die die Wettbewerbsfähigkeit des eigenen Landes auf diesem gemeinsamen Markt stärken.

Jedes Land hat so ganz eigene Rezepte, wie es auf zentrale Zukunftsfragen reagiert. Den gemeinsamen Handel im Binnenmarkt behindert dies auf keine Weise. Welche Rezepte sich tatsächlich als erfolgsversprechend erweisen, ist zunächst ungewiss. Was diese Ungewissheit erfordert, ist ein offener Wettbewerb, bei dem Alternativen entstehen können. Ähnlich wie auf den Gütermärkten ist es auch auf dem Markt der politischen Lösungen gerade die Vielfalt (an Regelungen, an Bedingungen, an Institutionen), die den Wettbewerb um die besten Lösungen ermöglicht.

Die europäische Währung ist hingegen in der jetzigen Konstellation darauf angewiesen, dass sich wirtschaftliche Unterschiede angleichen. Die Stabilitätskriterien sollten dies gewährleisten. Doch die Mitgliedsstaaten wichen dem Druck durch die Stabilitätskriterien von Beginn der Währungsunion an aus und trieben – unsanktioniert – etwa ihre Staatsverschuldung weit über vereinbarte Grenzen hinaus. Die durch unterschiedliche wirtschaftliche Entwicklungen und fehlende Regeltreue hervorgerufenen Spannungen sind seit dem Beginn der Krise im Euroraum nicht mehr zu übersehen. Mit Transferzahlungen und Haftungsübernahmen soll Zeit gewonnen werden: Um immer neue Koordinierungsverfahren zu etablieren und um die Machtbefugnisse der EU-Kommission zu erweitern. Diese Entwicklung wird als „mehr Europa" verkauft, bedeutet letztlich aber weniger Vielfalt, weniger Flexibilität, weniger Freiwilligkeit.

2 Druck aus dem Kessel Währungsunion lassen: Flexibilität und Freiwilligkeit

Dies ist der falsche Weg. Jede erfolgsversprechende Reform der Währungsunion hat die gewachsenen Institutionen, Kulturen und Mentalitäten in den jeweiligen Mitgliedsländern nicht nur als gegeben zu akzeptieren, sondern sollte sie als Chance begreifen. Kein noch so mächtiger Verwaltungsapparat kann binnen weniger Jahren ändern bzw. „harmonisieren", was sich über Generationen hinweg in den verschiedenen Teilen unseres Kontinents entwickelte.

Und selbst wenn eine Angleichung von oben bzw. von Brüssel aus möglich wäre – erstrebenswert wäre sie nicht. Stattdessen muss der Druck, der sich dadurch innerhalb des Kessels Währungsunion aufgestaut hat, entweichen können. Gleichzeitig braucht es mehr Druck, nämlich auf die Mitgliedsländer der Währungsunion, sich an gemeinsam gestellte Regeln zu halten. Dieser Anreiz, das hat die Eurokrise deutlich gemacht, kann letztlich nur von den Finanzmärkten, nicht von der Politik ausgeübt werden.[1]

Zentral ist die Möglichkeit eines freiwilligen Austritts aus der Währungsunion. Diese Möglichkeit könnten dann sowohl Länder nutzen, die sich nicht an die gemeinsamen Regeln halten wollen, als auch Länder, die nicht bereit sind, für die Regelverstöße anderer Mitgliedsländer zu haften. Es geht um eine flexiblere Währungsunion mit offenen, aber kontrollierten Türen: Sowohl zum Eintritt als auch zum Austritt. Dem gemeinsamen Währungsraum kann jedes Land freiwillig beitreten, wenn es sich an die neu zu fassenden Regeln und Bedingungen halten kann und will. Sowohl innerhalb als auch außerhalb eines solchen Maastricht

[1] Vgl. Gisela Eekhoff in diesem Band.

Plus-Regimes würden die Länder ihre fiskalische Selbstverantwortung zurückerlangen. Deutschland, insbesondere in Person der Bundeskanzlerin, wie auch die vermeintlichen Faulpelze in Griechenland und die Kontrolleure der Troika würden als Feinbilder wegfallen. Die Mitgliedsländer der EU müssten stattdessen selbst die Verantwortung für Fehlentwicklungen im eigenen Land übernehmen. Sie müssten ihren individuellen Weg finden, wie sie auf den Weltmärkten bestehen können – und würden damit die Währungsunion stabilisieren.

3 Eine flexible, dezentrale europäische Ordnung

Die Währungsunion ist nur ein besonders augenscheinliches Beispiel, bei dem die Probleme und Spannungen des one-size-fits-all Ansatzes deutlich werden. In vielen anderen Lebensbereichen neigt die EU zu einer überzogenen Zentralisierung und Normierung. Diese Entwicklung ist dem Einfluss der Bürgerinnen und Bürger weitgehend entzogen. Die öffentliche Meinung hat sich vor allem im letzten Jahr drastisch gegen die EU gewendet. Das zeigt eine breit angelegte Umfrage des Pew Research Center[2]: Während 2012 die Mittelwerte der allgemeinen Zustimmung für das Europäische Projekt bei 60 % lagen, waren diese im Mai 2013 bei lediglich 45 %. Die Begeisterung für die EU ist vor allem in Frankreich, aber auch in Spanien und sogar in Deutschland gesunken. Fast zwei Drittel der Deutschen wünschen sich eine stärkere Rolle der nationalen Parlamente und gleichzeitig weniger EU-Kompetenzen in Politikbereichen wie der Polizei- und Strafjustiz, dem Datenschutz, dem Arbeitsrecht, bei Agrarsubventionen oder bei Subventionen für die regionale Entwicklung.[3] Je konkreter einzelne Politikbereiche angesprochen werden, desto mehr differenzieren die Bürger. „Mehr Europa“ gilt dann nicht mehr als die einzige und beste Lösung.

Das zeigt: Die Mitgliedsstaaten der EU sollten Abschied von der Idee nehmen, automatisch „eine immer engere Union der Völker Europas“ („ever closer union“) anzustreben. Denn die Herausforderungen sind in jedem Politikfeld unterschiedlich: Eine Mitgliederzusammensetzung, die beim Binnenmarkt noch passt, ist für die Währungsunion, aber auch für eine gemeinsame Einwanderungs- oder Agrarpolitik ungeeignet. Während die Größe eines gemeinsamen Freihandelsmarktes fast keine Grenzen gesetzt sind (womit der EU-28 Binnenmarkt eigentlich zu klein ist), ist die Größe für andere Politikbereiche klar begrenzt.[4]

---

2 Pew Research Center, 2013.

3 Open Europe Berlin, 2013.

4 Wohlgemuth, 2012; Vgl. hierzu die auch von James Buchanan mitbegründete ökonomische Clubtheorie.

Die institutionellen Erfordernisse in verschiedenen Politikfeldern sind somit ähnlich unterschiedlich wie die Wirtschaftskulturen, Vorlieben und Mentalitäten in den Mitgliedsstaaten. Es wäre daher verkürzt, den Entscheidungsspielraum der Bürger und der Regierungen auf ein „für oder gegen Europa" zu verengen. Und es ist ebenso verkürzt, die Zukunft der EU nur in den Vereinigten Staaten von Europa auf der einen Seite oder einer bloßen Freihandelszone auf der anderen Seite zu sehen.[5] Es gibt viele Zwischenstufen und die Möglichkeit, für unterschiedliche Bereiche unterschiedliche Lösungen zu finden. Wohlgemuth und Brandi[6] (2006) unterscheiden zwischen sieben Stufen oder alternativen Modellen der europäischen Integration: Neben den Extremen einer vollständigen Integration und einer reinen Freihandelszone auf subnationaler Ebene ohne einen gemeinsamen Kern (FOCJ-Modell[7]) ist ein Europa der verschiedenen Geschwindigkeiten, ein Kerneuropa, eine verstärkte Zusammenarbeit, eine Mischung aus einer Kern-EU und freiwilligen Clubs sowie ein reines Club-Modell denkbar.

Viele dieser Modelle werden vereinzelt bereits genutzt – der Währungsunion und dem Vertrag von Schengen zum Beispiel gehören nur ein Teil der Mitgliedsstaaten an. In einigen weiteren Bereichen machen Mitgliedsländer von einer Opt-out Option Gebrauch, etwa im Bereich der Justiz und des Inneren (Großbritannien) oder in der Gemeinsamen Sicherheits- und Verteidigungspolitik (Dänemark). Das Modell der verstärkten Zusammenarbeit wurde bzw. wird dreimal genutzt: Im europäischen Scheidungsrecht, beim europäischen Patent und aktuell zur Einführung der Finanztransaktionssteuer.

Diese einzelnen Ausbrüche aus dem Korsett der immer engeren Union waren notwendig, um die EU weiterzuentwickeln. Doch an vielen Stellen und in vielen Ländern wird bereits die aktuelle bzw. eine weitergehende Form der Integration nicht mehr akzeptiert.

Daher ist ein konsistentes Modell sinnvoll, welches die Vorteile der einzelnen Modelle vereint: Eine Kern-EU mit freiwilligen, zusätzlichen Integrationsbereichen bzw. Clubs. Dieses Modell beinhaltet einen Kern an Kompetenzen, zu denen sich alle EU-Mitglieder bekennen, ergänzt durch offene und flexible Integrationsclubs in anderen Politikbereichen. Zu den Kern-EU-Kompetenzen müsste ganz wesentlich der EU-Binnenmarkt mit den vier Grundfreiheiten als Hauptbestandteil der EU gehören sowie die internationale Handelspolitik und die Wettbewerbspolitik als wesentliche Regelungsrahmen des Wirtschaftsgeschehens.[8] Über diesen Kern hinaus bestimmen Regierungen und ihre Bürger selbst, in welchen Politikbereichen sie dauerhaft oder vorläufig Teil eines „Integrations-Clubs" sein möchten.

---

5 Vgl. Geppert, 2013, S. 174.
6 Wohlgemuth / Brandi, 2006.
7 Vgl. hierzu Frey / Eichenberger, 1999.
8 Vgl. hierzu Alesina et al., 2001.

Das Konzept bietet folgende zentrale Vorteile:

1. Da die Mitgliedschaft in einem Integrationsbereich freiwillig ist, sinken die „Entscheidungsduldungskosten". Dies sind Kosten, die in Bereichen entstehen, in denen ein Land lieber einen anderen, eigenen Weg gehen würde, aber aufgrund der derzeitigen starren Verfahren gezwungen ist, europaweite Entscheidungen zu dulden.

2. Die Mitgliedschaft wird nur unter der Bedingung gewährt, sich auch faktisch an die gemeinsamen Regeln zu halten. Damit steigen die Anreize zur Regeltreue.

3. Integrationsskeptische Länder innerhalb der EU können ihr eigenes Integrationstempo bestimmen, ohne weitergehende Integrationswünsche ihrer Nachbarländer verhindern zu können.[9] Und auch (bisherigen) Nicht-EU Ländern bietet das Modell zusätzliche Integrationsmöglichkeiten.[10]

4. Aufgrund der Freiwilligkeit kann die Schuld für politische Maßnahmen nicht mehr bei anderen gesucht werden. Somit rücken die Vorteile einer europäischen Zusammenarbeit in den Vordergrund. Die Bürger entscheiden, wo sie eine Club-Mitgliedschaft befürworten und wo nicht. Das stärkt die demokratische Legitimation und das Vertrauen in die europäischen Institutionen.

5 Die Entscheidungsfindungskosten sinken, wenn alle Entscheidungen in wesentlich kleineren und homogeneren Integrationsbereichen (im Vergleich zu der EU als Ganze) getroffen werden müssen[11]. Auf effiziente und dazu noch demokratisch legitimierte Weise erreichen diese Bereiche eine „optimale Größe": Indem nicht nur der ursprüngliche Beitritt freiwillig ist, sondern auch ein Austritt und ein Wiedereintritt möglich sind, kann sich die Mitgliederzahl wechselnden Erfordernissen sowie Erfahrungen anpassen.

Die Existenz mancher Integrations-Clubs wird vielleicht mangels Nachfrage beendet. Andere Bereiche sind nur für wenige Länder interessant. In wieder anderen wollen sehr viele Länder Mitglied werden. Wenn die Mitgliederzahl das Optimum überschreitet, können zunächst die Länder wieder aus dem Integrations-Club austreten, die den geringsten Nutzen daraus ziehen. Im Ergebnis werden alle Länder in jenen Clubs Mitglied werden, in denen sie einen Mehrwert sehen. Wer bei der gemeinsamen Außen- und Sicherheitspolitik oder der Vollendung des Binnenmarkts vorangehen will, könnte dies tun, ohne auf alle anderen warten zu müssen.

---

9 Geppert, 2013, S. 180.
10 Fücks, 2012.
11 Wohlgemuth, 2012 und Wohlgemuth / Brandi, 2006, S. 17 – 18.

Ob dieses Modell letztlich zu „mehr" oder „weniger" Europa führt, hängt von der Definition von „Europa" ab. Wenn sich die Menge Europas an der Zahl der Mitgliedsländer in der Währungsunion oder an den Machtbefugnissen der EU-Kommission bemisst, kann durchaus weniger Europa das Ergebnis sein. Wenn Europa aber als Ort der gesellschaftlichen Vielfalt und der Freiheit verstanden wird, dann führen mehr Flexibilität und mehr Freiwilligkeit auch zu mehr und nicht zu weniger Europa.

4 Der britische Vorstoß als Chance auch für die Eurozone?

Nun bleibt die Frage: Sind Reformen hin zu einer flexibleren EU politisch möglich? Oder anders gefragt: Kann sich Deutschland für entsprechende Reformen einsetzen, ohne sich in Europa zu isolieren?

Vieles spricht dafür. Zumindest wenn man die wirtschaftlichen und politischen Risiken der Club-Lösung mit denen eines fiskalisch immer fester gezurrten Euroraums und einer immer zentralistischer gelenkten EU vergleicht. In einer Fiskalunion wäre Deutschland einerseits aus Sicht der ärmeren Staaten „übermächtig", andererseits in einer ständigen Minderheitsposition. Die Angst bei unseren Nachbarn vor einem Europa, in dem „deutsch gesprochen" wird, würde genauso steigen wie das Risiko, dass faktisch „südeuropäisch gehandelt" wird.[12] Als Befürworter einer flexibleren EU wäre Deutschland hingegen in guter Gesellschaft mit Großbritannien, den skandinavischen Mitgliedsländern und den Niederlanden.[13] Am klarsten hat der britische Premierminister David Cameron in seiner Europa-Rede im Januar 2013 seine Vorstellungen in dieser Hinsicht umrissen. Er forderte grundlegende Reformen der EU als Voraussetzung für den britischen Verbleib in der Union.[14] Cameron plädiert für eine schlankere, weniger bürokratische Union. In ihrem Kern steht der Binnenmarkt; dieser müsse vor allem in den Bereichen Dienstleistungen, Energie und Digitales vorangetrieben und vollendet werden. Zunächst gelte es, das Subsidiaritätsprinzip konsequent umzusetzen. Eine flexible

---

12 Einem solchen Szenario können zumindest die deutschen Bürger wenig abgewinnen: Sie haben wenig Sympathien für weitere Haftungsübernahmen, selbst wenn diese den Weg hin zu einer politischen Union ebnen sollen. 64 % lehnen Eurobonds ab, ganze 70 % sind gegen direkte Transferzahlungen an andere Euro-Länder. Eine politische Union mit permanenten Transferzahlungen und einem gemeinsamen Haushalt wird von 55 % der Befragten abgelehnt. Hingegen spricht sich eine deutliche Mehrheit (55 %) für eine Verkleinerung der Eurozone auf gleichgesinnte Länder aus (Open Europe Berlin, 2013).

13 Die niederländische Regierung hat etwa ganz konkret im Juni 2013 eine Subsidiaritätsprüfung der EU-Gesetzgebung durchgeführt, und dabei 54 Bereichen erstellt, in denen das Subsidiaritätsprinzip übergangen wurde (Policy note AVT13 / BZ108904B).

14 Diese Forderung wird von der Mehrheit der Britten unterstützt, die zwar europaskeptisch sind, sich aber eher ein neu definiertes Verhältnis zu der EU als einen Austritt wünschen.

EU würde ihre Mitglieder näher an sich binden, denn „eine freiwillige Zusammenarbeit bindet viel stärker als der Zwang aus der Mitte".[15]

Dass Cameron mit seiner Europa-Rede eine gute Grundlage gelegt hat, auf der die nötigen Reformen in der EU aufbauen können, hat auch der ehemalige EU-Kommissar und Sozialdemokrat Günther Verheugen festgestellt. Camerons Rede, so Verheugens Analyse, sei in Deutschland nur nicht richtig verstanden worden.[16] Denn die Vorschläge Camerons passen durchaus mit deutschen Ideen über die Zukunft der EU zusammen.[17] Deutschland setzt wie Großbritannien eher auf Freihandel als auf Protektionismus, sieht die wichtigste Zukunftsaufgabe darin, die Wettbewerbsfähigkeit der EU-Länder zu verbessern und hofft auf eine Liberalisierung der Handelsbeziehungen innerhalb der EU und mit den USA.

Gerade Deutschland hat ein wesentliches Interesse daran, dass in Europa nicht weniger, sondern mehr britisch gesprochen und britisch gehandelt wird. Es wäre fatal, wenn der britische Einfluss ganz wegfallen würde – durch einen sogenannten Brexit bei der geplanten Volksabstimmung 2017. Deutschland und Großbritannien sind natürliche Verbündete – sowohl ökonomisch als auch politisch. Sie sind Verbündete, wenn es um die Umsetzung von Reformen geht.[18] Der EU-Binnenmarkt würde ohne Großbritannien um 15 % schrumpfen; der EU-Haushalt würde seinen zweitgrößten Nettozahler verlieren. Ohne Großbritannien würden sich zudem die Stimmverhältnisse im Europäischen Rat ändern: Der nördliche, wirtschaftsliberale Block samt Deutschland würde seine Sperrminorität zugunsten der südlichen, eher protektionistischen Länder verlieren.[19] Nicht nur deshalb, aber auch deshalb sollte Deutschland Großbritannien auf dem Weg hin zu einer flexibleren Union unterstützen.

5 Was müsste konkret geschehen?

Dabei gibt es nicht mehr viel Zeit zu verlieren. Denn die Haftungsvergemeinschaftung schreitet weiter voran. Zudem werden etwa bei der Bankenaufsicht

15 Cameron, 2013, eigene Übersetzung.

16 Günther Verheugen auf einer Podium Diskussion der Stiftung Marktwirtschaft im Allianz Forum Berlin am 8.10.2013.

17 Geppert, 2013, S. 178.

18 Auch das sieht übrigens eine Mehrheit der Deutschen auch so: 63 % der Deutschen stimmen der Aussage zu, dass die Briten starke Verbündete Deutschlands sein können, wenn es darum geht, Reformen in der EU durchzusetzen. 57 % der Deutschen denken, die nächste Bundesregierung sollte sich aktiv um den Verbleib Großbritanniens in der EU bemühen (Open Europe Berlin, 2013).

19 Der Handelskonflikt mit China vom Sommer 2013 war ein kleiner Vorgeschmack auf eine EU ohne Großbritannien (Persson, 2013a).

bereits zentralistische Strukturen und damit Fakten geschaffen, die nur schwer ohne größere Verwerfungen wieder rückgängig gemacht werden können. Schließlich hat David Cameron mit der Ankündigung der Volksabstimmung 2017 einen klaren Zeitrahmen vorgegeben, bis wann es zu Änderungen kommen sollte, um einem Ausscheiden Großbritanniens vorzubeugen.

In zahlreichen Bereichen gibt es dezentrale und subsidiäre Lösungen, die ohne EU-Vertragsänderungen nur mit dem entsprechenden politischen Willen und Verhandlungsgeschick möglich wären. So könnten die EU-Regionalfonds auf Mitgliedstaaten mit einem Einkommensniveau von 90 % des EU-Durchschnitts beschränkt werden. Auch in der Agrar-, der Fischerei- und der Umweltpolitik sind Lösungen möglich, von denen alle Mitgliedsstaaten profitieren würden. In anderen Bereichen müsste nur umgesetzt werden, was bereits beschlossen wurde, etwa bei der Vollendung des Binnenmarktes für Dienstleistungen. Zudem gibt es ein einfaches Mittel, um einen besseren und gezielteren Umgang mit dem Steuergeld der EU-Bürger zu erreichen: Einen kleineren EU-Haushalt. Um das Subsidiaritätsprinzip weiter zu stärken, sollten demokratisch gewählte nationale Parlamente ungewünschte oder unnötige EU-Regulierungen blockieren können. Das existierende Frühwarnsystem mit gelben und orangenen Karten[20] könnte dem britischen Vorschlag folgend um eine rote Karte für nationale Parlamente erweitert werden, die bei einem Subsidiaritätsverstoß angewendet wird. Die Stärkung der nationalen Parlamente wäre damit ein erster Schritt zu einem neuen Kern der EU. Dieser Kern besteht langfristig nur noch aus solchen gemeinsamen Regeln, die auch im gemeinsamen Interesse aller Mitglieder sind.

Um darüber hinaus eine echte Flexibilisierung zu gewährleisten und das Prinzip der Freiwilligkeit weiter zu stärken, muss die gemeinsame europäische Idee neu definiert werden. Bereits heute gewinnt die in diesem Beitrag beschriebene Idee einer dezentralen, flexiblen EU, in der die Mitgliedsländer freiwillig in verschiedenen Konstellationen und in unterschiedlicher Intensität kooperieren, in Deutschland immer mehr Anhänger:[21]

---

[20] Gemäß dem Vertrag von Lissabon können nationale Parlamente binnen acht Wochen nach der Übermittlung eines Gesetzentwurfs in einer Stellungnahme begründen, weshalb der Entwurf nicht mit dem Subsidiaritätsprinzip vereinbar ist. Erreicht die Anzahl der Stellungnahmen mindestens ein Drittel, muss der Entwurf überprüft werden („gelbe Karte"). Falls die EU-Kommission trotz der Warnung an ihrem Vorschlag festhält, können der Europäische Rat oder das Europäische Parlament den Legislativvorschlag mit der entsprechenden Mehrheit ablehnen (Naglič / Papadopoulou, 2013).

[21] Selbst aus Italien und sogar Frankreich gibt es Flexibilitätssignale: Der italienische Premierminister Enrico Letta sprach sich für eine flexiblere EU aus und gab zu, „[eine Rückgabe von Kompetenzen] ist möglich und könnte auch für uns von Nutzen sein" (Hewitt, 2013, eigene Übersetzung). Die französische Europaabgeordnete und ehemalige Justizministerin aus der UMP Rachida Dati schrieb in einem Gastbeitrag für Le Figaro: „Der alte Traum

In der Wirtschaft: Gerade viele in der „Die Familienunternehmer – ASU" und der „Stiftung Familienunternehmer" organisierten Unternehmer streiten leidenschaftlich für ein dezentral organisiertes Europa.[22] Zudem schrieben etwa die Unternehmer Ostermann, Oetker, Moritz, Böllhoff, Selter und Timmermann in der FAZ vom 11.11.2013: „Die Vorstellung, alle Länder Europas müssten im Gleichschritt marschieren, um immer mehr Brüsseler Vorgaben zu erfüllen, ist gescheitert. Kompetenzen müssen nach dem Subsidiaritätsprinzip aufgeteilt und auch wieder an dezentrale Einheiten zurück verlagert werden können"[23].

In der Wissenschaft: Hunderte Volkswirtschaftsprofessoren unterzeichnen Aufrufe, die vor dem Weg in eine Haftungs- und Transferunion warnen.[24] Historiker, Politologen, Juristen, Soziologen und Philosophen zeigen mit ihren Plädoyers für ein freiheitliches, flexibles Europa, dass für dieses nicht nur wirtschaftliche Argumente sprechen.[25]

In der Bevölkerung: 50 % der Befragten bei der YouGov Deutschland Umfrage für Open Europe Berlin stimmten der Aussage zu, die Bundesregierung soll die Bemühungen einiger europäischer Politiker unterstützen, politische Macht in der EU zu dezentralisieren und sie von den Mitgliedstaaten auf der nationalen, regionalen oder örtlichen Ebene ausüben zu lassen (nur 26 % – halb so viel – sahen dies anders).[26]

---

vom europäischen Bundesstaat könnte bald platzen [...]" und unterstützte ausdrücklich David Camerons Ideen für EU-Reform (Dati, 2013, eigene Übersetzung).

22 „Der Grundsatz muss heißen, ‚Europäisch, wenn nötig, national und regional, wenn möglich'", appellierte etwa Prof. Hennerkes, Vorstand der Stiftung Familienunternehmen (Stiftung Familienunternehmer, 2013). In einem Brief an den Abgeordneten des neuen Bundestages forderten dazu die Familienunternehmer „eine grundlegende Neujustierung der europäischen Verträge" und Korrekturen an der gegenwärtigen Kompetenzverteilung: „Die Entmachtung nationaler Parlamente zugunsten einer Brüsseler Zentralregierung [darf nicht die Zukunft Europas] aufs Spiel" setzen (FAZ vom 18. 10. 2013, Nr. 242, S. 13: „Neuer Bundestag soll Brüssel einige Kompetenzen entziehen").

23 „Sieben Forderungen an eine EU der Zukunft", FAZ vom 11. 11. 2013, Nr. 262, S. 19. Am 10. 11. 2013 und 11. 11. 2013 erschienen ähnliche Aufrufe der Unternehmer aus Großbritannien und Schweden.

24 Johann Eekhoff wirbt in einer Vielzahl von Veröffentlichungen und öffentlichen Äußerungen für eine Abkehr von der Rettungsschirmpolitik. Vgl. z. B. Eekhoff, 2013; Eekhoff, 2012a; Eekhoff, 2012b; Eekhoff, 2011.

25 U. a.: Prof. Abelshauser, Prof. Geppert (Historiker), Prof. Weede (Soziologen), Prof. Kirchner, Prof. Kirchhoff (Juristen), Prof. Graf Kielmannsegg (Politologe). Auch der Sachverständigenrat zur Begutachtung der gesamtwirtschaftlichen Entwicklung sieht in seinem aktuellen Jahresgutachten 2013 / 2014 (S. 185) keinen Anlass für „weitergehende Harmonisierungen oder Kompetenzverlagerungen in der Wirtschaftspolitik [...] Unterschiedliche nationale Präferenzen und institutionelle Rahmenbedingungen sprechen dafür, dass die Mitgliedstaaten die notwendigen Reformen [zur Steigerung von Wettbewerbsfähigkeit und Wachstum] eigenverantwortlich durchführen können und sollten."

26 Open Europe Berlin, 2013.

Fehlt nur noch das Umdenken in der Politik. Vorreiter gibt es dabei in allen im Bundestag vertretenen, ehemals vertretenen oder fast erstmals vertretenen Parteien: Der Sozialdemokrat Günter Verheugen sieht wie beschrieben in Camerons Europa-Rede eine gute Grundlage für EU-Reformen. Der Leiter der grünen Böll Stiftung Fücks spricht sich ausdrücklich für eine „EU als Rahmen für vielfältige Kooperationsnetze“ und gegen ein von einem Zentrum aus regierten Gebilde aus.[27] Edmund Stoiber, ehrenamtlicher Vorsitzender der High Level Group on Administrative Burdens der Europäischen Kommission, begrüßte ausdrücklich „die revolutionären Vorschläge“ Großbritanniens zur Deregulierung: „Nicht jedes Problem in Europa ist ein Problem für Europa. Die richtige Balance zwischen einem einheitlichen Binnenmarkt einerseits und dem Grundsatz der Subsidiarität andererseits muss dringend wieder hergestellt werden“.[28] Und auch die Bundeskanzlerin hat angedeutet, dass die weitere Zentralisierung von Kompetenzen nicht der einzige Weg zu „mehr Europa“ ist.[29] Vielmehr deutet sie eine Annährung bei der Frage an, ob es zu einer genauen Analyse kommen kann, welche Aufgaben besser wieder in nationale Zuständigkeit überführt (bzw. „repatriiert“) werden könnten.

Das sind alles Zeichen für einen Ideenwandel in Deutschland – dem Land, das schon aufgrund seiner wirtschaftlichen Stärke, seiner Größe und seiner geographischen Lage die weitere Entwicklung der EU entscheidend beeinflussen kann. Wenn Deutschland gemeinsam mit den Briten und weiteren großen EU-Nettozahlern wie den Niederlanden, Finnland oder Schweden für eine Idee streitet, entstünde ein gewichtiger Block von Befürwortern dieser Idee. Gelegenheiten, dieses Gewicht klug einzusetzen, werden kommen. Denn Vertragsänderungen stehen unweigerlich an, wenn die ehrgeizigen Pläne etwa zur Bankenunion voll umgesetzt werden sollen. Zudem ist das Euro-Rettungssystem darauf ausgelegt, den ESM weiter auszubauen. Dieser Ausbau ist wesentlich auf die Zahlungen Deutschlands angewiesen.

Dies sind Gelegenheiten, nicht nur auf ein Maastricht-Plus-Regime, sondern auf eine Reform der gesamten EU-Architektur zu dringen: Dies beinhaltet, die Leitidee einer vollständigen Integration aus den EU-Verträgen zu streichen.[30] Zudem könnte vertraglich festgehalten werden, dass zukünftige EU-Gesetze mit Auslauf-

[27] Fücks, 2012.

[28] Stellungnahme von Dr. Edmund Stoiber zum Bericht der Wirtschafts-Task-Force für PM Cameron.

[29] Phoenix, 13.08.2013.

[30] Wenn die Doktrin der „ever closer union“ aus den EU-Verträgen gestrichen würde, hätte dies auch Folgen für die Rechtsprechung des Europäischen Gerichtshofs, der seine Präferenz für Zentralisierung bislang mit einer einseitigen Interpretation der „ever closer union“ begründet (vgl hierzu auch Persson, 2013b).

oder Evaluationsklauseln verabschiedet werden. Und auch in geltende Gesetze könnten Opt-Out-Klauseln eingebaut werden.

Deutschland könnte somit Großbritannien bei der Reform der EU unterstützen – und die Reformen sogleich als Grundlage für einen Maastricht-Plus-System nutzen. Die britisch-deutsche Achse kann bei konkreten politischen Vorhaben gut funktionieren – das hat sich etwa bei den EU-Budgetverhandlungen vom Februar 2013 gezeigt, bei denen die Bundeskanzlerin und der britische Premierminister eine Ausweitung des EU-Budgets verhindern konnten. An diesen Erfolg sollten die beiden anknüpfen.

Literaturverzeichnis

Alesina, Alberto, Ignazio Angeloni und Ludger Schuknecht (2001): „What Does the European Union Do?", *NBER Working Paper*, 8647, Cambridge, Mass.

Böllhoff, Wolfgang, Michael Moritz, August Oetker, Marie-Christine Ostermann, Thomas Selter und Martina Timmermann (2013): „Sieben Forderungen an eine EU der Zukunft", *FAZ* vom 11. 11. 2013, Nr. 262, S. 19.

Cameron, David (2013): EU Speech at Bloomberg, https://www.gov.uk/government/speeches/eu-speech-at-bloomberg.

Dati, Rachida (2013): „Paris doit s'inspirer de David Cameron", *Le Figaro* vom 6. 11. 2013, http://www.lefigaro.fr/mon-figaro/2013/11/06/10001-20131106ARTFIG00613-paris-doit-s-inspirer-de-david-cameron.php.

Eekhoff, Johann (2013): „Krise in der Europäischen Währungsunion: Wie kann es weitergehen?", in: Nils Ole Oermann (Hrsg.), *Der Euro – eine Karriere? für Horst Köhler*, S. 35–53.

Eekhoff, Johann (2012a): „Europäische Integration zum Vorteil aller Beteiligten", *Orientierungen* 3/2012.

Eekhoff, Johann (2012b): „Vergemeinschaftung der Schulden ist falsch", Interview mit der Deutschen Welle, Juli 2012.

Eekhoff, Johann (2011): *Die Schuldenkrise schwelt weiter*, Mimeo.

Frey, Bruno S. und Reiner Eichenberger (1999): *The New Democratic Federalism for Europe. Functional Overlapping and Competing Jurisdictions*, Northhampton, MA: Edward Elgar.

Fücks, Ralf (2012): „Jeder, mit wem er will Die EU sollte zwischen Zentralismus und Kleinstaaterei einen dritten Weg einschlagen – die flexible Zusammenarbeit", *Frankfurter Allgemeine Sonntagszeitung*, 04. 11. 2012, Nr. 44, S. 13.

Geppert, Dominik (2013): *Ein Europa, das es nicht gibt. Die fatale Sprengkraft des Euro*, München: Europa Verlag.

Hewitt, Gavin (2013): „Italy's Letta: UK ‚is EU's big risk'", *BBC News Europe*, 16. 07. 2013 http://www.bbc.co.uk/news/world-europe-23317749.

Naglič, Vesna und Danai Papadopoulou (2013): „Das Subsidiaritätsprinzip", Kurzdarstellungen über die Europäische Union, http://www.europarl.europa.eu/ftu/pdf/de/FTU_1.2.2.pdf.

Open Europe Berlin (2013): „Mehrheit der Deutschen misstrauen EU-Institutionen und sind eher für Dezentralisierung von Verantwortlichkeit", Briefing vom 17. 09. 2013,

http://www.openeuropeberlin.de/Content/Documents/Briefing_Umfrage_2.pdf.
Phoenix, FORUM POLITIK mit Angela Merkel vom 13.08.2013, http://www.phoenix.de/content/phoenix/die_sendungen/diskussionen/727804.
Persson, Mats (2013a): „Hey Berlin, this is what an EU without Britain would look like", *The Telegraph* vom 07.06.2013, http://blogs.telegraph.co.uk/finance/matspersson/100024783/hey-berlin-this-is-what-an-eu-without-britain-would-look-like/.
Persson, Mats (2013b): „Tory conference: Cameron and Hague dump EU 'ever closer union' in the dustbin of history", *The Telegraph* vom 29.09.2013, http://blogs.telegraph.co.uk/finance/matspersson/100025645/tory-conference-cameron-and-hague-dump-eu-ever-closer-union-in-the-dustbin-of-history/
Pew Research Center (2013): „The New Sick Man of Europe: the European Union", 13.5.2013, http://www.pewglobal.org/files/2013/05/Pew-Research-Center-Global-Attitudes-Project-European-Union-Report-FINAL-FOR-PRINT-May-13-2013.pdf.
Policy note AVT13/BZ108904B, „Testing European legislation for subsidiarity and proportionality – Dutch list of points for action", 21.06.2013, Government of the Netherlands, http://www.government.nl/news/2013/06/21/european-where-necessary-national-where-possible.html.
Sachverständigenrat zur Begutachtung der gesamtwirtschaftlichen Entwicklung (2013): „Gegen eine rückwärtsgewandte Wirtschaftspolitik", *Jahresgutachten* 2013/14, November 2013.
Stiftung Familienunternehmer (2013): „Klarer Wählerauftrag heißt keine faulen Kompromisse", Pressemitteilung vom 23.09.2013.
Wohlgemuth, Michael und Clara Brandi (2006): „Strategies of Flexible Integration and Enlargement of the European Union: A Club-Theoretical and Constitutional Economics Perspective", *Freiburger Diskussionspapiere zur Ordnungsökonomik*, Nr. 06/7.
Wohlgemuth, Michael (2012): „Wie weiter mit Europas Integration?", *Frankfurter Allgemeine Zeitung* vom 19.11.2012, Nr. 270, S. 12.

Die EU-Regionalpolitik zwischen Anspruch und Wirklichkeit[1]

Christian Philipp Schindler

1 Ausgangslage und Fragestellung

Bei Beiträgen und Diskussionen über die wirtschaftliche Entwicklung von Städten, Regionen, Länder oder Staatengemeinschaften wie der EU steht oft die Frage im Vordergrund, warum wirtschaftliche Entwicklungen räumlich nicht gleichmäßig(er) verlaufen?[2] Was sind die Ursachen dafür, dass einige Städte, Regionen, Länder oder Staatengemeinschaften schneller wachsen als andere? Hierfür gibt es in der Literatur eine Vielzahl von Erklärungsansätzen, die aus teilweise sehr unterschiedlichen wissenschaftlichen Richtungen kommen.[3] Untersuchungsgegenstand der nachfolgenden Ausführungen ist die Regionalpolitik der Europäischen Union, die in den letzten rund 55 Jahren seit der Gründung der Europäischen Wirtschaftsgemeinschaft im Jahre 1958 durch die Staaten Belgien, Deutschland, Frankreich, Italien Luxemburg und den Niederlanden eine beachtliche Entwicklung durchgemacht hat.

Im Jahre 2004 wurde die Europäische Union um die acht mittel- und osteuropäischen Staaten Ungarn, Tschechien, Slowenien, Polen, Estland, Lettland, Litauen und die Slowakei sowie um die zwei Inselstaaten Malta und Zypern auf nunmehr 25 Mitgliedsstaaten erweitert. Im Jahre 2007 traten dann mit Bulgarien und Rumänien zwei weitere osteuropäische Staaten der EU bei. Schließlich trat zum 1. Juli 2013 mit Kroatien das bisher letzte Land der EU bei. Diese Erweiterungen der Union um zahlreiche mittel-osteuropäische Staaten zeichnen sich erstens dadurch

---

1 Dieser Beitrag beruht auf einer Veröffentlichung des Verfassers mit dem Titel „Die Regionalpolitik der Europäischen Union. Eine kritische Auseinandersetzung mit ihrer allokationpolitischen Ausgestaltung und ihrer distributionspolitischen Zielsetzung“ aus dem Jahre 2005.

2 Stellvertretend für die Vielzahl von Artikeln in der Tages- und Wochenpresse, die sich mit räumlichen Wachstumsunterschieden beschäftigen, wird auf zwei Artikel verwiesen. Vgl. The Economist, 2013, S. 14 sowie Straubman, 2013, S. 3.

3 Nach Max Weber besteht z. B. zwischen der vorherrschenden religiösen Gesinnung in einer Region und der Entstehung des Kapitalismus nach westlichem Vorbild ein enger Zusammenhang. Vgl. Weber, 1904 bis 1905. Mancur Olson wiederum hat eine ökonomische Theorie des Zusammenhangs zwischen Organisationsgrad der Interessenverbände und des Wirtschaftswachstums einer Volkswirtschaft entwickelt. Vgl. Olson, 1985, Aufstieg und Niedergang von Nationen.

aus, dass in einem relativ kurzen Zeitraum viele neue Mitgliedsstaaten aufgenommen wurden. Frühere Erweiterungsrunden umfassten höchsten drei Staaten, wie die Erweiterung um Dänemark, Großbritannien und Irland im Jahre 1973 oder jene um Finnland, Schweden und Österreich im Jahre 1995. Mit der Aufnahme dieser zahlreichen Staaten – die Gesamtbevölkerungszahl der Union stieg von rund 380 auf über 500 Mio. Menschen um rund 43 Prozent – verändert sich auch das Gesicht der Union. Sie ist noch vielfältiger geworden, als sie es zuvor bereits gewesen ist: neue Sprachen, neue Kulturen, neue Ansichten, neue Erfahrungen, neue Wünsche, neue Märkte und neue Regionen zeichnen die Union aus.

Zweitens brachten die letzten Erweiterungsrunden aus ökonomischer Sicht mit sich, dass die wirtschaftliche Heterogenität in der Union stark zugenommen hat. Alle neuen Mitgliedsstaaten weisen ein zum Teil weit unterdurchschnittliches Wohlstandsniveau im Vergleich zum EU-Durchschnitt auf.

Die bestehenden regionalen Wohlstandsunterschiede werden häufig auch in Zahlen ausgedrückt: Vergleicht man die zehn reichsten und zehn ärmsten Regionen innerhalb der alten 15 EU-Mitgliedsstaaten mit dem EU-Durchschnitt, werden die regionalen Wohlstandsdisparitäten sichtbar: Der so gemessene Pro-Kopf-Wohlstand der 10 reichsten Regionen liegt rund 58 Prozent über, jener der 10 Prozent ärmsten Regionen dagegen rund 39 Prozent unter dem EU-Durchschnitt. Anders ausgedrückt: Die zehn reichsten Regionen sind 2,6 Mal reicher als die zehn ärmsten Regionen. Werden zusätzlich die dreizehn neuen Mitgliedsstaaten berücksichtigt, vergrößert sich dieser Wert auf rund 6,0.

Durch den Beitritt der überwiegend deutlich ärmeren Länder in die EU verschiebt sich automatisch der räumliche Schwerpunkt der EU-Regionalpolitik.[4] Mit anderen Worten kommt es zu einem politisch unerwünschten Verdrängungsprozess. Arme Regionen (der bisherigen EU-15) werden durch noch ärmere Regionen (der erweiterten EU-28) verdrängt. Für die Union stellt sich angesichts dieses Befundes die Frage, ob die bisherigen Mitgliedsstaaten bzw. die jeweiligen Regionen auf umfangreiche Fördermittel verzichten und/oder ob der Finanzierungsrahmen der Gemeinschaft ausgeweitet werden muss. Diese Frage ist umso drängender, als die gemeinschaftliche Regionalpolitik in den vergangenen Jahrzehnten sowohl regulatorisch als auch finanziell zunehmend an Bedeutung hinzugewonnen hat. Im EU-Haushalt wurden für die Periode 2007–2013 rund Mrd. 347 EUR bzw. rund 35 Prozent des EU-Budgets bereitgestellt.

Die Union versucht aber nicht nur über eigene Regionalbeihilfen aus ihren verschiedenen Struktur- und ihrem Kohäsionsfonds selbst aktiv das Wachstum in

4 Einen guten Überblick und Informationen über die Regionalpolitik der EU findet sich auf der Webseite der Europäischen Kommission: http://ec.europa.eu/regional_policy/index_de.cfm.

wirtschaftsschwachen Regionen in den Mitgliedsstaaten zu beschleunigen. Daneben hat sich auch die gemeinschaftliche Beihilfenkontrolle zu einem Instrument entwickelt, mit dem die Union ebenfalls ihre regionalpolitischen Ziele umzusetzen versucht. Aber auch für die gemeinschaftliche Beihilfenkontrolle stellt sich in der erweiterten Union mit ausgeprägteren regionalen Disparitäten immer drängender die Frage, wie sie einerseits ihre primäre Aufgabe – Unterbindung wettbewerbsverzerrender Subventionen der Mitgliedsstaaten im Gemeinsamen Binnenmarkt – erfolgreich bewältigen, andererseits aber auch regionalpolitischen Zielsetzungen angemessen Beachtung schenken soll.

Vor dem Hintergrund einer nunmehr auf 28 Mitgliedsstaaten erweiterten und deutlich heterogeneren Union einerseits sowie einer über die Jahre immer bedeutsamer gewordenen gemeinschaftlichen Regionalpolitik andererseits stellt sich die grundsätzlichen Frage, welche Ziele und mit welchen Instrumenten die Union im Rahmen ihrer Regionalpolitik verfolgen will und inwieweit diese auch tatsächlich erreicht werden.

2 Theoretische Begründungsansätze der Regionalpolitik

Als ökonomische Begründungen für die Ausübung einer Regionalpolitik lassen sich theoretisch drei Bereiche nennen. Erstens können marktlich bedingte räumliche Allokationsmängel in Form von externen Effekten sowie Mobilitätshindernissen angeführt werden.[5] Allerdings ist fraglich, inwieweit diese mit regionalpolitischen Eingriffen behoben werden können. Eine Internalisierung von externen Effekten durch die Schaffung von Verfügungsrechten an öffentlichen Gütern ist zielführender.[6] Dort, wo prohibitive Mobilitätshindernisse bestehen, sollten solche rechtlichen und verkehrstechnischen Rahmenbedingungen geschaffen werden, um diese zu reduzieren. Dann ist auch im Raum ein funktionstüchtiger Wettbewerb gegeben, der als Machtverteilungsprinzip[7] und als Informationssystem zur effizienten Ressourcenallokation[8] dient. Neben diesen ökonomischen Allokationsmängeln lassen sich auch viele „künstliche" Allokationsmängel im Raum ausmachen, wie die Meritorisierung von privaten Gütern oder die Beschränkungen einer freien Lohnfindung auf dem Arbeitsmarkt. Zweitens wird Regionalpolitik mit räumlichen Verteilungs- und Ausgleichsproblemen begründet. Einerseits können räumlich bedingte personelle Verteilungsprobleme im Zusammenhang

---

5 Vgl. Suntum, 1981, S. 31.

6 Vgl. Coase, 1960. Die Einführung des Handels mit Emissionsrechten in der EU ab dem Jahre 2005 stellt ein gutes Beispiel für die Schaffung an neuen Verfügungsrechten am öffentlichen Gut Luft dar.

7 Eucken, 1990, S. 376.

8 Vgl. Hayek, 1968.

mit räumlichen Allokationsmängeln (externe Effekte oder Mobilitätshindernisse) entstehen. Andererseits werden aber insbesondere interregionale Ausgleichsprobleme als regionalpolitische Begründungen angeführt. Dahinter verbirgt sich die Zielsetzung, in allen Teilregionen eine Angleichung der Lebensbedingungen zu erreichen.[9] Dies soll jedoch nicht über eine sogenannte „passive Sanierung",[10] also über Wanderungen von Einwohnern aus rückständigen in reichere Regionen erfolgen. Vielmehr soll über eine sogenannte „aktive Sanierung" ein interregionaler Ausgleich erreicht werden. Unter aktiver Sanierung wird verstanden, dass Bewohner rückständiger Regionen mittels regionalpolitischer Maßnahmen in Form von Investitionsanreizen in Realkapital die Chance erhalten, in ihren Heimatregionen ein ausreichendes Arbeitsplatzangebot zu erhalten und damit ein angemessenes Einkommensniveau erzielen zu können.[11] Dies wird zum einen politisch damit begründet, dass ausgeprägte räumliche Disparitäten den inneren Zusammenhalt eines Gemeinwesens gefährden könnten.[12] Zum anderen erhöht eine politische und soziale Stabilität im Raum auch die ökonomische Stabilität in einem Land, weshalb auch wirtschaftsstarke Teilregionen an einem regionalen Ausgleich interessiert sind.[13] Schließlich werden regionalpolitische Aktivitäten auch mit räumlichen Stabilisierungsproblemen begründet. So werden räumlich unterschiedlich wirkende Konjunktur- und Strukturkrisen[14] oder aber asymmetrisch wirkende Schocks in einer Währungsunion als Begründung für Regionalpolitik angeführt. In der Europäischen Währungsunion fehlt das Instrument des Wechselkurses, weswegen in solchen Fällen andere Mechanismen für eine verbesserte Wettbewerbsfähigkeit von Ländern und deren Regionen sorgen müssen.[15] Neben der generellen Stärkung der regional unterschiedlichen Standortfaktoren sowie der Marktkräfte lässt sich die Wettbewerbsfähigkeit eines Landes einerseits über eine größere Flexibilität der Faktorpreise nach unten erhöhen. Andererseits kann ein asymmetrischer Schock theoretisch aber auch durch eine hohe Mobilität der Produktionsfaktoren Arbeit und Kapital abgefedert werden.

Allerdings darf nicht übersehen werden, dass die unterschiedlichen Begründungen auf unterschiedliche Ziele ausgerichtet sind, die vielfältige Zielkonflikte mit sich bringen können.[16] Schließlich muss neben den ökonomischen Begründun-

---

[9] Vgl. Giersch, 1963, S. 387/388 sowie Klemmer, 1986, S. 28.

[10] Zur Diskussion über die Begründungen für passive und aktive Sanierungskonzeptionen vgl. Dietrichs, 1983.

[11] Fürst et al., 1976, S. 6 weisen darauf hin, dass sektorale Einkommensunterschiede verteilungspolitisch weitaus eher akzeptiert werden als regionale.

[12] Vgl. Wittmann, 1977.

[13] Vgl. Giersch, 1963, S. 388/389; Waniek, 1992, S. 20; Streit, 1981, S. 54.

[14] Vgl. Giersch, 1963, S. 388 sowie Fürst et al., 1976, S. 102f.

[15] Vgl. Eekhoff, 2013, S. 37ff.; Eekhoff, 1993, S. 5/6 sowie Rolle, 2000, S. 87ff.

[16] Vgl. Tarschys, 2008, der 30 verschiedene Ziele gezählt hat, die durch die gemeinschaftliche Regional- bzw. Kohäsionspolitik verfolgt werden sollen. Nach Heinemann, 2013, S. 62.

gen vor allem auch auf die Bedeutung der gemeinschaftlichen Regionalpolitik im politischen ‚bargaining process' bzw. Verhandlungsprozess hingewiesen werden. Im Zuge des europäischen Integrationsprozesses haben die Verhandlungen über weitere Vertiefungs- und/oder Erweiterungsschritte der EU ständig politische Kompromisse erfordert.[17] Als vergleichsweises flexibles Instrument hat sich die gemeinschaftliche Regionalpolitik als geeignete Kompensationsmasse zur Erreichung von Kompromissen in anderen Politikfeldern erwiesen. Bei den Beitrittsverhandlungen mit Großbritannien in den 70er Jahren hat das Königreich die Errichtung eines Fonds für regionale Entwicklung zur Bedingung eines Beitritts gefordert, um zum einen die Nettozahlerposition zu verbessern, die aufgrund der hohen Agrarabschöpfungen hoch ausfiel und um innenpolitische Bedenken gegen den Beitritt zu überwinden. Tarschys hat dies folgendermassen formuliert: „From its origins until the present time, European Structural Policy has been the flexible companion of other, more inflexible policies."[18]

Eine Analyse der verschiedenen regionalökonomischen Theorien in Bezug auf ihre Aussagen zu regionalen Konvergenzprozessen verdeutlicht, dass sich die gemeinschaftliche Regionalpolitik nicht auf einen in sich geschlossenen analytischen regionalökonomischen Rahmen stützen kann. Sowohl aus den älteren als auch aus den neueren regionalökonomischen Theorien lassen sich sowohl Konvergenz- als auch Divergenzprozesse ableiten. Je nach den gesetzten Annahmen können die verschiedenen regionalökonomischen Theorien einerseits einen Abbau, andererseits aber auch eine Zunahme regionaler Disparitäten erklären.[19]

Welche konkreten Zielsetzungen verbergen sich nun aber tatsächlich hinter der gemeinschaftlichen Regionalpolitik? Ein Blick auf die vertraglichen Grundlagen der EU, auf denen die gemeinschaftliche Regionalpolitik basiert, soll darüber Aufschluss bringen. Dabei wird auch untersucht, ob und inwieweit sich diese Zielsetzungen seit der Gründung der EU im Jahre 1958 entwickelt bzw. verändert haben.

3 Die Regionalpolitik in den EU-Verträgen seit 1958

Als zum 1. Januar 1958 die Römischen Verträge zur Gründung der Europäischen Wirtschaftsgemeinschaft (EWG) sowie der Europäischen Atomgemeinschaft (EURATOM) in Kraft traten und damit die Europäischen Gemeinschaften

---

[17] Vgl. Vaubel, 2001, S. 197 sowie Rolle, 2000, S. 134ff.

[18] Tarschys, 2003, S. 19. In diesem Zusammenhang nimmt Heinemann, 2013, S. 65f. eine politökonomische Analyse vor, die aufzeigt, warum ein spürbarer Teil der gemeinschaftlichen Mittel weiterhin in relativ wohlhabende Regionen fliesst, was offensichtlich dem eigentlichen Kohäsionsziel der EU widerspricht.

[19] Vgl. Schindler, 2005, S. 91–130 sowie Südekum, 2002, S. 138.

(EG)[20] ins Leben gerufen wurden, war von einer gemeinschaftlichen Regionalpolitik explizit noch keine Rede. Allerdings fand sich in der Präambel des EWGV die raumwirtschaftliche Aussage, dass die Gemeinschaft von den Gründungsstaaten ins Leben gerufen wurde „in dem Bestreben, ihre Volkswirtschaften zu einigen und deren harmonische Entwicklung zu fördern, indem sie [die Gründungsstaaten, A. d. V.] den Abstand zwischen einzelnen Gebieten und den Rückstand weniger begünstigter Gebiete verringern". Auch in Art. 2 EWGV wurde als Aufgabe der Gemeinschaft festgelegt, „eine harmonische Entwicklung des Wirtschaftslebens innerhalb der Gemeinschaft ... zu fördern". Von dieser Zielbeschreibung konnte jedoch kein aktiver regionalpolitischer Handlungsbedarf auf Gemeinschaftsebene abgeleitet werden. Denn diese Ziele sollten vielmehr „durch die Errichtung eines Gemeinsamen Marktes und die schrittweise Annäherung der Wirtschaftspolitiken der Mitgliedsstaaten"[21] erreicht werden.

Die Römischen Verträge basieren insofern auf einer ordnungspolitischen Grundkonzeption, die nicht auf eine interventionistische gemeinschaftliche Regionalpolitik setzte, um eine harmonische Entwicklung im Raum zu erreichen. Die Tatsache, dass Regionalbeihilfen durch die Nationalstaaten als mit dem EWGV[22] vereinbar angesehen wurden, bedeutete lediglich, dass die Nationalstaaten in diesem Politikbereich verantwortlich zeichneten.

Die Betrachtung der Entwicklung der gemeinschaftlichen Vertragstexte – ausgehend von den Römischen Verträgen 1958 über die Einheitliche Europäische Akte (EEA) 1987 bis hin zum Maastricht-Vertrag 1992 – verdeutlicht, dass die gemeinschaftliche Regionalpolitik erst nach und nach Eingang in das europäische Vertragswerk gefunden hat. Anhand der vertraglichen Grundlagen wird ersichtlich, dass die Zielsetzung der gemeinschaftlichen Regionalpolitik insbesondere im Abbau räumlicher bzw. interregionaler Disparitäten in der EU zu sehen ist.

Am 17. Februar 1986 unterzeichneten die mittlerweile 12 Mitgliedsstaaten der EG in Luxemburg die sogenannte Einheitliche Europäische Akte (EEA), die zum 1. Juli 1987 in Kraft trat.[23] Die EEA stellte bis dahin die erste umfassende Revision der Römischen Verträge dar. Mit ihr wurden mehrere Ziele verfolgt. Im Zentrum standen zum einen die Vollendung des Binnenmarktes bis zum 31. Dezember 1992 sowie zum anderen die Einführung neuer Politikbereiche auf Gemeinschaftsebene. Neben der Einführung einer gemeinschaftlichen Umwelt- und

[20] Unter das Dach der EG wurde auch die bereits 1952 gegründete Europäische Gemeinschaft für Kohle und Stahl (EGKS) gestellt. Die EGKS war die erste sektoral integrierte transnationale Wirtschaftsgemeinschaft und somit die Vorläuferin der EWG. Vgl. Pfetsch, 1997, S. 31 f.

[21] Art. 2 EGWV.

[22] Vgl. Art. 92 Abs. 3a EWGV.

[23] Vgl. Kommission, 1986.

Forschungspolitik erhielt nun auch die bereits seit 1975 praktizierte gemeinschaftliche Regionalpolitik unter dem neu eingefügten Titel V „Wirtschaftlicher und sozialer Zusammenhalt" (Art. 130 a – 130 e) eine vertragliche Grundlage.[24]

Mit der Revision der Römischen Verträge durch die EEA wurde nachträglich auch formal der Kurswechsel in der gemeinschaftlichen Regionalpolitik vollzogen, der bereits mit der Einführung des Europäischen Fonds für regionale Entwicklung (EFRE) im Jahre 1975 praktisch – wenn auch anfänglich im Volumen und in der Einflussnahme begrenzt – begonnen hatte.[25] Der Abbau von bestehenden regionalen Disparitäten in der Gemeinschaft sollte nicht mehr allein der Errichtung des Gemeinsamen Binnenmarktes überlassen, sondern aktiv durch die Gemeinschaft verfolgt werden. Die Abkehr von einer ordnungspolitischen hin zu einer interventionistischen Konzeption zur Verringerung der regionalen Disparitäten wurde auch durch die erweiterten Eingriffsmöglichkeiten unterstrichen. Nicht nur der EFRE wurde in den Dienst des Abbaus regionaler Ungleichgewichte gestellt, sondern auch der Europäische Sozialfonds (ESF) sowie der Europäische Ausrichtungs- und Garantiefonds für Landwirtschaft (EAGFL) – Abteilung ‚Ausrichtung' erhielten einen regionalpolitischen Charakter.[26]

Am 7. Februar 1992 – also nur rund sechs Jahre nach der EEA – wurden die Römischen Verträge mit dem in Maastricht unterzeichneten Vertrag über die Europäische Union (EUV, auch als Maastricht-Vertrag bezeichnet) einer zweiten grundlegenden Revision unterworfen. Nunmehr kam bereits in der Präambel des EUV der Wille der Unterzeichnerstaaten zum Ausdruck, „die Stärkung und Konvergenz ihrer Volkswirtschaften herbeizuführen". In Art. B EUV wurde die-

---

24 Vgl. Kommission, 1986, S. 13/14; Kommission, 1989, S. 11/12; Holtzmann, 1996, S. 90 sowie Wellenhofer, 1997, S. 64 f.

25 In der Verordnung (EWG) Nr. 724/75 des Rates vom 18. März 1975 über die Errichtung eines Europäischen Fonds für regionale Entwicklung (EFRE), in: Abl. Nr. L 73 vom 21. 3. 1975, S. 1 wurde auch offen eingestanden, dass eine explizite vertragliche Grundlage zur Errichtung eines regionalpolitischen Fonds fehlte, um die wichtigsten regionalen Ungleichgewichte in der Gemeinschaft zu berichtigen: „Der Vertrag sieht keine Befugnisse vor, um diese Ziele zu verwirklichen; daher ist die Gemeinschaft nach Artikel 235 des Vertrages mit solchen Befugnissen auszustatten." Die Errichtung des EFRE stützte sich folglich auf den sogenannten Generalermächtigungsartikel 235 EWGV, in dem es heißt: „Erscheint ein Tätigwerden der Gemeinschaft erforderlich, um im Rahmen des Gemeinsamen Marktes eines ihrer Ziele zu verwirklichen, und sind in diesem Vertrag die hierfür erforderlichen Befugnisse nicht vorgesehen, so erlässt der Rat einstimmig auf Vorschlag der Kommission und nach Anhörung des Europäischen Parlamentes die geeignete Vorschrift."

26 Mit der Förderperiode 2007–2013 wurde der EAGFL aufgeteilt in den Europäischen Landwirtschaftsfonds für die Entwicklung des ländlichen Raums (ELER) und den Europäischen Garantiefonds für die Landwirtschaft (EGFL). Vgl. VO (EG) Nr. 1698/2005 vom 20. September 2005.

se regionalpolitische Zielsetzung präzisiert: „Förderung eines ausgewogenen und dauerhaften wirtschaftlichen Fortschritts, insbesondere durch die Schaffung eines Raumes ohne Binnengrenzen, durch die Stärkung des wirtschaftlichen und sozialen Zusammenhaltes und durch die Errichtung einer Wirtschafts- und Währungsunion." Aus dieser Formulierung wird die Auffassung ersichtlich, dass ein ausgewogener und dauerhafter wirtschaftlicher Fortschritt nicht allein durch die Verwirklichung eines Binnenmarktes und durch die Errichtung einer Wirtschafts- und Währungsunion erreicht werden kann. Vielmehr sei hierfür die aktive Stärkung des wirtschaftlichen und sozialen Zusammenhalts durch die Gemeinschaft erforderlich. Dieses Ziel wurde daher auch explizit sowohl in den abstrakten Aufgabenkatalog des Art. 2 EGV als auch in den spezifischen Tätigkeitskatalog des Art. 3 EGV aufgenommen.

Die regionalpolitisch wohl wichtigste Ergänzung des EGV durch den Maastricht-Vertrag betraf die Errichtung eines Kohäsionsfonds vor dem 31. Dezember 1993, mit dem insbesondere „Vorhaben in den Bereichen Umwelt und transeuropäische Netze auf dem Gebiet der Verkehrsinfrastruktur"[27] gefördert werden sollten. Die Kohäsionsmittel sollten dabei lediglich denjenigen Mitgliedsstaaten zugutekommen, die ein Pro-Kopf-BSP von weniger als 90 Prozent des EU-Durchschnitts aufweisen.

Der Errichtung des Kohäsionsfonds lag allerdings nicht so sehr der Wunsch aller Mitgliedsstaaten zugrunde, die regionalen Disparitäten durch den Einsatz zusätzlicher Finanzmittel wirksamer zu verringern. Vielmehr muss er als politisch abgerungenes Zugeständnis der wohlhabenden an die weniger wohlhabenden Mitgliedsstaaten für deren Zustimmung zur Wirtschafts- und Währungsunion angesehen werden. Vor allem Spanien, aber auch Portugal, Griechenland und Irland – also die peripher gelegenen Mitgliedsstaaten – erwarteten aus der Wirtschafts- und Währungsunion erhebliche Nachteile.[28] So wurde zum einen von den weniger wohlhabenden Mitgliedsstaaten befürchtet, dass durch den faktischen Wegfall des Wechselkurses ein Instrument abhandenkäme, mit dem bestehende Produktivitätsnachteile durch Abwertungen ausgeglichen werden können. Zum anderen war die Teilnahme an der Währungsunion an die Erfüllung der im Maastricht-Vertrag festgelegten Konvergenzkriterien[29] geknüpft. Dies machte eine strikte Haushaltskonsolidierung erforderlich, so dass auch der Spielraum der öffentlichen Haushalte für nationale regionalpolitische Maßnahmen zur Ver-

---

[27] Art. 130d EGV.

[28] Vgl. Holtzmann, 1996, S. 98 sowie Wellenhofer, 1997, S. 98.

[29] Zur Teilnahme an der Währungsunion mussten die Mitgliedsstaaten folgende Konvergenzkriterien erfüllen: 1) ein hohes Maß an Preisstabilität, 2) eine Haushaltslage ohne übermäßiges Defizit, 3) zweijährige Teilnahme am Wechselkursmechanismus ohne Abwertungen, 4) ein niedriges langfristiges Zinsniveau. Vgl. Art. 109j EGV.

ringerung regionaler Disparitäten erheblich eingeschränkt wurde. Für diese vermeintlichen Nachteile, die als Folge des weit reichenden Integrationsschrittes einer Wirtschaft- und Währungsunion befürchtet wurden, forderten die genannten Mitgliedsstaaten einen finanziellen Ausgleich in Gestalt eines Kohäsionsfonds.[30]

Auch an diesen Ausführungen wird ersichtlich, dass die Instrumente der gemeinschaftlichen Regionalpolitik – in diesem Fall der Kohäsionsfonds – auch als Verhandlungs- bzw. Kompensationsmasse für das Erreichen anderer gemeinschaftlicher Ziele eingesetzt werden.

Dass den Strukturfonds der Charakter einer regionalpolitischen Umverteilungspolitik von reicheren zu ärmeren Regionen zur Stärkung des wirtschaftlichen und sozialen Zusammenhalts der Gemeinschaft als Ganzes innewohnt, wird insbesondere durch folgende Formulierung im Vertragstext deutlich: „IN ANBETRACHT dessen, dass sich die Strukturfonds der Gemeinschaft zwischen 1987 und 1993 real verdoppeln, was hohe Transferleistungen, insbesondere gemessen am BIP der weniger wohlhabenden Mitgliedsstaaten, zur Folge hat …".[31]

Anhand der vertraglichen Grundlagen wird ersichtlich, dass die Zielsetzung der gemeinschaftlichen Regionalpolitik insbesondere im Abbau räumlicher Disparitäten in der EU zu sehen ist. Die interregionale Umverteilung von Finanzmitteln von reicheren zu ärmeren Regionen innerhalb der EU über die verschiedenen Fonds soll also, mit anderen Worten, zur Angleichung der Lebensbedingungen im gemeinschaftlichen Raum beitragen.

4 Die Instrumente der EU-Regionalpolitik: Fonds und Beihilfenkontrolle

Auch wenn der Kommission, wie bereits erwähnt, in den Römischen Verträgen explizit noch keine regionalpolitischen Instrumente an die Hand gegeben wurden, wurden von der Kommission bereits im Jahre 1965 hierfür erste Vorschläge unterbreitet.[32] Auch im sog. Werner-Bericht zur Wirtschafts- und Währungsunion im Jahre 1970 wurde einer gemeinschaftlichen Regionalpolitik das Wort geredet, um allfällige negative Auswirkungen wie z. B. den Wegfall des Wechselkursinstruments zu kompensieren. Dort hieß es: „Die Struktur- und Regionalpolitik kann in einer Wirtschafts- und Währungsunion nicht ausschließlich Aufgabe der nationalen Haushalte sein."[33] Die Bemühungen der Kommission zur Etablierung einer

---

30 Vgl. Berthold, 1992, S. 26.

31 EUV, 15. Protokoll über den wirtschaftlichen und sozialen Zusammenhalt.

32 Vgl. Vorschlag vom 17. Oktober 1969, in: Abl. Nr. C 152 vom 28. November 1969, S. 6–9.

33 Kommission, 1970, S. 12.

gemeinschaftlichen Regionalpolitik trugen schließlich Früchte, als die Staats- und Regierungschefs Ende 1972 die Errichtung eines Europäischen Fonds zur regionalen Entwicklung (EFRE) beschlossen: „Die Staats- und Regierungschefs messen dem Ziel, in der Gemeinschaft strukturelle und regionale Ungleichgewichte zu beheben, die die Verwirklichung der Wirtschafts- und Währungsunion beeinträchtigen können, hohen Vorrang zu. ... Sie verpflichten sich schon heute, ihre jeweilige Regionalpolitik zu koordinieren. Von dem Wunsche getragen, ihre Bemühungen auf eine gemeinschaftliche Lösung der regionalen Probleme auszurichten, fordern sie die Gemeinschaftsorgane auf, einen Fonds für regionale Entwicklung zu schaffen, der vor dem 31. Dezember 1973 eingerichtet wird.“[34] Der EFRE wurde schließlich formal im Jahre 1975 eingerichtet. Mittels sog. Länderquoten wurden gemeinschaftliche Mittel von reicheren in ärmere Länder gelenkt, also mit anderen Worten eine interregionale Umverteilung vorgenommen.[35]

In den darauffolgenden Jahren wurde das Instrumentarium der gemeinschaftlichen Regionalpolitik immer weiter verfeinert und erweitert sowie die dafür bereitgestellten Mittel immer weiter aufgestockt.[36] Als sogenannte Ziel-1-Regionen, für die rund 70 Prozent aller Strukturfondsmittel bereitgestellt werden, kommen lediglich Regionen in Frage, deren Pro-Kopf-Einkommen gemessen in Kaufkraftparitäten unter 75 Prozent des Gemeinschaftsdurchschnitts liegt. Dies zeigt, dass solche Regionen (über Strukturfonds) bzw. Mitgliedsstaaten (über den Kohäsionsfonds) in den Genuss gemeinschaftlicher Maßnahmen kommen, wo die regionale Bedürftigkeit (Strukturfonds) bzw. nationale Bedürftigkeit (Kohäsionsfonds) am größten ist, unabhängig vom Erfolg der gemeinschaftlichen Förderung.[37] Allokationspolitische Überlegungen spielen nur insofern eine Rolle, als gerade in den rückständigen bzw. armen Regionen erhebliche regionale Entwicklungspotenziale vermutet werden. Mit Hilfe gemeinschaftlicher Förderprogramme, die meist an produktiven Investitionen und Infrastrukturmaßnahmen anknüpfen, wird dabei der Versuch unternommen, die vermuteten Entwicklungspotenziale zu erschließen. Insofern kann die von der EU über ihre Fonds praktizierte gemeinschaftliche Regionalpolitik als eine allokationsorientierte interregionale Umverteilungspolitik interpretiert werden.[38]

Zusätzlich zu diesen direkten regionalpolitischen Maßnahmen über die verschiedenen Fonds nimmt die EU über ihre Beihilfenkontrolle indirekt ebenfalls Einfluss auf die regionale Entwicklung im Raum. Neben der Gewährung der sogenannten

---

34 Vgl. Erklärung der Staats- und Regierungschefs von Paris vom 19. bis 21. Oktober 1972, PE 31.175/Ann., S. 5.

35 VO Nr. 724/75 vom 18. März 1975, in: Abl. Nr. L 73 vom 21.3.1975, S. 1.

36 Vgl. Schindler, 2005, S. 48–70.

37 Vgl. Eekhoff, 1995, S. 323.

38 Vgl. Biehl et al., 1975.

„vier Freiheiten" in Gestalt eines freien Waren-, Dienstleistungs-, Kapitals- und Personenverkehrs[39] findet sich in Art. 3 Ziffer f) EWGV auch die Aufforderung an die Gemeinschaft zur „Errichtung eines Systems, das den Wettbewerb innerhalb des Gemeinsamen Marktes vor Verfälschungen schützt". Die inhaltliche Ausgestaltung hinsichtlich eines möglichst unverfälschten Wettbewerbs und Handels zwischen den Mitgliedsstaaten innerhalb des Gemeinsamen Marktes erfolgte im EWGV unter dem Kapitel ‚Wettbewerbsregeln' (Art. 85–94 EWGV). Während sich die rechtlichen ‚Vorschriften für Unternehmen' (Art. 85–90 EWGV) und jene gegen ‚Dumping' (Art. 91 EWGV) auf ein wettbewerbskonformes Verhalten privater und öffentlicher Unternehmen beziehen, zielen die rechtlichen Vorschriften über ‚Staatliche Beihilfen' (Art. 92–94 EWGV) auf ein wettbewerbskonformes Verhalten der Mitgliedsstaaten. Im EWG-Vertragstext ist der Begriff der staatlichen Beihilfe inhaltlich nicht näher bestimmt. Allerdings hat sich sowohl in der Praxis der EU-Beihilfenkontrolle als auch in der Rechtsprechung des Europäischen Gerichtshofes (EuGH) ein sehr umfassender Beihilfenbegriff herauskristallisiert. Gemäß dem EuGH sind als staatliche Beihilfen solche Maßnahmen anzusehen, „die in verschiedener Form die Belastungen vermindern, die ein bestimmtes Unternehmen oder eine bestimmte Gruppe von Unternehmen normalerweise nach innerstaatlichem Recht zu tragen hat".[40] Entscheidend für die Beurteilung, ob eine staatliche Beihilfe im Sinne der Kommission bzw. des EuGH vorliegt oder nicht, ist somit nicht die konkrete Ausgestaltung einer staatlichen Beihilfe, sondern die von ihr ausgehende Wirkung auf den Wettbewerb. Die Formulierung von Art. 92 Abs. 1 EWGV kann mit Einschränkungen als grundsätzliches Beihilfeverbot verstanden werden: „Soweit in diesem Vertrag nicht etwas anderes bestimmt ist, sind staatliche oder aus staatlichen Mitteln gewährte Beihilfen gleich welcher Art, die durch die Begünstigung bestimmter Unternehmen oder Produktionszweige den Wettbewerb verfälschen oder zu verfälschen drohen, mit dem Gemeinsamen Markt unvereinbar, soweit sie den Handel zwischen den Mitgliedsstaaten beeinträchtigen."

Diese Formulierung über die Unvereinbarkeit von Beihilfen mit dem Gemeinsamen Markt impliziert jedoch kein absolutes Beihilfeverbot. Zum einen greift nach dieser Formulierung das Beihilfeverbot erst dann, wenn insgesamt vier Voraussetzungen gegeben sind: 1) direkt oder indirekt von der öffentlichen Hand gewährte Beihilfen, 2) Begünstigung von einzelnen Unternehmen oder Produktionszweigen, 3) Wettbewerbsverfälschungen und 4) Handelsbeeinträchtigungen zwischen den Mitgliedsstaaten.[41] Dennoch kann festgehalten werden, dass Art. 92 Abs. 1

---

[39] Vgl. EWG-Vertrag, 1957, Art. 3 Ziffern a) und c).

[40] EuGH, Urteil vom 23. Februar 1961 in der Rechtssache 30/59 – Gezamelijke Steenkolenmijnen in Limburg/Hohe Behörde der EGKS, Sammlung Rechtssprechung des EuGH, Bd. 1961-7, S. 2–62, hier: S. 43.

[41] Vgl. Schindler, 2005, S. 72–74.

EWGV ein relativ striktes Beihilfeverbot darstellt, das der Kommission wenig Ermessensspielraum lässt.

Unter Art. 92 Abs. 2 und 3 EWGV finden sich allerdings explizit verschiedene Ausnahmen vom grundsätzlichen Beihilfeverbot aus Art. 92 Abs. 1 EWGV. Regionalpolitisch relevant sind vor allem Art. 92 Abs. 2 Ziffer a) und c) EWGV. Gemäß Ziffer a) werden Beihilfen dann mit dem Gemeinsamen Markt als vereinbar angesehen, wenn sie zur „Förderung der wirtschaftlichen Entwicklung von Gebieten, in denen die Lebenshaltung außergewöhnlich niedrig ist oder eine erhebliche Unterbeschäftigung herrscht", beitragen können. Anders ausgedrückt soll die EU-Beihilfenkontrolle bei der wettbewerbspolitischen Prüfung von nationalen Beihilfen insbesondere die Entwicklungschancen von rückständigen Regionen mit in Erwägung ziehen. Daran wird die Zielsetzung eines interregionalen Ausgleichs innerhalb der Gemeinschaft auch im Rahmen der Beihilfenkontrolle deutlich.

Die bisherigen Ausführungen machen deutlich, dass die EU-Beihilfenkontrolle im Laufe der Zeit immer stärker von ihrer grundsätzlich wettbewerbspolitischen Ausrichtung abgekommen ist, während gleichzeitig regionalpolitische Aspekte bei der Beurteilung der Vereinbarkeit von staatlichen Beihilfen mit dem Gemeinsamen Markt ein immer größeres Gewicht erhalten haben.[42] Gerade auch durch die regionalpolitischen Ausnahmentatbestände ist jedoch eine konsequente Zielverfolgung im Sinne einer wettbewerbspolitisch ausgerichteten Beihilfenkontrolle kaum möglich. Diese doppelte Zielsetzung zwingt die EU-Beihilfenkontrolle ständig, zwischen dem Wachstumsziel (Aufrechterhaltung der Wettbewerbsordnung auf dem Gemeinsamen Binnenmarkt) auf der einen Seite und dem interregionalen Ausgleichsziel (Abbau regionaler Disparitäten) auf der anderen Seite abzuwägen.[43] Ein weiteres Grundproblem für die EU-Beihilfenkontrolle ist darin zu sehen, dass es neben den regionalpolitischen Ausnahmeregelungen weitere Bereiche wie z. B. die Agrar-, Verkehrs- oder Forschungspolitik gibt, auf die die Wettbewerbsbestimmungen der EG nicht angewandt werden. Damit besteht für die einzelnen Mitgliedsstaaten sowie für die Gemeinschaft selbst die Möglichkeit, „über den Umweg der fachspezifischen Ausnahmebereiche, Subventionen mit regionalen Auswirkungen zu gewähren"[44].

Zusammenfassend kann festgehalten werden, dass im Verlauf der Zeit mehr und mehr versucht worden ist, den Abbau regionaler Disparitäten durch interventionistische Maßnahmen zu erreichen, weil offensichtlich der Glaube verloren gegangen ist, dass über einen funktionierenden Marktmechanismus ein regionaler Ausgleich erreicht wird. Auch im Rahmen der Beihilfenkontrolle wurden zunehmend

42 Vgl. Krieger-Boden, 1987, S. 86; Lammers, 1999, S. 23.
43 Vgl. Waniek, 1992, S. 149 f.
44 Ebd., S. 148 / 149.

regionalpolitische Aspekte berücksichtigt. Damit ist die Beihilfenkontrolle von ihrer eigentlichen ordnungspolitischen Aufgabe, den Wettbewerb vor Verzerrungen zu schützen, mehr und mehr zugunsten von regionalpolitisch interventionistisch geprägten Eingriffen abgerückt.

5 Erfolgsmessung einer Regionalpolitik

Der Erfolg jeglicher Regionalpolitik sollte sich letzten Endes an der abnehmenden Abhängigkeit der Empfängerregionen von regionalpolitisch motivierten Finanzhilfen messen lassen. Eine geläufige Systematik einer Erfolgskontrolle für die Regionalpolitik stellt jene von Frey[45] dar. Sie unterscheidet drei Arten: die Vollzugs-, die Zielerreichungs- und die Wirkungskontrolle. Die Vollzugskontrolle berücksichtigt lediglich die Inputseite. Es wird also nur auf den finanzwirtschaftlichen Einnahmeneffekt abgestellt. Die Zielerreichungskontrolle ist dagegen ausschließlich outputorientiert. Sie betrachtet lediglich das Ergebnis und nimmt einen Soll-Ist-Vergleich zwischen dem angestrebten und dem tatsächlichen Ergebnis vor. Es wird aber nicht untersucht, ob sich der letztlich erreichte tatsächliche Zustand auch auf die eingesetzten Instrumente zurückführen lässt. Mit anderen Worten „fällt strenggenommen auch die Frage, inwieweit die Regionalpolitik zu diesem Ergebnis beigetragen hat, nicht in den Bereich der Zielerreichungskontrolle".[46] Die Klärung dieser Frage obliegt der Wirkungskontrolle, die sowohl die Input- als auch die Outputseite einbezieht und die möglichen Auswirkungen des regionalpolitischen Instrumentariums auf Haupt- und Nebenziele untersucht.

Das zentrale Problem jeglicher Erfolgskontrolle von regionalpolitischen Maßnahmen in Gestalt von Wirkungsanalysen besteht aber vor allem darin, die Auswirkungen von gewährten Regionalbeihilfen isoliert zu bewerten.[47] Denn die wirtschaftliche Entwicklung einer Region hängt nicht allein von regionalpolitischen Maßnahmen, sondern von einer Vielzahl von Einflussfaktoren ab. Um daher Aussagen über regionalpolitische Maßnahmen treffen zu können, sind Kenntnisse darüber erforderlich, wie und in welchem Maße die einzelnen Einflussfaktoren die regionale Entwicklung beeinflussen. Letztlich ist es in der Praxis nicht möglich, alle volkswirtschaftlichen Erträge und Kosten von Fördermaßnahmen genau zu bestimmen und zu quantifizieren.[48]

---

45 Vgl. Frey, 1985.

46 Vgl. Lammers/Niebuhr, 2002, S. 24.

47 Als weitere praktische Schwierigkeit kommt hinzu, dass hierfür eine Unmenge an regionalisierten Daten erforderlich wäre, die größtenteils nicht zur Verfügung stehen.

48 Vgl. Thomas, 1997, S. 254; Lammers, 1989, S. 104.

Im Verlauf der letzten Jahrzehnte haben die von der Kommission, aber auch von Dritten durchgeführten Zielerreichungskontrollen rasant zugenommen. Die älteren Untersuchungen der Kommission (zwischen 1960 und 1991) zur Entwicklung der regionalen Einkommensdisparitäten in der Gemeinschaft hatten tendenziell zum Ergebnis, dass diese entweder konstant blieben oder gar zunahmen. Ihre jüngeren Untersuchungen (zwischen 1986 und 2000) weisen dagegen eher auf abnehmende Einkommensdisparitäten hin.[49]

Die außerhalb der Kommission durchgeführten Untersuchungen von Dritten haben hingegen auch und gerade in der frühen Integrationsphase einen Abbau von Einkommensdisparitäten ausgemacht.[50] Ein etwas differenzierteres Bild ergibt sich bei einem Blick auf die verschiedenen räumlichen Ebenen. Zwischen den Mitgliedsstaaten der Gemeinschaft ist eine spürbare Konvergenz bei den Einkommensdisparitäten zu beobachten. Auch zwischen den Regionen der EU lässt sich ein Konvergenzprozess feststellen, wobei dieser deutlich schwächer ausfällt. Allerdings können zwischen den Regionen in den einzelnen Mitgliedsstaaten – insbesondere in den sogenannten Kohäsionsländern – auch Divergenzprozesse ausgemacht werden.

In einer eigenen Untersuchung über die Entwicklung der regionalen Einkommensdisparitäten in der Gemeinschaft (sog. NUTS[51]-2-Ebene) zwischen 1985 und 1995 konnte der Konvergenzprozess bestätigt werden. Sowohl nach dem Streuungsmaß Gini-Koeffizient (-17,7 Prozent) als auch nach dem Streuungsmaß Variationskoeffizient (-18,4 Prozent) – jeweils gemessen in Kaufkraftparitäten (KKP) – haben sich die regionalen Einkommensdisparitäten deutlich verringert.[52]

Auch die Untersuchungen von Becker et al. aus dem Jahre 2010[53] erhärten den Befund eines allgemeinen Konvergenzprozesses in der EU, wonach die Ziel-1-Förderung zu einem realen jährlichen Wirtschaftswachstum sowohl des BIP wie auch des pro-Kopf-BIP führte. Dabei zeigt sich, dass im Durchschnitt ein Euro Förderung lediglich rund 0.80 – 1.20 Euro an BIP (in Kaufkraftparitäten) in den Empfängerregionen schafft, was die Vermutung nahe legt, dass es sich hierbei mehr um einen Konsum- und weniger um einen Produktionseffekt handelt.[54]

---

49 Ein guter Überblick sowohl über die von der Kommission veröffentlichten Untersuchungen zur Entwicklung der Einkommensdisparitäten als auch über unabhängige Untersuchungen findet sich bei Wellenhofer, 1997, S. 192 – 202 sowie bei Tondl, 2001, S. 74 ff.

50 Vgl. Barro / Sala-I-Martin, 1991, die für den Zeitraum 1950 – 1985 insegsamt 73 Regionen in sieben europäischen Ländern untersuchten und dabei sowohl zwischen den Ländern als auch zwischen den Regionen eine Konvergenz beobachteten. Für einen Literaturüberblick über regionale Konvergenzstudien in der EU vgl. Tondl, 2001, S. 74 – 82.

51 NUTS steht für die französische Bezeichnung „Nomenclature des Unités Territoriales Statistiques".

52 Vgl. Schindler, 2005, S. 165 – 180.

53 Vgl. Becker et al., 2010.

54 Vgl. Egger et al., 2013, S. 50 f.

Da es sich bei den vorgenannten Untersuchungen jeweils nicht um Wirkungskontrollen, sondern lediglich um Zielerreichungskontrollen handelt, können daraus letztlich keine Aussagen darüber abgeleitet werden, ob und inwieweit die gemeinschaftliche Regionalpolitik eine Rolle bei der Entwicklung der regionalen Einkommensdisparitäten in der Gemeinschaft gespielt hat oder ob andere Ursachen hierfür verantwortlich waren. Den Wirkungen der eher interventionistischen EU-Regionalpolitik auf die regionalen Einkommensdisparitäten stehen jene gegenüber, die auf die ordnungspolitische Konzeption der Marktintegration (Errichtung eines Gemeinsamen Binnenmarktes) zurückzuführen sind.[55] So gibt es einerseits Studien,[56] die der gemeinschaftlichen Regionalpolitik keinen Einfluss auf die konvergente Einkommensentwicklung zuschreiben: „Yet, on balance, it seems that the current EU regional policies have not contributed positively to the catching-up processes of economic growth for the poorer regions of the EU."[57] Andererseits lässt sich aber auch statistisch nachweisen, dass sich insbesondere in den mit EU-Strukturfondsmitteln geförderten Ziel-1-Regionen eine besonders starke Konvergenzentwicklung vollzogen hat.[58] Allerdings zeigt sich, dass die regionalpolitische Förderung vor allem dort Erfolg verspricht, „wo die pro-Kopf-Einkommen in den Zielregionen ohnehin am relativ höchsten unter den Mittelempfängern sind, also in den etwas weniger gut entwickelten Regionen ansonsten hoch entwickelter Staaten. Dort, wo die Einkommen am niedrigsten sind, wirkt die Förderung wenig bis gar nicht".[59]

Welchen Einfluss welcher Ansatz letztlich auf die regionalen Einkommensdisparitäten in der EU tatsächlich hat, lässt sich aufgrund der Unmöglichkeit, Strukturfonds- oder Integrations- bzw. Marktöffnungseffekte zu isolieren, nicht befriedigend klären.[60] Im Umkehrschluss heißt dies, dass eine Zunahme von regionalen Einkommensdisparitäten in der EU keine zwingende Begründung für eine zu intensivierende EU-Regionalpolitik darstellt.[61] „The net result is that it is not possible to establish conclusively what the relative performance of these regions would

55 Vgl. Tondl, 2001, S. vii und x sowie Franzmeyer, 1994, S. 218.

56 Vgl. Boldrin / Canova, 2001.

57 European Economic Advisory Group at CESifo, 2003, S. 96.

58 Vgl. Leonardi, 2003; Hallet, 2002, S. 17.

59 Egger, 2013, S. 51.

60 Vgl. Heinemann, 2013, S. 61; Franzmeyer, 1994, S. 210. Allerdings darf nicht übersehen werden, dass nicht nur Effekte auf die regionalen Einkommensdisparitäten von den Strukturfonds oder Integrationsschritten ausgehen können, sondern vor allem von den staatlichen Wirtschaftspolitiken. Vgl. Franzmeyer, 1994, S. 234.

61 So haben z. B. Barro / Sala-i-Martin, 1995 in einer Längsschnittanalyse anhand des Variationskoeffizienten aufgezeigt, dass zwischen 1950 und 1975 – also vor der Einführung des EFRE – ein stärkerer Rückgang der Einkommensdisparitäten beobachtet werden konnte als zwischen 1975 und 1985. Zitiert nach Armstrong / Taylor, 1993, S. 69.

have been in the absence of EU-cohesion policy and other policies."[62] Erst eine aussagekräftige Wirkungskontrolle könnte theoretisch Auskunft darüber geben, inwiefern die regionalpolitischen Maßnahmen der Gemeinschaft die regionalen Einkommensdisparitäten verringert oder aber verstärkt haben.[63]

6 Schlussfolgerungen

Es kann zusammenfassend festgehalten werden, dass die Europäische Union zwar weiterhin auf ordnungspolitischen Grundfesten wie dem Gemeinsamen Markt und der Wettbewerbsordnung steht. Deren konsequente Realisierung und Durchsetzung wird allerdings durch die zum Teil interventionistisch wirkenden Instrumente wie regionalpolitischen Fonds sowie die Beihilfenkontrolle zunehmend eingeschränkt. Die Analyse der vertraglichen Grundlagen sowie die konkrete Ausgestaltung der gemeinschaftlichen Regionalpolitik haben gezeigt, dass die eigentliche Zielsetzung letztlich im Abbau regionaler Disparitäten besteht, so dass auch von einer allokationsorientierten interregionalen Umverteilungspolitik gesprochen werden muss.

Aufgrund der zuvor aufgezeigten Zweifel, mittels Regionalbeihilfen in rückständigen Regionen unausgeschöpfte Wachstumspotenziale identifizieren und erschließen zu können, liegt jedoch der Schluss nahe, dass es nicht wegen, sondern trotz der gemeinschaftlichen Regionalpolitik zu einer konvergenten Einkommensentwicklung innerhalb der EU gekommen ist. Für Starbatty folgt daraus: „Eine Wirtschaftsordnung, die auf dem Marktmechanismus aufbaut, wie die Soziale Marktwirtschaft, muss zunächst die künstlichen Barrieren beseitigen, was mitunter wirkungsvoller für die Sanierung armer Gebiete sein kann als spezielle Maßnahmen zu ihren Gunsten. Darum sollte diese Aufgabe noch Vorrang haben vor strukturpolitischen Aktionen."[64]

Kritisiert werden muss darüber hinaus die Zielsetzung der interregionalen Umverteilung an sich. Denn aus sozialpolitischer Sicht sind nicht Regionen, sondern Menschen bedürftig. Mit regionalpolitischen Maßnahmen können zwar ebenfalls

---

[62] Sapir et al., 2003, S. 60.

[63] Ein solche Wirkungskontrolle in Bezug auf den Umverteilungseffekt der EU-Regionalpolitik nahm z. B. Holtzmann, 1997, S. 285 ff. und S. 543 vor, der in den 80er Jahren zwar der Tendenz nach in der gemeinschaftlichen Regionalpolitik einen Beitrag zur Verringerung der regionalen Einkommensdisparitäten konstatierte, aber gleichzeitig stets viele Ausreißerregionen ausmachte, bei denen der Nettoeffekt der regionalpolitischen Umverteilung nicht der entsprechenden Einkommensposition entsprach. Eine erfolgreiche allokationsorientierte und damit wachstumsinduzierende Regionalpolitik ist damit nicht nachgewiesen.

[64] Starbatty, 1967, S. 36.

bedürftige Personen in rückständigen Regionen indirekt Unterstützung erfahren. Umgekehrt kann aber auch die sozialpolitisch unerwünschte Situation eintreten, dass im Rahmen der interregionalen Umverteilung auch reiche Personen in armen Regionen durch relativ arme Personen in reichen Regionen unterstützt werden. Zielführender wäre es vielmehr, jedem Gesellschaftsmitglied, das aus eigener Anstrengung kein ausreichendes Markteinkommen erzielen kann, eine soziale Mindestabsicherung in seiner jeweiligen Region zu gewähren.[65]

Literaturverzeichnis

Armstrong, H. und J. Taylor (1993), *Regional Economics and Policy*, New York / London.

Barro, R. J. und X. Sala-I-Martin (1991): „Convergence across States and Regions", *Brookings Papers on Economic Activity*, H. 1, S. 107–179.

Barro, R. J. und X. Sala-i-Martin (1995): *Economic Growth*, New York.

Becker, S. O., Peter H. Egger und Maximilian von Ehrlich (2010): „Going NUTS: The Effect of EU Structural Funds on Regional Performance", *Journal of Public Economics*, 94 (9-10), S. 578–590.

Becker, S. O., Peter H. Egger und Maximilian von Ehrlich (2013): „Too much of a good thing? On the growth effects of the EU's regional policy", *European Economic Review*, 56 (4), S. 648–668.

Berthold, N. (1992): „Europa nach Maastricht. Sind die währungspolitischen Fragen gelöst?", *Wirtschaftsdienst*, Jg. 72, H. 1, S. 23–28.

Biehl, D. (1975): „Grundlagen und Leitlinien für eine potentialorientierte Regionalpolitik in der EG", *Regionalpolitik und Agrarpolitik in der EG*, Berlin, S. 22–40.

Biehl, D., et al. (1975): *Bestimmungsgründe des regionalen Entwicklungspotentials*, Tübingen.

Boldrin, M.und F. Canova (2001): „Inequality and Convergence: Reconsidering European Regional Policies", *iEconomic Policy*, 16, S. 207–257.

Brakman, S., H. Garretsen und C. van Marrewijk (2001): *An Introduction into Geographical Economics*, Cambridge.

Bröcker, J. (1998): „Konvergenz in Europa und die Europäische Währungsunion", in: Bernhard Fischer (Hrsg.), *Ökonomische Konvergenz in Theorie und Praxis*, S. 105–135.

Brülhart, M. und J. Torstensson (1996): „Regional integration, scale economies, and industry location in the European Union", *CEPR Discussion Paper*, No. 1435.

Coase, R. H. (1960): „The Problem of Social Cost", *Journal of Law and Economics*, 3, S. 1–44.

Dietrichs, B. (1983), „Entwicklungsstadien des Konzepts der passiven Sanierung zurückgebliebener Gebiete", in: Heinz Müller (Hrsg.), *Determinanten der räumlichen Entwicklung*, Schriften des Vereins für Socialpolitik, NF 131, Berlin, S. 55-74.

Dornbusch, R. (1996): „The Effectiveness of Exchange-rate-Changes", *Oxford Review of Economic Policy*, 12, 3, S. 26–38.

Eekhoff, J. (1993): „Zustand und Entwicklung der Europäischen Gemeinschaft", *Orientierungen zur Wirtschafts- und Gesellschaftspolitik*, 57 (3 / 1993), S. 3–7.

[65] Vgl. Eekhoff, 2001, S. 34 / 35.

Eekhoff, J. (1995): „Regionale Strukturpolitik in der Europäischen Union versus Wettbewerb der Regionen", in: Lueder Gerken (Hrsg.), *Europa zwischen Ordnungswettbewerb und Harmonisierung*, Berlin, S. 315–328.

Eekhoff, J. (2001): „Sozialpolitik im marktwirtschaftlichen System", in: Otto Graf Lambsdorff (Hrsg.), *Freiheit und soziale Verantwortung*, Frankfurt a. M., S. 31–56.

Eekhoff, J. (2013): „Krise der Europäischen Währungsunion: Wie kann es weitergehen?", in: Nils Ole Oemann (Hrsg.), *Der Euro. Eine Karriere? Für Horst Köhler*, Freiburg im Breisgau, S. 35–53.

Egger, P. H. und Maximilian von Ehrlich (2013): „EU-Regionalförderung: Ziele, Diagnose ihrer Wirkung und Empfehlungen für die Zukunft", *Zeitschrift für Wirtschaftspolitik*, Jg. 62 (2013), Heft 1, S. 47–57.

Eucken, W. (1990): *Grundsätze der Wirtschaftspolitik*, 6. Aufl., München.

Europäischen Kommission: http://ec.europa.eu/regional_policy/index_de.cfm.

European Economic Advisory Group at CESifo (2003): *Report on the European Economy 2003*, München.

Franzmeyer, F. (1994): „Zum Zusammenhang von Konvergenz und Kohäsion", in: ders. (Hrsg.), *Das Konvergenzproblem – Wirtschaftspolitik im Europa von Maastricht*, Berlin, S. 206–236.

Frey, R. L. (1985): „Verfahren der regionalpolitischen Erfolgskontrolle", in: E. A. Brugger und R. L. Frey (Hrsg.), *Sektoralpolitik versus Regionalpolitik*, Bern, S. 25–42.

Fujita, M. und J.-F. Thisse (1996): „Economies of Agglomeration", *Journal of the Japanese and International Economies*, Vol. 10, No. 4, San Diego, S. 339–378.

Fürst, D., P. Klemmer und K. Zimmermann (1976): *Regionale Wirtschaftspolitik*, Düsseldorf.

Giersch, H. (1959): „Probleme der regionalen Einkommensverteilung", in: ders. (Hrsg.), *Probleme des räumlichen Gleichgewichts in der Wirtschaftswissenschaft*, Schriften des Vereins für Socialpolitik, NF 14, Berlin, S. 85–118.

Giersch, H. (1963): „Das ökonomische Grundproblem der Regionalpolitik", in: Harald Jürgensen (Hrsg.), *Jahrbuch für Sozialwissenschaft*, Bd. 14, Göttingen, S. 386–400.

Hallet, M. (2002): „Income Convergence and Regional Policies in Europe: Results and Future Challenges", vorgestellt auf der Konferenz der European Regional Science Association (ERSA) in Dortmund am 12. April (verfügbar auf: www.ersa2002.org).

Hanson, G. (1997): „Increasing returns, trade, and the regional structure of wages", *Economic Journal*, 107, S. 113–133.

Hayek, F. A. von (1968): *Der Wettbewerb als Entdeckungsverfahren*, Kieler Vorträge, NF 56, Kiel.

Heinemann, F. (2013): „EU-Kohäsionspolitik: Finanzielle Fehlanreize und die Suche nach dem europäischen Mehrwert", *Zeitschrift für Wirtschaftspolitik*, Jg. 62, Heft 1, S. 58–69.

Holtzmann, H.-D. (1997): *Regionalpolitik in der Europäischen Union: eine Erfolgskontrolle in theoretischer und empirischer Sicht*, Berlin.

Klemmer, P. (1978): „Anspruch und Wirklichkeit der regionalen Strukturpolitik", in: Hans Besters (Hrsg.), *Strukturpolitik wozu?*, Baden-Baden, S. 25–41.

Klemmer, P. (1986): „Regionalpolitik auf dem Prüfstand", *BDI-Drucksache* Nr. 190, Köln.

Klodt, H., J. Stehn, et al. (1992): *Die Strukturpolitik der EG*, Kiel.

Kommission (1970): Bericht an Rat und Kommission über die stufenweise Verwirklichung der Wirtschafts- und Währungsunion in der Gemeinschaft („Werner-Bericht"), abgedruckt in: Sonderbeilage zum Bulletin 11 – 1970 der Europäischen Gemeinschaften, Brüssel.

Kommission (1986): Einheitliche Europäische Akte, abgedruckt in: Bulletin der Europäischen Gemeinschaften, Beilage 2.

Kommission (1989): Der EFRE in Zahlen 1975–1988, Dokument, Luxemburg.

Krieger-Boden, C. (1987): „Zur Regionalpolitik der Europäischen Gemeinschaft", *Die Weltwirtschaft*, H. 1, 1987, S. 82–96.

Krieger-Boden, C. (1995): *Die räumliche Dimension in der Wirtschaftstheorie*, Kiel.

Krugman, P. R. (1979): „Increasing Returns, Monopolistic Competition, and International Trade", *Journal of International Economics*, 9, S. 469–479.

Krugmann, P. R. (1980): „Scale Economies, Product Differentiation, and the Pattern of Trade", *American Economic Review*, 70, S. 950–959.

Lammers, K. (1989): „Gründe und Ansatzpunkte für eine Neuorientierung der Regionalpolitik", in: Gesellschaft für Regionalforschung (Hrsg.), *Seminarbericht* Bd. 26, S. 101–115.

Lammers, K. (1999): „Europäische Integration und räumliche Entwicklungsprozesse: Wo bleibt die nationale Ebene?", in: *Fiskalischer Föderalismus in Europa*, Berlin, S. 21–44.

Lammers, K. (2002): „Die Osterweiterung aus raumwirtschaftlicher Perspektive – Prognosen regionalökonomischer Theorien und Erfahrungen aus der bisherigen Integration in Europa", Vortrag gehalten an der 65. Wissenschaftlichen Tagung der Arbeitsgemeinschaft Deutscher Wirtschaftswissenschaftlicher Forschungsinstitute e. V.: ‚Osterweiterung der EU', 25.4.2002, Berlin.

Lammers, K. und A. Niebuhr (2002): „Erfolgskontrolle in der deutschen Regionalpolitik: Überblick und Bewertung", *HWWA-Report* Nr. 214, Hamburger Welt-Wirtschafts-Archiv (HWWA).

Leonardi, R. (2003): *Regional Policy in the European Union: The Role of Cohesion in the Building of a United Europe*, Basingstoke (forthcoming).

Mallossek, J. (1999): „Die Erweiterung der Europäischen Union um die mittel- und osteuropäischen Länder", in: Institut für Wirtschaftspolitik an der Universität zu Köln (Hrsg.), *Untersuchungen zur Wirtschaftspolitik* Nr. 116, Köln.

Molitor, B. (1974): „Das Verteilungsziel in der Regionalpolitik", *Hamburger Jahrbuch für Wirtschafts- und Gesellschaftspolitik*, 19. Jg., S. 171–184.

Neary, J. P. (2001): „Of Hypes and Hyperbolas: Introducing the New Economic Geography", *Journal of Economic Literature*, Bd. 39, No. 2, S. 536–561.

N. N. (2013): „Britain's decaying towns", *The Economist*, 12. Oktober, S. 14.

Olson, M. (1985): *Aufstieg und Niedergang von Nationen*, Tübingen.

Pfetsch, F. R. (1997): *Die Europäische Union. Eine Einführung*, München.

Ricardo, D. (1817): *On the Principles of Political Economy and Taxation*, London.

Rolle, C. (2000): *Europäische Regionalpolitik zwischen ökonomischer Rationalität und politischer Macht*, Münster.

Roos, M. (1999): *Der Einfluss der Wirtschaftspolitik auf Agglomeration in Wachstumsmodellen*, Universität des Saarlandes.

Sapir, A., et al. (2003): *An Agenda for a Growing Europe. Making the EU Economic System Deliver*, Report of an Independent High-Level Study Group established on the initiative of the President of the European Commission, Brüssel.

Schindler, C. P. (2005): „Die Regionalpolitik der Europäischen Union. Eine kritische Auseinandersetzung mit ihrer allokationspolitischen Ausgestaltung und ihrer distributionspolitischen Zielsetzung", in: Institut für Wirtschaftspolitik an der Universität zu Köln (Hrsg.), *Untersuchungen zur Wirtschaftspolitik*, Nr. 128, Köln.

Solow, R. M. (1956): „A Contribution to the Theory of Economic Growth“, *The Quarterly Journal of Economics*, Vol. 70, No. 1, Cambridge / Mass., S. 65–94.

Straubmann, T. (2013): „Wohlstandsgrenzen sind zählebig“, *Finanz und Wirtschaft*, Nr. 77, 2. Oktober, S. 3.

Streit, M. E. (1981): „Regionale Entwicklung und Regionalpolitik in der Europäischen Gemeinschaft“, *Raumforschung und Raumordnung*, 39. Jg., Heft 2–3, S. 49–55.

Südekum, J. (2002): „Wie sinnvoll ist die Regionalpolitik der Europäischen Union?“, *Zeitschrift für Wirtschaftspolitik*, Jg. 51, Bd. 1, S. 121–141.

Suntum, U. van (1981): *Regionalpolitik in der Marktwirtschaft*, Baden-Baden.

Tarschys, D. (2003): „Reinventing Cohesion. The Future of European Structural Policy“, in: Swedisch Institute for European Policy Studies (Ed.), *Report N. 17*, Stockholm.

Tarschys, D. (2008): *Maximising What? On the Multiple Objectives of EU Cohesion Policy*, Papier vorgestellt bei: Conference on the Future of EU Cohesion Policy, Maribor, 7.–8. April.

Thomas, I. P. (1997): „Ein Finanzausgleich für die Europäische Union?“, *Kieler Studien* Nr. 285, Tübingen.

Vaubel, R. (2001): *Europa-Chauvinismus. Der Hochmut der Institutionen*, München.

Waniek, R. (1992): *Die Regionalpolitik der Europäischen Gemeinschaft*, Bochum.

Weber, M. (1904 / 1905): „Die protestantische Ethik und der Geist des Kapitalismus“, *Archiv für Sozialwissenschaften und Sozialpolitik*, Bd. XX und XXI.

Wellenhofer, T. (1997): *Der Beitrag der EG-Regionalpolitik zur Verringerung von Einkommensdisparitäten in der Europäischen Union*, Berlin.

Wittmann, W. (1977): *Einführung in die Finanzwissenschaft, IV. Teil Finanzpolitik*, Stuttgart.

Familiengründung ist Privatsache, Bevölkerungspolitik keine Staatsaufgabe

Vera Bünnagel

1 Einführung

Die Familienpolitik in Deutschland hat in den vergangenen Jahren einen „Perspektivwechsel zu einer [...] Familienpolitik [vollzogen, die ...] auch mit demografischen [...] Argumenten begründet ist.“[1] Jahrzehntelang herrschte bevölkerungspolitische Zurückhaltung – noch in den 70er Jahren bekräftigte die Bundesregierung, mit der Familienpolitik nicht bestimmte Geburtenzahlen erreichen zu wollen.[2] Inzwischen sind mehr Geburten jedoch wieder explizites politisches Ziel.[3]

Insbesondere bei der Diskussion über eine staatliche Förderung institutioneller Kinderbetreuung werden regelmäßig bevölkerungspolitische Ziele angeführt: Die Subvention soll dazu führen, dass sich mehr (potenzielle) Eltern für die Geburt (weiterer) Kinder entscheiden.[4] Eine Lenkung der Entscheidung (potenzieller) Eltern über den Zeitpunkt der Geburt und die Zahl ihrer Kinder ist in einer freiheitlich-demokratischen Gesellschaft jedoch nicht zu rechtfertigen. Zu gravierenden grundsätzlichen Vorbehalten kommt für Lenkungsversuche durch Kinderbetreuungspolitik hinzu, dass dieser Umweg weder effektiv noch effizient ist. Wird eine Erhöhung der Geburtenrate ungeachtet aller Einwände zum politischen Ziel erhoben, verspricht ein allgemeiner Geldtransfer mehr Wirkung. Zu hoch sollten die Erwartungen jedoch auch hier nicht ausfallen.

Nachfolgend wird zunächst die Forderung staatlicher Neutralität hinsichtlich der Familiengründung begründet. Dann wird in Frage gestellt, ob ein Interesse Dritter an der Geburt von Kindern besteht (externe Effekte). Anschließend wird hinterfragt, ob ein staatliches Engagement in der Kinderbetreuung überhaupt einen Einfluss auf die Geburt von Kindern erwarten ließe.

---

[1] Deutscher Bundestag, 2006, S. 5; vgl. auch Bundesministerium für Familie, 2005, S. 11: „In der Familienpolitik der Bundesrepublik hat in den letzten beiden Jahren ein Paradigmenwechsel stattgefunden und zwar da hingehend, dass sie als eines ihrer Ziele die Erhöhung der Geburtenrate nennt.“

[2] Vgl. Wingen, 1975, S. 45.

[3] Vgl. Bundesministerium für Familie, 2003.

[4] Vgl. etwa Wissenschaftlicher Beirat beim Bundesministerium für Wirtschaft, 2005, S. 38; Bundesministerium für Familie, 2003.

2 Keine Lenkung der Entscheidung über die Geburt von Kindern

Jeder Versuch einer Lenkung der zutiefst privaten Entscheidung (potenzieller) Eltern über die Geburt von Kindern ist als gravierende Freiheitseinschränkung und Verletzung der Menschenwürde der Eltern zu werten. In einer freiheitlichen Gesellschaft hat sich der Staat in dieser essentiellen und langfristig folgenreichen Frage neutral zu verhalten.[5]

Befürworter einer bevölkerungspolitischen Lenkung mit dem Ziel einer bestimmten Bevölkerungsentwicklung rechtfertigen dies damit, dass staatliche Institutionen hinsichtlich der Entscheidung für oder gegen (weitere) Kinder nie neutral seien.[6] Sämtliche Regeln würden diese Entscheidung indirekt beeinflussen, auch wenn sie primär das Familienrecht beträfen, die Rahmenbedingungen des Arbeitsmarktes, des Bildungssystems oder des Wohnungsmarktes. Wingen (1975, S. 37) kommt daher zu dem Schluss, dass „wenn [...] im Ergebnis doch auf den Bevölkerungsprozeß eingewirkt wird, [...] dies auch bewußt, planvoll und zielgerichtet in Kenntnis und Würdigung der Wirkungsrichtungen staatlicher Politik geschehen" sollte.

Zielgerichtetes Einwirken setzt jedoch eine Einigung auf ein konsensfähiges Ziel voraus. Dass die Bestimmung eines solchen Ziels problematisch ist und Bevölkerungswachstum „keinen Selbstzweck"[7] habe, diskutiert auch Wingen ausführlich. Unterschiedliche Bevölkerungsentwicklungen seien nicht grundsätzlich gut oder schlecht. Daher beruft er sich lediglich auf nicht intendierte Wirkungen. Nicht intendierte Wirkungen rechtfertigen jedoch keine bewusste Steuerung des Geburtenverhaltens unter Aufgabe des Neutralitätsziels. Ziel kann allenfalls sein, nicht intendierte Wirkungen möglichst zu vermeiden. Ziel ist dann nicht eine bestimmte Bevölkerungsentwicklung, sondern die Vermeidung ihrer Beeinflussung.[8]

---

5 Vgl. auch Hackmann, 2006, S. 255; Wissenschaftlicher Beirat beim Bundesministerium für Wirtschaft, 1980, S. 54: „Selbst einer nicht auf quantifizierte Ziele ausgerichteten Bevölkerungspolitik, der es lediglich darum geht, die Tendenzen des generativen Verhaltens umzukehren, sind in einer freiheitlichen Ordnung enge Grenzen gesetzt."

6 Vgl. beispielsweise Wingen, 1975, S. 37 ff. und 2005, S. 403 ff.; Bertram et al., 2005, S. 45 f.

7 Wingen, 1975, S. 63.

8 Wingen, 1975 hingegen fordert eine Stabilisierung des Bevölkerungsbestandes, vgl. S. 84 ff. Auch Steinmann, 2007 konstatiert zwar, dass es „keine eindeutige Richtschnur zur Bestimmung der „optimalen" Bevölkerungsgröße oder der „optimalen" Altersstruktur" gebe, die objektiv wissenschaftlich begründbar wäre. Er fordert dennoch die „Anhebung der Fertilität möglichst auf das Reproduktionsniveau" (S. 115 f.).

Eine Rechtfertigung von Transfers für die Geburt von Kindern wäre, dass Familien Leistungen erbringen, von denen alle Bürger profitieren (externe Effekte). Dass mit der Entscheidung für die Geburt von Kindern Kosten verbunden sind, begründet an sich hingegen keine Umverteilung zu Gunsten der Familien. Mit der Geburt von Kindern verbundene Einschränkungen sind die Konsequenz eigener Wahlentscheidungen, nicht exogen auferlegten Zwangs. Selbst wenn Eltern im statistischen Durchschnitt ein niedrigeres Pro-Kopf-Einkommen hätten, wäre dies keine zu korrigierende systematische Benachteiligung von Familien. Es wäre das Ergebnis freier Entscheidungen, die mit einem Einkommensverzicht verbunden sein können.[9] Über das Lebensglück der Individuen sagt diese Größe zudem nichts aus. Der Einkommensverzicht könnte durch immaterielle Größen überkompensiert sein. Ihr Lebensglück könnte sogar größer sein als das derjenigen, die die Unterstützung über Steuern finanzieren müssen.

Ein Ausgleich von Vorteilen für Dritte würde die freie Entscheidung der Eltern über ihre Kinderzahl nicht beeinträchtigen. Sofern externe Effekte der Geburt und Erziehung von Kindern vorlägen, wäre ihre Internalisierung keine Förderung der Entscheidung für zusätzliche Kinder. Sie würde vielmehr eine Verzerrung zu Lasten der Geburt von Kindern vermeiden. Ohne Kompensation würden allein die Eltern die Kosten tragen und sie nur dem Nutzen der Familie selbst gegenüberstellen.[10] Je nach Gewicht des externen Effekts wäre es denkbar, dass sie weniger Kinder bekämen, als bei einer Berücksichtigung des Nutzens aller Individuen.[11]

Eine Internalisierung externer Effekte würde nicht in der Absicht vorgenommen, ein kollektivistisches, von den individuellen Präferenzen der Gesellschaftsmitglieder losgelöstes Bevölkerungsziel zu erreichen. Ob die Geburt und Erziehung von Kindern mit entscheidungsrelevanten externen Effekten verbunden ist, ist jedoch umstritten.

---

9 Vgl. ähnlich Werding, 1998, S. 155 f., S. 5; Homburg/Gräff, 1988, S. 14.

10 Von Prinzipal-Agenten-Beziehungen zwischen Eltern und Kindern wird hier aus Platzgründen abstrahiert, vgl. dazu Bünnagel, 2013.

11 Selbstverständlich liegt familiären Entscheidungen vielfach keine rationale Abwägung monetär bewertbarer Kosten- und Nutzengrößen zu Grunde. Doch auch wenn immaterielle Werte, Liebe und Zuneigung eine starke Rolle spielen ist davon auszugehen, dass Familienmitglieder versuchen, ihr Lebensglück zu erhöhen und dabei über begrenzte Mittel verfügen. Daher müssen sie zwischen alternativen Verwendungsmöglichkeiten knapper Ressourcen abwägen. Sie werden bewusst oder implizit diejenigen vorziehen, die ihnen mehr Nutzen stiften (vgl. Werding, 1998, S. 155; Dinkel, 1984).

3 Potenzielle Externe Effekte in Folge der Geburt von Kindern

3.1 Wachstumseffekte durch Geburten sind fraglich

Ein Rechtfertigungsversuch von Geburtenförderung sind vermeintliche Wachstumseffekte. Die angeführten Argumente bilden jedoch keine stichhaltige Begründung bevölkerungspolitischer Eingriffe. Inwiefern makroökonomische Indikatoren den Präferenzen der Individuen entsprechen, ist unklar. Daher können sie nicht als konsensfähige Zielgröße unterstellt werden. Vielfach werden externe Effekte durch technischen Fortschritt angeführt. Eine höhere Geburtenzahl ist jedoch kein Garant für technischen Fortschritt und damit die Entstehung potenzieller externer Effekte. Bevölkerungspolitik ist der falsche Weg, da eine Internalisierung mit konkreterem Zusammenhang zwischen Externalität und Innovation effektiver sein dürfte.[12] Allerdings ist ohnehin fraglich, ob technischer Fortschritt tatsächlich mit externen Effekten verbunden ist.

Ein Anstieg des Bruttonationaleinkommens ist ein sehr grober Wohlstandsindikator

Das Ziel eines Wirtschaftswachstums ist in der BRD im Stabilitäts- und Wachstumsgesetz festgeschrieben (§ 1). Es spielt auch bei der Forderung einer so genannten nachhaltigen Familienpolitik eine wichtige Rolle.[13] Diese Forderung spielt auf Wachstum als Indikator für den Wohlstand der Bürger an. Wachstum ist jedoch kein hinreichender Indikator für das Wohlbefinden der Individuen in einer Gesellschaft.

Unter Wirtschaftswachstum wird meist ein Anstieg des Bruttonationaleinkommens verstanden. Wachstum ergibt sich dann aus einer Erhöhung der Einkommenssumme aller Individuen. Die Erhöhung kann entweder auf der Wertschöpfung zusätzlicher Individuen beruhen, oder auf höherer Wertschöpfung einzelner Individuen. Aus einer höheren Einkommenssumme kann nicht unmittelbar auf die Entwicklung des durchschnittlichen Einkommens pro Kopf geschlossen werden. Verteilt sich die höhere Summe auf mehr Individuen, kann das Pro-Kopf-Einkommen trotz Wachstum sinken.

---

12 Qualitative Aspekte (Bildungsinvestitionen) weisen einen engeren Zusammenhang zu Innovationen und technischem Fortschritt auf als quantitative Aspekte. Allerdings kommen deren Erträge wesentlich den Individuen selbst zu Gute, nicht Dritten. Auch ihre Förderung ist dann nicht als Internalisierung externer Effekte zu begründen. Vgl. dazu ausführlich Bünnagel, 2013, Kap. B.I.3.

13 Vgl. Bundesministerium für Familie, 2003: „Familienpolitik kann eine höhere Geburtenrate […] ermöglichen. Langfristig werden so höhere Wachstumsraten (BIP) erreicht […].“ Vgl. auch die Studie „Wachstumseffekte einer bevölkerungsorientierten Familienpolitik“ des Instituts der deutschen Wirtschaft, 2006 für das Familienministerium.

Ob die Geburt eines zusätzlichen Kindes zu einer Erhöhung oder Verringerung des Pro-Kopf-Einkommens führt, ist im Vorhinein unklar. Zusätzliche Arbeitskräfte werden gemäß ihrer Wertschöpfung entlohnt. Zusätzliche Löhne erhöhen die Lohnsumme und damit das Bruttonationaleinkommen, jedoch zunächst nicht das Einkommen pro Kopf. Erbringt ein Kind später eine Wertschöpfung über dem Durchschnitt, wird es überdurchschnittlich entlohnt. Im Durchschnitt steigt das statistische Pro-Kopf-Einkommen. Doch auch dann erhöht sich der Wohlstand der anderen nicht: Das zusätzliche Einkommen kommt dem Kind selbst zugute.

Das Gegenteil ist denkbar, wenn sich komplementäre Produktionsfaktoren nicht in die gleiche Richtung entwickeln wie die Bevölkerung. Sinkt das pro Arbeitskraft eingesetzte Kapital, sinken die durchschnittliche Produktivität und das Einkommen pro Kopf. Unterstellt man ein neoklassisches Wachstumsmodell ohne erschöpfbare Ressourcen, ist das Pro-Kopf-Einkommen langfristig unabhängig vom Bevölkerungsniveau. Denn der Kapitalstock entwickelt sich mit der Bevölkerung. Eine höhere Wachstumsrate der Bevölkerung impliziert in diesem Modell jedoch eine geringere Kapitalintensität als eine stagnierende oder sinkende Bevölkerung.[14] Eine geringere Kapitalintensität pro Kopf impliziert ein geringeres Einkommen pro Kopf. Bei Einbeziehung knapper fixer Ressourcen (Boden) sinkt das Pro-Kopf-Einkommen mit zunehmender Bevölkerung, also auch bei einer Verschiebung des Niveaus. Eine höhere Geburtenrate impliziert dann negative Einkommenseffekte auf Dritte.

Wie sich die Kapitalintensität entwickelt, hängt von der Entwicklung der Ersparnis ab. Hängt die Ersparnis vom Einkommen ab (Keynesianische Sparfunktion), ist die Kapitalintensität im langfristigen Gleichgewicht umso geringer, je schneller die Bevölkerung wächst. Geht man hingegen von der Lebenszyklushypothese aus (jede Generation spart einen konstanten Anteil ihres Einkommens als Altersvorsorge), bleibt die Kapitalintensität langfristig unverändert. Falls Vorsorgemotive eine Rolle für die Geburt von Kindern spielen, könnten Eltern die Vorsorge mittels des Humankapitals potenzieller Kinder durch die Vorsorge am Kapitalmarkt substituieren. Schlägt sich dies in einem höheren Realkapitalbestand nieder, steigt die Kapitalintensität pro Kopf. Eine niedrigere Geburtenzahl würde dann ein höheres Pro-Kopf-Einkommen implizieren.

Der Zusammenhang zwischen der Entwicklung von Bevölkerung und Pro-Kopf-Einkommen ist also komplexer als vielfach suggeriert. Darüber hinaus ist die quantitative Diskussion verkürzt, da sie Qualitätsaspekte vernachlässigt. Es ist

---

[14] Vgl. Homburg/Gräff, 1988, S. 15ff. Bestimmte Investitionen sind dann allein zur Aufrechthaltung des Realkapitalbestands pro Kopf erforderlich, den sie sonst erhöhen würden. Ihr Modell unterstellt vereinfachend die Produktion eines homogenen Gutes mit Arbeit und Kapital. Althammer, 2000, S. 49f. kritisiert die verwendete Produktionsfunktion, kommt jedoch zum ähnlichen Ergebnis.

unmittelbar einleuchtend, dass die individuelle Wertschöpfung vom individuellen Humankapital abhängt.[15] Investieren Eltern bei einer geringeren Kinderzahl pro Kind mehr in dessen Entwicklung als bei einer größeren Kinderzahl, könnte das Humankapital pro Kopf steigen.[16] Dies ließe ein höheres Wertschöpfungspotenzial und damit ein höheres Pro-Kopf-Einkommen erwarten. Stehen nur begrenzte Mittel zur Verfügung, könnte die Förderung von Geburten zur Erhöhung des Pro-Kopf-Einkommens somit kontraproduktiv wirken, da die knappen Mittel auf mehr Kinder zu verteilen wären.

Einkommen ist zudem kein hinreichender Indikator für individuellen Nutzen. Selbst ein höheres Einkommen jedes einzelnen Gesellschaftsmitglieds ließe nicht auf einen höheren Nutzen aller Individuen schließen. Denn Nutzen entsteht nicht nur durch Einkommen: Auch Freizeit und Freiheit spenden Nutzen. Wer eine hohe Freizeitpräferenz hat, mag den Nutzen aus der Einkommenserhöhung geringer schätzen, als die erforderliche Einschränkung seiner Freizeit. Auch bei nennenswerter Einschränkung der individuellen Freiheit, etwa hinsichtlich der individuellen Familienplanung, der damit verbundenen Verwendung der Zeit und des Einkommens, kann der Nutzen sinken.[17]

Das Wachstumsziel eines höheren Pro-Kopf-Einkommens ist daher nicht notwendiger Weise mit Vorteilen für alle Individuen verbunden. Eine sinnvolle Zielgröße von Wachstumspolitik ist nicht zu definieren. Die individuellen Präferenzen kommen in den Einzelentscheidungen von Millionen Individuen zum Ausdruck. Deren Ergebnis ist eine bestimmte wirtschaftliche Entwicklung – eine wachsende, stagnierende oder schrumpfende Wirtschaftsleistung. Eine kollektivistische Sichtweise auf die Einkommenssumme oder das durchschnittliche Pro-Kopf-Ein-

---

[15] In einigen Modellen der endogenen Wachstumstheorie ist Humankapital der entscheidende Wachstumsmotor (Romer, 1986; Lucas, 1988). Quantität ist dort durch Qualität – Wissen – substituierbar. Homburg, 1995 zeigt in seinem Humankapitalmodell, das Wachstum endogen durch nicht abnehmende Grenzerträge erklärt, einen negativen Zusammenhang zwischen Pro-Kopf-Einkommen und Wachstumsrate der Bevölkerung (vgl. S. 361 f.).

[16] Vgl. Becker, 1996, der davon ausgeht, dass Eltern bei zunehmender Arbeitsteilung und Spezialisierung in der Erwerbsgesellschaft hohe Kinderzahlen durch höhere Humankapitalinvestitionen pro Kind substituieren (S. 141 ff.). Empirisch glaubt Nave-Herz, 2007, S. 34 dies festgestellt zu haben.

[17] Vielfach werden Eingriffe damit zu rechtfertigen versucht, dass sie nicht das Geburtenverhalten lenken, sondern den Individuen eine Erfüllung ihrer Kinderwünsche ermöglichen sollen. Sie würden die individuelle Freiheit daher nicht beeinträchtigen, sondern erhöhen. Diese Argumentation ist verkürzt. Selbstverständlich konkurriert die Verwirklichung von Familienplänen mit der Realisierung anderer Wünsche. Die Subvention einzelner Wünsche verzerrt die Entscheidung zu Lasten der Verwendung knapper Ressourcen zur Realisierung anderer Wünsche. Dies beeinträchtigt die Freiheit sowohl der zwangsbeglückten Individuen selbst als auch derer, die die Subvention finanzieren müssen.

kommen kann die Auswirkungen auf den individuellen Nutzen jedes einzelnen Individuums nicht berücksichtigen. Für das individuelle Handeln hingegen sind diese entscheidend.

Zu rechtfertigen ist eine Korrektur dieser Einzelentscheidungen in Fällen, in denen sie zu letztlich auch individuell unerwünschten Ergebnissen führen, etwa bei externen Effekten. Diese Korrektur kann eine Wachstumswirkung entfalten; dies ist jedoch keineswegs zwingend. Eine bestimmte wirtschaftliche Entwicklung zum Ziel zu erheben erscheint hingegen nicht sinnvoll.[18]

Es ist unklar, ob eine verjüngte Gesellschaft produktiver ist

Ein externer Effekt der Geburt von Kindern wird in der Wachstumsdiskussion wegen einer vermeintlich höheren Innovationskraft einer im Durchschnitt jüngeren Gesellschaft unterstellt. Mehr junge, innovative und risikobereite Fachkräfte erhöhten den technischen Fortschritt und darüber die Wertschöpfung anderer. Ihr Wissen sei aktueller, ihre körperlichen und geistigen Fähigkeiten höher. Beides erhöhe auch die Produktivität ihrer älteren Arbeitskollegen. So stiegen deren Wertschöpfung und Einkommen ohne zusätzliche eigene Anstrengung.[19] Es ist jedoch unklar, ob eine im Durchschnitt ältere Gesellschaft tatsächlich zwangsläufig dauerhaft weniger produktiv ist, als eine jüngere.

Die empirische Überprüfung der Altersabhängigkeit von Innovationskraft und Produktivität ist schwierig.[20] Korrelationen zwischen der betrieblichen Altersstruktur und Produktivität implizieren einen umgekehrt u-förmigen Verlauf. Die Jüngsten wiesen eine geringere Produktivität auf als die Ältesten. Am Produktivsten sei die Gruppe der 25- bis 44-Jährigen.[21] Ein weiterer Indikator ist das Alter bei der Patentanmeldung. Sie ist in jungen Jahren selten, steigt dann bis 40 steil an und geht danach wieder zurück.[22] Frosch (2009) stellt allerdings auch diesen Indikator in Frage: Branchenspezifische Ergebnisse seien widersprüchlich. Möglicherweise würden nicht alle Akteure erfasst, die an einer Innovation beteiligt waren. Darüber hinaus seien Selektionseffekte anzunehmen: Junge seien eher in

18 So auch Molitor, 1995, S. 195 ff.

19 Wobei die Befürchtung aktuell angesichts der Schrumpfung und Alterung der Gesellschaft anders herum lautet, dass Produktivität und Innovationskraft sinken, wenn dieser Prozess nicht aufgehalten wird.

20 Einen Versuch wagen Ragnitz/Schneider, 2007. Der individuelle Beitrag zum Produktionsprozess ist empirisch kaum zu erfassen, so dass er nicht zum Alter in Beziehung gesetzt werden kann. Der altersspezifische Lohn ist kein sinnvoller Indikator für die altersspezifische Wertschöpfung, da er oft Senioritätselemente enthält.

21 Vgl. ebenda und Schneider, 2007. Die Autoren weisen allerdings darauf hin, dass das nicht zwingend kausale Zusammenhänge sind. Selektionseffekte könnten dominieren (Schneider, 2007, S. 85/89).

22 Vgl. Frosch, 2009, S. 3 f.

neuen, innovativen Branchen tätig, während Ältere häufig im angestammten Unternehmen auf Jobs im Management wechselten. Das kann durchaus der Tätigkeit entsprechen, in der sie die höchste Wertschöpfung erbringen. Bei veränderten Knappheiten könnten jedoch auch Ältere stärker zum technischen Fortschritt beitragen. Veränderte Knappheiten erhöhen den Anreiz, in das eigene Humankapital zu investieren und Risiken einzugehen.

Auch aus theoretischer – gerontologischer – Sicht ist der Effekt der Alterung auf die individuelle Produktivität nicht eindeutig.[23] Der Einfluss auf physische, körperliche Fähigkeiten einerseits und andererseits kognitive und soziale Fähigkeiten ist sehr unterschiedlich. Dass die körperlichen Fähigkeiten im Alter tendenziell sinken, ist unstrittig. Auch medizinisch-technischer Fortschritt wird diesen Trend nicht umkehren. Er könnte das Absinken jedoch verlangsamen und so Produktivitätseffekten eines steigenden Durchschnittsalters entgegenwirken. Hinzu kommt, dass physische Fähigkeiten in modernen Wissensgesellschaften etwas an Bedeutung verlieren. Die kognitiven Fähigkeiten umfassen auch Erfahrung und sprachliche Fähigkeiten, die im Altersverlauf tendenziell zunehmen. Auch gerontologisch korreliert ein geringeres Durchschnittsalter also nicht zwangsläufig positiv mit technischem Fortschritt. So kommt auch der Wissenschaftliche Beirat beim Bundesministerium für Wirtschaft (2005) zu dem Ergebnis, dass der Glaube an ein rasches Sinken der Produktivität im Alter zwar weit verbreitet, eine verlässliche Abschätzung jedoch nicht möglich sei. Die Messungen würden den komplexen Wirkungen nicht gerecht, die Zusammenhänge seien weitgehend unbekannt.

Doch selbst wenn Innovationskraft und technischer Fortschritt in einer verjüngten Gesellschaft höher wären, wäre die Geburt von Kindern nicht zwangsläufig mit positiven externen Effekten verbunden. Stattdessen ist davon auszugehen, dass Individuen gemäß ihrer Wertschöpfung entlohnt werden. Das gilt auch für die Wertschöpfung, die mit ihrer Innovationskraft und Risikobereitschaft verbunden ist. Sie erhöht ihren eigenen Wohlstand, nicht den Dritter.

3.2 Fiskalische Effekte durch zusätzliche Steuer- und Abgabenzahler begründen keine Internalisierung

Ein weiteres häufig angeführtes Argument für bevölkerungspolitische Eingriffe ist der Hinweis, dass Kinder als zukünftige Steuer- und Abgabenzahler zur Finanzierung der öffentlichen Infrastruktur und zum Fortbestand der umlagefinanzierten sozialen Sicherungssysteme beitragen. Somit profitierten Dritte von Geburt und Kindererziehung.

---

[23] Gerontologie bezeichnet die Wissenschaft des Alterns. Vgl. zum Folgenden Schneider, 2007.

Hierbei handelt es sich nicht um externe Effekte infolge unvollständiger Marktbeziehungen. Es handelt sich um fiskalische Effekte, die sich erst durch die spezifische Ausgestaltung staatlicher Institutionen ergeben. Vielfach sind sie in Konstruktionsmängeln begründet, etwa in den umlagefinanzierten Sozialversicherungen. Statt des Umwegs einer Kompensation der Effekte ist die Vermeidung des Entstehens fiskalischer Effekte effektiver und effizienter. Das vermeidet unnötige Umverteilung mit potenziellen, nicht intendierten Nebeneffekten und ist transparenter. Darüber hinaus vermeidet eine demographieunabhängige Ausgestaltung der Umlagesysteme, dass Individuen für den Erhalt von Institutionen instrumentalisiert werden. Deren Erhalt ist kein Selbstzweck: Institutionen sind nur legitimiert, wenn sie den Interessen eben dieser Individuen dienen. Es erscheint abwegig, die Bevölkerungsentwicklung staatlichen Institutionen anzupassen. Wo immer möglich sind statt einer Lenkung der Entscheidung über die Geburt von Kindern die Institutionen unabhängig von der demographischen Entwicklung zu gestalten. Das vermeidet Effekte auf Dritte und entkräftet Kompensationsforderungen.

Eine Institution, deren Demographieanfälligkeit regelmäßig als Begründung der Geburtenförderung angeführt wird, ist die umlagefinanzierte Gesetzliche Rentenversicherung.[24] An diesem Beispiel lässt sich gut verdeutlichen, dass die Ursache ein Konstruktionsfehler ist, den es zu beheben gilt.

Die umlagefinanzierte Altersvorsorge entspricht im Prinzip der Altersvorsorge in der vorindustriellen Großfamilie. Dort versorgten die Familienmitglieder im arbeitsfähigen Alter sowohl die Alten, als auch die Kinder. Positive oder negative Effekte auf Dritte bestehen in einem solchen familienspezifischen Umlageverfahren nicht.[25] Dies gilt grundsätzlich auch beim Pooling der Unterstützungserwartungen. Es ermöglicht eine Versicherung dagegen, dass die eigenen Kinder die Rente ihrer Eltern später durch Krankheit, Arbeitslosigkeit o. ä. nicht finanzieren können. Nur aufgrund von Konstruktionsmängeln gilt dies im Status quo nicht.

In einer umlagefinanzierten Rentenversicherung finanzieren alle Kinder später über ihre Beitragszahlungen die Alterssicherung der Generation ihrer Eltern. Sie bilden keinen Kapitalstock zur Deckung eigener späterer Rentenansprüche. Die Mittel werden vielmehr direkt an die in der gleichen Periode lebenden Rentner ausgezahlt. Die Beiträge sind im Generationenvertrag eigentlich eine Gegenleistung für Mittel, die in der eigenen Kindheit von den Eltern für Erziehung und Ausbildung aufgewendet wurden. Für die eigene Alterssicherung muss die Kindergeneration in einem Drei-Generationen-Vertrag über die Beiträge hinaus vorsorgen, indem sie eigene Kinder erzieht. Alternativ ist eine kapitalgedeckte Vor-

---

24 Vgl. beispielhaft Rürup / Gruescu, 2003, S. 49 f. und Wingen, 2005, S. 417 ff.

25 Vgl. Eekhoff, 2002, S. 162 ff.; Henman / Voigtländer, 2003.

sorge möglich. Diese Vorsorge ist zusätzlich zu den Beiträgen zum Umlagesystem zu leisten, da die Beiträge ja der Einlösung der Unterstützungserwartungen der Elterngeneration dienen.

Im Status quo der Gesetzlichen Rentenversicherung entstehen Unterstützungserwartungen allerdings nicht nur im Fall der Erziehung eigener Kinder. Sie entstehen unabhängig davon, da die Beiträge Bemessungsgrundlage späterer Rentenansprüche sind. Diese Analogie zu kapitalgedeckten Vorsorgesystemen ist unsachgemäß. Das existierende Umlagesystem verkürzt die Leistungsbeziehungen formal auf die Beziehung zwischen zwei Generationen, den Erwerbstätigen (Eltern) und Rentnern (Großeltern). Dem Konstrukt nach liegen ihm jedoch Leistungsbeziehungen zwischen drei Generationen zu Grunde: Den Rentnern (Großeltern), den Erwerbstätigen (Eltern) und Kindern.[26] Durch diesen Konstruktionsfehler tragen Eltern mit der Geburt und Erziehung von Kindern zur Finanzierung der Renten Kinderloser bei.

Problematisch ist damit jedoch auch im Status quo nicht eine bestimmte Geburtenrate. Problematisch sind vielmehr die unterschiedliche Kinderzahl der Versicherten und die daraus resultierende Umverteilung von Kindererziehenden zu Kinderlosen. So wird im Status quo nicht nur das Risiko versichert, dass die eigenen Kinder ihre Eltern später nicht unterstützen können. Versichert werden auch Erwachsene, die zwar Beiträge für ihre Eltern zahlen, aber keinen Beitrag zur eigenen Altersvorsorge durch die Erziehung von Kindern leisten. Das ist nicht sinnvoll, da die Entscheidung über die Geburt von Kindern in der Regel bewusst getroffen wird. Zwar besteht das Risiko ungewollter Kinderlosigkeit. Bei Kinderlosigkeit fallen jedoch auch die Ausgaben für die Erziehung eigener Kinder weg, die alternativ mittels kapitalgedeckter Altersvorsorge angespart werden können. Kinderlose werden dadurch keineswegs bestraft oder doppelt belastet. Es wird lediglich die Verpflichtung zur eigenen Altersvorsorge eingefordert, die für alle Individuen besteht.[27]

Zur Behebung des Konstruktionsfehlers müssten Investitionen in die nächste Generation (von Beitragszahlern) stärker als bisher zur Grundlage der umlagefinanzierten Rentenansprüche gemacht werden.[28] Gewollt oder ungewollt Kinderlose müssten auf kapitalgedeckte Vorsorge verwiesen werden. Der fiskalische Effekt der Erziehung künftiger Beitragszahler auf die Renten Kinderloser würde weg-

---

26 Vgl. Eekhoff, 2002, S. 162 ff.; Henman / Voigtländer, 2004; Sinn / Werding, 2000. Vgl. zu dieser Argumentation auch das Pflegeurteil des Bundesverfassungsgerichts, 1 BvR 1629 / 94 vom 3. April 2001.

27 Vgl. Eekhoff, 2002, S. 166 f. / 169 f.

28 Die Anrechnung von Kindererziehungszeiten in der Gesetzlichen Rentenversicherung entspricht prinzipiell diesem Zusammenhang, geht jedoch nicht weit genug (vgl. Henman / Voigtländer, 2004).

fallen. Die Behebung des Konstruktionsfehlers entzieht dem bevölkerungspolitischen Argument die Grundlage, dass Geburtenprämien den Beitrag der Eltern zum Umlageverfahren kompensieren. Sie würde die künftig zu erwartenden Finanzierungsprobleme durch das ungünstige Verhältnis von Beitragszahlern und Rentnern lösen: Werden weniger Kinder erzogen, entstehen bei sachgemäßer Berücksichtigung der relevanten Leistungsbeziehungen zugleich weniger Ansprüche an das Umlagesystem.

Auch die Gesetzliche Pflegeversicherung und die Gesetzliche Krankenversicherung sind als Umlageverfahren konzipiert, für die die Erziehung künftiger Beitragszahler konstitutiv ist. Auch diese Systeme können unabhängig von demographischen Verschiebungen und ohne Vorteile für Dritte durch die Geburt von Kindern konzipiert werden.[29] Auch hier ist eine Anpassung der Institution an die Bevölkerungsentwicklung einer Anpassung der Bevölkerungsentwicklung an die Institution vorzuziehen.

Steuerzahlungen

Ein fiskalischer Effekt könnte auch durch Steuerzahlungen zusätzlicher Individuen entstehen. Steuern und Abgaben sind jedoch keine zu maximierende Größe, sondern der Preis für die Nutzung staatlich bereit gestellter Infrastruktur.[30] Die Einnahmen haben sich an den Ausgaben zu orientieren. Sie sind vielfach von der Größe der Bevölkerung abhängig. Ein weiteres Individuum trägt zwar mit Steuern und Abgaben zur Finanzierung der Ausgaben bei. Zugleich können sich jedoch die Ausgaben erhöhen. Durch Steuerzahlungen eines weiteren Individuums haben daher nicht zwangsläufig Dritte netto einen Nutzen.

Von einem positiven fiskalischen Effekt durch zusätzliche Individuen ist bei öffentlichen Gütern auszugehen. Erfordert ihre Erstellung unabhängig von der Zahl der Nutzer einen fixen Betrag, verringern weitere leistungsfähige Zahler die Kostenbelastung der anderen. Dies ist jedoch ein seltener Ausnahmefall. Meist ist die verstärkte Inanspruchnahme mit zusätzlichen Kosten verbunden.[31]

Ein netto positiver fiskalischer Effekt würde über diesen seltenen Ausnahmefall hinaus dann entstehen, wenn die späteren Steuerzahlungen des Individuums die Kosten dafür übersteigen, dass es kollektiv bereitgestellte Güter und Dienstleistungen in Anspruch nimmt (und die Mittel kompensieren, die zur Bevölkerungspolitik aufgewendet worden sind). Doch auch das Gegenteil ist denkbar – dass

29 Vgl. für einen ausführlicheren Überblick mit familienpolitischem Fokus Bünnagel et al., 2009; zu Umstellungsmodellen für die Pflegeversicherung Arentz et al., 2004; für die Krankenversicherung Eekhoff et al., 2008.

30 Vgl. auch Müller, 2007, S. 141.

31 Vgl. Ott, 2000, S. 191; Werding, 1998, S. 160.

das Individuum mehr fiskalische Mittel in Anspruch nimmt, als es beiträgt. Der Staat muss vom Durchschnitt ausgehen. Ob der einzelne später zu den fiskalischen Nettozahlern oder zu den Nettoempfängern gehören wird, ist im Vorhinein unklar. Die gezielte Förderung der Geburt späterer Nettozahler mit überdurchschnittlichen Steuerzahlungen ist unmöglich. Ganz abgesehen davon wäre eine solche selektive Bevölkerungspolitik ethisch unhaltbar.[32]

Reduktion der Verschuldung pro Kopf

Als weiterer Effekt der Geburt von Kindern wird die Verteilung der bestehenden Staatsverschuldung auf mehr Individuen genannt. Der Schuldenstand pro Kopf würde sinken. Dritte würden durch einen niedrigeren individuellen Anteil am Schuldenstand profitieren.[33] Die statistische Größe der Pro-Kopf-Verschuldung ist wenig aussagekräftig. Ein fiskalischer Effekt auf Dritte könnte entstehen, wenn die Tilgung der Schuld in einem bestimmten Zeitraum durch alle dann lebenden Individuen beschlossen würde und der Beitrag anderer die eigene Tilgungslast reduzieren würde. Davon ist nicht auszugehen. Auch eine gleichbleibende Zinslast könnte unabhängig von einer Tilgung auf mehr Köpfe verteilt werden. Doch dies würde dem oben verworfenen Versuch entsprechen, Steuerzahlungen zusätzlicher Individuen herbeizuführen. Zugleich ist unklar, inwiefern der Einzelne leistungsfähig genug sein wird, den Beitrag anderer zu senken. Hinzu kommt, dass die Höhe seines solchen Effekts von den Entscheidungen anderer Individuen abhängt: Würden viele Kinder zusätzlich geboren, wäre der Effekt geringer, als wenn sich nur wenige potenzielle Eltern für (weitere) Kinder entscheiden. Die Internalisierung müsste daran angepasst werden.[34]

---

[32] Dennoch lässt das im Jahr 2007 in der Bundesrepublik Deutschland eingeführte positiv einkommensabhängige Elterngeld im ersten Lebensjahr eines Kindes ein entsprechendes Motiv vermuten (vgl. Bünnagel et al., 2009, Abschnitt B.3.2). Steinmann, 2007 bezeichnet die Ablösung des (negativ einkommensabhängigen) Erziehungsgeldes durch das Elterngeld als richtigen Schritt, der „sich an die richtige Adressatengruppe" wende (S. 125). Während das Erziehungsgeld „positive Anreize zu höheren Kinderzahlen bei den sozialschwachen und bildungsfernen Schichten gesetzt" und somit dem Prinzip „mehr Kinderquantität und weniger Kinderqualität" gedient habe, folge das Elterngeld dem Prinzip „mehr Kinderquantität und mehr Kinderqualität".

[33] Vgl. Wissenschaftlicher Beirat beim Bundesministerium für Wirtschaft, 2005, S. 29.

[34] Vgl. Dinkel, 1984, S. 156f., der daraus schließt, dass zur Rechtfertigung einer Familienförderung ausschließlich externe Effekte dienen, die unabhängig von der Gesamtzahl der geborenen Kinder sind.

3.3 Beiträge zum Fortbestand der Gesellschaft begründen keine Internalisierung

Als weiterer Effekt wird konstatiert, dass eine Gesellschaft nur durch die Geburt künftiger Gesellschaftsmitglieder fortbestehen könne. Eltern erfüllten eine sogenannte Reproduktionsfunktion, denn sie leisteten mit der Geburt und Erziehung von Kindern einen konstitutionellen Beitrag zum Fortbestand der Gesellschaft und zum Erhalt einer (meist nicht weiter konkretisierten) kulturellen Identität.[35]

Der Fortbestand einer Gesellschaft ist jedoch kein Wert an sich.[36] Es bleibt unklar, warum Dritte durch ihren Fortbestand einen Nutzen haben sollten. Auch der individuelle Nutzen des Erhalts einer kulturellen Identität durch die Kinder Dritter ist fragwürdig. Operationalisiert man sie beispielhaft als die gemeinsame Nationalsprache, ergibt sich der Wert dieses Kulturguts aus dem individuellen Nutzen daraus, sich verständigen zu können. Würden die Individuen in anderen Gesellschaften mit anderer Sprache ihrem Erhalt einen Nutzen zumessen, könnten sie sie problemlos anwenden und weitergeben. Zum Erhalt der Sprache ist nicht zwangsläufig die Fortpflanzung der ursprünglichen Nutzer erforderlich. Gleiches gilt für über Jahrhunderte im Zusammenleben von Individuen entstandene Traditionen, Kunst und Literatur.

Ganz abgesehen davon ist die Bevölkerung in den Gesellschaften, die Bevölkerungspolitik diskutieren, vom Aussterben weit entfernt. Eine Internalisierung müsste sich auf den marginalen Beitrag eines zusätzlichen Kindes beschränken; dieser dürfte so verschwindend gering sein, dass er für Geburtenentscheidungen kaum Gewicht hat.[37]

4 Kinderbetreuung ist kein effizientes Instrument zur Erhöhung der Geburtenrate

Die in der Literatur weit verbreitete Annahme externer Effekte der Geburt von Kindern konnte nicht bestätigt werden. Bevölkerungspolitik ist nicht mit gegenseitigen Vorteilen für die in einer Gesellschaft lebenden Individuen verbunden. Bevölkerungspolitische Ziele können eine Subvention institutioneller Kinderbetreuung daher nicht rechtfertigen.

---

35 Vgl. Lampert/Althammer, 2007, S. 384 sowie dazu kritisch Lüdeke, 1999, S. 15 f.

36 Vgl. ähnlich Dinkel, 1984, S. 159: „Ein freiheitlicher Staat wird nicht dagegen intervenieren können, wenn seine Bürger (die in ihrer Summe den Staat bilden) sich entschließen, auszusterben. Dies gilt etwa in gleicher Weise, wie dieser Staat seine Bürger nicht daran hindern dürfte, auszuwandern."

37 Vgl. Lüdeke, 1999, S. 15 f.

Ganz unabhängig von der Fragwürdigkeit der Zielsetzung wäre eine Subvention institutioneller Kinderbetreuung kein geeignetes Instrument zur Erreichung bevölkerungspolitischer Ziele. Sie ist also nicht nur wegen des nicht begründbaren Ziels zu verwerfen, sondern auch weil sie ein solches Ziel nicht effizient erreichen kann. Selbst wenn sich eine Gesellschaft ungeachtet der genannten Einwände eine Erhöhung der Geburtenrate zum Ziel setzte, wäre von einer Subvention institutioneller Kinderbetreuung zu seiner Erreichung abzuraten. Ein positiver kausaler Zusammenhang zwischen Kinderbetreuungssubvention und Geburtenrate ist sowohl aus theoretischer Sicht, als auch angesichts widersprüchlicher empirischer Indizien weitaus weniger eindeutig, als politisch regelmäßig unterstellt wird.[38]

Bevölkerungspolitisch motivierte Betreuungssubvention aus theoretischer Sicht

Die Subvention von Kinderbetreuung wäre ein effizientes bevölkerungspolitisches Instrument, wenn sie tatsächlich zu mehr Geburten führen würde (effektiv wäre) und die angestrebte Geburtenrate unter Einsatz geringerer Ressourcen hervorbringen würde, als alternative Instrumente (Effizienz).

Betreuungskosten können einen Effekt auf die Entscheidung für oder gegen (weitere) Kinder haben: Sie wird in der Regel nicht völlig losgelöst von den Kosten der Versorgung von Kindern getroffen. Senkt die Subvention institutioneller Betreuung aus Sicht der Eltern diese Kosten, könnte sie also eine höhere Geburtenrate bewirken. Dafür ist der Nettoeffekt nach Abzug der anteiligen Mitfinanzierung durch die Familien über ihre Steuern zu betrachten.

Dass es zu mehr Geburten kommt, ist jedoch auch im Fall eines positiven Nettonutzens keineswegs zwangsläufig. Da es nicht um die Entscheidung über den Erwerb eines teilbaren Gutes geht, sondern um die Entscheidung für ein, zwei, drei oder mehr Kinder, führt eine marginale Kostensenkung nicht zwangsläufig zu einer höheren Geburtenzahl. Die mit der Versorgung eines Kindes verbundenen Kosten gehen weit über die Kinderbetreuungskosten hinaus. Um die Geburt eines zusätzlichen Kindes zu bewirken, muss eine erhebliche Schwelle überschritten werden. Das ist grundsätzlich auch beim Erwerb normaler Güter der Fall und selbstverständlich hängt auch die Entscheidung für ein (weiteres) Kind manchmal von marginalen Änderungen ab. Doch je höher der Betrag ist, der für die kleinstmögliche Mengenausweitung aufgewendet werden muss, desto stärker wirkt eine solche Schwelle.[39]

---

[38] Vgl. beispielhaft Bundesministerium für Familie, 2003.

[39] Vgl. Ott, 2000, S. 193. In den Medien kursiert regelmäßig die Summe von 120.000 Euro als durchschnittliche Kosten für ein Kind. Dieser Summe nähert man sich, wenn man die von Münnich, 2006 anhand der Einkommens- und Verbrauchsstichprobe geschätzten monatlichen Ausgaben von durchschnittlich etwa 500 Euro für ein Kind auf 18 Jahre hochrechnet.

Hinzu kommt, dass der Nutzen, den Eltern mit Kindern verbinden, bereits durch wenige Kinder erfüllt sein könnte. Unter materiellen Gesichtspunkten ist eine hohe Kinderzahl mit einem hohen Nutzen verbunden. Dies würde etwa hinsichtlich der Altersvorsorge durch die Erziehung von Kindern gelten, wenn die Alterssicherungsbeiträge nicht sozialisiert würden. Doch materielle Motive haben an Bedeutung verloren.[40] Vielmehr dominieren Soziologen zufolge heute psychologische Motive die Entscheidung für Kinder: die Freude an eigenen Kindern und das Schenken von Leben. Sie könnten für viele Familien bereits durch wenige Kinder erfüllt sein.

Die meisten Frauen, die sich heute für eine Familiengründung entscheiden, bekommen zwei Kinder.[41] Wünschen die meisten von ihnen sich eine Kleinfamilie, hat eine Bevölkerungspolitik, die die Betreuungskosten senkt, bei ihnen kaum Effekte. Viele kinderlose Frauen geben das Fehlen des richtigen Partners als entscheidendes Hindernis an.[42] Auch bei ihnen hätte sie keine entscheidungsrelevante Wirkung.

Der Nutzen einer Senkung der Kosten für institutionelle Kinderbetreuung ist individuell unterschiedlich. Wie attraktiv institutionelle Betreuung für eine Familie ist, hängt von den Erwerbswünschen und Verdienstmöglichkeiten der Eltern ab, von ihren individuellen Erziehungsvorstellungen,[43] der Persönlichkeit der Kinder, der Zahl der Geschwister und ob ein soziales Netzwerk bei der Betreuung unterstützt.

Ein Geldbetrag, über dessen Verwendung die Familien gemäß ihren Präferenzen frei entscheiden können, ist mit geringeren Präferenzverfehlungen verbunden, als ein zweckgebundener Transfer. Letzterer verzerrt die Betreuungsentscheidung zu Gunsten institutioneller Betreuung, da er das Preisverhältnis zwischen subventionierten und nicht subventionierten Gütern verzerrt. Es kommt zu einem Substitutionseffekt. Kinderbetreuung, die die Zweckbindung nicht erfüllt, wird relativ teurer als Betreuungsformen, die die Zweckbindung erfüllen.

---

40 Vgl. Höhn et al., 2006, S. 23 f.; Nave-Herz, 2007, S. 31 f. Nave-Herz führt ebenda außerdem „sozial-normative" Motive eines Statusgewinns und der Erschließung eines neuen sozialen Umfelds durch Kinder an. Beides spreche ebenfalls eher für Kleinfamilien.

41 Vgl. Statistisches Bundesamt, 2009.

42 Vgl. Höhn et al., 2006, S. 15; Statistisches Bundesamt, 2009, S. 34.

43 Laut der Allgemeinen Bevölkerungsumfrage der Sozialwissenschaften (ALLBUS) gehen zwei Drittel aller Befragten in den alten Bundesländern davon aus, dass Kleinkinder unter Fremdbetreuung und Berufstätigkeit ihrer Eltern leiden (vgl. Hank et al., 2004). Inwiefern entwicklungspsychologische Theorien und empirische Studien dies stützen, kann an dieser Stelle nicht vertieft werden (vgl. dazu Bünnagel, 2013, Kap. B.IV.1). Hier bleibt festzuhalten, dass diese Eltern eine Präferenz dafür haben dürften, ihre Kinder selbst zu betreuen.

Ein ungebundener „transfer in cash“ macht gegenüber einem „transfer in kind“ ein höheres Nutzenniveau erreichbar. Familien, denen es den größten Nutzen stiftet, einen ungebundenen Transfer für institutionelle Betreuung zu verwenden, können diese damit finanzieren. Familien, denen andere Betreuungsformen mehr Nutzen stiften, werden sich weiterhin für diese Variante entscheiden. Das intuitiv einleuchtende, aber auch theoretisch zu zeigende Ergebnis eines höheren erreichbaren Nutzenniveaus lässt einen stärkeren quantitativen Effekt erwarten. Ein ungebundener Transfer wäre somit effizienter: Das unterstellte Ziel einer höheren Geburtenrate wäre zwar weiterhin schwer und nur unter erheblichem Ressourceneinsatz erreichbar. Gegenüber einem zweckgebundenen Transfer wäre jedoch ein geringerer Ressourceneinsatz erforderlich, um sich ihm zu nähern. Statt bevölkerungspolitische Ziele mittels einer Subvention bestimmter Betreuungsformen zu verfolgen, wäre ein Geldbetrag ohne Zweckbindung vorzuziehen.[44]

Empirische Indizien zum Zusammenhang zwischen Kinderbetreuung und Geburtenrate

Die Widersprüchlichkeit der umfangreichen empirischen Literatur zum Zusammenhang zwischen Familienpolitik und Geburtenraten stützt die skizzierten theoretischen Vorbehalte gegen die bevölkerungspolitisch motivierte Subvention von Kinderbetreuung. Die empirisch aufgezeigten Korrelationen weisen keineswegs regelmäßig das in der Öffentlichkeit vermittelte Vorzeichen auf: Dort wird häufig suggeriert, die Höhe der Geburtenrate hänge positiv von der Verfügbarkeit institutioneller Betreuung und negativ von den privat zu tragenden Kosten institutioneller Betreuung ab. Vorzeichen und Signifikanz der Korrelationen variieren in den Studien jedoch deutlich. Länderübergreifende Studien zeigen deutliche Un-

44 Wäre statt einer allgemeinen Erhöhung der Geburtenrate die schichtspezifische Geburtenförderung das Ziel, verlöre das Argument etwas Gewicht. Das scheint zunächst abwegig, ist jedoch keineswegs weit hergeholt: Dies wird mit dem positiv einkommensabhängigen Elterngeld de Facto praktiziert. Für Eltern, die ein hohes Erwerbseinkommen erzielen können, ist die Selbstbetreuung ihrer Kinder mit höheren Opportunitätskosten verbunden. Sie werden sich tendenziell eher für Erwerbstätigkeit und Fremdbetreuung ihrer Kinder entscheiden und würden einen ungebundenen Geldtransfer dafür verwenden. Wären sie die eigentliche Zielgruppe, wären Präferenzverfehlung und Effizienzverluste geringer. Bei geringerer Produktivität sind die Opportunitätskosten der Selbstbetreuung geringer. Zwar könnten auch Geringverdiener die subventionierte Kinderbetreuung nutzen. Hätten sie diese Variante ohne Zweckbindung der Subvention nicht gewählt ist jedoch davon auszugehen, dass ihnen der zweckgebundene Transfer einen geringeren Nutzen stiftet als ein ungebundener. Für sie ist die Einschränkung der bevölkerungspolitischen Wirkung in Folge der Zweckbindung daher tendenziell größer, als für Gutverdiener. Die bevölkerungspolitische Wirkung auf nicht zur Zielgruppe gehörende Eltern würde reduziert (so die Begründung von Steinmann, 2007, S. 133f.). Ein schichtbezogener Transfer wie das Elterngeld wäre dazu allerdings effizienter. Der Umweg über die Subvention institutioneller Betreuung kann jedoch das Ziel verschleiern helfen.

terschiede zwischen den Ländern. Die Ergebnisse variieren stark je nach Methode und Datensatz.[45] Selbst wenn Korrelationen festgestellt werden, ist die kausale Beziehung zwischen den Größen äußerst fragwürdig. Entscheidungen über die Geburt von Kindern hängen von einer Vielzahl von Variablen ab, die vielfach nicht direkt zu beobachten, geschweige denn in den Datensätzen abgebildet sind.[46]

Sleebos (2003, S. 48) resümiert daher, „that policy-makers should probably not expect too much from pronatalist policies." Auch Meier (2005) konstatiert, dass der Einfluss politischer Maßnahmen auf die Geburtenrate sehr begrenzt sei. Empirische Ergebnisse würden aus bevölkerungspolitischer Sicht wenn überhaupt eher Geldleistungen nahelegen, als eine Subvention von Kinderbetreuung (S. 38). D'Addio und d'Ercole (2005) simulieren trotz eigener methodischer Vorbehalte gegen ihre empirischen Ergebnisse auf deren Basis tendenzielle Effekte politischer Maßnahmen. In Deutschland bestehe demnach kaum Potenzial, die Geburtenrate zu erhöhen. Der Effekt einer Subvention von Kinderbetreuung sei besonders gering (S. 67). Hank et al. (2004) zeigen auf Basis des Sozio-Ökonomischen Panels (SOEP), dass die Geburtenraten in unterschiedlichen Regionen Deutschlands kaum mit der regionalen Verfügbarkeit von Betreuungsplätzen korrelieren. Ebenso wie die theoretischen Überlegungen legen die empirischen Ergebnisse eine Effektivität der Förderung von Kinderbetreuung als bevölkerungspolitischem Lenkungsversuch nicht nahe.

5 Fazit

Bevölkerungspolitische Lenkungsversuche sind schon grundsätzlich kaum zu rechtfertigen, insbesondere jedoch in Form des aktuell diskutierten Versuchs einer Lenkung durch Subvention institutioneller Betreuung äußerst fragwürdig. Vermeintliche externe Effekte der Geburt von Kindern können familienpolitische Leistungen nicht begründen.

Das impliziert nicht, dass in einer freiheitlichen Gesellschaft sämtliche familienpolitisch motivierten Leistungen auf den Prüfstand gehören. Lediglich die Verfolgung bevölkerungspolitischer Ziele ist angesichts der genannten Einwände nicht zu rechtfertigen. Selbstverständlich sind familienspezifische Regelungen im Steuersystem und in den Sozialversicherungen erforderlich – nicht als Geburten- oder Familienförderung, sondern um eine Benachteiligung von Familien gegenüber Bürgern ohne Kinder zu vermeiden. Das zeigen das Beispiel der Gesetzlichen Ren-

---

45 Vgl. für Überblicke beispielhaft d'Addio / d'Ercole, 2005; Hank et al., 2004; Meier, 2005 und Sleebos, 2003. Sie zeigen entsprechende Widersprüche neben weiteren familienpolitischen Instrumenten alle auch für Kinderbetreuung und Geburtenrate auf.

46 Vgl. d'Addio / d'Ercole, 2005, S. 57 f.; Sleebos, 2003, S. 48.

tenversicherung in diesem Beitrag und der Beitrag zur Berücksichtigung von Kindern im Steuersystem von Dr. Barbara Henman-Sturm in diesem Sammelband.

Auch konnten externe Effekte von Erziehung sowie Bildungseffekte in diesem Rahmen nicht ausführlich diskutiert werden. Zwar ist auch die Externalität von Bildungseffekten fragwürdig, sie sind allerdings weniger eindeutig zu verwerfen als externe Effekte in Folge der Geburtenzahlen. Sowohl die Erträge spezifischer Bildungsinvestitionen, als auch die Vermittlung von Werten, Sozialkompetenz und kognitiven Grundfertigkeiten kommen wesentlich den Kindern selbst zu Gute. Sogenannte „atmosphärische externe Effekte" der Kindererziehung sind jedoch plausibel: Ein Minimum an Bildung, gemeinsamen Werten und gemeinsamer Kultur aller in einer Gesellschaft lebenden Individuen ist die Voraussetzung für ein funktionierendes gesellschaftliches Zusammenleben. Fraglich ist jedoch das Gewicht der Externalität und damit ihre Entscheidungsrelevanz für das Erziehungsverhalten und die Bildungsnachfrage der Eltern. Denn entsprechende Charakterzüge liegen im ureigenen Interesse der Individuen selbst. Was genau die atmosphärischen Effekte ausmacht ist zudem schwer greifbar. Die Effekte sind schwer quantifizierbar und kaum gezielt herbeizuführen. Dennoch ist dies ein Ansatzpunkt für die Rechtfertigung einer Familienförderung, etwa in Form des Kindergeldes.

Dies wäre jedoch nur als Anerkennung der Sozialisationsleistung der Eltern zu verstehen. Es lässt keine Verhaltensänderung (und stärkere „atmosphärische Effekte") erwarten. Nicht zu rechtfertigen ist auf dieser Basis zudem eine Beschränkung der Förderung auf Kinderbetreuung durch Dritte: Denn weder Theorie noch Empirie legen nahe, dass diese Basiskompetenzen dort besser vermittelt werden, als bei Betreuung durch die eigenen Eltern.[47]

Literaturverzeichnis

Althammer, Jörg (2000): *Ökonomische Theorie der Familienpolitik*, Heidelberg: Physica.

Arentz, Oliver, Johann Eekhoff, Kai Menzel und Vera Streibel (2004): „Nachhaltigkeit durch Kapitaldeckung in der gesetzlichen Pflegeversicherung – eine Blaupause", *Jahrbuch für Wirtschaftswissenschaften*, Jg. 55, H. 3, S. 343–373.

Becker, Gary S. (1996): „Fertilität und Wirtschaft", in: Pies, Ingo (Hrsg.): *Familie, Gesellschaft und Politik – die ökonomische Perspektive*, Tübingen: Mohr Siebeck, S. 137–160.

Bertram, Hans, Wiebke Rösler und Nancy Ehlert (2005): *Nachhaltige Familienpolitik*. Berlin.

Bundesministerium für Familie, Senioren, Frauen und Jugend (Hrsg.) (2003): „Zukunft mit mehr Kindern", *Pressemitteilung* vom 13. 11. 2003, Berlin.

[47] Vgl. dazu ausführlich Bünnagel, 2013, Abschnitte B.I.3.3 und B.IV.1.

Bundesministerium für Familie, Senioren, Frauen und Jugend (Hrsg.) (2005): „Familie ja, Kinder nein. Was ist los in Deutschland?“, *Monitor Familiendemographie*, Berlin.

Bünnagel, Vera, Johann Eekhoff, Barbara Henman und Steffen J. Roth (2009): „Möglichkeiten und Grenzen der Bündelung familienpolitischer Leistungen. Welche Instrumente sind zur Überführung in eine Familienkasse geeignet?“, *Otto-Wolff-Institut Diskussionspapier* 3/2009, Köln.

Bünnagel, Vera (2013): *Die Rolle des Staates bei der Kinderbetreuung*, Köln.

d'Addio, Anna Cristina und Marco Mira d'Ercole (2005): „Trends and Determinants of Fertility Rates in OECD Countries: The Role of Policies“, *OECD Social, Employment and Migration Working Papers*.

Deutscher Bundestag (2006): „Stellungnahme der Bundesregierung zum Siebten Familienbericht“, Drucksache, Nr. 16/1360, Berlin.

Dinkel, Reiner (1984): *Die Auswirkungen eines Geburten- und Bevölkerungsrückgangs auf Entwicklung und Ausgestaltung von gesetzlicher Alterssicherung und Familienlastenausgleich*, Berlin: Duncker & Humblot.

Eekhoff, Johann, Vera Bünnagel, Susanna Kochskämper und Kai Menzel (2008): *Bürgerprivatversicherung. Ein neuer Weg für das Gesundheitswesen*, Tübingen: Mohr Siebeck.

Eekhoff, Johann (2002): *Beschäftigung und Soziale Sicherung*, 3. Aufl., Tübingen: Mohr Siebeck.

Frosch, Katharina H. (2009): „Do only new brooms sweep clean? A review on workforce age and innovation“, *MPIDR Working Paper*, Nr. 2009-005, Rostock.

Hackmann, Johannes (2006): „Die Bestimmung der optimalen Bevölkerungsgröße als (wirtschafts-)ethisches Problem“, in: Udo Ebert (Hrsg.), *Wirtschaftsethische Perspektiven VIII*, Berlin: Duncker & Humblot, S. 247–270.

Hank, Karsten, Michaela Kreyenfeld und C. Katharina Spieß (2004): „Kinderbetreuung und Fertilität in Deutschland“, *Zeitschrift für Soziologie*, Jg. 33, H. 3, S. 228–244.

Henman, Barbara und Michael Voigtländer (2003): „Eine konstitutionelle Reform der Altersvorsorge“, *Otto-Wolff-Institut Diskussionspapier* 2/2003, Köln.

Henman, Barbara und Michael Voigtländer (2004): „Unzureichende Berücksichtigung der Kindererziehung als Ursache der Rentenkrise“, *Wirtschaftsdienst*, Jg. 84, H. 3, S. 166–173.

Höhn, Charlotte, Andreas Ette und Kerstin Ruckdeschel (2006): *Kinderwünsche in Deutschland. Konsequenzen für eine nachhaltige Familienpolitik*, Stuttgart: Robert-Bosch-Stiftung.

Homburg, Stefan (1995): „Humankapital und endogenes Wachstum“, *Schmollers Jahrbuch*, Jg. 115, S. 339–366.

Homburg, Stefan und Carsten Gräff (1988): „Zur ökonomischen Begründbarkeit eines Familienlastenausgleichs“, in: Bernhard Felderer (Hrsg.), *Familienlastenausgleich und demographische Entwicklung*, Berlin: Duncker & Humblot, S. 13–28.

Institut der deutschen Wirtschaft (Hrsg.) (2006): *Wachstumseffekte einer bevölkerungsorientierten Familienpolitik*, Köln.

Lampert, Heinz und Jörg Althammer (2007): *Lehrbuch der Sozialpolitik*, 8. Aufl., Berlin: Springer.

Lucas, Robert E. (1988): „On the Mechanics of Economic Development“, *Journal of Monetary Economics*, Jg. 22, H. 1, S. 3–42.

Lüdeke, Reinar (1999): „Familienlastenausgleich, Elternleistungsausgleich und die Neufundierung der umlagefinanzierten Altersversorgung“, *Passauer Diskussionspapiere*, Nr. V-17-99.

Meier, Volker (2005): *Auswirkungen familienpolitischer Instrumente auf die Fertilität: Internationaler Vergleich für ausgewählte Länder*, München.

Molitor, Bruno (1995): *Wirtschaftspolitik*, 5. Aufl., München: Oldenbourg.

Müller, Christian (2007): „Frühkindliche Bildung und Betreuung in Tageseinrichtungen als Staatsaufgabe", *ORDO*, Jg. 58, S. 131–147.

Nave-Herz, Rosemarie (2007): *Familie heute. Wandel der Familienstrukturen und Folgen für die Erziehung*, 3. Aufl., Darmstadt: Wissenschaftliche Buchgesellschaft.

Ott, Notburga (2000): „Ökonomische Effizienz und Familienlastenausgleich – eine konzeptionelle Klärung", in: Bernhard Jans, Max Wingen (Hrsg.), *Familienwissenschaftliche und familienpolitische Signale*, Grafschaft: Vektor-Verlag, S. 185–200.

Ragnitz, Joachim und Lutz Schneider (2007): „Demographische Entwicklung und ihre ökonomischen Folgen", *Wirtschaft im Wandel*, Jg. 13, H. 6, S. 195–202.

Romer, Paul M. (1986): „Increasing Returns and Long-Run Growth", *Journal of Political Economy*, Jg. 94, S. 1002–1035.

Rürup, Bert und Sandra Gruescu (2003): *Nachhaltige Familienpolitik im Interesse einer aktiven Bevölkerungsentwicklung*, Gutachten im Auftrag des Bundesministeriums für Familien, Senioren, Frauen und Jugend (Hrsg.), Berlin.

Schneider, Lutz (2007): „Mit 55 zum alten Eisen? Eine Analyse des Alterseinflusses auf die Produktivität anhand des LIAB", *Zeitschrift für Arbeitsmarktforschung*, Jg. 40, H. 4, S. 77–97.

Sinn, Hans-Werner und Martin Werding (2000): „Rentenniveausenkung und Teilkapitaldeckung", *ifo Schnelldienst*, Jg. 53, H. 18, S. 12-25.

Sleebos, Joelle (2003): „Low Fertility Rates in OECD Countries: Facts and Policy Responses", *OECD Social, Employment and Migration Working Papers*, Nr. 15.

Statistisches Bundesamt (Hrsg.) (2009): *Mikrozensus 2008. Neue Daten zur Kinderlosigkeit in Deutschland*, Wiesbaden.

Steinmann, Gunter (2007): *Kindermangel in Deutschland. Bevölkerungsökonomische Analysen und familienpolitische Lösungen*, Frankfurt am Main: Lang.

Werding, Martin (1998): *Zur Rekonstruktion des Generationenvertrages*, Tübingen: Mohr Siebeck.

Wingen, Max (1975): *Grundfragen der Bevölkerungspolitik*, Stuttgart: Kohlhammer.

Wingen, Max (2005): „Zur längerfristigen Bedeutung einer bevölkerungsbewussten Familienpolitik für die Geburtenentwicklung", in: Jörg Althammer und Heinz Lampert (Hrsg.), *Familienpolitik und soziale Sicherung*, Berlin: Springer, S. 391–434.

Wissenschaftlicher Beirat beim Bundesministerium für Wirtschaft (1980): *Wirtschaftspolitische Implikationen eines Bevölkerungsrückgangs*, Bonn.

Wissenschaftlicher Beirat beim Bundesministerium für Wirtschaft (2005): *Alterung und Familienpolitik*, Berlin.

Das Familienrealsplitting als Instrument zur steuerlichen Gleichbehandlung von Kindern in allen Familien?

Barbara Henman-Sturm

1 Einleitung

Die Familienbesteuerung, einschließlich des Familienleistungsausgleichs, ist in erster Linie ein ständig gewachsenes Regelwerk und weniger an klaren steuer- und verteilungspolitischen Grundsätzen orientiert. Sie ist wenig effektiv in Bezug auf die Gleichbehandlung von Kindern in allen Familien, und sie ist wenig effizient, da eine vergleichbare Entlastung auch mit weniger Regelungen erreichbar wäre. Dabei – oder gerade deshalb – hat das Bundesverfassungsgericht, insbesondere in den 90er Jahren, zahlreiche Vorgaben zur Gleichbehandlung von Steuerpflichtigen mit Kindern und ohne Kinder i. S. d. Art. 6 I GG, also dem Schutz von Ehe und Familie, und des Art. 3 I GG, dem allgemeinen Gleichheitssatz, gemacht.[1] Allerdings hat es dem Gesetzgeber bei deren Umsetzung erheblichen Gestaltungsspielraum belassen. Die geltenden Regelungen zum Kindergeld, Kinderfreibetrag und Betreuungsfreibetrag sind weiterhin in Politik und Wissenschaft umstritten, sowohl bezüglich des Ziels der steuerlichen Gleichbehandlung von Kindern in allen Familien als auch in Bezug auf ihre Förder-, also Verteilungswirkung. Hinzu kommt das Ehegattensplitting, das vor allem in der Politik kontrovers diskutiert wird. In der Rechtsprechung des Bundesverfassungsgerichts und in der Steuerrechtsliteratur ist es jedoch anerkannt.[2] Dementsprechend tauchen regelmäßig, insbesondere vor Wahlen, Reformvorschläge der Parteien zur Familienbesteuerung auf; zuletzt – einmal wieder – zum „Familiensplitting".[3]

Im Folgenden soll das Familienrealsplitting als Instrument zur steuerlichen Gleichbehandlung von Kindern in allen Familien bzw. von Steuerpflichtigen ohne Kinder und mit Kindern (unterschiedlicher Anzahl) betrachtet werden. Das Familienrealsplitting geht auf den Kölner Steuerrechtsprofessor, Joachim Lang, zurück, wobei diesem Beitrag konkret das Familiensplittingmodell aus dem Entwurf ei-

---

1 Ein Überblick zur Rechtsprechung des Bundesverfassungsgerichts zur Familienbesteuerung findet sich bei Tipke / Lang, 2013, S. 100 ff. und S. 286 ff.

2 Ebd., S. 101 f.; BVerfGE 61, 319.

3 Z. B. CDU / CSU, 2013.

nes Einkommensteuergesetzes der Kommission „Steuergesetzbuch“ der Stiftung Marktwirtschaft unter Vorsitz von Joachim Lang zu Grunde liegt.[4]

Das Familienrealsplitting berücksichtigt die Unterhaltsverpflichtungen in der Steuerbemessungsgrundlage eines Steuerpflichtigen. Die Unterhaltszahlungen werden beim Steuerpflichtigen in Abzug gebracht und sind beim Empfänger steuerlich zu berücksichtigen. Die tatsächliche, „reale“ innerfamiliäre Einkommensverteilung soll bei der Bemessung der steuerlichen Leistungsfähigkeit der Familienmitglieder sachgerecht abgebildet werden.[5]

Die folgende Betrachtung des Familiensplittingmodells nach Lang schließt eine Analyse aktueller Maßnahmen zur Familienbesteuerung ein, da es sie größtenteils ersetzen würde: Ausgaben für Kinder würden durch Regelunterhaltsabzüge bei den Eltern berücksichtigt. Die Steuerpflicht der Unterhaltsbezüge bei den Kindern setzte erst oberhalb des Existenzminimums an. Dies soll durch (nach Alter gestaffelte) Grundfreibeträge erfolgen.[6] Insofern würde der Reformvorschlag den geltenden Kinderfreibetrag und den allgemeinen Grundfreibetrag, soweit er z. Zt. für Kinder mit eigenem Einkommen zur Anwendung kommt, ersetzen. Die übliche Einkommensverteilung zwischen zusammenlebenden Ehepartnern soll durch die jeweils hälftige Zurechnung der insgesamt erwirtschafteten Einkünfte auf beide Partner berücksichtigt werden. Insofern schließt das Familiensplitting in dieser Form das geltende Ehegattensplitting ein.[7]

Aus ordnungspolitischer Sicht bewegt sich die Diskussion um eine gerechte Familienbesteuerung zwischen steuerrechtlichen, zivilrechtlichen und sozialrechtlichen Regelungen. Ziel ist eine Besteuerung nach der subjektiven steuerlichen Leistungsfähigkeit der Steuerpflichtigen in unterschiedlichen Familiensituationen. Es geht um eine steuerrechtliche Gleichbehandlung von Steuerpflichtigen mit gleichem Markteinkommen, also z. B. Lohneinkommen, aber mit unterschiedlichen obligatorischen familiären Leistungsverpflichtungen. Auf der Suche nach einem

4 Stiftung Marktwirtschaft, 2009, § 29, § 30.

5 Darüber hinaus gibt es andere Reformvorschläge, die als Variationen eines Familienrealsplittings gelten können, wie bspw. der aktuelle Vorschlag der CDU / CSU. Zudem wird zwischen Konzepten eines Familienrealsplittings und eines Familientarifsplittings unterschieden. Beim Familientarifsplitting wird das Einkommen fiktiv anteilig auf die Familienmitglieder verteilt: Das zu versteuernde Einkommen einer Familie wird durch die Anzahl der Familienmitglieder geteilt. Dabei können für Eltern und Kinder unterschiedliche Splittingfaktoren zur Anwendung kommen. Die sich daraus nach der Grundtabelle ergebende Steuer wird mit der Zahl der Familienmitglieder multipliziert. Zur Abgrenzung der beiden Begriffe siehe bspw. Berg et al., 2006, S. 640 f. sowie Bünnagel, 2006, S. 788 ff.

6 Stiftung Marktwirtschaf, 2009, § 29.

7 Der Vorschlag ist also eine Ergänzung des tariflichen Ehegattensplittings durch ein Realsplitting zur Berücksichtigung von Unterhaltsleistungen für Kinder oder für getrennte Ehepartner.

geeigneten Maßstab für die Einschränkungen der steuerlichen Leistungsfähigkeit des Einzelnen durch Kinder (und durch getrennt lebende Partner) kommen die sozialrechtlichen Regelungen zur Grundsicherung (von Kindern) und die zivilrechtlichen Regelungen zum (Kindes)unterhalt ins Spiel. Vor diesem Hintergrund soll das Familienrealsplitting im Folgenden betrachtet werden.

2 Steuersystematische Einordnung des Familienrealsplittings

Dem Gleichheitsgrundsatz entspricht es, dass Bürger mit gleicher steuerlicher Leistungsfähigkeit auch gleich viel Steuern zahlen (sog. horizontale Steuergerechtigkeit). Zur Bestimmung der steuerlichen Leistungsfähigkeit sind Ausgaben, die für den Einkommenserwerb unabdingbar sind, vom Markteinkommen abzuziehen (sog. objektives Nettoprinzip). Hierzu gehören bspw. Ausgaben für den Bürobedarf. Zudem gilt das subjektive Nettoprinzip: Dementsprechend sind Ausgaben, die für den Lebensunterhalt des Steuerpflichtigen und seiner Familie unentbehrlich sind, ebenfalls von der Steuerbemessungsgrundlage abzuziehen.[8] Übrig bleibt das disponible, also das frei verfügbare Einkommen, das dem Steuertarif unterliegt. Dieses kann auch bei Steuerpflichtigen mit gleichem Markteinkommen je nach Familiensituation variieren.

Die Steuerfreiheit der Existenzminima eines Steuerpflichtigen und seiner Familie ist verfassungsrechtlich abgesichert. Dabei bilden die garantierten Sozialleistungen zur Existenzsicherung der Familie die Untergrenze für das steuerfrei zu stellende Einkommen, die über-, aber nicht unterschritten werden darf.[9] Das Bundesverfassungsgericht hat zudem entschieden, dass Unterhaltsverpflichtungen im Einkommensteuerrecht realitätsgerecht zu berücksichtigen sind.[10] Verfassungsrechtlich unklar ist allerdings, inwieweit über das sozialrechtliche Existenzminimum hinausgehende, unvermeidbare private Aufwendungen für die Kinder zu berücksichtigen sind, um eine horizontale Steuergerechtigkeit zu gewährleisten.

2.1 Horizontale Steuergerechtigkeit zwischen Eltern mit und ohne Vermögen bzw. mit Erwerbs- und mit Vermögenseinkommen

Das Familienrealsplitting gewährleistet – im Gegensatz zum geltenden Recht bzw. zu einer Kinderfreibetragsregelung – eine steuerliche Gleichbehandlung von Fa-

---

8 Man spricht, wie gesagt, von einer Besteuerung nach der subjektiven steuerlichen Leistungsfähigkeit. Vgl. Tipke/Lang, 2013, S. 289.

9 BVerfGE 82, 60; BVerfGE 87, 153; BVerfGE 99, 246 und BVerfGE 120, 125.

10 BVerfGE 66, 214.

milien mit und ohne Vermögen bzw. mit unterschiedlichen Einkunftsarten, d. h. Vermögens-, Unternehmens- oder Arbeitseinkommen. Ein Familienrealsplitting ist steuersystematisch von einem Kinderfreibetrag zu unterscheiden, da die Unterhaltsbezüge auch beim Kind steuerlich berücksichtigt werden. Diese Steuerpflicht der Unterhaltsbezüge führt zur Gleichbehandlung von Kindern mit eigenem und ohne eigenes Einkommen, da das Kinderexistenzminimum in einheitlicher Höhe verschont bleibt. Allein aus dieser Perspektive ist das Familienrealsplitting familienpolitisch interessant, was im Folgenden erläutert wird.

Derzeit können nur Familien mit Unternehmens- und Vermögenseinkommen durch die Übertragung von Einkunftsquellen auf die Kinder die Wirkung eines Familiensplittings erreichen. Wer sein Vermögen bzw. einen Betrieb (teilweise) auf seine Kinder überträgt, kann Einkommensteuer sparen. Familien, deren Einkommensgrundlage die eigene Arbeitskraft ist, können diese dagegen nicht auf die Kinder übertragen und unterliegen ggf. – auch bei gleichem Einkommen – einer höheren Besteuerung. Die Ungleichbehandlung entsteht dadurch, dass für Kinder mit „eigenem" Einkommen systematisch höhere Beträge für das kindliche Existenzminimum in einer Familie steuerlich berücksichtigt werden als für Kinder ohne „eigenes" Einkommen. Derzeit kann für das Kind mit Einkommen sowohl der Kinderfreibetrag (oder Kindergeld) als auch der Grundfreibetrag (wie für Erwachsene) geltend gemacht werden.[11] Familien mit Erwerbseinkommen, deren Kinder keine eigenen Einkünfte haben, können dagegen keinen Grundfreibetrag für das Kind in Anspruch nehmen.[12] Ein Familienrealsplitting würde diese Ungleichbehandlung abschaffen. Schließlich müssten alle Kinder Unterhaltseinnahmen (und ggf. weitere Einnahmen) versteuern, wobei bei allen Einkünfte in Höhe eines einheitlichen (altersentsprechenden) Grundfreibetrags steuerfrei blieben.

2.2 Horizontale Steuergerechtigkeit zwischen verheirateten und geschiedenen Eltern

Das Familienrealsplitting dient der steuerlichen Gleichbehandlung von zusammenlebenden und geschiedenen Eltern, da die innerfamiliäre Einkommensverteilung – den unterschiedlichen Familiensituationen entsprechend – realistisch berücksichtigt wird. Im Vergleich zum aktuellen Recht würden sich kleinere Verbesserungen hinsichtlich der Gleichbehandlung der Familien ergeben. Bei der Erläuterung hierzu soll zwischen der steuerlichen Behandlung des Ehegattenunterhalts und des Kindesunterhalts unterschieden werden.

---

11 Vgl. Wendt, S. 15 und Tipke/Lang, 2013, S. 298.

12 Eine Ausnahme bilden Kinder, die selbst Einkünfte aus eigener Erwerbstätigkeit erzielen. Der Erwerbstätigkeit von Kindern sind natürlich enge rechtliche Grenzen gesetzt.

Bezüglich des Ehegattenunterhalts würde ein Familienrealsplitting in der beschriebenen Form wenig gegenüber dem steuerrechtlichen Status quo ändern. Bei intakten Ehen würden die zusammen von den Ehepartnern erwirtschafteten Einkünfte weiterhin hälftig zugerechnet und versteuert. Dies entspricht der Ehe als Erwerbs- und Verbrauchsgemeinschaft. Der Splittingeffekt stellt damit keine Steuervergünstigung dar. Bei geschiedenen oder dauernd getrennt lebenden Ehegatten würden die Einkommensbeziehungen – wie auch bisher – in Höhe der (gesetzlich zwangsläufigen) Unterhaltsleistungen steuerlich berücksichtigt. Dies entspricht ebenfalls den wirtschaftlichen Realitäten und dient der horizontalen Steuergerechtigkeit.

Ein Unterschied besteht darin, dass der Reformvorschlag die Unterhaltsleistungen entsprechend rechtlich vorgesehener Regelsätze, also in pauschalierter Form, steuerlich berücksichtigt. Bisher sind die tatsächlichen Unterhaltszahlungen bis zu einem Höchstbetrag als Sonderausgaben steuerlich relevant (§ 10 I Nr. 1 EStG). Beides kann als realistische Abbildung der innerfamiliären Einkommensverteilung, ordnungspolitisch also als gleichwertig, gelten. Eine Zustimmung des Empfängers als Voraussetzung für den steuerlichen Unterhaltsabzug, wie sie bisher verlangt wird, widerspricht allerdings einer horizontalen Steuergerechtigkeit.[13] In diesem Punkt ist ein Familienrealsplitting vorzuziehen.

Bezüglich der steuerlichen Behandlung des Kindesunterhalts entspricht das geltende Recht, ebenso wie der Reformvorschlag, einer Gleichbehandlung von Kindern aus intakten und aus getrennten Familien. Beim Familienrealsplitting wird der Unterhalt in beiden Fällen gleich – in Höhe eines zivilrechtlichen Regelunterhalts – berücksichtigt. Aktuell werden die Unterhaltsleistungen für Kinder ebenfalls einheitlich, allerdings über Kinderfreibeträge, berücksichtigt.[14] Der Kindesunterhalt im Falle einer Trennung ist demnach nicht von der Steuer absetzbar, wenn ein Elternteil auch einen Kinderfreibetrag (bzw. Kindergeld) für das unterhaltsberechtigte Kind beansprucht.[15]

2.3 Horizontale Steuergerechtigkeit zwischen Steuerpflichtigen mit Kindern und ohne Kinder

Ein wichtiger Unterschied zwischen einem Familienrealsplitting und einem Kinderfreibetrag liegt darin, dass die Unterhaltsleistungen für Kinder in Höhe zivilrechtlicher Unterhaltsverpflichtungen steuerlich berücksichtigt werden und nicht

---

13 Vgl. Tipke / Lang, 2013, S. 296.

14 Dem unterhaltspflichtigen Elternteil steht für jedes Kind, an das er Unterhalt zahlt, ein halber Kinderfreibetrag zu. Zahlt der Steuerpflichtige den Kindesunterhalt nicht, so kann der andere Elternteil dessen Hälfte des Kinderfreibetrags auf sich übertragen lassen (§ 32 EStG).

15 Auf das deutsche System aus Kindergeld und Kinderfreibeträgen wird in Abschnitt 2.4. genauer eingegangen.

nur in Höhe des sozialrechtlich garantierten Kinderexistenzminimums. Verfassungsrechtlich ist beides zulässig, da das Bundesverfassungsgericht, wie bereits erwähnt, die Freistellung des Kinderexistenzminimums als Untergrenze fixiert hat, eine steuerliche Berücksichtigung des Unterhalts in realistischer Höhe aber ebenfalls befürwortet. Doch was entspricht einer Gleichbehandlung?

Unterhaltsleistungen für Kinder mindern das verfügbare Einkommen des Gebers bzw. seine subjektive steuerliche Leistungsfähigkeit. Dem entspricht ein Abzug der Unterhaltsleistungen von der Bemessungsgrundlage, wobei sich ein Entlastungseffekt in Abhängigkeit vom Steuertarif ergibt. Bei einem progressiven Einkommensteuertarif wie in Deutschland steigt die Entlastung dann – auch bei Abzügen für den Kindesunterhalt in einheitlicher Höhe – mit dem Einkommen. Dies entspricht wiederum der sog. vertikalen Steuergerechtigkeit, wonach Steuerpflichtige mit höherem disponiblem Einkommen auch höher besteuert werden. Darin liegt keine Steuervergünstigung. (Bei einem proportionalen Einkommensteuertarif ergibt sich bei einem einheitlichen Abzugsbetrag für ein Kind auch ein einheitlicher Entlastungbetrag. Ein solcher Tarif wird in Deutschland weder in der Politik noch in der Wissenschaft diskutiert.) Verfassungsrechtlich und in der Steuerrechtsliteratur ist dies anerkannt.[16]

Eine Berücksichtigung der Unterhaltsleistungen in realistischer Höhe bedeutet nun, die Unterhaltsleistungen nicht als Einheitsbetrag, wie beim Kinderfreibetrag, abzuziehen, sondern z. B. entsprechend den Grundsätzen des Unterhaltsrechts. Demnach sind die Unterhaltsleistungen nach dem Einkommen der Eltern (sowie nach dem Alter der Kinder) gestaffelt.[17] Dies entspricht dem Gedanken von Eltern und Kindern als Verbrauchsgemeinschaft, wobei die Kinder den wirtschaftlichen Verhältnissen der Eltern entsprechend zu versorgen sind, und ist sachgerecht.

Die steuerliche Entlastung durch den Unterhaltsabzug steigt beim Familienrealsplitting damit in doppelter Weise mit dem Einkommen. Zum einen aufgrund des progressiven Tarifs. Dies ist, wie eben erläutert, keine Steuervergünstigung. Zum anderen aufgrund der unterschiedlichen abzugsfähigen Unterhaltsansprüche. Auch diese Entlastung entspricht der horizontalen Steuergerechtigkeit zwischen Steuerpflichtigen mit unterschiedlicher Kinderzahl. Schließlich ist das disponible Einkommen des Einzelnen auch bei gleichem Markteinkommen umso geringer, je mehr Unterhalt (je Kind) rechtlich vorgeschrieben ist bzw. realistischer Weise anfällt.

16 BVerfGE 99, 246; Tipke/Lang, 2013, S. 289.

17 Vgl. Düsseldorfer Tabelle des Oberlandesgerichts Düsseldorf, die wiederum auf § 1612 a BGB (Mindestunterhalt minderjähriger Kinder) basiert.

2.4 Gleichbehandlung von Kindern aus bedürftigen und aus steuerpflichtigen Familien

Es stellt sich die Frage, ob die steuerliche Berücksichtigung von Unterhaltsleistungen in realistischer Höhe wie beim Familienrealsplitting deshalb abzulehnen ist, weil die Abzugsbeträge systematisch oberhalb der Sozialleistungen zur Grundsicherung liegen. Nur der zivilrechtliche Mindestunterhalt entspricht dem sozialrechtlichen Existenzminimum für Kinder. Die Unterhaltsverpflichtungen respektive die Abzugsbeträge von Eltern mit höheren Einkommen liegen darüber.[18, 19] Zu prüfen ist, ob dies zu einer Begünstigung von steuerpflichtigen Familien gegenüber bedürftigen Familien mit Sozialleistungsbezügen führt und dem Sozialstaatsprinzip widerspricht. Die Antwort lautet: nein. Schließlich sind die Unterhaltsleistungen beim Familienrealsplitting vom Empfänger, also vom Kind, zu versteuern. Freigestellt wird bei allen Kindern (mittels nach Alter gestaffelten Grundfreibeträgen) nur das Existenzminimum.[20] Damit ist grundsätzlich eine Gleichbehandlung von Kindern aus Familien mit Sozialleistungsbezügen und ohne gegeben.

Die (pauschalierte) altersmäßige Staffelung der Grundfreibeträge für Kinder, wie beim Familienrealsplitting der Kommission „Steuergesetzbuch" vorgesehen,[21] orientiert sich am tatsächlichen Bedarf der Kinder, der mit dem Alter steigt. Auch die Sozialleistungen sind nach dem Alter der Kinder gestaffelt. Dies entspricht ebenfalls einer Gleichbehandlung der Familien.

Genauer gesagt, entspricht es der Gleichbehandlung, wenn der steuerfrei gestellte Betrag dem soziokulturellen Existenzminimum entspricht. Zu dem soziokulturellen Existenzminimum gehört neben einer reinen Existenzsicherung auch eine Kinderbetreuung, die die Teilhabe von Kindern am gesellschaftlichen Leben ermöglicht. Dementsprechend ist die Kinderbetreuung, z. B. in öffentlichen Kindergärten, bei Bedürftigkeit kostenlos. Das Bundesverfassungsgericht hat festgestellt, dass die steuerliche Leistungsfähigkeit eines Steuerpflichtigen über den existentiellen Grundbedarf der Kinder hinaus auch durch den Betreuungsbedarf

---

18 Der Mindestunterhalt eines minderjährigen Kindes bemisst sich gemäß § 1612 a BGB nach dem doppelten Kinderfreibetrag, der jedem Elternteil gemäß § 32 Abs. 6 Satz 1 EStG gewährt wird.

19 Die Kinderfreibeträge eines Elternpaares für ein Kind entsprechen dem sozialrechtlichen Grundsicherungsanspruch für Kinder bzw. orientieren sich an den Regelsätzen von Arbeitslosengeld II plus der Kosten für Unterkunft und Heizung.

20 Eine formale Darstellung der Steuerberechnung gemäß dieses Familiensplittings findet sich bei Tipke / Lang, 2013, S. 290.

21 Vorgesehen ist eine Unterscheidung zwischen Volljährigen, Minderjährigen zwischen sieben und siebzehn sowie Minderjährigen unter sieben Jahren. Vgl. Stiftung Marktwirtschaft, 2009, § 29 Abs. 2.

gemindert wird.[22] So gesehen ist die aktuelle Regelung, neben dem Kinderfreibetrag auch einen Freibetrag für den Betreuungs-, Erziehungs- oder Ausbildungsbedarf zu gewähren, angemessen.[23] Über dessen Höhe lässt sich hinsichtlich der Gleichbehandlung aller Familien dennoch streiten.[24] Bei einer Umstellung auf das Familienrealsplitting wäre das soziokulturelle Kinderexistenzminimum im Rahmen der Grundfreibeträge für Kinder steuerlich freizustellen.

2.5 Exkurs: Familienförderung im Rahmen der Einkommensteuer

In Deutschland orientiert sich die Einkommensbesteuerung von Familien mit Kindern ganz bewusst nicht allein am Prinzip der Leistungsfähigkeit. Im Rahmen des Familienleistungsausgleichs aus Kindergeld und Kinderfreibeträgen (es wird entweder Kindergeld oder ein Kinderfreibetrag gewährt) soll auch gefördert werden.[25] Leider sind die Ziele und die Verteilungswirkungen des Kindergeldes vollkommen intransparent. Dem Gleichheitsgrundsatz entsprechend müssten entweder alle Kinder gleich viel Förderung erhalten oder die Förderung müsste sich an klaren sozialpolitischen Verteilungsgrundsätzen, d. h. dem Bedürftigkeitsprinzip, orientieren. Falls man hiervon abweicht, sollten zumindest die verfolgten familienpolitischen – genauer gesagt, dahinter stehende bildungs- oder bevölkerungspolitische – Ziele explizit benannt werden.

Gegenwärtig wird den Familien pro Kind (gleicher Ordnungszahl) zunächst ein einheitliches Kindergeld gezahlt.[26] Dies vermittelt den Eindruck einer gleichen Förderung von Kindern in allen Familien. Allerdings wird im Rahmen einer Günstigkeitsprüfung des Finanzamtes das Kindergeld mit dem Entlastungsbetrag durch den Kinderfreibetrag verrechnet. Trotz des einheitlichen Kindergeldbetrags fällt die Förderung der Familien je Kind damit nicht gleich hoch aus. Der Transferanteil des Kindergeldes ergibt sich als Differenz aus dem gezahlten Kindergeld und dem einkommensabhängigen Entlastungsbetrag durch die Kinderfreibeträge. Die Förderung sinkt mit dem Einkommen. Sie ist aber nicht am Bedürftigkeitsprinzip orientiert, d. h. das Kindergeld ist keine Sozialleistung.[27] Erst ab einem zu versteuernden Einkommen von rund 70.000 Euro entfällt die Förderung bei einer

22 BVerfGE 99, 216.

23 Vgl. Bünnagel, 2013.

24 Ebd. sowie Tipke / Lang, 2013, S. 294 f.

25 Auch in Frankreich wird eine Familienförderung im Rahmen der Einkommensteuer betrieben. Sie erfolgt über ein Familientarifsplitting mit höheren Splittingfaktoren ab dem 3. Kind und ist bevölkerungspolitisch motiviert. Zu den Verteilungswirkungen des französischen Modells siehe Ochmann / Wrohlich, 2013, S. 4 ff.

26 Für die ersten beiden Kinder werden im Jahr 2013 jeweils 184 Euro monatlich gezahlt, für das 3. Kind 190 Euro und für das 4. und weitere Kinder je 215 Euro pro Monat.

27 Das Kindergeld wird mit Sozialleistungen zur Grundsicherung einer Familie verrechnet. Bedürftige Familien haben also netto keinen Vorteil aus dem Kindergeld.

Familie mit zwei Kindern vollständig.[28] Sie entspricht also weder einer Gleichbehandlung, noch folgt sie anderen klaren Fördergrundsätzen.[29] Das Kindergeld sollte daher, wenn eine Förderung der Familien mit Kindern politisch gewollt ist, unabhängig von einkommensteuerlichen Maßnahmen gezahlt werden.[30]

3 Fazit

Vor dem Hintergrund der komplizierten und in seinen Verteilungswirkungen intransparenten und unsystematischen derzeitigen Familienbesteuerung, einschließlich Familienleistungsausgleich, ist das Familienrealsplitting nach Lang ordnungspolitisch eine sinnvolle Alternative.[31] Es ist ein geeignetes Instrument zur steuerlichen Gleichbehandlung von Kindern in allen Familien und eine Verbesserung gegenüber dem Status quo. Die innerfamiliären Leistungsbeziehungen werden in Form von zivilrechtlichen Unterhaltsleistungen (pauschaliert) in realistischer Weise steuerlich berücksichtigt; und zwar sowohl beim Geber, als auch beim Empfänger, also den Kindern (oder getrennt lebenden Ehepartnern). Dies entspricht einer Besteuerung nach der subjektiven steuerlichen Leistungsfähigkeit bzw. einer horizontalen Steuergerechtigkeit von Steuerpflichtigen in unterschiedlichen Familiensituationen. Im Vergleich zum geltenden Recht würden sowohl Steuerschlupflöcher von Familien mit Vermögenseinkünften geschlossen, als auch einzelfallbezogene Ausnahmen bei der steuerlichen Berücksichtigung von Unterhaltsleistungen abgeschafft. Beides wirkt im Sinne einer Gleichbehandlung von Familien in unterschiedlichen Lebenssituationen.

Die Steuerpflicht der Unterhaltsbezüge beim Kind im Rahmen des Familienrealsplittings führt zur steuerlichen Gleichbehandlung von Familien mit und ohne Vermögenseinkommen. Dies liegt daran, dass das Kinderexistenzminimum bei Vermögens-, Unternehmens- oder Arbeitseinkommen in einheitlicher Höhe verschont bleibt. Bisher können durch die Übertragung von Vermögenseinkommen auf die Kinder höhere Freibeträge (Freibeträge und Grundfreibetrag für Kinder) in Anspruch genommen werden. Zudem werden beim Familienrealsplitting Unterhaltsleistungen an getrennte Ehepartner ohne Ausnahme beim Geber abge-

[28] Vgl. Ochmann / Wrohlich, S. 5.

[29] Da die Förderung i. R. d. Kindergeldes nicht am Gleichbehandlungsprinzip orientiert ist, ist es auch nicht zwingend notwendig, dass allen Familien ein Kindergeld gewährt wird, z. B. unabhängig von dem eigenen Einkommen der Kinder, wie es z. Zt. der Fall ist. Unabdingbar ist nur der Kinderfreibetrag bzw. eine Freistellung des Kinderexistenzminimums.

[30] Siehe hierzu ausführlich Henman, 2002, S. 63 ff.

[31] Nicht zu verwechseln ist es mit anderen Reformvorschlägen zur Familienbesteuerung, die unter dem gleichen Begriff firmieren.

zogen und beim Empfänger versteuert, was den wirtschaftlichen Realitäten und damit dem Gleichbehandlungsprinzip entspricht.

Insbesondere ergeben sich Fortschritte in Bezug auf die Gleichbehandlung von Steuerpflichtigen mit Kindern und ohne Kinder. Die obligatorischen wirtschaftlichen Einschränkungen eines Steuerpflichtigen durch ein Kind werden realistischer berücksichtigt: Abziehbare Unterhaltsausgaben für Kinder in Höhe zivilrechtlicher Regelsätze bilden die wirtschaftlichen Leistungsbeziehungen zwischen Eltern und Kindern sachgerechter ab als einheitliche Abzugsbeträge in Höhe des sozialrechtlichen Kinderexistenzminimums (durch Kinderfreibeträge). Viele Familien würden damit stärker entlastet als durch die Kinderfreibeträge.

Die Instrumente zur einkommensteuerlichen Berücksichtigung von Kindern im Sinne einer Gleichbehandlung, egal ob ein Realsplitting oder Kinderfreibeträge, sollten nicht mit einer Familienförderung verknüpft werden. Bei einer Trennung von Einkommensteuer und Familienförderung kann die Förderung an klaren familienpolitischen Grundsätzen ausgerichtet werden. Nur dann ist sie in ihren Zielen und Verteilungswirkungen für den Bürger transparent.

Literaturverzeichnis:

Berg, Christian, Clemens Fuest, Andreas Peichl, Thilo Schaefer (2006): „Das Familienrealsplitting als Reformoption in der Familienbesteuerung", *Wirtschaftsdienst*, H. 10, S. 639–644.

Bünnagel, Vera (2006), „ Plädoyer für eine ordnungspolitisch systematische Familienbesteuerung", *Wirtschaftsdienst*, H. 12, S. 786 – 793.

Bünnagel, Vera (2013), „Reform der steuerlichen Berücksichtigung von Kinderbetreuungskosten", *Wirtschaftsdienst*, H. 12, S. 846–854.

Bundesverfassungsgericht, Beschluss vom 3. 11. 1982, in: BVerfGE 61, 319.

Bundesverfassungsgericht, Beschluss vom 22. 2. 1984, in: BVerfGE 66, 214.

Bundesverfassungsgereicht, Beschluss vom 29. 5. 1990, in: BVerfGE 82, 60.

Bundesverfassungsgereicht, Beschluss vom 25. 9. 1992, in: BVerfGE 87, 152.

Bundesverfassungsgericht, Beschluss vom 10. 11. 1998, in: BVerfGE 99, 216.

Bundesverfassungsgericht, Beschluss vom 10. 11. 1998, in: BVerfGE 99, 246.

Bundesverfassungsgereicht, Beschluss vom 13. 2. 2008, in: BVerfGE 120, 125.

CDU / CSU (2013), „Gemeinsam erfolgreich für Deutschland. Regierungsprogramm 2013–2017", 8, http://www.cdu.de/sites/default/files/media/dokumente/regierungsprogramm-2013-2017-langfassung-20130911.pdf

Henman, Barbara (2002): „Familienpolitik im deutschen Steuer- und Transfersystem", *Untersuchungen zur Wirtschaftspolitik*, Nr. 122, Köln.

Ochmann, Richard und Katharina Wrohlich (2013), „Familiensplitting der CDU / CSU: Hohe Kosten bei geringer Entlastung für einkommensschwache Familien", *DIW Wochenbericht*, Nr. 36, S. 3–10.

Tipke, Klaus und Joachim Lang, bearbeitet von Roman Seer, Johanna Hey, Heinrich Montag, Joachim Englisch, Joachim Hennrichs (2013): *Steuerrecht*, 21. Aufl., Köln: Verlag Dr. Otto Schmidt.

Wendt, Rudolf, „Grundfragen der Familienbesteuerung", Vortrag, http://wendt.jura.uni-saarland.de/Prof.Dr.Wendt/Vortraege/GfderFamilienbesteuerung.htm

Stiftung Marktwirtschaft, Kommission Steuergesetzbuch (2009): *Entwurf eines Einkommensteuergesetzes*, 2. Aufl.

Ein Quotenmodell zur Förderung erneuerbarer Energien ist ordnungspolitisch nicht zu begründen

Christian Vossler

Die Förderung erneuerbarer Energien, durch das Gesetz für den Vorrang Erneuerbarer Energien (EEG), wird im politischen Raum häufig als Erfolgsmodell gepriesen, welches von vielen Ländern adaptiert wurde. Der hohe quantitative Ausbauerfolg von Anlagen zur Stromerzeugung aus erneuerbaren Energien, häufig als grüner Strom bezeichnet, führte gleichzeitig zu stark steigenden Kosten. Die Umlage, welche von den Stromkunden zu zahlen ist, stieg von 0,19 Cent pro kWh im Jahr 2000 auf inzwischen 6,24 Cent pro kWh an.[1] Dieser explosionsartige Kostenanstieg ist mittlerweile für eine breite Bevölkerungsschicht deutlich spürbar. In den Medien wird Strom bereits als Luxusgut betitelt.[2] Somit ist die aus der Förderung resultierende Kostenbelastung in den Fokus der politischen Debatte gerückt. Eine Reform des EEG steht bei jeder Partei auf der Agenda.

Viele Ökonomen präferieren ein Quotenmodell zur Förderung erneuerbarer Energien, bspw. die Monopolkommission[3] oder der Sachverständigenrat zur Begutachtung der gesamtwirtschaftlichen Entwicklung.[4] Auch das RWI hat im Auftrag der Initiative Neue Soziale Marktwirtschaft (INSM) ein Quotenmodell entwickelt.[5] Im Dezember 2012 formulierte die INSM einen offenen Brief[6] an die Bundeskanzlerin, in dem unter der Überschrift „Wettbewerb statt Subventionen" dieses Modell gefordert wurde. Im Folgenden werden die ordnungspolitischen Probleme einer Quote für erneuerbare Energien diskutiert und anschließend kurz eine Möglichkeit skizziert, durch ein Subventionsmodell die negativen externen Effekte innerhalb der Elektrizitätswirtschaft zu internalisieren. Es ist nicht zielführend dogmatisch Subventionen abzulehnen, stattdessen sollte das empfohlene Instrument das gewünschte Ziel effizient erreichen.

---

1 Gleichzeitig ist zwar der Börsenstrompreis, auch aufgrund der stärkeren Einspeisung von grünem Strom gesunken, doch konnte dieser Preisrückgang die steigenden Förderkosten nicht kompensieren.

2 Titel Spiegel 36/2013.

3 Vgl. Monopolkommission, 2013.

4 Vgl. Sachverständigenrat zur Begutachtung der gesamtwirtschaftlichen Entwicklung, 2011.

5 Vgl. RWI, 2012.

6 Vgl. INSM, 2012.

1 Der Status Quo und diskutierte Probleme

Die breite Unterstützung vieler Ökonomen lässt sich dadurch erklären, dass ein Quotenmodell im Vergleich zur Status-Quo-Förderung weniger verzerrend in den Markt eingreift. Diese positive Analyse alleine rechtfertigt jedoch nicht per se die Forderung nach einem Quotenmodell. Vielmehr bedarf es einer genauen Problemanalyse.

Die Förderung der erneuerbaren Energien erfolgt stark planwirtschaftlich. Für die Einspeisung von erneuerbaren Energien werden staatlich administrierte Mindestpreise gezahlt. Es existiert eine Unmenge an differenzierten Preisen, die sich je nach Technologie, Größe, Alter und Standort der Anlage unterscheiden. Des Weiteren besteht ein Abnahmezwang für Strom aus erneuerbaren Energien.

Dieses Förderdesign führt zu Problemen. Die Anbieter von Strom aus erneuerbaren Energien liefern den Strom unabhängig der tatsächlichen Nachfrage, weil ihnen die Abnahme zu dem Mindestpreis garantiert wird. Der Preis auf dem Strommarkt verliert daher, für mittlerweile einen großen Anteil der dort handelnden Akteure, seine Signalfunktion. Anstatt das Angebot an der zu erwartenden Nachfrage auszurichten, erfolgt die Stromeinspeisung preisunelastisch. Für Anbieter von Strom aus erneuerbaren Energien besteht nur der Anreiz möglichst viel Strom zu produzieren, auch wenn dieser teilweise nicht benötigt wird. Aus physikalischen Gründen muss zu jeder Zeit Angebot und Nachfrage auf dem Strommarkt ausgeglichen sein, um die Netzstabilität zu gewährleisten. Das bedeutet, dass bei einem Ungleichgewicht zwischen Angebot und Nachfrage, die Nachfrage gesteigert werden muss, weil kein Anreiz besteht, um das Angebot zu reduzieren. Ist das Stromangebot zu einem Zeitpunkt größer als die Nachfrage resultieren daraus negative Strompreise, solange überflüssiger Strom nicht im nennenswerten Umfang gespeichert werden kann. Den Nachfragern wird die Stromabnahme entgolten. Der in solchen Zeiten produzierte Strom, trägt nicht zur Wertschöpfung in der Volkswirtschaft bei, sondern vernichtet Ressourcen.

Die Entwicklung des Strommixes wird häufig als weiteres Problem betrachtet. Ausschlaggebendes Kriterium für einen Investor stellt die erwartete Rendite aus der Anlage dar. Die Rendite ist, wegen des festgelegten Mindestpreises, politisch beeinflusst. Die politischen Entscheidungen bezüglich des gewährten Mindestpreises stellen somit ein wichtiges Kriterium für die Entwicklung des Strommixes dar, weil die Renditeerwartung der privaten Investoren von den gesetzten Preisen abhängen. Die Politik steht dabei vor der Herausforderung, die Entwicklung der Stromgestehungskosten zu schätzen, damit die realisierte Rendite aus einer installierten Anlage den politisch zugrunde gelegten Erwartungen entspricht. Sinken die geschätzten Kosten der Stromerzeugung durch eine bestimmte Technologie schneller als erwartet, steigt die erreichbare Rendite und dadurch auch die privaten

Investitionen in diese Technologie. Sinken die Kosten langsamer, ist die von den Investoren zu erzielende Rendite zu gering, und Investitionen werden unterbleiben. Die Schätzungen sind immer von den getätigten Annahmen abhängig und damit fehleranfällig. Zusätzlich besteht die Gefahr, dass die Schätzungen durch Interessengruppen beeinflusst werden. Unterschiedlich hohe Renditen können somit beabsichtigte Politik darstellen, um den Marktanteil einer Technologie zu verändern, sie können jedoch gleichermaßen aufgrund von falschen Einschätzungen entstehen. Eine politische Nachjustierung der Preise erfolgt in der Regel verzögert und ist ebenfalls wiederum nicht zwingend korrekt. Insbesondere der starke Preisverfall bei den Photovoltaikmodulen führte zu hohen Investitionen und einem stark steigenden Anteil des Sonnenstroms am Strommix. Diese Entwicklung wird häufig kritisiert, weil diese Art der Stromerzeugung gleichzeitig die teuerste ist. Für das Jahr 2013 wird prognostiziert, dass rund 60 Prozent der Subventionen für erneuerbare Energien in die Photovoltaikförderung fließen, obwohl deren Anteil an dem Strom aus erneuerbaren Energien in diesem Jahr nur ca. 26 Prozent betragen wird.[7] Viele sprechen daher von einer Überforderung der Photovoltaik und von einem zu hohen Anteil am Strommix.

Obwohl die Fördersätze grundsätzlich degressiv ausgestaltet sind, sind die durchschnittlichen Kosten, die pro kWh erneuerbaren Energiestrom entstehen, gestiegen, weil eben vor allem in den teuren Photovoltaikstrom investiert wurde. Diese Entwicklungen werden vor allem in der Öffentlichkeit immer stärker kritisiert. Von Ökonomen wird vorgeschlagen, diese Probleme durch ein Quotenmodell zu lindern.

2 Das Quotenmodell

Ein Quotenmodell verpflichtet die Stromversorger einen exogen festgelegten Anteil ihres an die Endkunden gelieferten Stroms aus erneuerbaren Energien zu decken. Grüner Strom wird bei diesem Vorschlag zertifiziert. Die Zertifikate dienen als Nachweis dafür, ob die Quote von den Versorgungsunternehmen eingehalten wird. Die Unternehmen können entscheiden, ob sie selbständig erneuerbaren Strom produzieren oder den fehlenden Anteil an grünem Strom durch Zertifikate ausgleichen. Weil der Handel mit den Zertifikaten möglich ist, können komparative Vorteile von Standorten oder Unternehmen genutzt werden.

Würde die Förderung auf ein Quotenmodell umgestellt, ergeben sich dadurch zwei grundlegende Veränderungen gegenüber dem aktuellen Förderdesign.

---

7 Vgl. Wirth, 2013.

Erstens splittet sich die Vergütung für Produzenten von grünem Strom auf. Neben den Vermarktungserlösen des Produktes Strom, erwirtschaften die Produzenten zusätzlich Erträge aus den grünen Zertifikaten. Dadurch wird ein Anreiz geschaffen, das Stromangebot besser an die Stromnachfrage auszurichten. Die Grenzkosten der Stromerzeugung aus erneuerbaren Strom liegen bei vielen Technologien nahezu bei null, doch können die Erlöse erhöht werden, wenn das Stromdargebot besser auf erwartete Nachfragespitzen abgestimmt wird. Beispielsweise könnten die Solaranlagen auch noch Osten oder Westen ausgerichtet werden, wenn morgens oder abends höhere Preise erzielt werden können.

Zweitens findet keine Preisdiskriminierung zwischen den verschiedenen Technologien statt. Der Wert eines Zertifikates ergibt sich unabhängig von der Art der Stromerzeugung.[8] Strom aus erneuerbaren Energien wird damit zu einem homogenen Gut.

Als Vorteile werden vor allem folgende Punkte von den Befürwortern proklamiert.[9]

- Durch die technologie- und standortneutrale Förderung, findet der Ausbau der erneuerbaren Energien effizient statt. Der initiierte Wettbewerb zwischen den Technologien zur erneuerbaren Stromerzeugung soll dazu führen, dass sich die effizientesten Standorte und Technologien am Markt behaupten.
- Durch den geschaffenen Anreiz, sich an den Strompreisen zu orientieren, werden erneuerbare Energien wesentlich besser in den Markt integriert. Damit einhergehend erhöht sich auch der Anreiz in Speichertechnologien zu investieren, um noch genauer auf Nachfrageveränderungen reagieren zu können.
- Eine Harmonisierung mit anderen ähnlichen Fördersystemen in der EU ist wahrscheinlich ohne hohe Transaktionskosten möglich.
- Die Treffsicherheit des vorgegebenen Mengenziels ist wesentlich genauer als die der EEG-Förderung.

Insbesondere aus dem ersten Punkt ergibt sich, dass die Kosten des Quotenmodells geringer eingeschätzt werden, als die Kosten, die aus der EEG Förderung resultieren. Als mögliche Ersparnis wird ein Betrag von 52 Mrd. Euro genannt.[10]

Eine pauschale Zustimmung zu den explizierten Vorteilen kann jedoch nicht erfolgen, ohne über die Ziele der Subventionierung zu diskutieren.

---

8 Grundsätzlich können Quotenmodelle auch technologiespezifisch ausgestaltet werden. Das vom RWI, der Monopolkommission und des Sachverständigenrates vorgeschlagene Modell ist jedoch technologieunabhängig.

9 Vgl. RWI, 2012.

10 Vgl. Ebd.

3 Die Vernachlässigung der Ziele

Genau wie bisher in diesem Beitrag, liegt ein Problem in der Reformdebatte darin, dass die zugrundeliegenden Ziele zu wenig beachtet werden. Die positive Wirkungsanalyse eines Quotenmodells oder eines Fördersystems mit einer Einspeisevergütung ist in den groben Zügen relativ unstrittig.

Um eine Empfehlung abgeben zu können, ist es jedoch unerlässlich auch die Bedingung für diese Empfehlung zu beachten.

So kann dem Satz „Ein Quotenmodell ist effizienter als ein Fördersystem mit technologiespezifischer Einspeisevergütung, wenn der Anteil von grünem Strom an der Stromversorgung gesteigert werden soll", sicherlich zugestimmt werden.

Besteht das Ziel hingegen in der Erschaffung einer möglichst diversifizierten Erzeugungsstruktur von Strom aus erneuerbaren Energien, wäre dem Satz „Ein Quotenmodell ist effizienter als ein Einspeisemodell, wenn wir eine Vielzahl von Technologien zur Erzeugung von grünem Strom haben möchten", wohl nicht zuzustimmen.

Ein signifikanter Unterschied zwischen dem technologieunabhängigen Quotenmodell und der Einspeisevergütung liegt darin, dass bei ersterem Strom aus erneuerbaren Energien ein homogenes Gut darstellt und daher gleich reguliert werden sollte. Bei der Einspeisevergütung ist der Strom je nach Erzeugungsart heterogen und unterschiedlich zu regulieren.

Über die Frage hinaus, ob Strom aus unterschiedlichen erneuerbaren Energien homogen oder heterogen ist, muss die Zieldiskussion weiter ausgedehnt werden: Muss Strom aus erneuerbaren Energien überhaupt reguliert werden? Kann eine regulatorische Ungleichbehandlung von Strom begründet werden?

4 Ist die Förderung erneuerbarer Energien ein legitimes Ziel?

Die Adressaten einer Empfehlung bezüglich eines Instrumentes werden dem Instrument nur zustimmen, wenn erstens Einigkeit über das Ziel herrscht und wenn zweitens die positive Beschreibung der Wirkungsweise des Instrumentes stimmt.

Warum sollte die Förderung von erneuerbaren Energien ein Ziel darstellen?

Durch die Förderung erneuerbarer Energien sollen mehrere Ziele erreicht werden. Insbesondere sollen durch die Förderung Treibhausgasemissionen reduziert werden, um den damit korrelierten Klimawandel zu mildern.[11]

Dieses Ziel ist ökonomisch gut zu begründen, denn die bei der energetischen Nutzung der fossilen Ressourcen emittierten Treibhausgase stellen negative externe Effekte dar. Wenn dieses Marktversagen durch einen staatlichen Eingriff effizient behoben werden kann, ist eine entsprechende Regulierung zu begründen. In diesem Fall ist die Förderung von erneuerbaren Energien ein Instrument und kein Selbstzweck.

Eine Analyse der Förderung von erneuerbaren Energien als Instrument zeigt, dass die Förderpolitik das Ziel – die Reduktion von Treibhausgasen – nicht effizient erreicht. Es sind mehrere Konstruktionsfehler innerhalb der Förderpolitik zu bemängeln.[12] Erstens wird die Vermeidung von Treibhausgasen durch die Nutzung von erneuerbarer Energie unterschiedlich hoch subventioniert, obwohl eine emissionsfrei erzeugte kWh Strom unabhängig von der Erzeugungsart gleich viele Emissionen vermeidet. Demnach ist es nicht zu rechtfertigen, wenn die Art der Vermeidung unterschiedlich subventioniert wird, denn das Ergebnis in Bezug auf das Ziel unterscheidet sich nicht. Die aktuelle Subventionspolitik fördert daher nicht zwingend die effizientesten Technologien zur Emissionsreduktion. Das bedeutet, dass mit dem gleichen Ressourcenaufwand entweder mehr Emissionen reduziert werden könnten, wenn immer die effizientesten Technologien genutzt würden, oder, dass die gleiche Emissionsreduktion mit weniger Mittelaufwand zu erreichen wäre. Des Weiteren ist der Bezug zur tatsächlichen Emissionsreduktion nur indirekt. Zwar werden tendenziell Emissionen reduziert, wenn anstatt fossilen regenerative Rohstoffe genutzt werden, doch spiegelt sich die tatsächliche Emissionsreduktion nicht in den Fördersätzen wider. Die tatsächliche Reduktion ist davon abhängig welche Erzeugungsart durch erneuerbare Energien substituiert wird und wie hoch die Substitution tatsächlich ausfällt. Im Extrem wird grüner Strom nur zusätzlich konsumiert. Dann fände keine Reduktion statt und Subventionen wären nicht gerechtfertigt. Würde grüner Strom vollständig Kohlestrom

11 Als weitere Ziele werden die Weiterentwicklung der Technologien zur erneuerbaren Stromerzeugung, also ein industriepolitischen Ziel, und die Ressourcenschonung genannt. Es ist fraglich, ob diese Ziele ökonomisch begründet werden können. Dies bedarf einer gesonderten Untersuchung, ob jeweils ein Marktversagen vorliegt. Diese Diskussion führt in diesem Beitrag zu weit. Johann Eekhoff war diesbezüglich – aus guten Gründen – sehr skeptisch. Des Weiteren soll durch das Quotenmodell wohl nicht das industriepolitische Ziel erreicht werden, weil dieses treffsicherer durch eine technologiespezifische Förderung erreicht werden könnte.

12 Zusätzlich bestehen Ineffizienzen durch die Interdependenz mit dem europäischen Emissionsrechtehandel. Diese werden in diesem Beitrag jedoch nicht betrachtet. Hier soll der Hinweis reichen, dass diese Probleme durch ein Quotenmodell nicht behoben werden.

ersetzen, wäre die Vermeidung höher als bei einer Substitution von Gasstrom. Würde Kohlestrom durch, ebenfalls Emissionen verursachenden, Gasstrom verdrängt, sänke auch die Emissionsintensität der gesamten Stromerzeugung, weil die Stromerzeugung aus Gas weniger Emissionen verursacht als die aus Kohle. Diese Aspekte werden bei der aktuellen Förderpolitik nicht beachtet, weil nur zwischen erneuerbaren und fossilen Strom unterschieden wird. Die unterschiedliche Emissionsintensität der verschiedenen Stromerzeugungsarten wird nicht berücksichtigt. Daraus resultiert eine zweite Ineffizienz des Fördersystems. Emissionsreduktionspotenziale innerhalb der fossilen Stromerzeugung werden nicht gehoben. Es werden nicht alle Möglichkeiten genutzt, die Emissionen durch Veränderung im Erzeugungsmix innerhalb der fossilen Erzeugung kostengünstiger zu reduzieren, als dies durch erneuerbare Stromerzeugung geschehen kann. Dies liegt daran, dass die relative Preisstruktur der Stromerzeugung nicht vollständig korrigiert wird. Anders ausgedrückt: Die Internalisierung des negativen externen Effektes ist in weiten Teilen nicht vollständig und innerhalb der erneuerbaren Stromerzeugung verzerrt.

Ein technologieunabhängiges Quotenmodell reduziert nur die Ungleichbehandlung der Technologien zur Stromerzeugung aus erneuerbaren Energien. Als effizientes Klimaschutzinstrument kann ein Quotenmodell jedoch nicht bezeichnet werden. Dieser Befund gilt gleichermaßen auch für die aktuelle Förderpolitik.

Aus einem Vergleich der aktuellen EEG-Förderung und dem Quotenmodell kann im Hinblick auf das Klimaschutzziel lediglich konstatiert werden, dass ein Quotenmodell weniger Ressourcen verschwendet, weil es tendenziell die günstigeren erneuerbaren Energien fördert. Läge nur eine Wahloption zwischen diesen beiden Instrumenten vor, wäre ein Quotenmodell wohl vorzuziehen.

Es ist wohl auch zu konstatieren, dass eine eigentlich konsequente Forderung nach einer Abschaffung der Subventionen politisch schwer durchsetzbar ist. Sollte daher das Quotenmodell evtl. doch empfohlen werden?

5 Verfestigung eines ökonomisch fragwürdigen Ziels

Auch wenn eine isolierte Förderung erneuerbarer Energien aus dem Klimaschutzziel nicht abgeleitet werden kann, ist in einem weiteren Schritt zu überprüfen, ob sonstige ökonomische Gründe für Subventionen vorliegen. Verursacht die Stromerzeugung aus erneuerbaren Energien positive externe Effekte?

Diese Frage muss verneint werden.[13] Wie bereits bei den Überlegungen zu dem Klimaschutzziel erläutert, kann ein stärkerer Konsum erneuerbarer Energien evtl. andere vermeintliche Probleme mildern, wie ein übermäßiger Ressourcenabbau zu Lasten nachfolgender Generationen, doch wäre die Förderung erneuerbarer Energien ebenfalls wieder, als ein Instrument zu Erfüllung eines Ziels zu sehen. In diesem Fall ist es ebenfalls fraglich, ob erstens die Subventionen ein effizientes Instrument darstellen und ob überhaupt ein Marktversagen vorliegt und somit staatliche Eingriffe notwendig erscheinen.

Wenn die Investitionen in erneuerbare Energien, wie dargelegt, keine positiven externen Effekte verursachen, folgt daraus unmittelbar, dass es keine ordnungspolitische Legitimation für eine Quote für erneuerbare Energien gibt.

Ein breiter Apell von Ökonomen ein Quotenmodell zu implementieren, verfestigt daher ein ökonomisch fragwürdiges Ziel, auch wenn dadurch vielleicht nur schlimmeres verhindert werden soll. In der Folge entlastet ein solcher Apell jedoch die Politik, sinnvolle Reformen in der ineffizienten Klimaschutzpolitik durchzuführen.

6 Reformoptionen

Ein Blick auf die aktuell diskutierten Reformvorschläge zeigt, dass eine Abschaffung der Förderung und die Konzentration auf den Emissionsrechtehandel nicht in Betracht gezogen werden. Axiomatisch wird die Förderung erneuerbarer Energien verfolgt und ist im öffentlichen Bewusstsein scheinbar eo ipso zum Ziel geworden.

Auch wenn in dem genannten Aufruf Wettbewerb statt Subventionen gefordert werden, stellt die Etablierung eines Quotenmodells, also die Schaffung eines Marktes für erneuerbare Energien, eine Subvention für diese Technologien dar. Somit unterscheidet sich das vorgeschlagene Quotenmodell nicht so stark von anderen vorgeschlagenen Subventionsmodellen, etwa Marktprämienmodellen.[14]

Bei Marktprämienmodellen vermarkten die Anbieter von erneuerbaren Energien den Strom ebenfalls auf dem Markt als erste Einkommensquelle. Darüber hinaus erhalten die Anbieter eine Marktprämie als zweite Einkommensquelle. In den

---

13 Als Relativierung dieser klaren Aussage muss wohl eingeräumt werden, dass Teile der Bevölkerung aus ideologischen Gründen eine grüne Stromerzeugung begrüßen und daraus auch ein positives Gefühl ziehen können. Es ist jedoch sehr schwer diesen Aspekt isoliert zu bestimmen. Das positive Gefühl kann sicherlich auch aus der Annahme entstehen, durch grünen Strom etwas zu dem Klimaschutz beizutragen.

14 Vgl. bspw. BDEW, 2013.

meisten Modellvorschlägen wird diese Prämie auktioniert. Die Marktprämie kann technologieneutral oder technologiespezifisch ausgestaltet werden. In den groben Zügen sind die Auswirkungen auf den Energiemix somit sehr ähnlich wie bei dem Quotenmodell. Wird die Marktprämie auktioniert, ist auch eine Mengenvorgabe notwendig. Unterschiede bei den beiden Reformvorschlägen liegen im Detail.[15]

Der größte Fehler, den beide Reformmodelle gemein haben, ist nicht unbedingt, dass Subventionen genutzt werden, sondern dass die Subventionen auf erneuerbare Energien beschränkt werden.

7 Subventionen als Klimaschutzinstrument

Eine generelle Ablehnung von Subventionen ist kein Ziel ordnungspolitischer Überlegungen. Ob Subventionen oder Abgaben das Mittel der Wahl in der Klimaschutzpolitik darstellen, ist aus normativen bzw. verteilungspolitischen Aspekten zu beurteilen. Die Wahl zwischen Subventionen auf der einen oder Abgaben auf der anderen Seite determiniert die Verteilung von Eigentumsrechten in der Gesellschaft. Wenn die aktive Vermeidung von Treibhausgasemissionen durch Subventionen erfolgen soll, liegt das Recht auf Klimabelastung durch Emissionen implizit bei den Emittenten. Diese werden entsprechend des Gemeinlastprinzips dafür belohnt, auf ihr Recht zu verzichten. Müssen hingegen die Emittenten für die Emissionen eine Abgabe bezahlen, entschädigen diese die Bürger, als Eigentümer einer unbelasteten Atmosphäre, für die verursachte Qualitätsverschlechterung. Diese entspricht dem Verursacherprinzip.

Das Verursacherprinzip ist in der Umweltpolitik weitgehend geteilte Norm und fest in der Gesellschaft verankert. Direkte Subventionen der Emissionsreduktion sind allein aus diesem Grund mit Vorsicht zu genießen. Zusätzlich scheitert eine direkte Subventionierung auch an unüberbrückbaren Informationsproblemen, weil die tatsächliche Emissionsreduktion nicht valide festgestellt werden kann.[16]

Aus diesen Gründen soll an dieser Stelle nochmals widerholt werden, dass eine empfehlenswerte Reform in der Klimaschutzpolitik in der Ausweitung des Emissionsrechtehandels oder in der Etablierung eines Abgabe- oder Steuersystems liegt.

Nun hilft es jedoch auch nicht die Augen vor der aktuellen Situation zu verschließen. Seit über zwei Jahrzehnten werden erneuerbare Energien gesetzlich gefördert. Bei einem Subventionsvolumen von jährlich über 20 Mrd. Euro profitieren viele Akteure von der Politik. Auch Teile der Industrie, die nicht direkt Zahlungen

---

15 Ein genauerer Vergleich kann in dem Umfang dieses Beitrags nicht geleistet werden und ist für die Argumentation hier nicht maßgeblich.

16 Vgl. Eekhoff/Vossler, 2011.

erhalten, haben wahrscheinlich einen Vorteil aus der Förderpolitik, weil sie ansonsten bei alternativen Klimaschutzregulierungen mit wahrscheinlich höheren Kosten betroffen wären. Grundsätzlich ist es wesentlich schwerer im politischen Prozess Instrumente einzuführen, welche gut organisierte Interessen direkt belasten.[17] Durch ein Subventionsinstrument hingegen ist es möglich, wichtige Gruppen direkt besser zu stellen. Geschieht dies im Namen des Klimaschutzes, ist auch keine öffentliche Kritik zu befürchten, obwohl die Regulierungsinzidenz die breite Öffentlichkeit, und vor allem die nachfolgenden Generationen, zweifach trifft. Erstens tragen diese die monetären Kosten für das Instrument, unabhängig von der Verursachung des Schadens. Zweitens entstehen ökonomische Kosten aus der Wahl eines ineffizienten Instruments, denn wie bereits erläutert werden nicht die günstigsten Möglichkeiten der Emissionsreduktion genutzt.

Vor dem Hintergrund, dass so viele einflussreiche Interessengruppen profitieren, erscheint es im Hinblick auf den Prozess der demokratischen Meinungsbildung nahezu illusorisch, dass die Förderpolitik aufgegeben wird.

8 Ausweitung der Subventionen

Die bisher geübte Kritik an der aktuellen EEG-Förderung und auch an den diskutierten Reformoptionen besteht vor allem an der verfehlten Fokussierung auf die erneuerbaren Energien. Das eigentliche Ziel – die Reduktion von CO_2 – wird nicht konsequent verfolgt. Dies liegt nicht per se an Subventionen, sondern an der Ausgestaltung des aktuellen Subventionsmechanismus. Auf dem Elektrizitätsmarkt ist es jedoch möglich, auch durch Subventionen die Preisstruktur insgesamt so zu korrigieren, dass die Emissionsreduktion innerhalb dieses Sektors effizient erfolgt. Dafür ist es notwendig die Subventionen nicht nur auf erneuerbare Energien zu beschränken, sondern die Subventionen müssen auch auf andere Stromerzeugungsarten ausgeweitet werden, die weniger emissionsintensiv erfolgen.

Durch die Internalisierung der externen Effekte über eine Abgabenlösung[18] verändert sich die relative Preisstruktur. Klimaschädliche Güter werden durch die Internalisierung relativ teurer zu den Gütern, deren Konsum oder Produktion keine negativen externen Effekte verursachen. Durch die Veränderung in den Preisen wird ein Substitutionsprozess hin zu weniger klimaschädlichen Gütern initiiert. Auf dem Strommarkt verändern sich die Stromgestehungskosten für die verschiedenen Arten der Stromerzeugung, entsprechend der Emissionsintensität der Stromerzeugung. Die Emissionsintensität des eingesetzten Rohstoffs wird zu

[17] Vgl. Gawel, 1995; Kirchgässner, 1998.

[18] Gleiches gilt auch für Steuern auf Emissionen, oder durch die Verpflichtung der Emittenten zur Vorlage eines Emissionsrechts.

einer wichtigen Determinante bei der Investitionsentscheidung für Kraftwerke, weil sich die Rentabilität der Kraftwerke unterschiedlich verändert.

Damit in der Preisstruktur alle gesellschaftlichen Kosten dargestellt werden, muss die Relation zwischen den Preisen stimmen. Ziel der Korrektur ist es, die umweltneutralen Güter relativ zu verbilligen. Für die intendierte Substitution ist es irrelevant, ob die umweltschädlichen Güter relativ teurer oder umweltneutrale Güter relativ günstiger werden.[19]

Spiegelbildlich zu einer Abgabenlösung, bei der die emissionsintensivste Stromerzeugung am stärksten durch Abgaben belastet und emissionsfreie Stromerzeugung nicht belastet wird, wären bei Anwendung von Subventionen die Förderung von emissionsfreier Stromerzeugung am höchsten. Die emissionsintensivste Stromerzeugung würde natürlich nicht subventioniert.

Die höchste Subventionshöhe (v_{max}) erhielte emissionsfrei erzeugter Strom. Dieser Betrag würde je stärker reduziert, je stärker die Emissionen (s_i) der jeweiligen Stromerzeugung ist. Die Stromerzeugung mit den höchsten Emissionen pro Einheit (s_{max}) würde nicht mehr subventioniert.

Für die jeweilige Subvention müsste somit gelten:[20]

$$v_i = v_{max} \cdot \left[1 - \frac{s_i}{s_{max}}\right]$$

Würden die Subventionen auf diese Weise ermittelt, bestünden wesentliche Unterschiede zu der EEG-Förderung. Erstens würden die Subventionen technologieunabhängig vergeben und zweitens beschränkten sich die Subventionen nicht nur auf erneuerbare Energien. Die maximale Subventionshöhe könnte aus dem Klimaschutzziel abgeleitet werden.[21] Die Anbieter auf dem Strommarkt erhielten auf der einen Seite die Subvention und könnten zusätzlich ihren Strom an der Börse vermarkten, so dass ein Anreiz bestünde, die Stromproduktion entsprechend der Nachfrage auszurichten.

Grundsätzlich ließen sich diese Überlegungen auch auf ein Quotenmodell übertragen, wenn das Quotenmodell nicht auf erneuerbare Energien beschränkt wäre, sondern eine Emissionsreduktionsquote auf dem Strommarkt erreicht werden soll. Dafür müsste die Zertifizierung jedoch auch auf weniger emissionsintensiven Strom ausgeweitet werden. Ein „volles" Zertifikat z_{max} erhielte emissionsfrei erzeugter Strom, während Strom aus emissionsintensiver Stromproduktion nur ein abgestuftes Zertifikat (z_i) zustehen würde.

---

19 Wenn zunächst von dem Einkommenseffekt abstrahiert wird.
20 Für eine ausführliche Herleitung und Diskussion vgl. Vossler (noch in Bearbeitung).
21 Vgl. ebd.

$$z_i = z_{max} \cdot \left[1 - \frac{s_i}{s_{max}}\right]$$

Ein wichtiger Unterschied zwischen einer Abgabenlösung und dem hier vorgestellten Subventionsmechanismus liegt jedoch in dem Einkommenseffekt. Während bei der Abgabenlösung Strom in Relation zu den anderen Gütern in der Volkswirtschaft teurer wird, wird Strom bei einer Subventionslösung relativ günstiger. Dadurch besteht die Gefahr, dass der Einkommenseffekt bei der Subventionslösung den Substitutionseffekt überkompensiert. In der Realwirtschaft wird es bei beiden Regulierungsoptionen schwierig den Einkommenseffekt zu eliminieren.

Um die Gefahr einer Überkompensation des Substitutionseffektes zu vermeiden, erscheint es sinnvoll, die für die Subventionen benötigten Mittel über eine allgemeine Strom- bzw. Energiesteuer gegen zu finanzieren. Auf diese Weise wird Energie nicht günstiger, die unterschiedliche Emissionsintensität der Stromerzeugung würde jedoch, bei dem sich ergebenen Strommix, aufgrund der Subventionen berücksichtigt werden.

Zum Abschluss ist es noch wichtig darauf hinzuweisen, dass eine Ausweitung des Subventionsmechanismus auch auf fossile Stromerzeugung eine Verbesserung des aktuellen Subventionsmechanismus darstellt, wenn von politischer Seite an Subventionen festgehalten werden soll. Jegliches Subventionsdesign ist redundant, wenn gleichzeitig die Emissionsmenge über eine Mengenregulierung, wie dem europäischen Emissionsrechtehandel, festgelegt wird.[22]

9 Fazit

Der Ruf nach einem Quotenmodell für erneuerbare Energien ist aus ökonomischen Gründen fraglich, weil erneuerbare Energien keine positiven externen Effekte verursachen, die durch eine geeignete Regulierung internalisiert werden müssten. Wird ein Quotenmodell aus pragmatischen Gründen empfohlen, quasi um Schlimmeres zu vermeiden, besteht die virulente Gefahr, dass der Reformdruck auf die Politik verloren ginge. Ein immer noch ineffizientes Klimaschutzinstrument bliebe bestehen. Im Angesicht der politischen Landschaft erscheint es illusorisch, völlig auf Subventionen für erneuerbare Energien verzichten zu können. Wenn vor allem aus politischen Gründen an einem Subventionsmechanismus festgehalten werden soll, müssen die Subventionen so ausgestaltet werden, dass das Ziel der Treibhausgasreduktion im Vordergrund steht und nicht die Stromerzeugung aus erneuerbaren Energien. Es ist möglich Subventionen so anzuwenden, dass eine effiziente Reduktion der Treibhausgasemissionen innerhalb des Strom-

[22] Vgl. Monopolkommission, 2013.

sektors initiiert wird. Dafür müsste die Emissionsintensität der Stromerzeugung, als die relevante Größe für die Bemessung der Subventionshöhe herangezogen werden. In diesem Fall werden weiterhin erneuerbare Energien am höchsten subventioniert, jedoch nicht gezielt, sondern weil diese Art der Stromerzeugung (fast) keine Emissionen verursacht. Wie hoch der Anteil von erneuerbaren Energien an der Stromerzeugung ausfällt ist ex ante schwer zu prognostizieren. Auch wenn grüner Strom die höchsten Subventionen erhalten würde, ist es nicht gesichert, dass sich ihr Anteil stark erhöht. Obwohl durch die Subventionen die Stromgestehungskosten sinken, ist es durchaus möglich, dass grüner Strom aktuell immer noch nicht wettbewerbsfähig ist. Dies bedeutet, dass die Emissionsreduktion innerhalb der Elektrizitätswirtschaft durch anders erzeugten Strom kostengünstiger zu erreichen ist. Diese Möglichkeiten sollten unbedingt genutzt werden, um die große Aufgabe des Klimaschutzes zu meistern.

Letztlich sollte die Aufklärung über die ineffiziente Erreichung des Klimaschutzziels, aufgrund der einseitigen Fokussierung auf erneuerbare Energien, nicht aufgegeben werden. Alle empfohlenen Klimaschutzinstrumente müssen sich an dem Reduktionsziel messen lassen.

Literaturverzeichnis

BDEW (2013): *Vorschläge für eine grundlegende Reform des EEG*, Positionspapier, Berlin.

Eekhoff Johann, Christian Vossler (2011): „Internalisierung der externen Effekte von CO_2 Emissionen", *Zeitschrift für Wirtschaftspolitik* Vol. 60 (3), S. 352–369.

Gawel Erik (1995): „Zur Politischen Ökonomie von Umweltabgaben", *Walter Eucken Institut Vorträge und Aufsätze* 146, Tübingen: J.C.B. Mohr.

Initiative Neue Soziale Marktwirtschaft (2012): „Die Energiewende besser und bezahlbar machen", http://www.insm.de/insm/kampagne/energiewende/offener-brief.html, Aufruf: 19.11.2013.

Kirchgässner Gebhard (1998): „Ökologische Steuerreform: Utopie oder realistische Alternative", in: Krause-Junk, G. (Hrsg.), *Steuersysteme der Zukunft*, Berlin: Duncker und Humblot.

Monopolkommission (2013): „Energie 2013: Wettbewerb in Zeiten der Energiewende, Sondergutachten 65", *Sondergutachten der Monopolkommission* gemäß § 62 Abs. 1 EnWG.

o. V. Titel Spiegel (2013): *Spiegel* Heft 36 / 2013.

RWI (2012): *Marktwirtschaftliche Energiewende: Ein Wettbewerbsrahmen für die Stromversorgung mit alternativen Technologien*, Ein Projekt im Auftrag der Initiative Neue Soziale Marktwirtschaft.

Sachverständigenrat zur Begutachtung der gesamtwirtschaftlichen Entwicklung (2011): „Verantwortung für Europa wahrnehmen", *Jahresgutachten* 2011 / 12, Wiesbaden.

Vossler Christian (noch nicht erschienen): *Subventionen für erneuerbare Energien als Klimaschutzinstrument*, Köln.

Wirth Harry (2013): *Aktuelle Fakten zur Photovoltaik in Deutschland*, Freiburg.

Die Berücksichtigung von Waldkohlenstoffspeichern im internationalen Klimaschutzsystem[1]

Janina Jänsch

1 Einleitung

Der Klimawandel ist eines der bedeutendsten globalen Probleme unserer Zeit. Die massiven Folgen dieser Erwärmung sind bereits heute in den verschiedensten Teilen der Welt spürbar. Zu diesen zählen das Abschmelzen der Polkappen, vermehrte Sturmbildungen oder die Ausbreitung von Wüstenregionen. Ursächlich hierfür ist nach herrschender Meinung vor allem ein anthropogen verursachter Anstieg der Treibhausgaskonzentration.[2]

Die Staatengemeinschaft hat sich zu dem Ziel bekannt, die globale Erwärmung auf zwei Grad Celsius zu begrenzen.[3] Um dieses Ziel zu erreichen, wurde im Jahre 1997 das Kyoto-Protokoll verabschiedet. Es gilt als Meilenstein in der Geschichte der internationalen Klimaschutzpolitik, da sich erstmals eine Reihe von Industriestaaten – die sogenannten Annex-I-Staaten[4] – auf völkerrechtlich verbindliche Emissionsreduktionsziele festlegte. Das Kyoto-Protokoll und damit die erste Verpflichtungsperiode ist Ende 2012 ausgelaufen.[5] In den letzten Jahren sind deshalb intensive Verhandlungen über ein Nachfolgeabkommen des Kyoto-Protokolls geführt worden. Schließlich konnte sich die internationale Staatengemeinschaft auf eine zweite Verpflichtungsperiode einigen, die Anfang 2013 begann und voraussichtlich bis

---

1 Dieser Artikel behandelt einige Aspekte aus der Dissertation von Frau Jänsch, die voraussichtlich im Frühjahr 2014 erscheinen wird.

2 Treibhausgase sind solche Gase, die durch ihre strahlenabsorbierende Wirkung zum Treibhauseffekt beitragen. Zu den bedeutendsten Treibhausgasen zählen Wasserdampf (H_2O), Kohlenstoffdioxid (CO_2), Distickstoffoxid (N_2O), Methan (CH_4) und Ozon (O_3). Vgl. Intergovernmental Panel on Climate Change (IPCC), 2007a, S. 2 und S. 947.

3 Vgl. United Nations Framework Convention on Climate Change (UNFCCC), 1992, S. 4 und 2010c, S. 5.

4 Die Länder, die verbindliche Reduktionsziele übernahmen, sind in Anhang B des Kyoto-Protokolls aufgelistet. Dennoch wird häufiger die Formulierung Annex-I-Länder verwendet. Die Annex-I-Länder bilden die Ländergruppe, die sich im Rahmen der Klimarahmenkonvention zu Maßnahmen zur Emissionsminderung verpflichtet hat. Die beiden Ländergruppen sind fast identisch. Aus diesem Grund werden die Begriffe Annex-I-Länder und Annex-B-Länder häufig synonym verwendet. Vgl. Deutsche Emissionshandelsstelle, 2013 und Umweltbundesamt 2012.

5 Vgl. UNFCCC, a.

zum Jahre 2020 laufen wird. Allerdings hat sich eine Reihe von Staaten, darunter Kanada, Japan und Russland, nicht mehr auf nationale Emissionsziele eingelassen.[6] Damit umfasst das so genannte Kyoto II-Abkommen nur noch 37 Länder, die zusammen etwa 15 Prozent der globalen Treibhausgasemissionen auf sich vereinen.[7]

2 Ökonomische Grundlagen und der Emissionsrechtehandel

Aus ökonomischer Sicht liegt die Problematik des Klimawandels darin, dass die Atmosphäre kostenlos genutzt werden kann und damit Treibhausgase kostenlos emittiert werden.[8] Die Kosten der Klimaschädigung gehen nicht in die Preisbildung ein und müssen folglich bei der Herstellung klimaschädlicher Güter nicht berücksichtigt werden. Dadurch werden zu viele klimaschädliche Güter zu einem zu geringen Preis angeboten. Um Anreize zur Reduktion der weltweiten Treibhausgasemissionen zu setzen, stehen unterschiedliche klimapolitische Instrumente zur Verfügung. Darunter gelten solche Instrumente als effizient, die das Preissystem korrigieren und damit dem Gut saubere Luft bzw. den Treibhausgasemissionen einen Preis zuordnen. Eines dieser marktorientierten Instrumente ist der Emissionsrechtehandel. In einem Emissionsrechtehandelssystem wird die maximale Menge an Emissionen festgelegt und in Form von Emissionsrechten verbrieft. Dadurch wird gewährleistet, dass nicht mehr emittiert wird, als durch die Menge der Emissionsrechte festgelegt ist. Die Emissionsrechte sind handelbar, und durch Angebot und Nachfrage entsteht ein Preis für die Emission. Durch die Abwägung zwischen den Kosten der Emissionsvermeidung und den Kosten des Erwerbs von Emissionsrechten werden dort Emissionen vermieden, wo dies zu den geringsten Kosten möglich ist.

3 Das Kyoto-Protokoll und die Problematik der regionalen und sektoralen Begrenzung

Im Rahmen des Kyoto-Protokolls wurde ein Emissionsrechtehandel auf Staatenebene geschaffen.[9] Der sogenannte zwischenstaatliche Emissionsrechtehandel funktioniert nach dem theoretischen Vorbild: Vor Beginn einer Verpflichtungsperiode wird den Annex-I-Staaten eine festgelegte Emissionsrechtemenge zugeteilt, die sie auf dem Emisionsrechtemarkt handeln können. Die Summe der Emis-

---

6 Diese Staaten gehören somit in der zweiten Verpflichtungsperiode (2013 bis 2020) nicht mehr zu den Annex-I-Staaten.

7 Vgl. UNFCCC, 2012c.

8 Zu den theoretischen Grundlagen siehe beispielsweise Feess, 1998; Fritsch et al., 2005 oder Weimann, 2009.

9 Vgl. UNFCCC, 1998, S. 15.

sionsrechte stellt die maximale Emissionsmenge dar. Innerhalb des Emissionsrechtehandels wird durch den Preismechanismus gewährleistet, dass dort Emissionen reduziert werden, wo sie am kostengünstigsten sind.

Der zwischenstaatliche Emissionsrechtehandel ist jedoch sowohl regional als auch sektoral begrenzt. Der Großteil der internationalen Staatengemeinschaft – die sogenannten Nicht-Annex-I-Staaten[10] – sind keine nationalen Reduktionsverpflichtungen eingegangen. Darüber hinaus werden nicht alle klimarelevanten Bereiche berücksichtigt. Durch diese Begrenzung werden kostengünstige Klimaschutzmöglichkeiten nicht genutzt. Ein Bereich, der laut Klimaexperten im Verhältnis zu anderen Klimaschutzmöglichkeiten relativ kostengünstige Klimaschutzmöglichkeiten bietet und nur begrenzt berücksichtigt wird, stellt der Bereich terrestrischer Kohlenstoffspeicher dar.[11]

4 Die Berücksichtigung von Waldkohlenstoffspeichern in den Nicht-Annex-I-Staaten

Als terrestrische Kohlenstoffspeicher wird der Bestand an Kohlenstoff in terrestrischen Ökosystemen, wie Wäldern, Weiden oder Wiesen, verstanden. In diesen Ökosystemen sind erhebliche Mengen an Kohlenstoff gebunden, die folglich nicht als Kohlenstoffdioxid (CO_2) in die Atmosphäre gelangen. Darüber hinaus tragen die Emissionen aufgrund von Landnutzungsänderungen weltweit mit etwa 20 Prozent zu den CO_2-Emissionen bei.[12] Ein Großteil dieser Emissionen entsteht durch Entwaldung und Degradation von Wäldern in den Nicht-Annex-I-Staaten.[13]

Die Waldkohlenstoffspeicher in den Nicht-Annex-I-Ländern werden im Rahmen des Kyoto-Protokolls nur recht begrenzt über den Clean Development Mechanism (CDM) berücksichtigt. Über den sogenannten CDM A/R (Clean Development Mechanism for Afforestation and Reforestation) sind ausschließlich Auf- und Wiederaufforstungsmaßnahmen zugelassen.[14] Der CDM A/R ist auf Projektebene angelegt, d. h. es handelt sich um einzelne Auf- und Wiederaufforstungsprojekte in den Nicht-Annex-I-Staaten. Mithilfe des CDM A/R können Annex-I-Staaten

---

[10] Dabei handelt es sich überwiegend um Entwicklungs- und Schwellenländer. Aus diesem Grund werden im Folgenden Nicht-Annex-I-Länder und Entwicklungs- und Schwellenländer synonym verwendet. Gleiches gilt für Annex-I-Länder und Industriestaaten.

[11] Vgl. IPCC, 2007b, S. 543–544 und Haupt/Lüpke, 2007, S. 13.

[12] Bei der Zerstörung terrestrischer Kohlenstoffspeicher wird der Kohlenstoff in die Atmosphäre abgegeben und vermischt sich mit Sauerstoff zu CO_2. Eine Tonne Kohlenstoff entspricht 3,67 Tonnen CO_2 bzw. eine Tonne CO_2 entspricht 0,273 Tonnen Kohlenstoff. Vgl. IPCC, 2007a, S. 2 und 514–515.

[13] Vgl. Food and Agriculture Organization of the United Nations (FAO), 2010, S. 20 und 27.

[14] Vgl. UNFCCC, 2002, S. 54–55.

Auf- und Wiederaufforstungsprojekte in den Nicht-Annex-I-Ländern durchführen und sich in Höhe der vermiedenen Emissionen Emissionsgutschriften ausstellen lassen. Diese Gutschriften können zur Erfüllung der eigenen Reduktionsverpflichtung genutzt oder auf dem Emissionsrechtemarkt verkauft werden.[15] Die globale Emissionsreduktionsmenge wird durch den CDM A/R nicht beeinflusst. Es kommt lediglich zu einer Verlagerung der Emissionsreduktionen von den Annex-I-Staaten in die Nicht-Annex-I-Staaten.

Ein wesentlicher Kritikpunkt des CDM A/R bestand darin, dass damit das eigentliche Problem, nämlich die massiven Waldrodungen in den Entwicklungs- und Schwellenländern, nicht berücksichtigt werden. Aus diesem Grund wurde im Jahr 2005 auf Initiative der Länder Papua Neuguinea und Costa Rica eine Diskussion darüber in Gang gesetzt, wie auch die Vermeidung von Entwaldung in ein zukünftiges Klimaschutzabkommen integriert werden könnte.[16] Im Laufe der Verhandlungen wurden die Maßnahmen ausgeweitet, so dass auf der dreizehnten Vertragsstaatenkonferenz (COP 13) im Jahr 2007 der sogenannte REDD+-Mechanismus in das Abschlussdokument aufgenommen wurde.[17] Der REDD+-Mechanismus umfasst folgende Maßnahmen:[18]

- Vermeidung von Emissionen aus Entwaldung und Walddegradation (Reducing Emissions from Deforestation and Degradation),
- Erhalt des Waldkohlenstoffvorrats (conservation of forest carbon stocks),
- nachhaltiges Waldmanagement (sustainable management of forests),
- Erweiterung des Waldkohlenstoffvorrats (enhancement of forest carbon stocks).

Der REDD+ ist im Gegensatz zum CDM A/R auf Länderebene konzipiert. Die Idee besteht darin, aufseiten der Nicht-Annex-I-Staaten einen Anreiz zu schaffen, ihre eigenen Waldressourcen zu schützen und aufzubauen. Dies soll erreicht werden, indem die Entwicklungs- und Schwellenländer für den Schutz und Aufbau von Kohlenstoffspeichern Kompensationszahlungen von den Annex-I-Staaten erhalten.[19]

5 Vergleich der Instrumente CDM A/R und REDD+

Während mit dem CDM A/R bereits einige Erfahrungswerte vorliegen, befindet sich REDD+ derzeit noch im Aufbau und soll Teil eines zukünftigen Kyoto-

15 Darüber hinaus können die Nicht-Annex-I-Staaten selbst diese Projekte durchführen und die dadurch generierten Gutschriften an Annex-I-Staaten verkaufen. Vgl. UNFCCC, b.
16 Vgl. UNFCCC, 2005.
17 Vgl. UNFCCC, 2008, S. 3–11.
18 Vgl. UNFCCC, 2011b, S. 12.
19 Dieser Abschnitt folgt UNFCCC, 2008, S. 3 und Center for International Forestry Research, 2009, S. 5.

Nachfolgeabkommens ab 2020 werden. Dadurch bestehen noch einige offene Fragen bezüglich der genauen Ausgestaltung von REDD+, die derzeit kontrovers diskutiert werden. Hier können die bisherigen Erfahrungen mit dem CDM A/R möglicherweise hilfreich sein. Aus diesem Grund werden im Folgenden einige Aspekte, die sowohl für den CDM A/R als auch für den REDD+-Mechanismus von Bedeutung sind, näher beleuchtet:

- Die Berücksichtigung der mangelnden Permanenz
- Die Gewährleistung der Additionalität
- Die Notwendigkeit eines MRV-Systems
- Die Verknüpfung von klima- und entwicklungspolitischen Zielen
- Die Wahrscheinlichkeit von Leakage-Effekten

6 Die Berücksichtigung der mangelnden Permanenz

Eine wesentliche Voraussetzung für die Anerkennung von CDM A/R- und REDD+-Maßnahmen besteht in der Berücksichtigung der mangelnden Permanenz. Die mangelnde Permanenz beschreibt den Umstand, dass die Kohlenstoffbindung in Waldökosystemen im Gegensatz zur Emissionsvermeidung in der Industrie oder Energiewirtschaft nur temporär ist, d. h. der in Wäldern gespeicherte Kohlenstoff kann durch unterschiedliche Ereignisse (zum Beispiel Stürme oder Waldbrände) wieder freigesetzt werden.[20] Wird beispielsweise beim CDM A/R die Zerstörung einer aufgeforsteten Waldfläche nicht berücksichtigt, entsprechen die ausgegebenen CDM A/R-Gutschriften nicht mehr der tatsächlichen Kohlenstoffbindung und die festgelegte Emissionsmenge wird überschritten.

Um die fehlende Permanenz zu berücksichtigen, bestehen mehrere Möglichkeiten. Im Rahmen des CDM A/R hat sich die internationale Staatengemeinschaft dafür entschieden, zeitlich befristete CDM A/R-Gutschriften auszugeben, d. h. sie müssen nach einer Weile durch dauerhaft gültige Emissionsrechte ersetzt werden. Ein Projektträger hat dabei die Wahl zwischen temporary CERs (tCERs) und longterm CERs (lCERs).[21]

TCERs haben eine Laufzeit von fünf Jahren. Nach Ablauf der Laufzeit verfallen sie, und die Kohlenstoffbestände werden geprüft. Ist der Kohlenstoffbestand unverändert geblieben, so wird die gleiche Menge an tCERs erneut ausgegeben. Unter der Annahme, dass der Kohlenstoffbestand eines CDM A/R-Projekts stets unverändert bleibt, erhält der Projektträger bis zum Ende des Anrechnungs-

[20] Vgl. Betz et al., 2005, S. 406.
[21] Vgl. im Folgenden Bird et al., 2004, S. 1–3 und Dutschke et al., 2004, S. 1–6.

zeitraums[22] alle fünf Jahre nach Verfall der alten tCERs neue tCERs in gleicher Höhe. Im Gegensatz zu tCERs behalten lCERs über den gesamten Anrechnungszeitraum ihre Gültigkeit. Auch hier erfolgt alle fünf Jahre eine Verifizierung der Kohlenstoffbestände. Wird bei einer Verifizierung ein Rückgang des Kohlenstoffbestands festgestellt, verliert die entsprechende Menge an bereits ausgegebenen lCERs ihre Gültigkeit. Sowohl bei tCERs als auch bei lCERs ist der Gutschrifteneigentümer dazu verpflichtet, verfallene Gutschriften entweder durch dauerhaft gültige Emissionsrechte oder durch neue tCERs bzw. lCERs zu ersetzen.

Wenn man davon ausgeht, dass ein tCER oder lCER zu einem späteren Zeitpunkt durch ein dauerhaftes Zertifikat ersetzt werden muss, dann hängt der Wert eines zeitlich begrenzten Emissionsrechts von der zukünftigen Preiserwartung über dauerhafte Emissionsrechte ab.[23] Dabei müssen die Kosten eines permanenten Zertifikats gegen die Summe aus den Kosten eines temporären Zertifikats und den zukünftigen Kosten eines dauerhaft gültigen Zertifikats abgewogen werden. Ein Land wird folglich dann ein dauerhaft gültiges Zertifikat bevorzugen, wenn der Preis für ein tCER oder lCER zuzüglich des Barwerts eines permanenten Zertifikats höher ist als der aktuelle Preis für eine permanente Gutschrift. Oder anders ausgedrückt: Wenn die erwartete Preissteigerung des dauerhaften Emissionsrechts größer oder gleich dem Diskontzins ist, ist der Erwerb einer zeitlich begrenzten CDM-Gutschrift nicht attraktiv.[24] Insgesamt ist davon auszugehen, dass die Nachfrage nach zeitlich begrenzten CDM-Gutschriften umso geringer ausfällt, je höher die Diskontrate und je geringer die Preissteigerungen für permanente Gutschriften eingeschätzt werden.

Die Abhängigkeit von der erwarteten Preisentwicklung auf dem Emissionsrechtemarkt bringt Unsicherheiten mit sich und macht zeitlich begrenzte Gutschriften im Vergleich mit dauerhaft gültigen Zertifikaten weniger attraktiv.[25] Dies ist unmittelbar nachvollziehbar, da die beschriebenen Unsicherheiten Kosten aufseiten eines Investors darstellen. Laut Dutschke / Angelsen (2009) sind die hohen Unsicherheiten letztlich der Grund für die geringe Nachfrage nach zeitlich begrenzten CDM-Gutschriften.[26]

Für REDD+ ist bisher noch keine Einigung darüber erzielt worden, wie das Risiko der fehlenden Permanenz in Zukunft berücksichtigt werden soll. Aufgrund

---

22 Der maximale Anrechnungszeitraum bei CDM A / R-Projekten beträgt entweder einmalig dreißig Jahre oder zwanzig Jahre mit der Möglichkeit, zweimal um weitere zwanzig Jahre zu verlängern. Vgl. Kägi / Schöne, 2005, S. 7 und Betz et al., 2005, S. 399.

23 Vgl. im Folgenden Dutschke / Schlamadinger, 2003, S. 10; Bird et al., 2004, S. 3–4; Neef / Henders, 2007, S. 22–24.

24 Vgl. Myers Madeira, 2008, S. 59–60.

25 Vgl. Neef / Henders, 2007, S. 25.

26 Vgl. Dutschke / Angelsen, 2008, S. 82.

der beschriebenen Nachteile ist es jedoch möglicherweise sinnvoll, Alternativen zur Ausgabe zeitlich befristeter Gutschriften zu suchen.

7 Gewährleistung der Additionalität

Eine wesentliche Voraussetzung für die Anerkennung von Klimaschutzmaßnahmen in den Nicht-Annex-I-Ländern ist die Gewährleistung der Additionalität.[27] Unter Additionalität wird die tatsächliche Zusätzlichkeit vermiedener Emissionen bzw. gebundenen Kohlenstoffs verstanden. Sie ist dann gegeben, wenn Waldschutz- bzw. Waldaufbaumaßnahmen in den Nicht-Annex-I-Staaten nicht auch ohne CDM A / R bzw. REDD+ realisiert würden.

Da die Nicht-Annex-I-Staaten keine eigene Reduktionsverpflichtung eingegangen und damit deren Emissionsmengen nicht anhand von Emissionsrechten kontrolliert werden, müssen hierfür die aktuellen mit den erwarteten Waldkohlenstoffspeichern verglichen werden. Zur Ermittlung der erwarteten Bestände wird ein Business-as-usual-Szenario entwickelt, das die zukünftige Entwicklung der Waldkohlenstoffbestände ohne Existenz eines Klimaschutzinstruments wie des CDM oder des REDD+-Mechanismus beschreibt. Dieser Referenzwert wird mit dem tatsächlichen Waldkohlenstoffbestand verglichen. Die Differenz aus diesen beiden Werten stellt die zusätzlich vermiedenen Emissionen dar.

Ein wesentliches Problem entsteht dadurch, dass die Nicht-Annex-I-Länder ein Interesse daran haben, möglichst hohe Einnahmen aus CDM A / R-Projekten bzw. REDD+-Maßnahmen zu generieren.[28] Dadurch können sie ihre eigenen Einnahmen und ihre Attraktivität für ausländische Investoren steigern. Die Höhe der ausgegebenen Gutschriften hängt entscheidend von den Referenzwerten ab, die wiederum durch die Nicht-Annex-I-Staaten erheblich beeinflusst werden können. Aufseiten eines Nicht-Annex-I-Staates besteht ein Anreiz, einen Referenzwert über einen möglichst langen Zeitraum auf einem attraktiven Niveau zu halten. Dies kann beispielsweise dadurch erreicht werden, indem staatliche Maßnahmen im Bereich des Waldschutzes und Waldaufbaus unterlassen werden, um eine Anpassung der Referenzwerte und damit geringere Einnahmen zu verhindern. Im Ergebnis werden die eigenen Klimaschutzbemühungen reduziert, um Kosten zu sparen und stattdessen finanzielle Mittel aus den Annex-I-Ländern zu erhalten.

Die Wahrscheinlichkeit eines solchen moral hazards kann durch die Methode der Referenzwertermittlung gemindert werden. Ein Vorschlag besteht darin, po-

---

27 Vgl. im Folgenden UNFCCC, 2004, S. 13–20 und Betz et al., 2005, S. 336–349 und 411–419.

28 Vgl. im Folgenden Bullock et al., 2009, S. 7 und Brunsmeier / Groth, 2011, S. 34–35.

litische Reformen und staatliche Maßnahmen zugunsten der Wälder nicht in die Ermittlung des Referenzwerts einfließen zu lassen. Dadurch wird moral hazard nicht nur verhindert, sondern zugleich ein Anreiz gesetzt, nationale Rahmenbedingungen für eine nachhaltige Waldschutzpolitik zu schaffen, da die Nicht-Annex-I-Staaten dadurch höhere Einnahmen erzielen könnten. Letztlich ist die Art und Weise der Ermittlung von Referenzwerten eine Frage der Kostenverteilung. Durch eine veränderte Referenzwertermittlung werden die Kosten für REDD+-Maßnahmen von den Annex-I-Staaten übernommen.

8 Die Notwendigkeit eines MRV-Systems

Um die Zusätzlichkeit vermiedener Emissionen bzw. gebundenen Kohlenstoffs zu gewährleisten, müssen Waldkohlenstoffspeicher regelmäßig gemessen und geprüft werden. Hierfür muss ein sogenanntes MRV-System (Monitoring, Reporting, Verification) geschaffen werden.

Beim CDM A/R bestehen hier bereits weitreichende Erfahrungen, jedoch erweist sich vor allem die Langwierigkeit des Prüfungsprozesses als problematisch.[29] Der Zeitraum zwischen der Beantragung eines Projektes bis zur Ausgabe von Emissionsgutschriften dauert im Durchschnitt mehr als drei Jahre.[30] Der Projektträger muss entsprechend hohe Anschubinvestitionen leisten und geht dabei das Risiko ein, dass seine Investitionen sich nur teilweise amortisieren oder sogar vollständig verloren gehen.

Um diesen Prozess zu beschleunigen, erstellt die zuständige Behörde, das CDM Executive Board, jedes Jahr einen sogenannten CDM-Managementplan, mit dem eine Verbesserung des Prüfungsprozesses erreicht werden soll.[31] Dadurch wurden in den letzten Jahren bereits erhebliche Vereinfachungen und eine Beschleunigung des CDM-Prozesses erreicht.[32] Es wurde eine ganze Reihe von Maßnahmen ins Auge gefasst, darunter die Standardisierung von Formularen, die Entwicklung von Richtlinien und die Implementierung von Projektstandards.[33] Im Rahmen des CDM-Managementplans wird darüber hinaus ein Arbeitsplan erstellt, der speziell für Aufforstungs- und Wiederaufforstungsmaßnahmen gilt.[34]

[29] Weiterführende Informationen unter Haupt/Lüpke, 2007, S. 3 und Eekhoff et al., 2008, S. 19–22,

[30] Vgl. UNEP Risoe Centre, 2013a.

[31] Vgl. UNFCCC, 2011a, S. 3.

[32] Die durchschnittliche Dauer eines CDM-Projekts von der Beantragung der Registrierung bis zur Registrierung konnte dadurch auf 120 Tage reduziert werden. Vgl. UNEP Resoe Centre, 2013a.

[33] Vgl. UNFCCC, 2012a, S. 4, 13 und 14 sowie UNFCCC, 2012b, S. 1 und 6.

[34] Vgl. UNFCCC, 2012d, S. 3.

Ein häufig geäußerter Kritikpunkt am MRV-System liegt in dessen Missbrauchsanfälligkeit. CDM A / R-Projekte werden durch private Prüfgesellschaften geprüft, die von den Projektträgern selbst bezahlt werden.[35] Dadurch bestehe ein Anreiz aufseiten der Prüfgesellschaften, ein Projekt zugunsten des Projektträgers zu prüfen und dabei möglicherweise auch Mängel der Projektplanung zu übersehen. Durch den Wettbewerb werde dieser Anreiz noch verstärkt, da diejenige Prüfgesellschaft den Auftrag erhalte, die ihre Prüfung besonders wohlwollend durchführt. Dies führe zu einem race to the bottom zulasten der Prüfungsqualität.

Es ist nicht von der Hand zu weisen, dass unerwünschte Anreizwirkungen bestehen. Im Rahmen des Projektzyklus soll dieses Risiko dadurch gemindert werden, dass jedes CDM A / R-Projekt mindestens zweimal durch jeweils unterschiedliche Gesellschaften geprüft wird.[36] Durch dieses Vier-Augen-Prinzip sollen negative Anreize reduziert werden, da eine unsachgemäße Verifizierung bei einer zweiten Prüfung durch eine zweite Prüfgesellschaft möglicherweise bemerkt werden würde. Darüber hinaus werden nur solche Institutionen oder Unternehmen zur Prüfung von CDM A / R-Projekten zugelassen, die zuvor durch das CDM Executive Board akkreditiert wurden. Nach einer solchen Akkreditierung werden regelmäßig Einzelprüfungen (sogenannte spotchecks) durchführt.[37] Im Ergebnis wird die Missbrauchsanfälligkeit durch den aktuellen Ordnungsrahmen zumindest teilweise reduziert.

Im Fall des REDD+-Mechanismus ist die genaue Ausgestaltung des MRV-Systems noch Bestandteil der internationalen Verhandlungen. Relativ sicher ist, dass ein solches System für REDD+ höhere Kosten aufwerfen wird, weil REDD+ auf Länderebene konzipiert ist und daher nationale MRV-Systeme aufgebaut werden müssen. Nichtsdestotrotz können die Erfahrungen mit dem CDM A / R beim Aufbau dieser Systeme durchaus hilfreich sein, da dadurch die Schwächen, die bereits beim CDM A / R aufgetreten sind, vermieden oder zumindest gemindert werden können.

9 Verknüpfung von entwicklungs- und klimapolitischen Zielen

Eine wesentliche Gemeinsamkeit der Instrumente CDM A / R und REDD+ stellt die Verknüpfung von entwicklungs- und klimapolitischen Zielen dar. Im Rahmen des CDM A / R stellt die Erfüllung entwicklungspolitischer Ziele ein Zulassungskriterium zur Registrierung von CDM A / R-Projekten dar.[38] Die Erfahrun-

35 Vgl. im Folgenden Sepibus, 2009, S. 14 und Lund, 2010, S. 277.
36 Vgl. Haupt / Lüpke, 2007, S. 4–6 und Betz et al., 2005, S. 363.
37 Vgl. UNFCCC, 2010a und Held et al., 2011, S. 31.
38 Vgl. CDM Rulebook, a.

gen mit dem CDM A/R zeigen jedoch, dass durch eine solche Zielverknüpfung das einzelne Ziel verwässert wird und nur zu höheren Kosten erreicht werden kann. Dies liegt daran, dass die unterschiedlichen Kriterien die Projektkosten steigern. Dadurch werden solche Projekte, die gerade noch wirtschaftlich wären, nicht mehr durchgeführt, auch wenn sie sinnvolle Klimaschutzmaßnahmen darstellen. Darüber hinaus werden auch entwicklungspolitische Ziele dadurch kaum erreicht. Ganz im Gegenteil, die Erfüllung weiterer Zulassungskriterien wirkt wie eine Markteintrittshürde für die CDM-Länder. CDM-Projektträger führen Projekte dort durch, wo die besten Voraussetzungen vorliegen. Dadurch können meist nur noch reichere Schwellenländer CDM-Investitionen anziehen, da sie beispielsweise über eine gute Infrastruktur verfügen und politisch relativ stabil sind.[39] Im Ergebnis werden besonders in den am wenigsten entwickelten Ländern weniger CDM A/R-Projekte durchgeführt. Die Zahlen scheinen dies zu bestätigen: Mehr als 60 % aller CDM-Gutschriften werden derzeit in China generiert.[40] Die am wenigsten entwickelten Länder vereinen lediglich 1,2 Prozent aller CDM-Projekte auf sich.[41] Letztlich wird das eigentliche Ziel durch die Erhebung entwicklungspolitischer Zulassungskriterien konterkariert.

Eine Verknüpfung mehrerer Ziele ist aus diesem Grund weder für den CDM A/R noch für REDD+ zu empfehlen. Eine Verwässerung der Zielsetzung und damit einhergehende Ineffizienzen sollten vermieden werden. Die Förderung der sozialen, wirtschaftlichen und ökologischen Entwicklung in den Entwicklungs- und Schwellenländern stellt zwar durchaus ein bedeutendes politisches Handlungsfeld dar, jedoch sollten entsprechende Ziele anhand von spezifischen Instrumenten der Entwicklungs- und Umweltpolitik verfolgt werden.

10 Die Wahrscheinlichkeit von Leakage-Effekten

Sowohl beim CDM A/R als auch bei REDD+ besteht die Wahrscheinlichkeit von Leakage-Effekten. Als Leakage-Effekte werden vermehrte Emissionen außerhalb eines Klimaschutzsystems bezeichnet, die durch das Klimaschutzsystem selbst hervorgerufen wurden.[42] Sie treten dann auf, wenn nicht alle klimarelevanten Regionen und Sektoren durch das Klimaschutzsystem erfasst werden. Sie mindern die Klimaschutzwirkung von Klimaschutzmaßnahmen, da die durch sie bewirkte, gemessene Emissionsminderung nicht der tatsächlichen Emissionsminderung entspricht.

---

39 Vgl. Dutschke et al., 2008, S. 45–48.
40 Bei den CDM A/R-Projekten ist der Anteil mit etwa 16 Prozent wesentlich höher. Vgl. UNEP Risoe Centre, 2013b.
41 Vgl. UNEP Risoe Centre, 2013a.
42 Vgl. Betz at al., 2005, S. 390.

Im Fall des CDM A/R ist sowohl von räumlichen als auch sektoralen Leakage-Effekten auszugehen. Aufgrund des Projektbezugs des CDM A/R können räumliche Emissionsverlagerungen entstehen, da beispielsweise in einer Region ein CDM-Aufforstungsprojekt durchgeführt wird und dies in einer anderen Region zu Entwaldungsmaßnahmen führt. Zudem bestehen beim CDM A/R sektorale Leakage-Effekte, da lediglich Aufforstungs- und Wiederaufforstungsmaßnahmen zugelassen sind und dies beispielsweise zu einer vermehrten Zerstörung natürlicher Wiesen und Savannen führen kann.

Der REDD+-Mechanismus ist dagegen auf Staatenebene konzipiert. Dadurch kann die Wahrscheinlichkeit räumlicher Emissionsverlagerungen reduziert werden. Allerdings ist eine internationale Emissionsverlagerung in solche Länder, die weder in den internationalen Emissionsrechtehandel noch in den REDD+-Mechanismus eingebunden sind, durchaus denkbar. Darüber hinaus besteht bei REDD+ aufgrund der Begrenzung auf eine Reihe von Waldschutz- bzw. Waldaufbaumaßnahmen die Wahrscheinlichkeit sektoraler Leakage-Effekte, wenn vermehrt Emissionen durch die Zerstörung anderer terrestrischer Kohlenstoffspeicher entstehen.

Im Ergebnis ist beim CDM A/R mit größeren Leakage-Effekten zu rechnen als beim REDD+-Mechanismus. Um die Zusätzlichkeit der Klimaschutzmaßnahmen zu gewährleisten, sollten die Verlagerungseffekte sowohl bei der Ermittlung der CDM-Gutschriftenmenge als auch bei der Höhe der Kompensationszahlungen berücksichtigt werden.[43]

11 Schlussfolgerungen

Im Ergebnis können aus den Erfahrungen mit dem CDM A/R wertvolle Empfehlungen für einen zukünftigen REDD+-Mechanismus gegeben werden. In Bezug auf die Gewährleistung der Additionalität und den Aufbau eines MRV-Systems können die Erfahrungen von Vorteil sein, da dadurch bereits im Vorfeld potentielle Schwächen und unerwünschte Anreizwirkungen vermieden oder zumindest gemindert werden können. Die Ausgabe zeitlich befristeter Gutschriften zur Berücksichtigung der mangelnden Permanenz kann dagegen nicht als Vorbild für REDD+ dienen. Aufgrund der Abhängigkeit von Zukunftsdaten und damit einhergehender Unsicherheiten ist es in diesem Fall sinnvoller, Alternativen in Erwägung zu ziehen.[44]Auch eine Verknüpfung entwicklungs- und klimapolitischer

---

[43] Im Fall des CDM A/R geschieht dies dadurch, dass der Leakage-Effekt geschätzt und von der ermittelten Kohlenstoffsenke abgezogen wird. Vgl. UNFCCC, 2006, S. 62 und CDM Rulebook, b.

[44] In der Literatur werden unterschiedliche Möglichkeiten zur Berücksichtigung der Permanenz diskutiert. Populäre Alternativen stellen beispielsweise der ton-year-Ansatz oder ein

Ziele sollte vermieden werden. Die Erfahrungen mit dem CDM A/R zeigen, dass dadurch die einzelnen Ziele schwerer erreicht oder sogar konterkariert werden. Im Hinblick auf die Wahrscheinlichkeit von Leakage-Effekten scheint der REDD+-Mechanismus vorteilhafter zu sein, weil er auf Länderebene konzipiert ist und eine größere Menge an Maßnahmen umfasst.

Letztlich kann das Ziel, die globale Klimaerwärmung zu begrenzen, nur durch ein umfassendes Klimaschutzabkommen erreicht werden, dem (nahezu) alle Staaten beitreten.[45] Solange dies nicht der Fall ist, ist eine Fokussierung auf möglichst kostengünstige Klimaschutzmaßnahmen von noch größerer Bedeutung, damit mit den gegebenen finanziellen Mitteln möglichst viel Klimaschutz betrieben werden kann. Sowohl mit dem CDM A/R als auch mit REDD+ stehen hier sinnvolle Instrumente zur Verfügung.

Literaturverzeichnis

Betz, Regina, Karoline Rogge und Joachim Schleich, (2005): *Flexible Instrumente im Klimaschutz. Emissionsrechtehandel, Clean Development Mechanism, Joint Implementation*, Fraunhofer Institut für System- und Innovationsforschung (ISI) im Auftrag des Umweltministeriums Baden-Württemberg, Hrsgg. v. Umweltministerium Baden-Württemberg, Stuttgart.

Bird, David N., Michael Dutschke, Lucio Pedroni, Bernhard Schlamadinger und A. Vallejo (2004): „Should one trade tCERs or lCERs?", *ENCOFOR policy brief*, ENCOFOR, online verfügbar unter http://www.joanneum.at/encofor/publication/Should_one_trade_tCERs_or_lCERs-ENCOFOR_policy_brief.pdf, zuletzt geprüft am 25.01.2013.

Brunsmeier, Annette und Markus Groth (2011): „REDD+: Ausgestaltung, Bewertung, Zertifizierung und offene Fragen", Hrsgg. v. Climate Service Center, online verfügbar unter http://www.climate-service-center.de/imperia/md/content/csc/REDD_-CSC-Hintergrundpapier-2011_11_30.pdf, zuletzt geprüft am 20.12.2012.

Bullock, S., M. Childs und T. Picken (2009): „A dangerous distraction. Why offsetting is failing the climate and people: The evidence. Friendsof Earth England", online verfügbar unter http://www.foe.co.uk/resource/briefing_notes/dangerous_distraction.pdf, zuletzt geprüft am 26.04.2013.

CDM Rulebook (a): Article 12. Paragraph 3, online verfügbar unter http://cdmrulebook.org/806, zuletzt geprüft am 17.04.2013.

CDM Rulebook (b): A-Z Items. Leakage (A/R), online verfügbar unter http://cdmrulebook.org/711, zuletzt geprüft am 28.04.2013.

Versicherunsgsmodell nach dem Vorbild des freiwilligen Kohlenstoffmarktes dar. Weiterführende Informationen unter IPCC, 2000, S. 87–88 und 319–322; Dutschke/Angelsen, 2008, S. 81–84; Eliasch, 2008, S. 187–188.

45 Es ist auch denkbar, dass lediglich ein Großteil der Staaten einem Klimaschutzabkommen beitritt, solange die größten Treibhausgasemittenten darunter sind.

Center for International Forestry Research (2009): „Simply REDD. Leitfaden des CIFOR über Wälder, den Klimawandel und REDD", online verfügbar unter http://www.cifor.org/publications/pdf_files/media/MediaGuide_REDD_German.pdf, zuletzt geprüft am 25.04.2013.

Deutsche Emissionshandelsstelle (2013): „Gutschriften aus Klimaschutzprojekten (CER und ERU) im europäischen Emissionshandel ab 2013", online verfügbar unter http://www.dehst.de/SharedDocs/Downloads/DE/Publikationen/Fact_Sheet_CER.pdf;jsessionid=4F0A0B57B313A47330AE950DB7622916.2_cid284?__blob=publicationFile, zuletzt geprüft am 17.04.2013.

Dutschke, Michael und Arild Angelsen (2008): „How do we ensure permanence and assign liability?", in: Arild Angelsen (Hrsg.), *Moving ahead with REDD: Issues, options and implications*, Bogor (Indonesia), S. 77–85.

Dutschke, Michael und Bernhard Schlamadinger (2003): „Practical issues concerning temporary carbon credits in the CDM", *HWWA Discussion Paper* No. 227, Hrsgg. v. Hamburgisches Welt Wirtschaft Archiv (HWWA), Hamburg.

Dutschke, Michael, Bernhard Schlamadinger, Jenny L. P. Wong und Michael Rumberg (2004): „Value and Risks of Expiring Carbon Credits from CDM Afforestation and Reforestation", *HWWA Discussion Paper* 290, Hrsgg. v. Hamburgisches Welt Wirtschaft Archiv (HWWA), Hamburg.

Dutschke, Michael, Sheila Wertz-Kanounnikoff, Leo Peskett, Cecilia Luttrell, Charlotte Streck und Jessica Brown (2008): „How do we match country needs with financing sources?", in: Arild Angelsen (Hrsg.), *Moving ahead with REDD: Issues, options and implications*, Bogor (Indonesia), S. 41–52.

Eekhoff, Johann, Janina Jänsch, Steffen J. Roth und Christian Vossler (2008): „Effiziente Treibhausgasreduktion durch Nutzung des Clean Development Mechanism (CDM)", *IWP Discussion Paper* No. 2008/1, online verfügbar unter http://www.iwp.uni-koeln.de/DE/Publikationen/dp/dp1_08%20%28CDM%29.pdf, zuletzt geprüft am 16.04.2013.

Eliasch, J. (2008): *Climate Change: Financing Global Forests – The Eliasch Review*, Hrsgg. v. UK Office of Climate Change, London.

Feess, Eberhard (1998): *Umweltökonomie und Umweltpolitik*, München.

Food and Agriculture Organization of the United Nations (FAO) (2010): *Global Forest Resources Assessment 2010*, Rom.

Fritsch, Michael, Thomas Wein und Hans-Jürgen Ewers (2005): *Marktversagen und Wirtschaftspolitik*, 6. Aufl., München.

Haupt, Franziska und Heiner von Lüpke (2007): *Obstacles and Opportunities for Afforestation and Reforestation Projects under the Clean Development Mechanism of the Kyoto Protocol*, Hrsgg. v. Food and Agriculture Organization of the United Nations (FAO), Shanghai.

Held, Christian, Timm Tennigkeit, Grit Techel und Matthias Seebauer (2011): „Analyse und Bewertung von Waldprojekten und entsprechender Standards zur freiwilligen Kompensation von Treibhausgasemissionen", *Climate Change* 11/2010, Hrsgg. v. Umweltbundesamt. Berlin.

Intergovernmental Panel on Climate Change: siehe IPCC.

IPCC (2000): *Land Use, Land Use Change, and Forestry*, Cambridge.

IPCC (2007a): *Climate Change 2007 – The Physical Science Basis. Contribution of Working Group I to the Fourth Assessment Report of the Intergovernmental Panel on Climate Change*, Cambridge, New York, Melbourne, Madrid, Cape Town, Singapore, São Paolo, Delhi: Cambridge University Press.

IPCC (2007b): *Climate Change 2007: Mitigation of Climate Change. Contribution of Working Group III to the Fourth Assessment Report of the Intergovernmental Panel on Climate Change*, Cambridge, New York: Cambridge University Press.

Kägi, Wolfram und Dieter Schöne (2005): „Forestry projects under the CDM. Procedures, experiences and lessons learned", *Forestry and Climate Change Working Paper* 3, Basel, Rom.

Lund, Emma (2010): „Dysfunctional delegation: why the design of the CDM's supervisory system is fundamentally flawed", *Climate Policy*, Vol. 10 (3), S. 277–288.

Myers Madeira, Erin C. (2008): „Policies to Reduce Emissions from Deforestation and Degradation (REDD) in Developing Countries. An examination of the issues facing the incorporation of REDD into market-based climate policies", *Resources for the Future (RFF)*, Washington D.C.

Neef, Till und Sabine Henders (2007): *Guidebook to Markets and Commercialization of Forestry CDM projects*, Hrsgg. v. Centro Agronómico Tropical de Investigación y Ensenanza (CATIE), Cartago (Costa Rica).

Sepibus, J. de (2009): „The environmental integrity of the CDM mechanism – A legal analysis of its institutional and procedural shortcomings", *NCCR Trade Working Paper* No 2009/24, Hrsgg. v. NCCR trade regulation, online verfügbar unter http://phase1.nccr-trade.org/images/stories/research/ header_ip6/ environmental%20integrity%20CDM.pdf, zuletztgeprüft am 17.04.2013.

Umweltbundesamt (2012): „Projektbezogene internationale Klimaschutzmechanismen – Clean Development Mechanism und Joint Implementation", online verfügbar unter http://www.umweltbundesamt-daten-zur-umwelt.de/umweltdaten/public/theme.do?nodeIdent=5777, zuletzt geprüft am 11.04.2013.

UNEP Risoe Centre (2013a): „CDM/JI Pipeline. Analysis and Database. CDM Pipeline overview", online verfügbar unter http://cdmpipeline.org/index.htm, zuletzt geprüft am 04.05.2013.

UNEP Risoe Centre (2013b): „CDM/JI Pipeline. Analysis and Database. CERs", online verfügbar unter http://cdmpipeline.org/cers.htm#3, zuletzt geprüft am 04.05.2013.

United Nations Framework Convention on Climate Change: siehe UNFCCC.

UNFCCC (a): „Kyoto Protocol", online verfügbar unter http://unfccc.int/kyoto_protocol/items/2830.php, zuletzt geprüft am 03.12.2013.

UNFCCC (b): „What is the CDM", online verfügbar unter http://cdm.unfccc.int/about/index.html, zuletzt geprüft am 03.12.2013.

UNFCCC (1992): *United Nations Framework Convention on Climate Change*, Bonn.

UNFCCC (1998): *Kyoto Protocol to the United Nations Framework Convention on Climate Change*, New York.

UNFCCC (2002): „Report of the Conference of the Parties on its seventh session, held at Marrakesh from 29 october to 10 november 2001. Addendum. Part two: Action taken by the Conference of the Parties. FCCC/CP/2001/13/Add.1", online unter http://unfccc.int/resource/docs/cop7/13a01.pdf#page=54, zuletzt geprüft am 03.12.2013.

UNFCCC (2004): „Report of the Conference of the Parties on its ninth session, held at Milan from 1 to 12 december 2003. Addendum. Part two: Action taken by the Conference of the Parties at its ninth session. FCCC/CP/2003/6/Add.2", online verfügbar unter http://unfccc.int/resource/docs/cop9/06a02.pdf, zuletzt geprüft am 16.04.2013.

UNFCCC (2005): „Reducing emissions from deforestation in developing countries: approaches to stimulate action. Submissions from Parties. Conference of the Parties, Eleventh session, Montreal, 28 November to 9 December 2005. FCCC/CP/2005/MISC.1", online verfügbar unter http://unfccc.int/resource/docs/2005/cop11/eng/misc01.pdf, zuletzt geprüft am 24.04.2013.

UNFCCC (2006): „Decisions adopted by the Conference of the Parties serving as the meeting of the Parties to the Kyoto Protocol. Report of the Conference of the Parties serving as the meeting of the Parties to the Kyoto Protocol on its first session, held at Montreal from 28 November to 10 December 2005. Addendum. Part Two: Action taken by the Conference of the Parties serving as the meeting of the Parties to the Kyoto Protocol at its first session. FCCC/KP/CMP/2005/8/Add.1", online verfügbar unter http://cdm.unfccc.int/Reference/COPMOP/08a01.pdf, zuletzt geprüft am 17.04.2013.

UNFCCC (2008): „Decisions adopted by the Conference of the Parties. Report of the Conference of the Parties on its thirteenth session, held in Bali from 3 to 15 December 2007. FCCC/CP/2007/6/Add.1", online verfügbar unter http://unfccc.int/resource/docs/2007/cop13/eng/06a01.pdf, zuletzt geprüft am 25.04.2013.

UNFCCC (2010a): „Procedure for accrediting operational entities by the Executive Board of the Clean Development Mechanism (CDM) (Version 10.1). EB 56, Report, Annex 2", online verfügbar unter http://cdm.unfccc.int/Reference/Procedures/accr_proc01.pdf, zuletzt geprüft am 17.04.2013.

UNFCCC (2011a): „CDM Management Plan 2011. EB 59, Annex 17", online verfügbar unter http://cdm.unfccc.int/Reference/Notes/info_note14.pdf, zuletzt geprüft am 15.10.2012.

UNFCCC (2011b): „Report of the Conference of the Parties on its sixteenth session, held in Cancun from 29 November to 10 December 2010. Addendum. Part Two: Action taken by the Conference of the Parties at its sixteenth session. FCCC/CP/2010/7/Add.1", online verfügbar unter http://unfccc.int/resource/docs/2010/cop16/eng/07a01.pdf, zuletzt geprüft am 16.04.2013.

UNFCCC (2012a): „CDM Management Plan 2012 (Version 01.0). EB 66, Report, Annex 2", online verfügbar unter http://cdm.unfccc.int/filestorage/Y/S/0/YS064B7TGPUDJRVZ82HQFIOCE315LK/eb66_repan02.pdf?t=dHF8bWxlZnF4fDBIedof0hliclRxIr3s5cUq, zuletzt aktualisiert am 02.03.2012, zuletzt geprüft am 17.10.2012.

UNFCCC (2012b): „Clean Development Mechanism two-year business plan 2012–2013 (Version 02.0). EB 66, Report, Annex 1", online verfügbar unter http://cdm.unfccc.int/filestorage/3/J/V/3JVO0GB2PQ46N8IAYMC1UWZ7RDT5HE/eb66_repan01.pdf?t=MEV8bWxlZndsfDCX1Q4X_PNCPG29PtpqblIO, zuletzt geprüft am 17.10.2012.

UNFCCC (2012c): „Doha amendment to the Kyoto Protocol", online verfügbar unter http://unfccc.int/files/kyoto_protocol/application/pdf/kp_doha_amendment_english.pdf, zuletzt geprüft am 16.04.2013.

UNFCCC (2012d): „Workplan of the Afforestation and Reforestation Working Group (2012) (Version 01.0). EB 66, Report, Annex 6", online verfügbar unter http://cdm.unfccc.int/filestorage/G/F/8/GF8C7M9J2R3ALOHYQWZ5U6X4N1DVKI/eb66_repan06.pdf?t=dzZ8bWxlZzE5fDCDi1Tu9gOoHLWVw3JSYxjV, zuletzt geprüft am 17.10.2012.

Weimann, Joachim (2009): *Wirtschaftspolitik. Allokation und kollektive Entscheidung*, 5. Aufl., Berlin.

Die Besteuerung von selbstgenutztem und vermietetem Wohneigentum: Ein Update

Michael Voigtländer

1 Einleitung

Die Besteuerung von Wohneigentum und insbesondere die Frage nach einer impliziten Bevorzugung von selbstgenutztem oder vermietetem Eigentum ist ein Dauerbrenner der Steuer- und Wohnungspolitik.[1] Da man davon ausgehen kann, dass Vermieter im Wettbewerb die steuerlichen Effekte an die Mieter weitergeben, erhält diese Frage noch mehr Gewicht, weil somit die Vorteilhaftigkeit des Kaufens oder Mietens im Fokus steht.[2] Dass diese Thematik immer wieder neu diskutiert wird, ist zum einen der Tatsache geschuldet, dass es bislang noch nicht gelungen ist, beide Nutzungsarten gleich zu besteuern. Zum anderen gab und gibt es jedoch immer wieder Eingriffe in die bestehenden Regeln, die sich auf die relative Vorteilhaftigkeit der Nutzungsarten auswirken. Zu nennen ist hier zum Beispiel die Einführung und Abschaffung der Eigenheimzulage sowie die Veränderung der Abschreibungsregeln bei vermietetem Eigentum. Die Motivlage kann dabei sehr unterschiedlich sein: So wurden teilweise Reformen aus rein fiskalischen Gründen durchgeführt, teilweise wurden weitere Ziele, wie etwa die Förderung von Familien, in die Besteuerung integriert und schließlich gab es auch bewusste Besserstellungen, um eine Nutzungsform zu fördern.[3]

Nach Eekhoff[4] gibt es keinen Anlass, die eine oder andere Nutzungsart zu privilegieren. Schließlich handelt es sich um eine Frage der Präferenzen und individuellen Lebenssituationen, ob die eine oder andere Nutzungsform besser ist. Daher sollte der Staat die Besteuerung so gestalten, dass diese Entscheidung nicht verzerrt wird. Noch komplexer wird die Anforderung steuerlicher Neutralität allerdings dadurch, dass nicht nur vermietete und selbstgenutzte Immobilien gleichgestellt werden sollten, sondern auch eine Gleichstellung zwischen alternativen Anlagen berücksichtigt werden muss. So konkurriert die vermietete Immobilie als Kapitalanlage mit Investitionen in Unternehmen und andere Sachanlagen, während

---

1 Vgl. für eine Übersicht zum Beispiel van Suntum / Schultewolter, 2014.
2 Vgl. Expertenkommission Wohnungspolitik, 1995.
3 Vgl. Eekhoff, 2002.
4 Ebd.

die selbstgenutzte Immobilie als Teil der Altersvorsorge mit Rentenversicherungen und Lebensversicherungen konkurriert.

Im Folgenden soll aufgezeigt werden, inwiefern die Wahl der Nutzungsform in Deutschland unter den gegebenen Parametern verzerrt wird. Hierzu wird die Nachsteuerrendite von Investitionen privater Haushalte in die selbstgenutzte und vermietete Immobilie betrachtet. Nach einer kurzen theoretischen Diskussion wird anhand verschiedener Märkte analysiert, wie gewichtig diese Verzerrung ist. Im Anschluss an diese Darstellung wird diskutiert, welche Möglichkeiten bestehen, sich der Neutralität der Besteuerung anzunähern. Dabei soll auch berücksichtigt werden, wie eine Gleichstellung mit anderen Anlageformen gewährleistet werden kann. Im nächsten Abschnitt erfolgt aber zunächst eine kurze Darstellung der bestehenden steuerlichen Regeln.

2 Grundlagen der Besteuerung

Für selbstgenutzte und vermietete Immobilien gelten in Deutschland sehr unterschiedliche steuerliche Regeln. Selbstgenutzte Immobilien bleiben im Rahmen der Konsumgutlösung seit Ende der 1980er Jahre steuerfrei. Entsprechend werden fiktive Erträge aus der Immobilie in Form der gesparten Miete nicht versteuert. Im Gegenzug können laufende Kosten etwa für Kredite, Instandsetzungen oder Renovierungen nicht von der steuerlichen Bemessungsgrundlage abgezogen werden. Auch der Verkauf der Immobilie ist steuerlich nicht relevant.

Vor 1987 galten noch gänzlich andere Regeln. Damals wurde der Nutzwert (die gesparte Miete) der Immobilie besteuert, der Eigentümer konnte aber Abschreibungen für Abnutzung, Instandsetzungskosten und Schuldzinsen von der steuerlichen Bemessungsgrundlage abziehen. Mit der Aufgabe der Nutzwertbesteuerung aufgrund hoher Erhebungskosten und schwieriger Bewertungsfragen wurde die Besteuerung jedoch umgestellt. Zunächst konnten Selbstnutzer Sonderabschreibungen bis Mitte der 1990er Jahre geltend machen, die dann 1996 zugunsten einer progressionsunabhängigen Zulage – der Eigenheimzulage – abgeschafft wurde. Die Eigenheimzulage wiederum wurde bis Ende 2005 gewährt, danach wurde diese Subvention aufgrund hoher jährlicher Belastungen des Staatshaushalts, die in der Spitze bis zu 10 Milliarden Euro betrugen, abgeschafft. Seitdem werden Immobilien nicht mehr gefördert. Allerdings können seit 2008 Zulagen und Sonderausgabenabzüge im Rahmen der Riesterrente für die Tilgung von Immobiliendarlehen verwendet werden.[5] Außerdem können die im Rahmen der Riesterrente angesparten Beiträge auch für den Kauf der Immobilie entnommen werden.

---

5 Leifels / Raffelhüschen, 2014.

Nach Eekhoff handelt es sich hierbei um keine Förderung, sondern, zumindest hinsichtlich des Sonderausgabenabzugs, um eine steuerliche Gleichstellung des Sparens mit dem Konsum. Schließlich sorgt der Sonderausgabenabzug dafür, dass steuerfrei gespart werden kann und erst wenn die Ersparnisse im Rentenalter in Konsum gewandelt werden, erfolgt die Besteuerung.[6] Bei selbstgenutzten Immobilien erfolgt diese Besteuerung auf Basis einer fiktiven Ertragsentwicklung der Immobilie, die mit 2 Prozent festgesetzt wird.

Anders als selbstgenutzte Immobilien werden vermietete Immobilien als Investitionsgut behandelt. Die Erträge, die Mieteinnahmen, sind entsprechend steuerpflichtig, dafür können jedoch auch Kosten, wie eben die Schuldzinsen und Instandsetzungen, steuerlich geltend gemacht werden. Außerdem darf der Investor Abschreibungen vom Gebäudewert steuerlich ansetzen. Die Höhe dieser Abschreibungen wurde im Zeitablauf häufig verändert (Tabelle 1). Seit 1996 wurden die Abschreibungsregeln für Mietwohnungen in Deutschland dreimal umfassend geändert. Dabei haben sich die Abschreibungsbedingungen für Investoren insgesamt verschlechtert, da die Anfangsinvestition über einen längeren Zeitraum oder mit geringeren Anfangssätzen vorgenommen werden muss.

Tabelle 1: Steuerliche Abschreibungssätze für vermietetes Wohneigentum

März 1989 – 1995	1996 – 2003	2004 – 2005	Seit 2006
4 Jahre = 7 %	8 Jahre = 5 %	10 Jahre = 4 %	50 Jahre = 2 %
6 Jahre = 5 %	6 Jahre = 2,5 %	8 Jahre = 2,5 %	
6 Jahre = 2 %	36 Jahre = 1,25 %	32 Jahre = 1,25 %	
24 Jahre = 1,25 %			
100 %	100 %	100 %	100 %

Quelle: Clamor et al., 2013).

Neben den laufenden Erträgen müssen Vermieter auch den Veräußerungsgewinn besteuern, also die Differenz von Verkaufspreis und Buchwert. Dies gilt bei privaten Vermietern im Gegensatz zu gewerblichen Vermietern allerdings nur dann, wenn die Immobilie innerhalb der Spekulationsfrist von 10 Jahren verkauft wird. Außerhalb dieser Spekulationsfrist kann die Immobilie ebenso wie von Selbstnutzern steuerfrei veräußert werden. Diesen Steuerverzicht bewerten viele Beobachter als eine Bevorzugung privater Vermieter, worauf auch jüngst der Sachverständigenrat zur Begutachtung der gesamtwirtschaftlichen Entwicklung verwies.[7] Eek-

6 Eekhoff, 2008.

7 Sachverständigenrat zur Begutachtung der gesamtwirtschaftlichen Entwicklung, 2013.

hoff et al. geben jedoch zu bedenken, dass bei einer Veräußerungsgewinnbesteuerung häufig Scheingewinne besteuert werden, also einfach nur inflationsbedingte Preiszuwächse.[8] Hinzu kommt, dass die Veräußerungsgewinnbesteuerung Lock-in Effekte auslöst, die der wirtschaftlichen Verwendung des Eigentums entgegenstehen können.

3 Nachsteuerrenditen von selbstgenutztem und vermietetem Eigentum

Um im Folgenden die Nachsteuerrendite Investitionen in das Wohneigentum bestimmen zu können, müssen einige vereinfachende Annahmen getroffen werden. Grundsätzlich ist jede Immobilie einzigartig, sodass auch die Rentabilität der Immobilien, je nach Nachfrage und Angebot, sehr unterschiedlich sein kann. Die im Folgenden getroffenen Annahmen dienen zum einen dazu, die Berechnungen transparent zu machen und zum anderen dazu, einen typischen Fall abzubilden.

Annahmen:

- Der Kaufpreis der Immobilie beträgt 200 Geldeinheiten (GE), wobei das Grundstück 100 GE und das Gebäude ebenfalls 100 GE kosten.
- Der Darlehenszins beträgt 3 Prozent
- Die Eigenkapitalquote beträgt 30 Prozent
- Die Wertsteigerung des Grundstücks beträgt 3 Prozent pro Jahr
- Die Miete (bzw. gesparte Miete) beträgt 6 Prozent des Kaufpreises und bleibt konstant
- Die Instandsetzungskosten entsprechen 1 Prozent des anfänglichen Gebäudewertes
- Die ökonomische Abschreibungsrate entspricht 2 Prozent des Gebäudewertes
- Der steuerliche Abschreibungssatz entspricht 2 Prozent
- Der Steuersatz beträgt 30 Prozent
- Die Immobilie wird nach 12 Jahren wieder verkauft

Der gewählte Zins und die Eigenkapitalquote entsprechen den derzeitigen Finanzierungsgewohnheiten. Die Wertsteigerung des Grundstücks entspricht in etwa der durchschnittlichen Preissteigerung von Bauland zwischen 2000 und 2007,

[8] Eekhoff et al., 2003.

wie sie vom Statischen Bundesamt im Rahmen eines hedonischen Verfahrens bestimmt worden ist.[9] Die Miete und die Instandsetzungskosten können als typisch angesehen werden, wobei jedoch gerade die Miethöhe regional schwankt. Die ökonomische Abschreibung spiegelt den Wertverlust des Gebäudes aufgrund von Alterseffekt und technischer Abnutzung wider. Sie entspricht hier der steuerlichen Abschreibungsrate, was allerdings in vielen Fällen nicht der Fall sein dürfte. So zeigen etwa Clamor et al.[10] dass die steuerliche Abschreibungsrate gemessen an den tatsächlichen Wertverlusten zu gering ist, allerdings berücksichtigen sie dabei auch inflationsbedingte Verluste. Um die Darstellung hier möglichst einfach zu halten, wird auf eine Berücksichtigung der Inflation verzichtet, weshalb auch die Mieten und Kosten als konstant angenommen werden. Eine Einbeziehung der Inflation würde den Vorteilhaftigkeitsvergleich jedoch nicht verändern. Die Immobilie wird in der Beispielrechnung nach 12 Jahren verkauft, um den Effekt einer steuerfreien Veräußerung zu berücksichtigen. Die Grundsteuer wird nicht betrachtet, da sie letztlich bei beiden Verwendungsarten vom Nutzer getragen werden muss und damit nicht entscheidungsrelevant ist. Für die Einkommensteuer wurde aus Vereinfachungsgründen ein pauschaler Satz von 30 Prozent angenommen. Dies entspricht bei vielen Haushalten dem Durchschnittsteuersatz.

Aus den Annahmen ergeben sich für Selbstnutzer und Vermieter folgende Kalkulationen:

[9] Vorholt, 2008.
[10] Clamor et al., 2013.

Tabelle 2: Cash-Flow Berechnung für Vermieter und Selbstnutzer

Jahr	0	1	2	3	4	5	6	7	8	9	10	11	12
Anschaffungskosten	200												
Zinskosten		4,2	4,2	4,2	4,2	4,2	4,2	4,2	4,2	4,2	4,2	4,2	
Instandsetzung		1,0	1,0	1,0	1,0	1,0	1,0	1,0	1,0	1,0	1,0	1,0	
(gesparte) Miete		12,0	12,0	12,0	12,0	12,0	12,0	12,0	12,0	12,0	12,0	12,0	
Cash-Flow Selbstnutzer		6,8	6,8	6,8	6,8	6,8	6,8	6,8	6,8	6,8	6,8	6,8	218,6
Steuerzahlung Vermieter		1,44	1,44	1,44	1,44	1,44	1,44	1,44	1,44	1,44	1,44	1,44	
Cash-Flow Vermieter		5,4	5,4	5,4	5,4	5,4	5,4	5,4	5,4	5,4	5,4	5,4	218,6
Wert des Grundstücks		103,0	106,1	109,3	112,6	115,9	119,4	123,0	126,7	130,5	134,4	138,4	142,6
Wert des Gebäudes		98,0	96,0	94,0	92,0	90,0	88,0	86,0	84,0	82,0	80,0	78,0	76,0
Wert der Immobilie		201,0	202,1	203,3	204,6	205,9	207,4	209,0	210,7	212,5	214,4	216,4	218,6

Quelle: Eigene Kalkulation

Die Berechnung des Cash-Flows ist für den Selbstnutzer relativ einfach. Er kauft eine Immobilie zum Zeitpunkt 0 für den Preis von 200. Für diese Immobilie müsste er eine Miete von 6 Prozent des Kaufpreises also 12 Geldeinheiten pro Jahr bezahlen. Dieser Wert entspricht dem Nutzwert der Immobilie. Als laufende Kosten muss er die Zinszahlungen in Höhe von 4,2 GE (3 Prozent Zinsen auf ein Darlehen von 140) und Instandsetzungskosten von 1 GE berücksichtigen, woraus sich ein Cash-Flow von 6,8 GE ergibt. Dieser Wert muss der Konsumgutlösung entsprechend nicht versteuert werden. Am Ende der Nutzungsdauer von 12 Jahren ist die Immobilie 218,6 GE wert, weil die Wertsteigerungen des Bodens den Wertverlust des Gebäudes überkompensieren. Diskontiert man den laufenden Cash-Flow und den Verkaufspreis auf den Zeitpunkt 0 und subtrahiert die Anschaffungskosten, ergibt sich ein Wert 16,22 GE. Die Rendite für den Selbstnutzer entspricht daher 8,11 Prozent.

Die Situation für den Vermieter unterscheidet sich vor allem hinsichtlich des Cash-Flows. Der Vermieter muss seine Mieteinnahmen versteuern, kann die Zinszahlungen, Instandsetzungskosten und Abschreibungen jedoch von der Steuerbemessungsbasis abziehen. Damit bleibt in dem Beispiel ein steuerpflichtiger Erlös von 4,8 GE. Bei einem Steuersatz von 30 Prozent muss der Vermieter damit Steuern in Höhe von 1,44 GE zahlen. Als laufender Cash-Flow bleiben damit 5,36 GE, da die Abschreibungen die laufende Liquidität nicht beeinflussen. Bezogen auf den Verkaufserlös der Immobilie nach 12 Jahren stellen sich Selbstnutzer und private Vermieter gleich, jedenfalls nach Ablauf der Spekulationsfrist von 10 Jahren.

Diskontiert man wie beim Selbstnutzer den Cash-Flow und den Verkaufspreis und zieht die Anschaffungskosten ab, ergibt sich ein Barwert von 2,9 GE. Dies entspricht einer Rendite von 1,45 Prozent.

In dem Beispiel stellt sich der Selbstnutzer mit einer erzielten Rendite von 8 Prozent entsprechend deutlich besser, als der Vermieter mit lediglich 1,5 Prozent Rendite. Im Folgenden soll nun anhand einer formaleren Darstellung gezeigt werden, in welchen Fällen sich der Selbstnutzer gegenüber dem Vermieter – und damit annahmegemäß dem Mieter – besserstellt. Es gilt für den Selbstnutzer folgende Renditeberechnung:

$$R = \frac{-K + \sum_{i=1}^{n} \frac{M - I - r \cdot L \cdot K}{(1+r)^n} + \frac{V}{(1+r)^n}}{K}$$

Mit R = Rendite, K = Kaufpreis, M = Miete, I = Instandsetzungskosten, r = Darlehenszins, L = Beleihungsauslauf und V = Verkaufspreis

Für den Vermieter gilt hingegen:

$$R = \frac{-K + \sum_{i=1}^{n} \frac{M - I - r \cdot L \cdot K - (M - I - r \cdot L \cdot K - Afa) \cdot t}{(1 + r)^n} + \frac{V}{(1 + r)^n}}{K}$$

Mit t = Steuersatz und Afa = steuerliche Abschreibung

Setzt man nun beide Renditen gleich ($R_{Selbstnutzer} = R_{Vermieter}$), ergibt sich nach einigen Umformungen und Kürzungen folgende Gleichung:

$$M = Afa + r \cdot L \cdot K + I$$

Wenn die (gesparten) Mieteinnahmen der Summe aus Abschreibungen, Zinskosten und Instandsetzungskosten entsprechen, stellen sich Vermieter und Mieter gleich. Sind die Mieten dagegen höher als die Kosten, profitiert der Selbstnutzer von den steuerlichen Regeln. Sowohl der Verkaufspreis als auch der Steuersatz haben somit keinen Einfluss auf die relative Vorteilhaftigkeit der Nutzungsarten. Der Verkaufspreis ist irrelevant, weil ihn Selbstnutzer und Vermieter gleichermaßen steuerfrei realisieren. Verkauft der Vermieter jedoch vor Ablauf der Spekulationsfrist oder handelt es sich um einen gewerblichen Vermieter, kommt die Einkommenssteuerzahlung auf den Veräußerungsgewinn als Kostenbestandteil auf der rechten Seite der Gleichung mit hinzu. Der Steuersatz ist hier nicht relevant, weil die Vermietung ohnehin nur dann vorteilhaft ist, wenn der Cash-Flow negativ ist.

Ein negativer Cash-Flow ist nicht in allen Fällen damit verbunden, dass auch die Investition mit einer negativen Rendite einhergeht. So kann der negative Cash-Flow durch einen hohen Veräußerungspreis aufgrund stark gestiegener Bodenpreise kompensiert werden. Alternativ stellt sich der Vermieter dann besser, wenn der Abschreibungssatz sehr hoch ist und er vor allem höher als der tatsächliche Verschleiß ausfällt. Dann realisiert der Vermieter aus der Abschreibung einen echten steuerlichen Vorteil. Angesichts der derzeit geltenden langen Abschreibungsdauer von 50 Jahren ist dies jedoch eher unwahrscheinlich.

Der Grund für den Vorteil der Selbstnutzer ist letztlich in dem Verzicht auf die Besteuerung der fiktiven Mietausgaben begründet. Solange Vermieter positive Steuerzahlungen leisten müssen, stellen sie sich gegenüber dem Selbstnutzer schlechter. In der Empirie zeigt sich zwar, dass tatsächlich ein Teil der Vermieter negative Einkünfte realisiert, nach Voigtländer et al.[11] gilt dies aber nur für etwa 8 Prozent aller privaten Vermieter. Diese negativen Einnahmen beruhen in den meisten Fällen allerdings nicht auf einer üppigen Gestaltung der Abschreibungs-

[11] Voigtländer et al., 2013.

sätze, sondern eher auf dem Verlust der entgangenen Mieteinnahmen aufgrund zunehmenden Leerstands in strukturschwachen Regionen.

Abschließend werden in diesem Kapitel Renditedifferenzen für 3 unterschiedliche Landkreise in Deutschland bestimmt. Die bisher getroffenen Annahmen gelten weiterhin, jedoch werden die Miet- und Verkaufspreise exemplarisch für die Landkreise München, Magdeburg und Rendsburg-Eckenförde angepasst. Diese Landkreise stehen stellvertretend für Ballungsräume, von Schrumpfung betroffene Landkreise und für moderat wachsende Regionen. Die Immobiliendaten stammen dabei von F+B, der Bodenanteil der Investition wird für München auf 60 Prozent, für Magdeburg auf 50 Prozent und für Rendsburg auf 40 Prozent geschätzt. Ausgehend von den Preissteigerungen der letzten Jahre werden Verkaufspreise für einen Investitionszeitraum von 12 Jahren bestimmt. Hierdurch ergeben sich folgende Renditen für Selbstnutzer und Mieter.

Tabelle 3: Renditen für Selbstnutzer und Vermieter in ausgewählten Landkreisen

	München	**Rendsburg-Eckernförde**	**Magdeburg**
Brutto-Anfangsrendite	3,2 %	4,7 %	6,4 %
Vermieter	11,2 %	–1,3 %	–2,5 %
Selbstnutzer	10,6 %	1,2 %	5,3 %

Quelle: Eigene Berechnungen

Die absoluten Renditen können natürlich durch unterschiedliche Ausgestaltungen in den Instandsetzungskosten und dem Fremdkapitaleinsatz variieren. Darüber hinaus ist zu betonen, dass die Rendite sowohl der Vermieter als auch der Selbstnutzer wesentlich von der Wertsteigerung abhängen. Gerade in München kann hinterfragt werden, ob sich das Tempo der Wertsteigerungen auch in den nächsten Jahren so fortsetzt.[12]

In Rendsburg-Eckernförde und in Magdeburg übertrifft die Rendite der Selbstnutzer die der Vermieter deutlich. In beiden Märkten ist unter den gewählten Annahmen die Rendite der Vermieter sogar negativ. München ist hingegen ein Markt, in dem Vermieter eine höhere Rendite als Selbstnutzer erzielen können. Der Grund ist die sehr geringe Anfangsrendite, also das Verhältnis von Jahresmiete zum Kaufpreis, welches in München nur 3,2 Prozent beträgt. Unter den gewählten Annahmen ist dann der laufende Cash-Flow negativ. Dennoch erzielen sowohl Vermieter als auch Selbstnutzer eine deutlich positive Rendite, weil

12 Haas et al., 2013.

sie deutliche Wertsteigerungen über den Bodenpreis realisieren. München muss jedoch als Ausnahme gesehen werden, weil hier der Markt besonders angespannt ist. Dies macht jedoch gerade deutlich, dass besonders in Großstädten Vermietungen von Wohnungen besonders attraktiv sind. In den meisten anderen Märkten sind jedoch die Selbstnutzer privilegiert.

4 Steuerliche Neutralität in der Immobilienbesteuerung?

Die Ergebnisse der Analyse legen nahe, dass sich in vielen Fällen Selbstnutzer gegenüber Mietern, die an der steuerlichen Behandlung der Vermieter partizipieren, besserstellen. Damit steht diese Analyse im Widerspruch zu anderen Studien, wie etwa der Expertenkommission Wohnungswirtschaft[13] sowie der Studie von Braun und Pfeiffer.[14] Dies liegt zum einen an den seitdem veränderten Rahmenbedingungen und unterschiedlichen methodischen Ansätzen. So haben sich, wie gezeigt, die Abschreibungsbedingungen für vermietete Wohnungen seit Mitte der 1990er Jahre deutlich verschlechtert. Außerdem ist das Zinsniveau seitdem deutlich gesunken, was in erster Linie die Selbstnutzung begünstigt. Zwar kann davon ausgegangen werden, dass sich die Bruttoanfangsrenditen an das Zinsniveau anpassen, allerdings dürfte diese Anpassung unvollständig bleiben. Ein weiterer Unterschied beruht auf dem methodischen Ansatz. Während hier eine ganzheitliche Betrachtung der Investition vorgenommen wurde, vergleichen Braun und Pfeiffer[15] den Barwert der Zahlungsströme aus den Abschreibungsregeln und den Barwert einer steuerfreien Veräußerung mit der damals noch geltenden Eigenheimzulage. Dies impliziert jedoch, dass es sich dabei um Begünstigungen handelt. Tatsächlich sind Abschreibungen jedoch aufgrund des Wertverzehrs geboten und zumindest kann über die Rechtfertigung einer steuerfreien Veräußerung diskutiert werden. Wichtiger ist jedoch, dass die laufenden Steuerzahlungen auf die Erträge in dem dort gewählten Ansatz nicht berücksichtigt wurden.

Steuerliche Regeln sollten möglichst neutral sein, das heißt die Besteuerung sollte einzelne Anlage- oder Nutzungsentscheidungen nicht verzerren.[16] Wie sich jedoch zeigt, ist dies bei der Besteuerung des Eigentums nicht der Fall. Unter den gegenwärtigen Parametern setzen die Steuerregeln in den meisten Landkreisen Anreize zur Selbstnutzung, wobei von einer Betrachtung der Riesterrente in diesem Fall abgesehen wurde. Diese würde die Selbstnutzung zusätzlich privilegieren. Dies bestätigt auch die Empirie, denn in den letzten Jahren ist die Wohneigentumsquote

---

13 Expertenkommission Wohnungswirtschaft, 1995.
14 Braun und Pfeiffer, 2004.
15 Ebd.
16 Eekhoff et al., 2002.

kontinuierlich gestiegen.[17] Zwar ist die Wohneigentumsquote im internationalen Vergleich mit 45 Prozent immer noch niedrig, aber ein Anstieg um 3 Prozentpunkte innerhalb von 5 Jahren kann angesichts der Trägheit des Wohnungsmarktes als stark bezeichnet werden.[18] Dieser Anstieg ist sicherlich nicht nur auf die steuerlichen Anreize zurückzuführen, sondern kann auch mit Altersvorsorgemotiven, Nachholeffekten in Ostdeutschland und einer zunehmenden Präferenz für Sachanlagen begründet werden. Vergegenwärtigt man sich jedoch, dass die Stabilität des deutschen Wohnungsmarktes maßgeblich auf der Balance zwischen Miet- und Eigentumsmarkt beruht,[19] sollte der Gesetzgeber Verzerrungen in die eine oder andere Richtung besonderes Augenmerk schenken, zumal derzeit auch weitere diskutierte Regulierungen, wie etwa die Mietpreisbremse, den Mietwohnungsmarkt belasten werden.

Eine naheliegende Möglichkeit bestünde darin, dass selbstgenutztes Eigentum ebenso wie das vermietete Eigentum als Investitionsgut zu behandeln. Dies hat auch jüngst der SVR[20] vorgeschlagen. Hierdurch würden beide Nutzungsformen steuerlich gleichbehandelt. Trotz insgesamt höherer steuerlicher Belastung könnte dies auch für viele Selbstnutzer attraktiv sein, da damit die Belastungen aus dem Eigentumserwerb über den Lebenszyklus geglättet werden könnten. Schließlich würde die steuerliche Absetzung von Erhaltungsaufwand dazu führen, dass in Jahren mit hohen Aufwendungen der Selbstnutzer eine Steuergutschrift erhält, während in leistungsfähigeren Jahren die Belastung dann höher ist. Eekhoff[21] gibt überdies zu bedenken, dass hierdurch auch weniger Anreize zur Schwarzarbeit bestehen, da Selbstnutzer die Kosten für Instandsetzungen und Renovierungen steuerlich geltend machen können.

Typischerweise wird gegen die Investitionsgutlösung eingewendet, dass sie sehr aufwendig zu erheben und streitanfällig ist. Schließlich muss ein Wert für die gesparte Miete (Nutzwert) geschätzt werden. Da hierfür keine befriedigende Lösung gefunden werden konnte, wurde die Besteuerung beginnend 1987 in Richtung der Konsumgutlösung verändert. Heute trägt dieses Argument jedoch nur bedingt. Schließlich stehen über Mietpreisspiegel, Angebotsdaten von Internetportalen und Preisübersichten von Gutachterausschüssen zunehmend bessere und detaillierte Daten zur Verfügung. Würden diese Daten besser und umfänglicher genutzt, wofür die Investitionsgutlösung Anreize auf Seiten des Staates setzt, würde auch die Transparenz im Markt deutlich erhöht werden. Ein entscheidender Nachteil der Investitionsgutlösung ist jedoch, dass damit Haushalte Anreize er-

17 Voigtländer et al., 2013.
18 Voigtländer, 2006a.
19 Voigtländer, 2013.
20 Sachverständigenrat zur Begutachtung der gesamtwirtschaftlichen Entwicklung, 2013.
21 Eekhoff, 2008.

halten, mehr Fremdkapital aufzunehmen. Gerade in Ländern mit unbegrenztem Schuldzinsenabzug hat im Vorfeld der Finanzkrise die Haushaltsverschuldung deutlich zugenommen.[22] Darüber hinaus gibt es auch nur wenig Anreize zur Tilgung, da über einen hohen Fremdkapitalanteil die Steuerbelastung dauerhaft gering gehalten werden kann. Die Umsetzung der Investitionsgutlösung würde damit ein wesentliches stabilisierendes Element der deutschen Immobilienfinanzierung, den konsequenten Eigenkapitaleinsatz von Selbstnutzern, unterminieren, was aus makroprudentiellen Gründen abzulehnen ist.

Eine Alternative zum Übergang auf die Investitionsgutlösung bei selbstgenutzten Immobilien besteht daher in der Besserstellung des vermieteten Eigentums. Hier bietet sich vor allem eine Erhöhung des Abschreibungssatzes an, der in den letzten 20 Jahren deutlich zurückgeführt wurde. Eine Erhöhung des Abschreibungssatzes würde die Attraktivität vermieteter Wohnungen gegenüber selbstgenutzten Wohnungen wieder erhöhen und es könnte, zumindest im Durchschnitt, wieder eine Gleichstellung erreicht werden. Eine Erhöhung der Abschreibungssätze ist darüber hinaus notwendig, um das vermietete Eigentum gegenüber alternativen Anlagen, wie etwa Unternehmensbeteiligungen, wieder gleichzustellen. Wie Clamor et al.[23] zeigen, spiegelt der heutige Afa-Satz von 2 Prozent den tatsächlichen Wertverlust von Immobilien aufgrund von Alterseffekt, Inflation und Verschleiß nicht wieder. Daher liegt die effektive Steuerbelastung von 55 Prozent deutlich über dem tariflichen Satz von 48 Prozent bei privaten Investoren. Angemessen wäre ein Abschreibungssatz von 4 Prozent, wie ihn in den 1990er Jahren auch schon die Expertenkommission Wohnungswirtschaft[24] gefordert hat.

Ein Argument gegen einen höheren Abschreibungssatz lautet, dass Erhaltungsaufwand steuerlich sehr großzügig behandelt wird und dies eine Kompensation für den niedrigen linearen Afa-Satz darstellt. Dies ist allerdings nur zum Teil richtig, da es unmittelbar von der Haltedauer und den Renovierungsleistungen abhängt, ob diese Kompensation erreicht wird. Selbst bei großzügiger Rechnung müsste der Afa-Satz mindestens auf 3 Prozent steigen, um eine Schlechterstellung zu vermeiden. Darüber hinaus ist es geboten, die Behandlung des Erhaltungsaufwands unabhängig von der Höhe der Abschreibungssätze zu überdenken. Schließlich setzen die großzügigen Gestaltungsmöglichkeiten des Erhaltungsaufwands Anreize, Immobilien nicht umfassend, sondern nur teilweise zu sanieren, weil Teilsanierungen in der Regel sofort, Vollsanierungen dagegen oft über 50 Jahre abgeschrieben werden müssen. Damit wird es schwierig, die Klimaschutzziele zu erreichen, da hierzu Vollsanierungen im gesamten Bestand durchgeführt werden müssen.[25]

---

[22] Voigtländer, 2009.
[23] Clamor et al., 2013.
[24] Expertenkommission Wohnungswirtschaft, 1995.
[25] Henger / Voigtländer, 2012.

Ein weiterer Nachteil von höheren Abschreibungen besteht darin, dass damit Wiederverkäufe attraktiver werden. Da Immobilien bei jedem Kauf wieder neu abgeschrieben werden können und Veräußerungsgewinne nach der Spekulationsfrist nicht besteuert werden, lohnt es sich gerade ältere Gebäude häufiger zu verkaufen. Typischerweise fallen Wertverluste bei Immobilien vor allem in den ersten Jahren an, später verlieren Immobilien dagegen langsamer an Wert. Ein höherer Afa-Satz könnte daher Anreize setzen, vor allem mit älteren Immobilien zu handeln, umso Steuervorteile zu generieren. Auch dies lässt sich jedoch lösen. So schlägt Eekhoff die Buchwertfortschreibung vor.[26] Diese Regelung sieht vor, dass Immobilien nur einmal abgeschrieben werden können und der Käufer entsprechend den Buchwert der Immobilie übernimmt. Damit könnten steuerliche Fehlanreize eines höheren Afa-Satzes wirksam vermieden werden. Angesichts der Digitalisierung der Steuererhebung wäre dies für die Steuerbehörden auch nur mit geringem Erhebungsaufwand verbunden.

Die Erhöhung des Afa-Satzes wäre ein wichtiger Schritt in Richtung einer Gleichbehandlung von vermietetem und selbstgenutztem Eigentum und würde das vermietete Eigentum auch mit anderen Investitionen gleichstellen. Zu beachten ist allerdings, dass eine wirkliche Gleichstellung beider Nutzungsformen bei einer Beibehaltung der völlig unterschiedlichen Steuersystematiken nicht zu erreichen ist. Zumindest im Durchschnitt würden sich die Nachsteuerrenditen der Anlageformen jedoch annähern.

Damit bleibt allerdings noch die Gleichstellung von Altersvorsorge und selbstgenutztem Eigentum offen. Zwar kann über die Riesterrente auch für Tilgungsleistungen ein Sonderausgabenabzug geltend gemacht werden, allerdings gibt es mit der Rürup-Rente und der betrieblichen Altersvorsorge noch deutlich mehr privilegierte Sparformen. Insbesondere für Selbständige entsteht hier eine Anreizverzerrung, da diese Gruppe die Riesterrente nicht nutzen kann. Doch auch für andere Gruppen entstehen Verzerrungen, u. a. wenn Arbeitgeber Formen der betrieblichen Altersvorsorge anbieten. Hier würde eine Gleichbehandlung selbstgenutzten Wohneigentums bedingen, dass auch aus anderen Altersvorsorgeformen Entnahmen für den Kauf einer selbstgenutzten Immobilie getätigt werden dürfen. In der Schweiz gibt es solche Regeln schon seit langem.[27] Außerdem sollten auch im Rahmen der Rürup-Rente Tilgungsleistungen als Vorsorgeform akzeptiert werden. Grundsätzlich sollte darüber hinaus auch das vermietete Eigentum in die geförderte Altersvorsorge integriert werden, zumal dies für viele Kleinvermieter auch das wichtigste Argument für den Kauf einer Immobilie darstellt. Allerdings gestaltet sich die Einbeziehung des vermieteten Eigentums in die Steuersystematik der nachgelagerten Besteuerung noch deutlich schwieriger, weil dann Teile der

26 Eekhoff et al., 2003.
27 Voigtländer, 2006b.

Erträge von der regulären Besteuerung ausgenommen und später wieder stärker besteuert werden müssten. Daher erscheint eine Einbeziehung dieser Anlageform relativ schwierig, wenngleich nicht unmöglich. Zumindest sollte man diese Benachteiligung des vermieteten Eigentums daher bei der Gestaltung der steuerlichen Regeln berücksichtigen.

5 Schlussfolgerungen

Wie in diesem Beitrag gezeigt wurde, bevorzugt das Steuersystem in vielen Fällen das selbstgenutzte Eigentum. Nur dort wo der laufende Cash-Flow im Lebenszyklus der Immobilie überwiegend negativ ist, stellen sich der Vermieter und damit auch der Mieter, besser. Dies gilt im Wesentlichen für sehr angespannte Märkte mit niedrigen Renditen, in der Mehrzahl der Landkreise ist die Eigennutzung dagegen vorteilhafter. Dies dürfte vielfach nicht bekannt sein, zumal viele frühere Studien das Gegenteil gezeigt haben. Bedingt durch die Verschlechterungen in den Abschreibungsbedingungen sowie durch die Verringerung der Hypothekenzinsen hat sich die Situation in den letzten Jahren jedoch erheblich verändert.

Die Verzerrung in der Besteuerung der Nutzungsformen ist keine steuerliche Bagatelle, sondern kann Märkte signifikant beeinflussen. Internationale Beispiele belegen, dass gerade durch das Zusammenspiel von steuerlicher Bevorzugung und Regulierung des Mietwohnungsmarktes Investoren aus der Vermietung verdrängt wurden.[28] Angesichts der geplanten Mietpreisbremse für Wiedervermietungen muss die weitere Entwicklung daher sorgsam beobachtet werden. Schließlich hat es sich in der Vergangenheit bewährt, dass der Eigentumsmarkt und Mietwohnungsmarkt gleichberechtigt nebeneinander stehen.

Um zumindest im Durchschnitt die Besteuerung wieder anzugleichen, empfiehlt sich eine Erhöhung des Afa-Satzes auf 3 oder besser noch 4 Prozent. Dies ist auch deswegen geboten, weil der derzeitige Afa-Satz von 2 Prozent unterhalb der ökonomischen Abschreibungsrate liegt. Allerdings sollte diese Maßnahme durch die Buchwertfortschreibung und eine Überprüfung der Sofortabschreibung bei umfangreichem Erhaltungsaufwand ergänzt werden, um Fehlanreize zu vermeiden.

Eine solche Lösung ist pragmatisch, wird allerdings nie eine vollständige steuerliche Neutralität gewährleisten. Langfristig wäre es daher überlegenswert, auch das selbstgenutzte Wohneigentum als Investitionsgut zu behandeln. Hierzu müssen aber zwei Voraussetzungen gegeben sein. Erstens muss die Markttransparenz weiter verbessert werden, damit der Nutzwert eigengenutzter Wohnungen erfasst und von den Steuerzahlern auch nachvollzogen werden kann. Und zweitens muss

[28] Voigtländer, 2006a.

geprüft werden, wie verhindert werden kann, dass damit bei Selbstnutzern übermäßige Verschuldungsanreize gesetzt werden, ohne durch weitere Regulierungen neue Verzerrungen zu schaffen. Erst wenn dies gelöst ist, wäre ein Übergang sinnvoll. Darüber hinaus entsteht als Zusatzproblem die Frage, wie Eigentum, das als Investitionsgut behandelt wird, in die nachgelagerte Besteuerung der Altersvorsorge einbezogen werden kann. Die von Johann Eekhoff vielfach aufgeworfenen und diskutierten Fragen der Wohneigentumsbesteuerung werden daher auch in Zukunft Relevanz haben.

Literaturverzeichnis

Braun, Reiner und Ulrich Pfeiffer (2004): *Mieter oder Eigentümer – Wer wird stärker gefördert? Eine Analyse zum Subventionsabbau zum Jahresbeginn 2004*, Endbericht, Berlin: Empirica.

Clamor, Tim, Ralph Brügelmann und Michael Voigtländer (2013): „Abschreibungsbedingungen für den Mietwohnungsneubau", *IW-Trends*, 40. Jg., Nr. 2, S. 63–79.

Eekhoff, Johann (2002): *Wohnungspolitik*, Tübingen.

Eekhoff, Johann (2008): *Beschäftigung und soziale Sicherung*, Tübingen.

Eekhoff, Johann, Michael Voigtländer, Anne Zimmermann und Tobias Just (2003): „Verschlechterte Bedingungen für die Wohnungswirtschaft", *Aktuelle Themen* 398, Nr. 259, Frankfurt am Main.

Expertenkommission Wohnungspolitik (1995): *Wohnungspolitik auf dem Prüfstand*, Gutachten im Auftrag der Bundesregierung, Tübingen.

Haas, Heide, Ralph Henger und Michael Voigtländer (2013): „Reale Nachfrage oder bloße Spekulation. Ist der deutsche Wohnimmobilienmarkt überhitzt?", *IW policy paper*, Nr. 8, Köln.

Henger, Ralph und Michael Voigtländer (2012): *Energetische Modernisierung des Gebäudebestandes: Herausforderungen für private Eigentümer*. Gutachten im Auftrag von Haus & Grund Deutschland.

Eekhoff, Johann, Markus Jankowski und Michael Voigtländer (2002): „Die Riesterrente – eine wirtschaftspolitische Betrachtung", *Zeitschrift für Wirtschaftspolitik*, 51. Jg., Nr. 3, S. 328–336.

Leifels, Arne und Bernd Raffelhüschen (2014): „Altersvorsorge durch Wohneigentum", in: Depenheuer und Voigtländer (Hrsg.), *Perspektiven des Wohneigentums*, Berlin (noch nicht erschienen).

Sachverständigenrat zur Begutachtung der gesamtwirtschaftlichen Entwicklung – SVR (2013): *Gegen eine rückwärtsgewandte Wirtschaftspolitik. Jahresgutachten 2013/14*, Wiesbaden.

van Suntum, Ulrich und Daniel Schultewolter (2014): „Die Besteuerung des Wohneigentums", erscheint in: Depenheuer und Voigtländer (Hrsg.), *Perspektiven des Wohneigentums*, Berlin (noch nicht erschienen).

Voigtländer, Michael (2006a): *Mietwohnungsmarkt und Wohneigentum. Zwei Seiten einer Medaille*, Berlin.

Voigtländer, Michael (2006b): „Ein Konzept zur Integration von Wohneigentum in die Riesterrente“, *IW-Trends*, 33. Jg., Nr. 2, S. 19–32.

Voigtländer, Michael (2009): „Why is the German Homeownership Rate so low?“, *Housing Studies*, 24. Jg., Nr. 3, S. 357–374.

Voigtländer, Michael (2013): „The Stability of the German Housing Market”, erscheint in: *Journal of Housing and the Built Environment.*

Voigtländer, Michael, Tobias Just, Bertram Steininger et al. (2013): „Wirtschaftsfaktor Immobilien 2013. Gesamtwirtschaftliche Bedeutung der Immobilienwirtschaft“, *Zeitschrift für Immobilienökonomie Sonderausgabe*, Nr. 2013, Berlin.

Vorholt, Hubert (2008): „Neuberechnung der Baupreisindizes auf Basis 2005“, *Wirtschaft und Statistik*, Nr. 9 / 2008, S. 808–822.

Zu den Wechselwirkungen zwischen Mittelstandspolitik und Sozialpolitik

Leonard Münstermann

„Eine gute Wirtschaftspolitik ist die beste Mittelstandspolitik."

Johann Eekhoff, 2011

1 Einordnung des Begriffs Mittelstandspolitik

Der Begriff Mittelstand ist in Deutschland positiv besetzt. Im Ausland galt das deutsche Wirtschaftsmodell noch bis Mitte der 2000er Jahre als im Vergleich zum angelsächsischen Modell rückständig. Diese Sichtweise hat sich allerdings seit Ausbruch der Finanzkrise grundlegend gewandelt, so dass heute Politiker vieler europäischer Krisenstaaten bestrebt sind, das deutsche Mittelstandsmodell zu übernehmen.

Die fortwährend hohe gesellschaftliche Akzeptanz des Mittelstands, welche mit einer sinkenden Akzeptanz des marktwirtschaftlichen Systems im Allgemeinen einhergeht,[1] hat wesentlich damit zu tun, dass der Begriff nicht hinreichend definiert ist. Der Begriff Mittelstand wird, ebenso wie der mit diesem eng verknüpfte Begriff der Sozialen Marktwirtschaft, nahezu beliebig verwendet.[2]

In der wirtschaftswissenschaftlichen Forschung wird sich dem Begriff Mittelstand sowohl in qualitativer Hinsicht anhand der Kategorie Familienunternehmen als auch in quantitativer Hinsicht anhand der Kategorie kleine und mittlere Unternehmen (KMU) genähert. Im internationalen Vergleich fällt allerdings auf, dass die Besonderheiten des deutschen Mittelstandes anhand der Kategorie der KMU nicht hinreichend erfasst werden. Der wirtschaftsstarke Kern des deutschen Mittelstands liegt, gemessen am Beitrag zu Kenngrößen wie Umsatz oder Beschäftigung, vielmehr in Unternehmen mittlerer Größe, welche an der oberen Grenze der KMU-Definition sowie darüber liegen. Arentz / Münstermann (2013) bezeichnen diese Unternehmen als Mittelunternehmen und Venohr (2010) bezeichnet diese als gehobenen Mittelstand. Zahlenmäßig zugenommen haben allerdings auch Formen prekärer Selbstständigkeit, was sich etwa an der Verdoppelung der Anzahl

1 Vgl. BMWi, 2009, S. 7–9.
2 Vgl. Arentz / Münstermann, 2013, S. 622.

selbstständiger Personen, welche ergänzend Arbeitslosengeld 2 (ALG II) erhalten, zwischen 2007 und 2010 von 67.000 auf 126.000 zeigt.[3]

Mittelstandspolitik wird im Folgenden als Querschnittsaufgabe über alle Politikfelder verstanden. Dem liegt die Annahme zugrunde, dass mittelständische Unternehmen sowohl Nachteile als auch spezifische Vorteile gegenüber Großunternehmen aufweisen und es insofern grundsätzlich keine Berechtigung für eine Subventionierung des Mittelstands gibt. Die Mittelstandspolitik wird somit als derjenige Teil der allgemeinen Wirtschaftspolitik aufgefasst, der die Besonderheiten der kleinen und mittleren Unternehmen genauer beleuchtet und zu einem diskriminierungsfreien Ordnungsrahmen beiträgt, welcher weder zwischen KMU und Großunternehmen noch zwischen abhängiger und selbstständiger Beschäftigung verzerrt.

Bei abstrakter Betrachtung erscheint ein verzerrungsfreier Ordnungsrahmen als allgemein erstrebenswert. Die Anwendung dieses abstrakten Prinzips auf einzelne Politikfelder erweist sich allerdings häufig als schwierig. Im Folgenden wird die Ausgestaltung eines, in Hinblick auf die Wahl zwischen abhängiger und selbstständiger Beschäftigung neutralen, sozialen Mindestsicherungssystems untersucht. In diesem Grenzbereich zwischen Mittelstandspolitik und Sozialpolitik stellt sich insbesondere die Frage nach dem Umgang mit selbstständigen Aufstockern.

2 Aufstocker im ALG II-System

Als Aufstocker werden solche Personen bezeichnet, die ALG II erhalten und gleichzeitig erwerbstätig sind. Dies ist dann der Fall, wenn eine Person nicht über ein hinreichendes Erwerbseinkommen verfügt, um ihr eigenes sowie das soziokulturelle Existenzminimum ihrer Familienangehörigen zu gewährleisten.

Durch die Hartz IV–Reform wurden im Jahr 2005 die Arbeitslosenhilfe und die Sozialhilfe durch die neue Grundsicherung für Arbeitsuchende ersetzt. Eine Kombination von Erwerbs- und Transfereinkommen war bereits vor 2005 möglich und Rudolph (2013) argumentiert, dass die Anzahl der Aufstocker zwischen 2000 und 2009 insgesamt nicht angestiegen sei. Vielmehr sei es ab 2005 zu einer Verschiebung gekommen, nach der Erwerbseinkommen nunmehr vermehrt mit der Grundsicherung für Arbeitssuchende statt mit anderen Sozialleistungen kombiniert wurde. Der Anteil der selbstständigen Aufstocker hat sich allerdings zwischen 2007 und 2010 von 67.000 auf 126.000 fast verdoppelt.[4] Dies ist wesentlich darauf zurückzuführen, dass durch verschiedene staatliche Förderprogramme Unternehmensgründungen aus der Arbeitslosigkeit gefördert wurden.

---

[3] Vgl. Koller et al., 2012, S. 4–5.
[4] Ebd.

Die Zusammenlegung von Arbeitslosenhilfe und Sozialhilfe auf Sozialhilfeniveau bedeute für ehemalige Arbeitslosenhilfebezieher, welche bis 2004 53 bzw. 57 % des vorherigen Nettoentgelts und ab 2005 lediglich einen Regelsatz von 364 € erhielten, zumeist ein erheblich reduziertes Leistungsniveau. Daraus folgt, dass seitdem für betroffene Personen ein erhöhter monetärer Anreiz besteht, ein gering entlohntes Beschäftigungsverhältnis anzunehmen. Aufgrund der Hinzuverdienstgrenzen wird zudem auch für solche Beschäftigungsverhältnisse ein monetärer Arbeitsanreiz gesetzt, deren Entlohnung unterhalb des ALG II-Niveaus liegt.

Vergleicht man die alte und die neue Rechtslage, so ergeben sich zudem Änderungen im Hinblick auf die Zumutbarkeitskriterien für Arbeitssuchende. Von ALG II-Beziehern kann seitdem die Annahme jeder zumutbaren Arbeit verlangt werden, wobei niedrig entlohnte Beschäftigungsverhältnisse ausdrücklich als zumutbar gelten. Das Zustandekommen derartiger Beschäftigungsverhältnisse war das ausdrückliche Ziel der Reform, um damit zum einen eine Verbesserung der Beschäftigungschancen von (langzeit-) arbeitslosen Personen mit niedriger Produktivität zu erreichen. Zum anderen war das Zustandekommen derartiger Beschäftigungsverhältnisse politisch gewünscht, da ein Beschäftigungsverhältnis trotz geringer Entlohnung zuvor arbeitslosen Personen gesellschaftliche Teilhabe bietet und dazu beiträgt, dem sozialen Stigma des Transferleistungsbezugs entgegenzuwirken. Darüber hinaus wird eine Arbeitsentwöhnung durch Langzeitarbeitslosigkeit bzw. die Entwertung von Humankapital verhindert und es wird damit Leistungsempfängern zumindest mittel- bis langfristig die Chance auf ein Einkommen oberhalb des ALG II-Niveaus geboten.[5]

May-Strobel et al. (2011) vergleichen die alte und die neue Rechtslage im Hinblick auf den Umgang mit selbstständigen Aufstockern. Vor 2005 war ein ergänzender Transferleistungsbezug dann möglich, wenn eine selbstständig tätige Person in eine vorübergehende Notlage geriet und diese nicht durch den Verzehr von eigenem Vermögen, welches im Hinblick auf die Fortführung der Selbstständigkeit als entbehrlich angesehen wurde, ausgleichen konnte. Sowohl der Gesetzgeber als auch die Rechtsprechung sahen es bis 2005 allerdings nicht als Aufgabe des Sozialamts an, den Lebensunterhalt einer Person während der geschäftlichen Aufbauphase sicherzustellen.[6]

Seit 2005 wird zu Beginn des ALG II-Bezugs zwischen der Agentur für Arbeit und dem Leistungsempfänger eine sogenannte Eingliederungsvereinbarung abgeschlossen, in der sowohl die zur Eingliederung dieser Person in Arbeit notwendigen Leistungen der Behörde sowie die Eigenbemühungen des Leistungsempfängers vereinbart werden. Die Aufnahme oder Fortführung einer selbstständigen

5 Vgl. Bünnagel et al., 2006, S. 30–34.
6 Vgl. May-Strobel et al., 2011, S. 11–13.

Tätigkeit befreit den Leistungsempfänger nur dann von der Verpflichtung, sich um eine andere Tätigkeit zu bemühen, wenn nachgewiesen werden kann, dass durch die selbstständige Tätigkeit die Hilfebedürftigkeit beendet werden kann.[7] Ein derartiger Nachweis gilt dann als erbracht, wenn der Businessplan von einer fachkundigen Stelle (z. B. Industrie- und Handelskammer, Handwerkskammer, Kreditinstitut, Wirtschaftsprüfer, Steuerberater, Unternehmensberater etc.) als tragfähig bewertet wird. Eine derartige Tragfähigkeitsbescheinigung ist zudem Voraussetzung für eine staatliche Existenzgründungsförderung (Einstiegsgeld).

Macht ein ALG II-Empfänger sich ohne Prüfung der Tragfähigkeit selbstständig oder wird eine selbstständige Tätigkeit als nicht tragfähig beurteilt, kann von einem selbstständigen Aufstocker die Aufgabe der selbstständigen Tätigkeit sowie die Ergreifung von solchen Maßnahmen verlangt werden, welche geeignet sind, die Hilfebedürftigkeit dauerhaft zu beseitigen oder zu verringern. Dies schließt insbesondere berufliche Weiterbildungsmaßnahmen sowie die Suche bzw. Aufnahme einer abhängigen Beschäftigung ein. Eine dauerhafte Kombination von Transferleistungen und Erwerbseinkommen aus einer selbstständigen Tätigkeit sieht der Gesetzgeber also ausdrücklich nicht vor. Im Gegensatz dazu ist eine dauerhafte Kombination von Transfereinkommen und Erwerbseinkommen aus einer abhängigen Beschäftigung rechtlich möglich. Aus mittelstandspolitischer Sicht wirft dies die Frage auf, inwiefern es sich dabei um eine Diskriminierung selbstständiger gegenüber abhängiger Beschäftigung handelt.

3 Subsidiäre und beschäftigungsformneutrale Sozialpolitik

Die Grundsicherung für Arbeitssuchende folgt dem Subsidiaritätsprinzip. Diesem Prinzip folgend kann von einem arbeitsfähigen Hilfeempfänger verlangt werden, die eigene Arbeitskraft zur Befreiung aus der Bedürftigkeit bzw. zur Beschränkung der Lasten der Solidargemeinschaft einzusetzen.[8] Insofern kann man zum einen von einem Leistungsempfänger die Aufnahme und die dauerhafte Ausübung einer gering entlohnten Beschäftigung verlangen. Zum anderen sind Aufstockern, unabhängig davon, ob diese abhängig oder selbstständig beschäftigt sind, solche Maßnahmen zumutbar, welche geeignet sind, die Hilfebedürftigkeit bzw. die Lasten für die Solidargemeinschaft zu reduzieren.

In der öffentlichen Debatte wird es allerdings von vielen als unzumutbar angesehen, dass eine Vollzeit erwerbstätige Person ergänzend ALG II beziehen muss. Im Hinblick auf das Ziel einer Beschränkung der Anzahl der abhängig beschäftigten Aufstocker ist im Koalitionsvertrag zwischen CDU, CSU und SPD daher die

7 Vgl. May-Strobel et al., 2011, S. 11 – 18.
8 Vgl. Roth, 2002, S. 82–91.

Einführung eines einheitlichen und flächendeckenden gesetzlichen Mindestlohns vorgesehen. Wenn allerdings vom normativen Ziel, hier einer Besserstellung von Geringverdienern, ohne positive Analyse unmittelbar eine Handlungsempfehlung abgeleitet wird, handelt es sich um einen normativistischen Fehlschluss.[9] Denn es ist keineswegs eindeutig, dass ein Mindestlohn dazu führt, dass Geringverdiener einen höheren Lohn erhalten. Vielmehr besteht die Gefahr, dass ein Teil der betroffenen Arbeitnehmer mangels Produktivität durch einen Mindestlohn die eigene Beschäftigung verlieren wird.[10]

Von einem einheitlichen und flächendeckenden gesetzlichen Mindestlohn geht deshalb die Gefahr einer Verschlechterung der Beschäftigungschancen von Personen mit geringer Qualifikation aus.[11] Dies könnte dazu führen, dass zukünftig die Anzahl der selbstständigen Aufstocker weiter zunimmt. Um auch dies zu unterbinden, wurde aus dem Vorstand der Bundesagentur für Arbeit der Vorschlag in die Diskussion eingebracht, die Bezugsdauer von Grundsicherungsleistungen für Selbstständige zeitlich zu begrenzen.[12] Anzumerken ist allerdings, dass das Ziel einer Begrenzung der Anzahl der selbstständigen Aufstocker im Konflikt mit dem Ziel einer hohen Zahl von Existenzgründern steht, welches mittels diversen staatlichen Förderprogrammen verfolgt wird.

Gegen eine dauerhafte Kombination von Erwerbseinkommen aus einer selbstständigen Tätigkeit und Transfereinkommen wird die Gefahr eines ruinösen Wettbewerbs vorgebracht. Befürchtet wird ein „race to the bottom", nach welchem selbständige Aufstocker ihre eigene Arbeitskraft unter Marktwert anbieten und damit zu einem allgemeinen Absinken des Lohnniveaus von Arbeitnehmern, welche eine vergleichbare Tätigkeit anbieten, beitragen. Grundsätzlich geht diese Gefahr auch von abhängig beschäftigten Aufstockern aus. Der These des „race to the bottom" ist dreierlei entgegenzuhalten: Erstens besteht die Problematik nur dann, wenn es einen Arbeitsangebotsüberhang gibt und kein Wettbewerb um die Arbeitskraft der Hilfebedürftigen besteht. Der Kronberger Kreis schlägt daher vor, Wettbewerb dahingehend zu erzeugen, dass Hilfebedürftige von der Agentur für Arbeit, von der Kommune oder von einem zwischengeschalteten privaten Arbeitnehmerverleihungsunternehmen an Arbeitgeber verliehen werden.[13] Dies ermöglicht, etwa indem die Arbeitskraft der Hilfeempfänger versteigert wird, dass diese nicht unter Wert vergütet wird. Zweitens besteht für Selbständige genauso

9 Vgl. Suchanek, 1997, S. 193.

10 Vgl. SVR, 2012, S. 318.

11 Selbst wenn man von einem gesetzlichen Mindestlohn keine negativen Beschäftigungseffekte erwartet, so erhöht sich in jedem Fall die Hürde für derzeit arbeitslose Personen mit geringer Qualifikation, wieder in den ersten Arbeitsmarkt zurückzufinden. Vgl. Arentz/Eekhoff, 2010.

12 Vgl. Alt, 2011.

13 Vgl. Kronberger Kreis, 2009, S. 17–20.

wie für abhängig Beschäftigte stets ein monetärer Anreiz, das eigene Einkommen zu steigern. Die Hinzuverdienstgrenzen, welche unabhängig von der Beschäftigungsform sind, verhindern eine Transferentzugsrate von 100 %. Stattdessen können Aufstocker durch eine Steigerung ihres Bruttoeinkommens stets auch ihr verfügbares Einkommen steigern. Der Befürchtung, dass Aufstocker ihre eigene Arbeitskraft zu Dumpingpreisen anbieten, wird insofern durch monetäre Anreize im ALG II-System entgegengewirkt.[14] Drittens gibt es für Aufstocker auch nicht monetäre Anreize, die eigene Arbeitskraft nicht unter dem Marktwert anzubieten. Diese können etwa darin bestehen, dass Hilfeempfänger sich bemühen, die Lasten für die Gesellschaft zu begrenzen.

Darüber hinaus wird an einer Kombination von Erwerbseinkommen aus einer selbstständigen Tätigkeit und Transfereinkommen kritisiert, dass diese zu einer Wettbewerbsverzerrung zwischen beiden Beschäftigungsformen beiträgt. Während Arbeitnehmer etwa Pflichtbeiträge zur Rentenversicherung entrichten müssen, ist ein Großteil der Selbstständigen versicherungsfrei. Verzichten Selbstständige im Vertrauen auf Grundsicherung in der Ruhestandsphase auf eine freiwillige Altersvorsorge in der Erwerbsphase (Trittbrettfahrerstrategie), können diese gegenüber sozialversicherungspflichtigen Arbeitnehmern einen Kostenvorteil realisieren.[15] Ursächlich für diese Problematik ist allerdings nicht das ALG II-System, sondern die Ungleichbehandlung von Arbeitnehmern und Selbstständigen in Bezug auf die Rentenversicherungspflicht. Insofern bietet sich zur Beseitigung dieser Wettbewerbsverzerrung zugunsten von geringverdienenden Selbstständigen eher die Einführung einer Rentenversicherungspflicht für Selbstständige als eine Wettbewerbsverzerrung zulasten von geringverdienenden Selbstständigen im ALG II-System an.[16]

Grundsätzlich erscheint eine Kombination von Erwerbseinkommen und Transfereinkommen somit als wirksamer Weg zur Beschränkung der Hilfebedürftigkeit von Leistungsempfängern. Die Aufnahme oder Fortführung einer selbstständigen Tätigkeit befreit den Leistungsempfänger allerdings nur dann von der Verpflichtung, sich um eine andere Tätigkeit zu bemühen, wenn es eine fachkundige Stelle anhand des Businessplans für zu erwarten hält, dass der Gründer in absehbarer Zeit sowohl die betrieblichen als auch seine privaten Lebenshaltungskosten erwirtschaften kann (Tragfähigkeitsbescheinigung). Damit stellt das ALG II-System deutlich höhere Mindestverdienstanforderungen an eine selbstständige Tätigkeit

14 Kontrovers diskutiert wird allerdings die Ausgestaltung dieser monetären Arbeitsanreize. Eekhoff/Roth, 2006 sehen etwa in den bestehenden Freibetragsregelungen im Rahmen des ALG II einen Anreiz zu Teilzeitarbeit.

15 Vgl. SVR, 2006, S. 264–265.

16 Für eine Diskussion des Vorschlags einer Rentenversicherungspflicht für Selbstständige siehe Münstermann, 2013.

als an eine abhängige Beschäftigung, da die dauerhafte Ausübung letzterer ausdrücklich auch dann als zumutbar gilt, wenn diese nicht zur Deckung der Lebenshaltungskosten ausreicht. Die Wahl zwischen einer selbstständigen und einer abhängigen Beschäftigung wird also für Aufstocker erheblich verzerrt.

Diskussionswürdig ist die Frage, wie sich diese Ungleichbehandlung beseitigen lässt. Denkbar ist einerseits, die Anforderung an Unternehmensgründer dahingehend zu ändern, dass ein Businessplan nicht mehr die Deckung der privaten Lebenshaltungskosten vorsehen muss, damit eine Gründung realisiert werden kann.[17] Die Realisierung eines absehbar nicht tragfähigen Geschäftskonzepts erscheint allerdings grundsätzlich zweifelhaft. Für die Gewährung einer staatlichen Existenzgründungsförderung, ohne welche viele Gründer die mit der Gründung einhergehenden Investitionen nicht finanzieren können, ist eine Tragfähigkeitsprüfung zwingend erforderlich um Verschwendung zu vermeiden. Werden Investitionen kreditfinanziert, was angesichts der geringen Kreditfähigkeit von ALG II-Empfängern die Ausnahme darstellen dürfte, scheitert eine Rückzahlung erwartungsgemäß an der mangelnden Tragfähigkeit des Geschäftskonzepts, so dass der Gründer die zur Unternehmensgründung aufgenommene Verschuldung nicht wird abtragen können. Ferner wäre es in Hinblick auf das Subsidiaritätsprinzip problematisch, Unternehmensgründer mit nicht tragfähigem Geschäftskonzept von der Verpflichtung zu befreien, geeignete Maßnahmen zur Reduktion der eigenen Hilfebedürftigkeit zu ergreifen.

Anderseits lässt sich die beschriebene Ungleichbehandlung auch dadurch beseitigen, dass Selbsthilfebemühungen von abhängig beschäftigten Aufstockern verstärkt eingefordert werden. Genauso wie von einem selbstständigen Aufstocker zur Reduktion seiner Hilfebedürftigkeit die Aufgabe der selbstständigen Tätigkeit verlangt werden kann, müssen auch von einem abhängig beschäftigten Aufstocker Selbsthilfebemühungen zur Reduktion der Hilfebedürftigkeit eingefordert werden. Zwar werden durch die Freibetragsreglungen im ALG II-System bereits heute monetäre Anreize zur Begrenzung der Hilfebedürftigkeit gesetzt, allerdings sind diese Anreize umso geringer, je höher das selbst erwirtschaftete Einkommen ist. Dies hat zur Folge, dass die Freibetragsregelungen nur bedingt und nur in niedrigen Einkommensbereichen einen Anreiz zur Aufnahme einer Beschäftigung setzen und kaum monetäre Anreize die eigene Arbeitszeit von Teilzeit auf Vollzeit auszuweiten.[18] Zudem werden ALG II-Bezieher derzeit etwa ab einer wöchentlichen Arbeitszeit von 15 Stunden nicht mehr als arbeitslos gezählt, so dass

[17] Formal kann ein ALG II-Empfänger sich auch ohne Prüfung der Tragfähigkeit seines Geschäftskonzepts selbstständig machen. Von dieser Person werden dann allerdings weiterhin Selbsthilfebemühungen wie die Suche nach einer Beschäftigung sowie ggf. die Teilnahme an einer Weiterbildungsmaßnahme eingefordert.

[18] Vgl. Eekhoff/Roth, 2006, S. 49.

von diesen keine zusätzlichen Selbsthilfebemühungen eingefordert werden. Trotz der Erwerbstätigkeit sind diese Personen allerdings nach wie vor hilfebedürftig, so dass von diesen Maßnahmen zur Begrenzung der Hilfebedürftigkeit, etwa eine Ausweitung der Arbeitszeit oder die Suche nach einer besser entlohnten abhängigen Beschäftigung, eingefordert werden sollten. Dies hätte zudem den Vorteil, dass bei abhängig Beschäftigten Aufstockern der Gefahr eines „race to the bottom" konsequenter entgegengewirkt würde. Erforderlich ist es dafür allerdings, die Arbeitsverwaltung stringent auf eine Reduktion der Hilfebedürftigkeit statt auf eine Senkung der Arbeitslosenquote auszurichten.

Eine verstärkte Einforderung von Selbsthilfebemühungen beseitigt die Ungleichbehandlung des ALG II-Systems in Bezug auf die Beschäftigungsform allerdings nur für solche Leistungsempfänger, die grundsätzlich in der Lage sind, mindestens ein Einkommen auf ALG II-Niveau zu erwirtschaften. Dies gilt allerdings nicht für Leistungsempfänger, deren Produktivität dazu nicht ausreicht. Auch Personen, die aus gesundheitlichen oder familiären Gründen keiner Vollzeittätigkeit nachgehen können, können trotz Erwerbstätigkeit dauerhaft hilfebedürftig sein. Für diese Personen geht vom ALG II-System selbst bei verstärkter Einforderung von Selbsthilfebemühungen eine Verzerrung im Hinblick auf die Beschäftigungsform aus. Diese Einschränkung bei der Wahl der Beschäftigungsform erscheint jedoch im Hinblick auf eine gemäß dem Subsidiaritätsprinzip die Lasten der Gesellschaft begrenzende Ausrichtung des Mindestsicherungssystems angemessen. Vergleichbare Freiheitseinschränkungen der Leistungsempfänger sieht das ALG II-System auch in Bezug auf die Art der Tätigkeit sowie den Umfang der Erwerbstätigkeit vor. Dauerhaft unterstützungsbedürftige Leistungsempfänger primär in eine abhängige Beschäftigung, welche das Normarbeitsverhältnis in Deutschland darstellt, als in eine selbstständige Tätigkeit mit einem nicht tragfähigen Geschäftskonzept zu vermitteln, erscheint insofern vertretbar, da dadurch die Hilfebedürftigkeit eher begrenzt werden kann. Dies liegt daran, dass eine abhängige Beschäftigung flexibler gewechselt werden kann, während der Leistungsempfänger durch eine Gründung aus der Arbeitslosigkeit und ohne tragfähiges Geschäftskonzept auf absehbare Zeit für alternative Beschäftigungen nicht zur Verfügung steht.[19, 20]

[19] Rein semantisch stellt sich die Frage, ob eine erwerbstätige Person, welche dauerhaft von ergänzendem ALG II abhängig ist, überhaupt als Selbstständig bezeichnet werden kann. Rein sprachlich legt auch die Bezeichnung Existenzgründung nahe, dass damit mindestens die eigene Existenz gedeckt werden können muss.

[20] Auch aus ordnungspolitischer Sicht ist fraglich, ob selbstständige Aufstocker als Selbstständige anzusehen sind. Schließlich liegt die von Eucken (1952 / 1990) als eine von sieben konstituierenden Prinzipien benannte Haftung des Unternehmers hier faktisch nicht vor. Während bei haftungsbeschränkten Gesellschaften der Geschäftsführer zumindest für grobe Pflichtverstöße persönlich haftet, sind Aufstocker aufgrund ihrer Bedürftigkeit faktisch von jeglicher Haftung befreit.

4 Typologie selbstständiger Aufstocker

Von 2011 insgesamt 5,028 Mio. erwerbsfähigen Leistungsbeziehern sind 1,388 Mio. erwerbstätig und damit sogenannte Aufstocker. Innerhalb der Gruppe der Aufstocker sind 1,262 Mio. abhängig und 0,126 Mio. selbstständig beschäftigt.[21] Betrachtet man unterschiedliche Typen von selbstständigen Aufstockern, so wird deutlich, dass die Bewertung einer Kombination aus Erwerbseinkommen aus einer selbstständiger Tätigkeit und Transfereinkommen wesentlich von den Umständen abhängt.

Koller et al. (2012) ermitteln mittels einer Clusteranalyse vier Typen von selbstständigen Aufstockern (vgl. Tabelle 1).

Tabelle 1: Typologie selbstständiger Aufstocker
Mittelwerte oder Anteilswerte nach Clustern

		Cluster 1	Cluster 2	Cluster 3	Cluster 4
		Hohe Bedarfe	**Selbstständige in einer Krise**	**Unrentable Vollzeit-Selbstständige**	**Zuverdienst während der Arbeitssuche**
Gruppengröße	%	22,5	16,5	38,5	22,5
Frauenanteil	%	27	32	43	40
Partner im Haushalt	%	80	73	46	27
Kinder im Haushalt	Personen	1,93	0,82	0,57	0,53
Bildungsjahre	Jahre	11,93	13,06	12,68	13,53
Kein Berufsabschluss	%	20	20	18	11
Hochschulabschluss	%	17	25	23	32
Zeit seit Gründung	Monate (Median)	40,0	43,5	33,5	41,0
Mitarbeiter	Personen	0,10	1,57	0,03	0,05
Wochenstunden	Std.	32	48	40	25
Monatliches Nettoeinkommen	Euro	979	470	302	311
Stundeneinkommen	Euro	9,03	2,68	2,11	4,35
Arbeitssuche	%	15	12	2	99

Quelle: Koller et al., 2012, S. 9.

[21] Vgl. Koller et al., 2012, S. 3.

Die erste Gruppe, der 22,5 % der selbstständigen Aufstocker zuzuordnen sind, umfasst solche Personen, die ein monatliches Nettoeinkommen von im Mittelwert 979 € erwirtschaften, allerdings Partner und Kind(er) mitversorgen müssen. Der Hilfebedarf ist bei dieser Gruppe also wesentlich auf den familienbedingt hohen Bedarf zurückzuführen. Wird für diese Selbstständigen der ergänzende ALG II-Bezug ausgeschlossen oder zeitlich befristet, stellt dies eine nicht zu rechtfertigende Benachteiligung einer selbstständigen gegenüber einer abhängigen Beschäftigung dar. Dies gilt insbesondere dann, wenn zu den privaten Lebenshaltungskosten, welche mindestens erwirtschaftet werden müssen, damit ein Unternehmenskonzept als tragfähig gilt, auch die Kosten für nicht erwerbstätige Ehepartner sowie Kinder gezählt werden.

Die zweite Gruppe, welcher 16,5 % der selbstständigen Aufstocker zuzuordnen sind, umfasst etablierte Selbstständige in einer wirtschaftlichen Krise. Dieser Gruppe zuzuordnende Selbstständige sind meist schon längere Zeit selbstständig und beschäftigen in der Regel Mitarbeiter. Trotz eines sehr hohen Stundenvolumens erwirtschaften diese lediglich geringe Nettoeinkommen von durchschnittlich 470 € und es findet selten eine Suche nach einer beruflichen Alternative statt. Entscheidend für die Bewertung dieser Situation ist allerdings die Frage, ob es sich um eine vorübergehende wirtschaftliche Krise handelt. Ist dies der Fall und die Hilfebedürftigkeit nur aufgrund dieser Krise überhaupt eingetreten, erscheint eine Verpflichtung zur Aufgabe der selbstständigen Tätigkeit und zur Aufnahme einer abhängigen Beschäftigung nicht als der wirksamste Weg, die Hilfebedürftigkeit zu beenden. Dies gilt auch vor dem Hintergrund, dass diese im Gegensatz zu den Aufstockern in der dritten Gruppe häufiger Mitarbeiter beschäftigen. In der Praxis problematisch ist allerdings die Frage, unter welchen Bedingungen die wirtschaftliche Krise eines Selbstständigen als vorübergehend einzuschätzen ist.

Etwa 40 % der selbstständigen Aufstocker sind der dritten Gruppe zuzuordnen. Diese zeichnen sich dadurch aus, dass sie trotz langer Arbeitszeiten sehr geringe Nettoeinkommen von durchschnittlich 302 € erwirtschaften und nicht nach beruflichen Alternativen suchen. Betrachtet man die für diese Gruppe in Tabelle 1 dargestellten Stundenlöhne von im Mittelwert 2,11 €, erscheint es zumutbar, dass die Arbeitsagenturen von diesen Personen Bemühungen zur Aufnahme einer alternativen Tätigkeit verlangen. Dies gilt allerdings nur dann, wenn die Aufnahme einer alternativen Tätigkeit im Vergleich zur Fortführung der selbstständigen Tätigkeit eher geeignet erscheint, die Hilfebedürftigkeit zu reduzieren.

Die etwa 25 % der selbstständigen Aufstocker umfassende vierte Gruppe besteht aus solchen Personen, die durchweg nach einer anderen oder zusätzlichen Erwerbstätigkeit suchen. Bei Personen dieser Gruppe handelt es sich um solche, die eher besser qualifiziert sind und während der Arbeitssuche in geringem Umfang selbständig tätig sind, um damit etwas hinzuzuverdienen.[22] Da diese Personen sich aktiv um andere oder zusätzliche Einkommensarten und damit um eine Reduktion der Hilfebedürftigkeit bemühen, erscheint eine Kombination von Erwerbseinkommen aus einer selbstständigen Tätigkeit und Transfereinkommen als weitgehend unproblematisch.

5 Fazit

Wird Mittelstandspolitik als Politikansatz für einen diskriminierungsfreien Ordnungsrahmen aufgefasst, so gilt es, Verzerrungen sowohl zwischen Unternehmen unterschiedlicher Größe, etwa KMU und Großunternehmen, als auch zwischen unterschiedlichen Beschäftigungsformen, etwa abhängiger und selbstständiger Beschäftigung, abzubauen.

Im vorliegenden Beitrag wird die Ausgestaltung eines in Hinblick auf die Wahl zwischen selbstständiger und abhängiger Beschäftigung neutralen sozialen Mindestsicherungssystems betrachtet und die Frage nach dem Umgang mit selbstständigen Aufstockern aufgeworfen. Es wird argumentiert, dass gemäß dem Subsidiaritätsprinzip eine Kombination von Transfereinkommen und Erwerbseinkommen, unabhängig davon aus welcher Beschäftigungsform dieses stammt, nicht als grundsätzlich problematisch anzusehen ist. Vielmehr handelt es sich um einen Weg zur Begrenzung der durch die Leistungsempfänger entstehenden Lasten für die Gesellschaft. Vorschläge, die Bezugsdauer von Grundsicherungsleistungen für Selbstständige zeitlich zu begrenzen, sind daher als problematisch anzusehen. Gleichwohl ist einem ALG II-Empfänger die Verwehrung einer Unternehmensgründung und einem selbstständigen Aufstocker die Aufgabe der selbstständigen Tätigkeit dann zumutbar, wenn dies bzw. die Bemühung um eine alternative Beschäftigung geeignet erscheint, zur Reduktion der Hilfebedürftigkeit beizutragen.

Literaturverzeichnis

Alt, Heinrich (2011): Zitat in der Süddeutschen Zeitung vom 14.06.2011. Abzurufen unter: http://www.sueddeutsche.de/wirtschaft/hartz-iv-fuer-selbstaendige-arm-gerechnet-1.1108053 (Stand: 29.10.2013, 12 Uhr).

Arentz, Oliver und Johann Eekhoff (2010): „Mindestlöhne verringern die Beschäftigungschancen für Bezieher von Arbeitslosengeld II", *Orientierungen zur Wirtschafts- und Gesellschaftspolitik* 1/2010, S. 24–28.

[22] Dieser Abschnitt folgt Koller et al., 2012, S. 8–12.

Arentz, Oliver und Leonard Münstermann (2013): „Wo liegt der Kern des deutschen Mittelstands?“, *Wirtschaftsdienst* 2013, 93 (09), S. 622–628.

Bünnagel, Vera, Johann Eekhoff und Steffen Roth (2006): *Mit Schaffensdrang in Arbeit*, München: vbw.

Eekhoff, Johann und Steffen Roth (2006): *Vorsicht vor Kombilöhnen – Eine vergleichende Analyse ausgewählter Maßnahmen und Konzepte subventionierter Arbeitsmarktpolitik*, München: vbw.

Eucken, Walter (1952/90): „Die Politik der Wettbewerbsordnung – Die konstituierenden Prinzipien“, in: Ders.: *Grundsätze der Wirtschaftspolitik*, 6. durchgesehene Auflage, Tübingen, XVI. Kapitel, S. 254–291.

Koller, Lena, Nadja Neder, Helmut Rudolph und Mark Trappmann (2012): „Selbstständige in der Grundsicherung – Viel Arbeit für wenig Geld“, *IAB-Kurzbericht* 22/2012.

Kronberger Kreis (2009): „Wie gering qualifizierte Arbeitslose Beschäftigung finden. Der Vorschlag des Kronberger Kreises“, in: Stiftung Marktwirtschaft (Hrsg.), *Beschäftigung gering qualifizierter Arbeitsloser*, Schriftenreihe Band 50. Berlin.

May-Strobel, Eva, André Pahnke, Stefan Schneck und Hans-Jürgen Wolter (2011): „Selbstständige in der Grundsicherung“, *Working Paper* 2/2011, IfM – Institut für Mittelstandsforschung Bonn.

Münstermann, Leonard (2013): „Zur Altersvorsorgepflicht für Selbstständige“, *Otto-Wolff-Discussion Paper* 06/2013.

Roth, Steffen (2002): „Beschäftigungsorientierte Sozialpolitik – Gemeinnützige Beschäftigung als Brücke zwischen Sozialsystem und Arbeitsmarkt“, *Untersuchungen zur Wirtschaftspolitik* 125, Köln.

Rudolph, Helmut (2013): „Aufstocker: Eine Folge der Hartz-Reformen?“ Vortrag im Rahmend der Jahrestagung der Deutschen Vereinigung für sozialwissenschaftliche Arbeitsmarktforschung (SAMF) am 21./22.2.2013, abzurufen unter: http://www.fes.de/wiso/pdf/aq/2013/210213/06_rudolph.pdf (Stand: 29.10.2013, 12 Uhr).

Sachverständigenrat zur Begutachtung der gesamtwirtschaftlichen Entwicklung (SVR) (2006): „Widerstreitende Interessen – ungenutzte Chancen“, *Jahresgutachten* 2006/07, Wiesbaden.

Sachverständigenrat zur Begutachtung der gesamtwirtschaftlichen Entwicklung (SVR) (2012): „Stabile Architektur für Europa – Handlungsbedarf im Inland“, *Jahresgutachten* 2012/13, Wiesbaden.

Suchanek, Andreas (1997): „Erfolgreiche Therapie ohne gute Diagnose? Zum Zusammenhang von normativer und positiver Analyse in der Ökonomik“, in: Martin Held (Hrsg.), *Normative Grundfragen der Ökonomik – Folgen für die Theoriebildung*, Frankfurt/New York: Campus Verlag, S. 189–212.

Venohr, Bernd (2010): „Das Erfolgsmodell der deutschen Weltmarktführer“, in: Florian Langenscheidt und Bernd Venohr (Hrsg.), *Lexikon der deutschen Weltmarktführer. Die Königsklasse deutscher Unternehmen in Wort und Bild*, Köln: Deutsche Standards Editionen, abzurufen unter: http://www.berndvenohr.de/download/veroeffentlichungen/Das_Erfolgsmodell_der_deutschen_Weltmarktfuehrer.pdf (29.10.2013, 12 Uhr).

Wissenschaftlicher Beirat beim Bundesministerium für Wirtschaft und Innovationen (BMWi) (2010): „Akzeptanz der Marktwirtschaft: Einkommensverteilung, Chancengleichheit und die Rolle des Staates“, *Gutachten* Nr. 01/2010.

Die Soziale Marktwirtschaft aus dem Blickwinkel von Entwicklungsländern[1]

Yu Ding

1 Die Kombination von Markteffizienz und sozialer Gerechtigkeit

Das deutsche Modell der „Sozialen Marktwirtschaft" hat sich in Deutschland als Erfolgsmodell erwiesen. Es versucht Markteffizienz und soziale Gerechtigkeit miteinander zu verbinden. Diese Form der Gesellschafts- und Wirtschaftsordnung hat also zwei Kernkomponenten: Auf der einen Seite bekennt man sich zur Marktwirtschaft. Man braucht einen unverzerrten und wettbewerbsorientierten Mechanismus zur Allokation knapper Ressourcen und zur Orientierung der Wirtschaft an den Wünschen und Vorstellungen der einzelnen Marktteilnehmer. Aber auf der anderen Seite bekennt man sich auch zum sozialen Element der Menschen. So sollen alle Bürger gleiche Chancen bekommen, dank ihrer eigenen Leistung nicht nur eine menschenwürdige Lebensführung zu erreichen, sondern auch die Anerkennung der Gesellschaft zu erhalten. Diese Chancen gelten auch für die Schwachen der Gesellschaft. Auch sie müssen Chancen erhalten, sich in das Wirtschaftsleben und in das Gesellschaftsleben zu integrieren.

Auf der einen Seite sollen alle Aktivitäten, die sich über den Marktmechanismus regeln lassen, den Marktteilnehmern überlassen werden. Im Bereich des Marktes sind Effizienz und Produktivität Motoren der Entwicklung. Der Staat ist dafür zuständig, klare und beständige Marktregeln zu entwerfen, also einen stabilen Rahmen für die Marktakteure zu schaffen. Er soll Wettbewerb fördern, Monopole bekämpfen und Unternehmen im Wettbewerb auf der internationalen Ebene mit guter Dienstleistung (aber marktkonform) unterstützen. Der Staat soll sich aus unmittelbarem Unternehmertum zurückziehen, direkt oder schrittweise staatliche Monopole wie Telekommunikation oder Eisenbahn aufgeben. Die Aufgabe des Staates ist es, allen Marktteilnehmern marktkonforme Dienstleistungen anzubieten. Konkret bedeutet diese Aufgabe die Bekämpfung von Monopolen, die Förderung des Marktzutrittes von KMUs sowie von kleinen Unternehmen. Durch einen vermehrten Zugang von Kleinunternehmen soll die Wettbewerbsintensität

[1] Dieser Aufsatz nimmt nicht in Anspruch, die Lösung aller Probleme von Entwicklungsländern zu präsentieren. Er soll lediglich Anregungen geben, die dem Autor aus der Lehre und vielen Diskussionen mit Johann Eekhoff überlegenswert erscheinen.

erhöht und somit eine langfristig ausgerichtete gesunde Wirtschaftsentwicklung ermöglicht werden. Auf der anderen Seite kümmern sich der Staat und viele gesellschaftliche Gruppen alleine oder in Zusammenarbeit um die Probleme, die sich nicht über den Marktmechanismus regeln lassen. Über eine wohldosierte Distributionspolitik soll eine Basissicherung für bedürftige gesellschaftliche Gruppen geschaffen werden. Diese Basissicherung entschärft gesellschaftliche Konflikte und schafft die innere Systemstabilität des Modells „Soziale Marktwirtschaft".

Kern der Sozialpolitik ist aber nicht eine passive Distributionspolitik, sondern eine Politik der Beschäftigungsförderung über kombinierte Maßnahmen (Bildung, Berufstraining, Forschung, usw.). Über die Beschäftigung an einem gut funktionierenden und durchlässigen Arbeitsmarkt (keine langzeitsubventionierten Arbeitsplätze) sollen so viele Menschen wie möglich ihre eigenen Fähigkeiten in einer intensiven gesellschaftlichen Arbeitsteilung entfalten können und damit auch zufriedene Mitglieder der Gesellschaft werden. Insgesamt gesehen hat das Modell „Soziale Marktwirtschaft" bisher gut funktioniert.

Im Rahmen der Globalisierung haben Entwicklungsländer mehr Möglichkeiten in der internationalen Arbeitsteilung erhalten. Viele Entwicklungsländer konnten in den letzten Jahren ein hohes Wirtschaftswachstum aufweisen. Insgesamt gesehen haben sich die Produktivität dieser Länder und der Lebensstandard der Bevölkerung erhöht. Aber zusammen mit dem Wachstum entstehen auch (relative) Armut, eine Polarisierung des Einkommens, Ghettos sowie Korruption. Diese negativen Seiten der Entwicklung führen zu Misstrauen und Missbilligung des Systems durch einige Bevölkerungsschichten. Je größer dieser Teil der Bevölkerung ist, umso mehr Proteste, Unruhe und sogar Revolten entstehen. Diese Probleme sollten Angehörige der politischen und akademischen Eliten nachdenklich stimmen.

Könnte das Modell der „Sozialen Marktwirtschaft" Anregungen und Lernbeispiele für Entwicklungsländer liefern? Im folgenden Beitrag sollen einige Überlegungen vorgestellt werden, die für Entwicklungsländer und für viele dort noch in Armut lebende Menschen hilfreich sein könnten. Gesucht werden muss ein Weg der Entwicklung, der nicht nur effizient Markttransaktionen steuert, sondern auch Akzeptanz bei großen Bevölkerungsanteilen findet.

2 Überlegungen zur sozialen Gerechtigkeit: Recht, Pflicht und gegenseitige Verantwortung der Gesellschaftsmitglieder

Natürlich verändert und entwickelt sich die Praxis der „Sozialen Marktwirtschaft" ständig. Die viele westliche Industrieländer gegen Ende des 20. Jhd. prägende Form des Fürsorgestaats hatte in der Vergangenheit auch in Deutschland teilweise beschäftigungshemmend gewirkt. Die hohen Kosten des Fürsorgestaates hatte zeitweise nicht nur die Wettbewerbsfähigkeit deutscher Unternehmen im internationalen Wettbewerbs gesenkt, sondern auch die Lasten der Gesellschaft erhöht und indirekt zu Verteilungskonflikten gesellschaftlicher Gruppen geführt. Die Hartz-Reformen in Deutschland erhöhten zuletzt den Druck zur aktiven Beschäftigungsaufnahme auf transferbedürftige aber arbeitsfähige Bürger. Gleichzeitig unterstützt der Staat den Prozess der Arbeitsmarktintegration dieser Transferbezieher aktiv mit Arbeitsberatung und berufsorientiertem Training. In Zeiten der internationalen Finanzkrise konnte Deutschland mit einem flächendeckenden Kurzarbeitsprogramm und dem Abbau von Guthaben auf den Arbeitszeitkonten vieler Beschäftigter massive Arbeitslosigkeit vermeiden. Die Wirkung des wirtschaftlichen Schocks konnten so vermindert werden und in den deutschen Unternehmen blieb eine funktionsfähige Struktur erhalten, die im Nachlassen der realwirtschaftlichen Krise eine schnelle Erholung ermöglichte. Die Kombination dieser Maßnahmen führte zu einer guten Ausgangslage für die Wiedererstarkung der Wettbewerbsfähigkeit Deutschlands sowie den aktuell guten Zustand der Wirtschaft dieses Landes.

Um diese Art der Sozialpolitik zu verstehen, müssen die Rechte und Pflichten aller Beteiligten im Modell der „Sozialen Marktwirtschaft" verstanden werden. Man muss verstehen, dass die Maßnahmen der Sozialpolitik keine Einbahnstraße sind und nicht einseitig gewährt werden. Vielmehr sind es Regelungen der gegenseitigen Verantwortung aller gesellschaftlichen Mitglieder füreinander und das Ganze.

Manche Eliten in den Entwicklungsländern glauben, dass die soziale Fürsorge und viele andere Maßnahmen der Sozialpolitik eine Art Spende der „Reichen" oder der aktiv an der wirtschaftlichen Produktion beteiligten Eliten sind. Manche verstehen diese sogar als eine Art „Bestechung", mit dem Ziel, dass Armut und Unmut der verarmten Bevölkerungsgruppen nicht in aktiven Widerstand münden. Noch deutlicher gesagt sehen (leider) viele „Eliten" in den Entwicklungsländern die Distributionspolitik als einen üblen, aber leider notwendigen Preis der Revolutionsverhinderung. Aus einer solchen Perspektive ergeben sich im politischen Prozess verschiedene Konsequenzen in der Ausgestaltung sozialpolitischer Maßnahmen:

- Mit Hinweis auf die mangelnden Finanzmittel des Landes und mit Hinweis darauf, der „Faulheit" keinen Vorschub leisten zu wollen, wird das Sicherungsniveau sehr niedrig gesetzt. In manchen Ländern wird noch nicht einmal das physische Existenzminimum gesichert, manche Länder garantieren nicht einmal den kostenlosen Zugang zu Schulbildung. Gleichzeitig reizen aber das verwerfliches Luxusleben und die Verschwendungen der Neureichen täglich die Mehrheit der Bevölkerung (insbesondere in unserer Internetgesellschaft). So nimmt die Polarisierung in der tatsächlichen Vermögensverteilung, aber vor allem auch in der Vorstellung der Bevölkerung ständig zu. Man fragt sich: Muss der Preis des wirtschaftlichen Wachstums die Bitterkeit der Bevölkerungsmehrheit sein? Muss sich eine im schnellen Wachstum befindende Gesellschaft immer am Rand des revolutionären Umbruchs befinden?

- Die mit dem Wachstum einhergehende Migration in die Wirtschaftszentren führt oft zur Bildung von Ghettos. Und Ghettos führen wiederum zu mehr Ausgaben für die Polizei sowie für die Sicherung des Rechtssystems. Immer mehr Finanzmittel werden zur Unterdrückung verschiedener berechtigter oder auch unberechtigter Forderungen der armen Bevölkerungsgruppen ausgegeben. Dies führt wiederum zu Konflikten, bildet „Klassen", senkt die Akzeptanz des Staates, der Wirtschafts- und Gesellschaftsordnung bei den „unteren" Schichten. Ein Teufelskreis beginnt.
- Man beobachtet im Rahmen der Globalisierung das Phänomen, dass sich viele Angehörige der internationalen Eliten sich einander immer näher fühlen. Vor der Globalisierung mussten sich die Eliten mehr mit den anderen gesellschaftlichen Gruppen in den eigenen Ländern arrangieren. Nun können die Eliten in den Entwicklungsländern sowohl ihre Vermögensanlage global streuen und diversifizieren als auch Teile ihres Lebens im Ausland verbringen. Im Notfall sind sie darauf vorbereitet, ihr eigenes Land zu verlassen. Die Bereitschaft zum Kompromiss im Inland sinkt dadurch. In Lateinamerika, Nordafrika und Asien mangelt es nicht an Superreichen. Aber die geistige Kluft zwischen den Eliten und der Masse der Bevölkerung steigt in der Welt der globalisierten Arbeitsteilung. Mit der Konsequenz, dass wir immer mehr Unruhe in der Gesellschaft bewältigen müssen.

Die Basis der „Sozialen Marktwirtschaft" ist die Anerkennung aller Individuen und aller gesellschaftlichen Gruppen. Es ging und geht noch immer um die Schaffung einer freien und menschenwürdigen Gesellschaft. Sie ist ein Bekenntnis zu einer Gesellschaftsform und für eine Lebensform. Sie erkennt das Recht, aber auch die Pflicht und die Verantwortung jedes Einzelnen an. Von diesen Leitgedanken der Sozialen Marktwirtschaft inspiriert könnten sich die Eliten in anderen Gesellschaften fragen: Könnte es sein, dass in den Ghettos auch viele fleißige und intelligente Menschen leben? Könnten die positiven Energien dieser Menschen womöglich für die gesellschaftliche Entwicklung genutzt werden, wenn unsere Gesellschaft ihnen Bildung und Chancengleichheit einräumen würde? Könnte dies den gesamten Wohlstand unserer Gesellschaft steigern?

Wahrscheinlich könnten die fleißigen und leistungsfähigen Gruppen in der armen Bevölkerung gesellschaftliche Leistungsträger werden, wenn man ihnen Chancen für den gesellschaftlichen Aufstieg einräumen und die Regeln des gesellschaftlichen Aufstiegs transparent gestalten würde. Diesen Menschen knappe Ressourcen zugänglich zu machen und ihre Intelligenz zu nutzen bringt dem Gemeinwohl vermutlich mehr, als dieselben Ressourcen in die Hände der Kinder einer abgeschotteten „Aristokratie" zu geben. Die dank ihrer eigenen Intelligenz, ihres Geschicks und ihres Ehrgeizes emporgestiegenen neuen Leistungsträger versprechen nicht nur eine bessere Nutzung der knappen Ressourcen, sondern diese Menschen werden auch ein Teil des Stabilisierungskernes der Gesellschaftsform. Könnte man damit auch die Gefahr für Revolten und Unruhe senken?

Fürsorge und Unterstützung einer „Sozialen Marktwirtschaft" sind für die Menschen vorgesehen, die unverschuldet in der Armut landen und sich nicht aus eigener Kraft daraus befreien können. Man nimmt es hin, dass auch für die arbeitsfähigen, aber arbeitsunwilligen Menschen ein Existenzminimum gewährleistet werden muss. Dies gebietet auch der Respekt vor der Würde der Menschen. Eine solche Mindestsicherung ist leider nur in sehr produktiven und wohlhabenden Wirtschaftsnationen finanzierbar. Das Niveau der Existenzsicherung soll möglichst niedrig angesetzt werden, um die anderen nicht zu überfordern und die Leistungsanreize nicht zu sehr zu schwächen. Aber für die Menschen, die gerne arbeiten wollen, soll der Staat mit aktiven Maßnahmen zur beruflichen Bildung und Weiterbildung die Wettbewerbsfähigkeit dieser Menschen auf dem Arbeitsmarkt steigern. Im Krisenfall könnte ihre Integration in das Arbeitsleben vorübergehend auch mit direkten Lohnzuschüssen gefördert werden.

Aber das Prinzip der gegenseitigen Verantwortung ist wechselseitig und fordert ein gegenseitiges Nehmen und Geben. Auf der einen Seite verlangt die Gesellschaft von den leistungsfähigen Menschen und insbesondere von den bereits vermögenden Menschen die Bereitschaft, den Schwachen dieser Gesellschaft zu helfen. Auf der anderen Seite kann die Gesellschaft auch von den hilfebedürftigen Menschen verlangen, dass sie die anderen gesellschaftlichen Gruppen je nach eigener Möglichkeit unterstützen. Selbst wenn diese „Gegenleistung" im Einzelfall sehr gering ist, können viele dieser Leistungen in der Summe doch „Großes" bewirken. Zugleich erschließt dies jedem, der bereit ist das zu leisten, was er vermag, den Respekt und die Anerkennung der anderen zu bekommen. Zum Beispiel könnte eine alleinerziehende Mutter (nach staatlicher Fortbildung) sich nicht nur um eigene Kinder, sondern auch um andere Kinder in der Nachbarschaft kümmern. Auch den „leistungsschwachen Menschen" soll ermöglicht werden, anderen Menschen zu helfen und damit Würde zu erlangen und selbstbewusster zu werden. Diese Form der Sozialpolitik gibt die Schwachen der Gesellschaft nicht auf, sie lässt den Menschen nicht in den Ghettos mit Drogen und Kriminalität allein. Sie gibt den Menschen Chancen, mit eigener Arbeit Wert für die Gesellschaft zu schaffen (selbst wenn dieser Wert am Anfang sehr gering ist und nicht dem eigenen Lebensunterhalt finanzieren kann).

Diese Form der Sozialpolitik gibt den Menschen ein Selbstwertgefühl, respektiert sie als vollwertige Mitglieder ihres Landes und behandelt sie nicht als Ausgestoßene. Sie gibt den Menschen wieder den Stolz auf sich selbst.[2]

Die Gesellschaft gehört uns allen, wir alle sind gleichermaßen ihre Teile. Jeder hat das Recht auf eine Existenz und auf die persönliche Weiterentwicklung. Jeder hat das Recht, mit eigener Leistung an der Verwirklichung eigener Lebensträume zu arbeiten. Aber jeder hat auch die Pflicht, gesellschaftliche Regeln zu respektieren und zu befolgen. Rechte und Pflichten sind zwei untrennbare Seiten einer Medaille.

3 Überlegungen zum Entwicklungsmodell der Entwicklungsländer in der Globalisierung

Im Rahmen der Globalisierung streben viele Entwicklungsländer nach unbedingtem Wachstum. Sie beuten die Arbeitskräfte einer ganzen Generation aus, sie betreiben Raubbau an den natürlichen Ressourcen und sie entwickeln ihre Wirtschaft ohne Rücksicht auf Umweltzerstörung. Diese Entwicklungsländer produzieren meist Produkte mit niedriger Wertschöpfung und tauschen Waren und Dienstleistungen in der internationalen Arbeitsteilung. Das dadurch erlangte Vermögen wird häufig leider nicht zur Steigerung des Grundbildungsniveaus der Bevölkerung eingesetzt, nicht zur Steigerung der beruflichen Qualifikation der Arbeitskräfte und auch nicht zum Ausbau einer besseren Infrastruktur. Es wird für den Konsum oder gar für die Ausschweifungen der „Eliten" ausgegeben. Wir sehen Wolkenkratzer in den neuen Metropolen in den Entwicklungsländern, wir sehen Luxuswagen auf den Straßen. Aber gleichzeitig sehen wir auch (nicht weit entfernt) unterernährte Kinderarbeiter ohne Grundbildung und wir sehen Verzweiflung und ohnmächtige Wut in den Ghettos. Diese Form der Entwicklung raubt nicht nur die Hoffnung einer ganzen Generation, sie gefährdet mit der Zerstörung der Umwelt und dem Ausbeuten der natürlichen Ressourcen auch die Lebensgrundlage der nächsten Generationen. Mit dieser Form der wirtschaftlichen Entwicklung werden die Entwicklungsländer Satelliten der führenden Industrieländer bleiben. Mit diesem Entwicklungsmodell wird kein Wohlstand für die Mehrheit, sondern nur ein Luxusleben eines kleinen Teils der Bevölkerung erreicht.

---

2 In meiner beruflichen Praxis im Bereich Micro Credit begegne ich einem überwiegenden Teil in der Bevölkerung, der mit eigener Arbeit Einkommen erzielen und mit eigener Arbeit Respekt der anderen bekommen will. Mitleid und Almosen kann (langfristig) keine Dankbarkeit ernten.

Was aber vergessen wird, ist die Tatsache, dass echtes Entwicklungspotenzial in der Masse schlecht gebildeter Bevölkerungsgruppen liegt. Wenn diese Masse gute Schulbildung bekommt, wenn ihre Produktivität durch eine Berufsbildung gesteigert werden kann und wenn mit der Produktivitätssteigerung auch das Einkommen dieser Menschen steigt, kann damit auch die Gesamtnachfrage der Gesellschaft steigen und ein weniger vom Export abhängiges Wachstum erschlossen werden. Der Teufelskreis aus Armut und Unruhe kann gebrochen werden, wenn mit der kontinuierlichen Produktivitätssteigerung auch eine stetige Einkommenssteigerung für die Mehrheit der Bevölkerung erreicht werden kann. Ein gutes Wirtschaftswachstum beruht also auf ständig verfeinerter Arbeitsteilung sowie auf stetiger Steigerung der Produktivität und des technischen Niveaus. Das Entwicklungsmodell der meisten Entwicklungsländer ist nicht nachhaltig. Es wird früher oder später an den Grenzen der sozialen Inakzeptanz und der Umweltzerstörung stoßen.

4 Überlegungen zu ausgewählten politischen Maßnahmen

Um vom Modell der „Sozialen Marktwirtschaft" zu lernen, müssen die Entwicklungsländer ihre eigenen Begebenheiten beachten. Das Entwicklungsniveau des Landes, die Situation der Ressourcenverteilung innerhalb der Gesellschaft sowie die Finanzkraft der Regierung sind wichtige Parameter. Einige Aspekte der „Sozialen Marktwirtschaft" können jedoch generelle Anregungen geben:

4.1 Überlegungen zur Wettbewerbspolitik

In vielen Entwicklungsländern werden Eingriffe in die Marktprozesse mit unterschiedlichen Begründungen geduldet. Sie werden oft sogar aktiv von Regierung und Staatsmacht betrieben. In vielen Branchen der Entwicklungsländer existieren staatliche oder private Monopolunternehmen. Monopole wirken negativ auf die wirtschaftliche Entwicklung eines Landes, egal ob sie als ein Ergebnis der Marktentwicklung erklärbar sind oder aus der Vergangenheit der staatlichen Kontrolle stammen. In vielen Entwicklungsländern sind staatliche Monopole allgegenwärtig, nicht nur bei Eisenbahn, Telekommunikation, Energie usw. Auch private Monopole werden ihre Macht zur Festsetzung der Preise und der Spielregeln nutzen, Wettbewerber benachteiligen, neue Markteintritte verhindern und langfristig gesehen, ungerechtfertigter Weise Konsumentenrenten abschöpfen. Ohne den Druck durch Wettbewerber endet jegliches Monopol in einem großen, schwerfälligen und ineffizienten Bürokratieapparat, auch wenn ein Unternehmen in seiner Anfangsphase sehr innovativ gewesen sein mag und daher seine Vormachtstellung durch Leistung erreicht haben mag. Diese am Ende schwerfälligen Monopole werden technischen Fortschritt, Vielfalt und Prozessinnovationen behindern. Deshalb hilft es, zur Beurteilung der Wirtschaftspolitik, die jeweiligen Maßnahmen zur Monopolbekämpfung und zur Wettbewerbsförderung zu betrachten.

Die Monopolbekämpfung und Kontrolle von Marktmacht sind Grundpfeiler des marktwirtschaftlichen Systems deutscher oder ordoliberaler Prägung. Auch in den Entwicklungsländern muss eine effiziente Wettbewerbsordnung geschaffen werden. Selbst wenn eine Regierung aus historischen Gründen in einigen Industriezweigen mit Monopolen oder oligopolistischen Strukturen konfrontiert ist und eine Reform dieser Situation nicht in einem Schritt erreichbar ist, muss sie klare Vorstellungen über ihren Weg zum Wettbewerb haben und einen Zeitplan für die Zerschlagung von Monopolen und Auflösung von engen Oligopolen festlegen. Mit harter Regulierungsaufsicht müssen vorhandene Monopole zum effizienteren Wirtschaften gezwungen werden. Durch die Abschaffung oder Senkung der Markteintrittsschranken müssen neue Wettbewerber zugelassen oder in den Markt gelockt werden und wenn notwendig, müssen Monopolunternehmen auch in kleinere (miteinander konkurrierende) Unternehmen aufgeteilt werden.

Die internationale Wettbewerbsfähigkeit der deutschen Industrie beruht nicht auf der Marktmacht von einzelnem Großunternehmen, sondern auf der Innovationskraft vieler kleinerer und mittlerer Unternehmen (KMUs). Diese KMUs müssen versuchen, durch Leistung im Wettbewerb zu überleben. Nur mit kontinuierlicher Innovation und Produktivitätssteigerung ist es möglich, auf dem internationalen Markt zu bestehen und zu wachsen. Diese KMUs brauchen keine Subvention. Aber sie brauchen klare und transparente Spielregeln, sie brauchen die Chancen, in neue Märkte eintreten zu dürfen, und sie brauchen einen wirtschaftspolitischen Rahmen mit klarer politischer Bekenntnis zur Monopolbekämpfung.

4.2 Überlegungen zur Verteilungspolitik

Ein effizientes Marktsystem braucht breite Akzeptanz in der Gesellschaft. Direkte Eingriffe in das Marktgeschehen senken dabei den Gesamtwohlstand durch die Zerstörung der marktlichen Knappheitssignale und Anreize. Eine solche Verschwendung bewirkt zusätzliche Konflikte über die Einkommens- bzw. auch Vermögensverteilung, sie führt zu zusätzlicher Unzufriedenheit. Eine „gute" Sozialpolitik ist daher eine rationale Distributionspolitik. Eine solche „rationale" Sozialpolitik muss gleichzeitig effektiv sein, das heißt sie muss das Existenzminimum der Bedürftigen sichern. Daher sollten folgende Eckpunkte beachtet werden:

- Ein Existenzminimum sichert die allgemeine Menschenwürde, daher sollte diese Sicherung die Bevölkerung im ganzen Land abdecken. In manchen Entwicklungsländern wird diese Sicherung nur regional bzw. sektoral angesetzt. In diesem Fall wird die sozialpolitische Sicherung aber zum Spielball der Interessengruppen, zur diskretionären Privilegierung spezieller Bevölkerungsteile und als Wahlgeschenk missbraucht. Eine Existenzsicherung, die nicht alle Bedürftigen gleichermaßen unterstützt, genügt nicht dem Kriterien der Gleichbehandlung vor dem Gesetz, welches aber unabdingbarer Bestandteil jeder staatlichen Gerechtigkeitsvorstellung sein muss. Eine solche diskriminierende Politik führt zu Konflikten zwischen einzelnen Bevölkerungsgruppen.

- Die Sicherung des Existenzminimums darf nicht zur Arbeitsaufgabe der arbeitsfähigen Menschen führen. Arbeitsfähige Menschen ohne Arbeit, die eine soziale Sicherung beanspruchen, müssen an staatlichen oder privat angebotenen Schulungen und Trainings teilnehmen. Solche Fortbildungen sollen nicht nur die Chancen der Teilnehmer auf dem Arbeitsmarkt erhöhen, sie könnten auch mit dem Einsatz der Arbeitskraft für die Gesellschaft verbunden werden. Training und gleichzeitige Praxis in der Gesellschaftsarbeit sollen nicht nur die Fähigkeiten der Betroffenen erhöhen. Sie sollen den Teilnehmern durch deren Einbindung in das aktive Gesellschaftsleben auch Würde und Selbstbewusstsein geben. Mit dieser Kombination kann das Dienstleistungsniveau in der Gemeinschaft erhöht werden. Beispielsweise könnten Senioren besser unterstützt werden, Kinder besser betreut, die Wohngegend besser gesichert und gereinigt werden usw. Mit solchen Aktivitäten sparen die Kommunen wiederum Ausgaben. Damit wird das Grundprinzip der gegenseitigen Verantwortung in der Sozialpolitik verwirklicht.

- Die Sicherung soll möglichst in Form der Hilfe zur Selbsthilfe organisiert werden. Beispielsweise könnte die Essensausgabe in einer selbstverwalteten Gemeindekantine ermöglicht werden. Mit diesem Prinzip kann ein Staat möglichst alle Ressourcen in der Gesellschaft mobilisieren sowie ein System des gegenseitigen Lernens, des gegenseitigen Trainings und der gegenseitigen Verantwortung aufbauen.

4.3 Überlegungen zur Gesellschaftsarbeit und zur gegenseitigen Schulung

Die in Deutschland weit niedrigere Jugendarbeitslosigkeit im Vergleich zu seinen Nachbarn ist ein wichtiger Grund für die breite Akzeptanz des deutschen Systems in der Bevölkerung. In vielen Entwicklungsländern existiert hingegen ein großes Problem der Arbeitslosigkeit unter Jungakademikern. Arbeitslosigkeit der gut ausgebildeten arbeitsfähigen jungen Menschen ist nicht nur eine Verschwendung, sie gefährdet auch die Stabilität der Gesellschaft. Jungakademiker in das Arbeitsleben einzubinden, schafft nicht nur mehr Wohlstand, sondern schafft auch Grundlagen für die Akzeptanz des gesellschaftlichen Systems bei der zukünftigen „Elite“. Die hohe Arbeitslosigkeit der Jungakademiker zu senken wäre eine der wichtigsten Herausforderungen für die meisten Entwicklungsländer. In den meisten Ländern tut die Regierung allerdings wenig. In anderen Ländern nutzt man dafür Subventionen. Subventionierte Arbeitsplätze für Jungakademiker, die häufig z. B. durch eine künstliche Aufblähung des Verwaltungsapparates erreicht werden, können zwar kurzfristig die Arbeitslosigkeitsquote senken, zerstören aber langfristig die Funktionsfähigkeit des Arbeitsmarkts, erhöhen die Staatsausgaben und öffnen neue Türen für Korruption. Zugleich schafft eine solche Politik Unzufriedenheit sowohl bei den jungen gut ausgebildeten Akademikern, die keine anspruchsvollen Aufgaben bewältigen und nichts zum Fortschritt ihres Landes beitragen können, als auch bei der breiten Bevölkerung, die neidisch auf die privilegierten Arbeitsplatzbesitzer blickt. So lässt sich das Problem der Arbeitslosigkeit unter den Jungakademiker nicht lösen.

Die Lösung liegt im marktwirtschaftlichen System. Wenn die Regierungen in den Entwicklungsländern einen anderen Blickwinkel wählen und mehr Mut zur Reform und zur organisatorischen Innovation aufbringen würden, könnte das Problem gut gelöst werden. Die vorübergehende Arbeitslosigkeit der jungen Akademiker ist genau wie die temporäre Arbeitslosigkeit der anderen Bevölkerungsgruppen nicht besonders besorgniserregend. Zeiten der Arbeitslosigkeit sollten zur weiteren Fortbildung und Erhöhung der Wettbewerbsfähigkeit der Jungakademiker auf dem regulären Arbeitsmarkt genutzt werden. Und junge (arbeitslose) Akademiker müssten durch Arbeiten für die Gesellschaft in das Gesellschafts- und Erwerbsleben eingebunden werden. Langzeitarbeitslosigkeit unter den jungen Akademikern muss in Entwicklungsländern aktiv bekämpft werden.

Der Staat könnte ein System der „Gesellschaftsschule" gründen, d. h. jeder könnte von den anderen lernen und gleichzeitig auch lehren. Die aktive Kombination zwischen Jungakademikern und Migrationsarbeitskräften hat zum Beispiel viele Vorteile: Die temporär arbeitslosen Jungakademiker könnten Migrationsarbeitskräften Wissen und Fachfähigkeiten beibringen. Der Prozess des Lehrens bedeutet für die Lehrer (Jungakademiker) auch eine Wiederholung des Wissens, eine intensivere Auseinandersetzung mit dem Lernstoff und eine Verbesserung der Kommunikationsfähigkeit. Ihre Chancen auf dem regulären Arbeitsmarkt steigen. Für die Migrationsarbeitskräfte bedeutet diese Form des Lernens nicht nur eine Steigerung des Wissens und der fachlichen Fähigkeit, sie gibt den Migrationsarbeiter auch Hoffnung auf Integration und sie schafft mehr Innovation und Neugründungen durch das Zusammentreffen von theoretischem Wissen und von praktischer Kenntnis. Durch diese Form entstehen außerdem Dialoge zwischen den verschiedenen gesellschaftlichen Gruppen, geistige Auseinandersetzung mit den Interessen der Anderen und Verständnis füreinander. Kompromissbereitschaft und Reformwillen erhöhen sich und die Bereitschaft zur gewaltsamen Veränderung der Gesellschaft wird sinken.

In diesem Prozess kann der Staat die transparenten Spielregeln mit den beteiligten Gruppen festlegen und er kann als Koordinator wirken. Womöglich kann er dieses Schulungssystem mit Systemen im Bereich Rekrutierung, Bewertung und Beförderung der Staatsbeamten anwenden und so den Einsatz belohnen. Junge oder zukünftige Staatsbeamte im Schulungssystem würden den Dialog zwischen den unteren Bevölkerungsschichten und dem Staatsapparat fördern.

Solange der Marktmechanismus nicht gestört wird, kann der Staat so viel Stellen wie möglich schaffen, bei denen sinnvolle Dienstleistungen erbracht werden. Es könnte natürlich sein, dass manche dieser Dienstleistungen irgendwann vom Markt akzeptiert werden. Wenn diese Phase erreicht wird, muss der Staat diesen Bereich verlassen. Angebot und Nachfrage werden dann dem Markt überlassen. In diesem Moment hat die Dienstleistung eine Marktbewertung und kann monetär honoriert werden. Die Zuordnung zum Markt erfolgt, sobald eine Dienstleistung marktfähig wird, d. h. sobald Preise erzielt werden können, die den Anbietern ein Leben ohne Transferunterstützung ermöglichen.

4.4 Überlegungen zur Verantwortung der Unternehmen

Das Privateigentum ist in der Sozialen Marktwirtschaft dem Gemeinwohl verpflichtet, Unternehmen haben eine soziale Verantwortung. Natürlich agieren die Unternehmer unter den Spielregeln des Marktmechanismus. Aber der Marktmechanismus zwingt keineswegs unbedingt zu kurzfristiger Gewinnmaximierung. Ein langfristiges Überleben und Wachsen eines Unternehmens braucht das Vertrauen aller Beteiligten. Vertrauen und Anerkennung von Kunden und von Mitarbeitern sind die Basis eines langfristig orientierten Unternehmertums. Im Rahmen einer realen Marktwirtschaft – im Gegensatz zum Modellbild eines perfekten Marktes – sind das Vertrauen der Kunden und die Akzeptanz durch die soziale Umwelt als immaterielle Werte wichtiger als das materielles Vermögen des Unternehmens. Viele Traditionsunternehmen sind sozial verantwortliche Unternehmen. Sie zahlen Steuern, stellen Ausbildungsplätze zur Verfügung, bieten hochqualifizierte und innovative Arbeitsplätze. Sie engagieren sich in dem regionalen Kultur- und Sozialleben. Durch Verantwortung und Unterstützung gegenüber ihren Partnern haben sie das Vertrauen und die Anerkennung bekommen, welche für die Weiterentwicklung des Unternehmens entscheidend sind.

4.5 Überlegungen zu Bildung, Wissenschaft und Forschung

Der Erfolg des deutschen Systems der „Sozialen Marktwirtschaft" baut auf einem hohen Bildungsstand der Bevölkerung und einer breiten Bekenntnis zur Bildung durch eine große Mehrheit in der Bevölkerung auf. Regierung, Unternehmen, gesellschaftliche Organisationen und die meisten Familien in Deutschland sehen Bildung als einen der wichtigsten Erfolgsfaktoren des Landes.

Durch eine solide Grundbildung sollen die Fähigkeit und das Verantwortungsbewusstsein der einzelnen Bürger als Mitglieder einer Gesellschaft geschaffen werden. Durch Berufsbildung und Training sollen die Mitglieder einer Gesellschaft die Fähigkeit zum Leben sowie zur Weiterentwicklung in einer arbeitsteilenden Welt erhalten, durch Hochschulbildung und weiteres Training sollen die Menschen die Fähigkeit zur Innovation erhalten. Bildung ist dabei in Teilen ein öffentliches Gut. Gute Bildung bereitzustellen wird daher in Deutschland als Staatsaufgabe gesehen, die aktive Teilnahme und Nutzung der Bildungsangebote als die Pflicht aller Bürger. Bildung sollte daher weder religiös noch politisch sein.

Leider steht eine gute Bildung in vielen Entwicklungsländern nicht allen gleichermaßen offen, sondern ist dort ein Luxusgut. Bildung als Luxusgut der Reichen ist kein Instrument zur Förderung der Entwicklungspotenziale der Menschen und des Landes. Bildung wird dann im Gegenteil zum Instrument für die Zementierung der polarisierten Vermögensverteilung. Wer dank seiner Familie gute Bildung genießen kann, bekommt eine gute Arbeitsstelle, erhält mehr Einkommen usw. Vorenthaltene Bildung wird in einer immer stärker technisierten Gesellschaft umgekehrt zum unüberwindbaren Hindernis für die Menschen aus den unteren Schichten. Dabei wird die Spaltung der Gesellschaft zum Sprengsatz: Eine Gesellschaft kann Armut heute ertragen, wenn es für alle Bürger Hoffnung auf eine bessere Zukunft gibt. Ein Schlüssel zur Hoffnung auf diese bessere Zukunft liegt im diskriminierungsfreien Zugang zu guter Bildung.

Aber auch insgesamt schadet es einem Land, wenn die breite Bevölkerung keine gute Bildung genießt. Denn Wissenschaft und Forschung können nicht isoliert zum Wohlstand eines Landes beitragen. Forschungsergebnisse in Schubladen haben keinen Wert für die Gesellschaft. Um wertlose Erkenntnis und Verschwendung in der Forschung zu vermeiden, muss ein Land eine funktionierende Zusammenarbeit zwischen Grundlagenforschung, Anwendungsforschung und Industrieverwertung erreichen. Im System der Marktwirtschaft muss der Staat die Grundlagenforschung finanzieren, denn diese Forschungsergebnisse können nicht direkt monetär verwertet werden. Daher soll Grundlagenforschung in den Universitäten und Forschungsinstitutionen als öffentliches Gut von der Regierung finanziert werden. In der Wertschöpfungskette der Forschung und Wissenschaft folgen dann die Forschungsinstitutionen, die vom Staat, von Unternehmen und in Kombination der beiden betrieben werden. Die Aufgabe dieser Forschungsinstitutionen ist die Umwandlung der Erkenntnisse aus der Grundlagenforschung in produktfähige praktische Technologie. Dieser Bereich kombiniert zum Teil kommerzielle Forschungsaufträge der Unternehmen mit der staatlichen Forschungsförderung. Die nächsten Stellen in der Wertschöpfung (Produktdesign und Produktion) sind vollständig durch den Marktmechanismus geregelt. Um eine marktliche Verwertung der Forschungsergebnisse zu ermöglichen müssen nicht nur gute Wissenschaftler in der akademischen Grundlagenforschung arbeiten. Auch auf allen anderen Stufen der Wertschöpfung von Wissen müssen gut ausgebildete Mitarbeiter wirken.

In vielen Entwicklungsländern ermöglicht teure Bildung den Eliten ein sehr gutes wissenschaftliches Niveau, auch im internationalen Vergleich. Aber da der Staat die allgemeine Bildung und das Berufstraining vernachlässigt, sind nicht genug Ingenieure und Techniker vorhanden, um in der Umsetzung wissenschaftlicher Erkenntnisse Erfolge zu erreichen. So werden Forschungskenntnisse entweder nicht angemessen marktlich verwertet oder solche wissenschaftliche Erkenntnisse werden von westlichen Industrienationen für die marktliche Weiterverwertung übernommen.

Authentische Politikberatung: Ein starker Charakter als Garant einer aufrichtigen wirtschaftspolitischen Debatte[1]

Steffen J. Roth

„Politische Entscheidungen werden nicht in einem desinfizierten Reinraum vorbereitet und gefällt, sondern unterliegen vielfältigen Einflüssen von Verbänden, mächtigen Personen, Parteien, Medien, Umfragen und nicht zuletzt von einigen wenigen Experten, die den Entscheidungsträgern zuarbeiten. Schließlich sind es häufig zufällige Ereignisse, die sich gravierend auf die politischen Entscheidungen auswirken."[2]

Johann Eekhoff, 2011

Johann Eekhoff, der nach kurzer, schwerer Krankheit am 3. März 2013 im Alter von nur 71 Jahren verstarb, war ein erfahrener Grenzgänger zwischen Politik und Wissenschaft. Als liberaler Ökonom und Vertreter ordnungspolitischer Prinzipien arbeitete er sowohl auf der Landes- als auch auf der Bundesebene lange Jahre als wissenschaftlich ausgebildeter Wirtschaftspolitiker. Als Kenner der politischen Lebenswirklichkeit wirkte er anschließend als erfahrener Wirtschaftswissenschaftler politikberatend im Dienste einer marktwirtschaftlich ausgerichteten menschenwürdigen Wirtschafts- und Gesellschaftsordnung. In diesem Beitrag sollen sein Lebenslauf nachgezeichnet, seine Persönlichkeit ausschnittsweise beleuchtet und schließlich wichtige Aspekte seines wissenschaftlichen Werks hervorgehoben werden. Es gilt, Johann Eekhoff ein würdiges Andenken zu bewahren und ihn als Vorbild in Erinnerung zu halten.

---

1 Dieser Beitrag ist ein nur leicht veränderter Nachruf auf Johann Eekhoff, der ursprünglich unter dem Titel „Wirtschaftspolitische Beratung zwischen wissenschaftlicher Fundierung, Politikverständnis und Lebenswirklichkeit der Menschen – Johann Eekhoff (1941 – 2013)" in der Zeitschrift für Wirtschaftspolitik, Jg. 62 (2013), Heft 2, S. 115 – 142 erschienen ist.

2 Einführende Sätze aus einem unveröffentlichten Redemanuskript mit dem Titel „Die Macht etablierter Interessen am Beispiel der Wohnungsgemeinnützigkeit".

1 Der Lebenslauf Johann Eekhoffs

Johann Eekhoff wurde am 25. Juli 1941 in Boekzetelerfehn in Ostfriesland geboren. Seine ersten vier Lebensjahre verbrachte er gemeinsam mit seiner Mutter und dem zwei Jahre jüngeren Bruder auf einem kleinen von Eichen umgebenen Bauernhof (dem „Eek-Hof"). Sein leiblicher Vater fiel im Krieg. Als Johann Eekhoff vier Jahre alt war, heiratete seine Mutter zum zweiten Mal. Die Heirat brachte Johann Eekhoff nicht nur einen neuen Vater, sondern auch drei weitere Brüder. Er war nun vom Alter her der mittlere in einer Schar von fünf Jungen. Der Vater machte keinen Unterschied zwischen seinen leiblichen und den durch die Heirat hinzugewonnenen Söhnen. Die Familie funktionierte und hielt in den schwierigen Zeiten zusammen. Johann Eekhoff erlebte seine Eltern als zupackend, bodenständig und fleißig, bescheiden und gläubig. Zu seinen wichtigsten Kindheitseindrücken zählte, dass die Mutter nach anstrengendem Tagewerk nachts durch Handarbeiten am Spinnrad Geld hinzu verdiente, um die Familie über Wasser zu halten.

Johann Eekhoff war später der einzige in der Familie, der eine weiterführende Schule besuchte. Zwei seiner vier Brüder übernahmen die Höfe, die Mutter und Vater weiterzugeben hatten. Die anderen wurden Tischler und Gärtner. Johann Eekhoff hingegen wollte zunächst „Steuerinspektor" werden. Dazu musste er die Mittelschule in Leer besuchen. Zwischen 1953 und 1959 radelte er jeden Morgen vom Hof etwa sechs Kilometer bis nach Neermoor, dem nächstgelegenen Bahnhaltepunkt. Von dort ging es mit dem Zug weiter bis Leer, wo er nur noch einen kurzen Fußweg zurückzulegen hatte. Um die dreijährige Wirtschaftsoberschule in Oldenburg besuchen zu können, die ihm schließlich die Zulassung zum Studium erschloss, musste er in das 60 km entfernte Oldenburg umziehen. Die Strecke ist 1959 bis 1962 nicht durch Pendeln zu bewältigen. Der Vater kam mit in die Stadt und half Johann Eekhoff beim Zurechtfinden und beim Umzug. Johann Eekhoff wohnte unter der Woche in einem kleinen Zimmer bei einem älteren Ehepaar. Seine Familie unterstützte ihn, indem sie die Miete übernahm. Johann Eekhoff aß mittags regelmäßig in der einfachen Rot-Kreuz-Gaststätte „Zum goldenen Löffel", wo das Essen zwar grauenhaft schmeckte, aber billig war. Insgesamt wirtschaftete er extrem sparsam: Für Frühstück und Abendbrot brachte er von den Wochenendaufenthalten zuhause ausreichend Lebensmittel mit. Es war keine rauschende Lebensphase für den jungen Johann Eekhoff. Er hatte Heimweh nach der großen Familie und empfand die drei Jahre als düstere und bedrückend einsame Zeit. Aber er biss sich durch.

Nach Abschluss der Wirtschaftsoberschule wurde Johann Eekhoff als Wehrpflichtiger zur Bundeswehr einberufen. Er machte aus der Not eine Tugend, indem er sich auf zwei Jahre verpflichtete und so Geld verdiente, mit dem er später einen

Großteil des Studiums finanzieren konnte. Stationiert war er bei den Gebirgsjägern in Füssen, wo er Skifahren und Bergtouren bewältigen lernte.

1964 nahm Johann Eekhoff das Studium auf. Er beabsichtigte inzwischen „Handelslehrer" zu werden. Als Studienorte kamen Mannheim und Saarbrücken in Frage, denn er hatte es eilig: Nur an diesen Orten durfte man sofort mit dem Studium beginnen und das obligatorische Schulpraktikum später nachholen. Johann Eekhoff entschied sich für Saarbrücken. Schon während des Grundstudiums arbeitete er als Hilfskraft bei Egon Sohmen. Dieser riet ihm, „etwas Ordentliches" zu studieren und von Wirtschaftspädagogik auf Volkswirtschaftslehre umzusatteln. Johann Eekhoff folgte diesem Rat nach dem Vordiplom und bereute es nicht. Saarbrücken war zu dieser Zeit eine extrem gute Adresse für Volkswirtschaftslehre. Neben Egon Sohmen lehrten hier unter anderem Herbert Giersch, Wolfgang Stützel und Herbert Hax.

Neben dem Studium engagierte sich Johann Eekhoff in der evangelischen Studentengemeinde. Dort lernte er seine spätere Frau Gisela kennen, die am Dolmetscher-Institut studierte. Beide waren „Vertrauensstudenten", organisierten Vortragsabende, Diskussionsgruppen, Feste etc. 1967 verlobten sich die beiden, 1968 heirateten sie. Johann Eekhoff folgte nach dem Studium dem gerade habilitierten Olaf Sievert auf dessen ersten Ruf nach Dortmund als dessen Assistent im Lehrgebiet Volkswirtschaftslehre, insbesondere Raumwirtschaftslehre. Gisela Eekhoff hatte ebenfalls 1968 ihr Studium abgeschlossen und folgte ihm ab diesem Zeitpunkt. 1969 und 1970 wurde Johann Eekhoff in Dortmund beurlaubt, um mit Hilfe eines Fulbright-Stipendiums an der University of Pennsylvania in Philadelphia zu studieren. Er absolvierte dort ein Doktoranden-Studium im Regional Science and City Planning Department und legte zugleich die Grundlagen für seine Promotion. 1971 erhielt Olaf Sievert seinen Ruf an die Universität des Saarlands und Johann Eekhoff begleitete ihn als Assistent an den Lehrstuhl für empirische Wirtschaftsforschung, wo er seine Promotion zum Thema „Nutzen-Kosten-Analyse der Stadtsanierung" im Dezember 1971 abschloss.

Unmittelbar nach der Promotion berief ihn der Ministerpräsident des Saarlandes im Januar 1972 in die damals neu gegründete und ihm unmittelbar unterstellte „Planungsgruppe". Leiter dieser Planungsgruppe war zu diesem Zeitpunkt Klaus Töpfer. Der erste Schritt weg von der Universität hin zur Politik war damit gemacht. Nach Abschluss eines mehrjährigen Projekts wechselte er von der Planungsgruppe beim Ministerpräsidenten zurück zum Institut für empirische Wirtschaftsforschung an der Universität des Saarlandes und wenige Jahre später von dort zur Planungsgruppe beim Stadtverbandspräsidenten. 1976 wurden seine Frau und er Eltern der Zwillinge Meike und Tholen. Johann Eekhoff arbeitete parallel nebenbei an der Habilitation. Als der Ministerpräsident des Saarlandes Johann Eekhoff anbot, Leiter der Planungsgruppe zu werden, geriet er unter Druck: In der neuen Position würde ihm eine Arbeit an der Habilitation nicht mehr möglich sein. Er arbeitete rund um die Uhr und brachte die Sache zu Ende. Im Dezember 1979 wurde Johann Eekhoff habilitiert. Das Thema seiner Habilitationsschrift lautete: „Zu den Grundlagen der Entwicklungsplanung. Methodische und konzeptionelle Überlegungen am Beispiel der Stadtentwicklung".

Damit war die Universitätskarriere dann aber auch vorläufig abgeschlossen. Von 1979 bis 1984 firmierte er als Privatdozent in Saarbrücken, von 1985 bis 1990 als Privatdozent an der Universität zu Köln, von 1990 bis 1995 war er außerplanmäßiger Professor an der Universität zu Köln. Sein Hauptaugenmerk galt zwischen 1979 und 1995 aber eindeutig der Politik. Von 1979 bis Mitte 1983 leitete er die Planungsgruppe beim Ministerpräsidenten des Saarlandes. Von Mitte 1983 bis 1991 war Johann Eekhoff Abteilungsleiter im Bundesministerium für Raumordnung, Bauwesen und Städtebau. Von 1991 bis 1994 schließlich war er Staatssekretär im Bundeswirtschaftsministerium unter Jürgen Möllemann und Günter Rexrodt. Sein Geschäftsbereich umfasste die Grundsatzfragen der Wirtschaftspolitik, die Konjunktur- und Wachstumspolitik, die Wettbewerbs- und Preispolitik, die Strukturpolitik, die Sozial- und Arbeitsmarktpolitik, die Mittelstandspolitik, die Industriepolitik und die Europapolitik.

Ende 1994 kam es allerdings zu einem abrupten Ende dieser Lebensphase. Günter Rexrodt hatte sich in seiner Doppelfunktion als Bundeswirtschaftsminister und als FDP-Vorsitzender in Berlin in einer eher kleinlichen Frage in einen Spagat manövriert, der ihn zu zerreißen drohte. Er wartete ab, legte sich nicht fest. Johann Eekhoff hingegen hatte eine klare Position und äußerte sie auch. Als Rexrodt in der Frage lieber seiner Partei nachgeben mochte, brauchte er ein Bauernopfer und entließ Johann Eekhoff ohne Angabe von Gründen zum 31. 12. 1994. Dazu hatte der Minister formal das Recht und Johann Eekhoff hatte diese Gefahr stets vor Augen gehabt.

Um sich des Jobs wegen nicht verbiegen zu müssen, hatte er sich mit verlässlicher Hilfe durch Klaus Mackscheidt stets die Tür zur Universität zu Köln offen gehalten und auch in den harten Jahren der Zeit als Staatssekretär die dazu obligatorischen Blockvorlesungen gehalten. Kurz nach seiner Entlassung traf er am Flughafen zufällig auf Juergen B. Donges, der bereits seit 1989 an der Universität zu Köln lehrte. Die beiden kannten sich seit Saarbrücker Tagen. Wie sich herausstellte, suchte Johann Eekhoff just zu dem Zeitpunkt eine berufliche Neuorientierung, zu dem der Lehrstuhl von Christian Watrin vakant wurde. Johann Eekhoff erhielt den Ruf der Kölner Fakultät zum Oktober 1995 und folgte Christian Watrin auf dem Lehrstuhl für Wirtschaftspolitik an der Universität zu Köln nach. Ab jetzt widmete er sich wieder ganz der Wissenschaft und der wissenschaftlich fundierten wirtschaftspolitischen Beratung. Bereits im Frühjahr 1995 übernahm er das Amt als Direktor des Instituts für Wohnungsrecht und Wohnungswirtschaft an der Universität zu Köln, im November 1995 wurde er Direktor des Instituts für Wirtschaftspolitik an der Universität zu Köln und Mitherausgeber der Zeitschrift für Wirtschaftspolitik, 2002 auch Direktor des Otto-Wolff-Instituts für Wirtschaftsordnung. Neben diversen anderen Ehrenämtern und Mitgliedschaften ist vor allem sein Engagement im Kronberger Kreis hervorzuheben. Von Sommer 1995 bis Ende 2010 war er Mitglied dieses sehr aktiven wissenschaftlichen Beirats der Stiftung Marktwirtschaft, von 2002 an war er Sprecher des Kreises.

Johann Eekhoff blieb über das Regelalter hinaus Lehrstuhlinhaber bis zum Sommersemester 2009, nachdem sich bereits in der Diskussion um die Nachfolge von Juergen B. Donges große Schwierigkeiten andeuteten, die Wirtschaftspolitik in Köln halten zu können. Er versuchte in dieser Zeit hinter den Kulissen und fernab der aufgeregten öffentlichen Debatte Kompromisse auszuloten, um der angewandten Wirtschaftspolitik auch unter der Voraussetzung, dass die wirtschaftspolitischen Lehrstühle zugunsten einer anderen Spezialisierung der Fakultät umgewidmet wurden, eine wichtige Stellung im Kölner Universitätsumfeld und in der Lehre zu sichern. Und er war erfolgreich. Als er den Lehrstuhl im Sommer 2009 aufgab, war klar, dass das Institut für Wirtschaftspolitik mit breiter Unterstützung der Fakultät, des Rektors und des Wissenschaftsministeriums des Landes Nordrhein-Westfalen nicht nur überhaupt an der Universität zu Köln fortgeführt werden konnte, sondern, personell deutlich gestärkt, auch Aufgaben in der Bachelor- und Masterausbildung übernehmen würde. Mit Achim Wambach konnte Johann Eekhoff einen starken neuen Direktor für das Institut für Wirtschaftspolitik gewinnen. Für das Institut für Wohnungsrecht und Wohnungswirtschaft an der Universität zu Köln hingegen bestand keine selbständige Perspektive. Johann Eekhoff führte gemeinsam mit Klaus Mackscheidt eine Separierung der juristischen und ökonomischen Institutsteile herbei und gliederte den ökonomischen Part als Abteilung in das Institut für Wirtschaftspolitik ein.

Nach der Aufgabe des Lehrstuhls übernahm Johann Eekhoff zwischen Dezember 2009 und Juni 2011 die Aufgabe, das Institut für Mittelstandsforschung (IfM Bonn) neu zu positionieren und als Präsident zu leiten. Als deutlich wurde, dass die politischen Entscheidungsträger nicht in der Lage oder nicht gewillt waren, ihm im bürokratischen Kompetenzgewirr und in Fragen der Verteidigung der Wissenschaftsfreiheit des Forschungsinstituts gegenüber politischen Auftraggebern ausreichend den Rücken zu stärken, zog er die Konsequenz, das Amt wieder aufzugeben.

Johann Eekhoff blieb bis zu seinem Tod aktiver Direktor des Instituts für Wirtschaftspolitik an der Universität zu Köln und leitete das Institut gemeinsam mit Achim Wambach. Als er im Januar 2013 von seiner Erkrankung erfuhr, blieb ihm nur wenig Zeit. Er fand in dieser schlimmen und äußerst kurzen Zeit die Kraft und Muße, seine Ämter geordnet niederzulegen und die wichtigsten Dinge zu veranlassen. Johann Eekhoff starb nach kurzer schwerer Krankheit in großartiger Würde und in bewundernswertem Frieden in dem Bewusstsein, ein gutes Leben geführt zu haben.

2 Zur Persönlichkeit Johann Eekhoffs

Johann Eekhoff hat die Menschen, die mit ihm gearbeitet haben, durch verschiedenste Eigenarten und Charakteristika beeindruckt. Meine Erinnerung fließt über von Details, die zu ihm gehörten und ein lebhaftes Bild zeichnen könnten. So gehört zu meinem Bild von Johann Eekhoff beispielsweise sein stiller bescheidener Genuss von frisch aufgebrühtem Tee mit Kandiszucker, zu dessen Zubereitung er sich aufgrund des als abträglich empfundenen Eigengeschmacks des Kölner Leitungswassers stilles Mineralwasser wünschte, und der, in einem kleinen blau-weiß gemusterten Porzellan-Kännchen serviert, einen Stammplatz auf einer winzigen elektrischen Wärmeplatte in der linken hinteren Ecke seines Schreibtischs hatte. Doch eine Aneinanderreihung solcher Bilder erschiene wahllos. Eine Aufzählung wohlklingender Adjektive und Attribute hingegen muss für diejenigen, die ihn nicht so gut kannten, inhaltlich unbestimmt und leer bleiben und den Verdacht aufkommen lassen, es handle sich um eine emotional verklärte Schmeichelei.

Wie beschreibt man lebendig und authentisch, wer dieser Mann war und was ihn auszeichnete? Ich entscheide mich in diesem Kapitel für zum Teil rein spekulative Erklärungsversuche der beobachtbaren Eigenarten und Charakterzüge Johann Eekhoffs. Lässt sich seine Persönlichkeit schlüssig aus seinem Lebenslauf, seiner Herkunft und seinen Erfahrungen erklären? Oder lassen sich – ein wenig bescheidener – zumindest einige der besonderen Dispositionen dieses Mannes in einer solchen Weise plausibel und bildhaft darstellen?

Johann Eekhoff war das Kind einer größeren, nicht sonderlich wohlhabenden, bäuerlichen Familie in Ostfriesland. Seine Eltern waren tief gläubig und gingen mit den Kindern offen, liebe- und respektvoll um. Er selbst hat in seinem Leben viele Erfahrungen mit Politikern, Verbandsvertretern und Ministeriumsmitarbeitern gemacht und verstand die Sachzwänge, unter denen diese entscheiden und handeln. Er hat es trotz einer großen beruflichen Leistungsbereitschaft geschafft, einen so engen, ehrlichen und reichen Kontakt mit seiner Frau und seinen Kindern zu halten, dass er sich stets durch seine Familie verstanden und in deren Mitte sicher geborgen wusste. Viele Aspekte von Johann Eekhoffs Persönlichkeit erklären sich vor diesem Hintergrund wie von selbst.

2.1 Vergnügte Disziplin und Arbeitsamkeit

Im landwirtschaftlichen Lebensalltag erscheint Disziplin und Arbeitsamkeit selbstverständlich. Johann Eekhoff war zeitlebens weit davon entfernt, sich in Müßiggang zu üben. Meine erste Begegnung mit Johann Eekhoff fand 1994 anlässlich eines wohnungswirtschaftlichen Seminars statt, welches Klaus Mackscheidt als Inhaber des finanzwissenschaftlichen Lehrstuhls an der Universität zu Köln mit dem als außerplanmäßigem Professor amtierenden Johann Eekhoff gemeinsam durchführte. Klaus Mackscheidt hatte sich in der Eifel eine ehemalige Dorfschule zugelegt, die er in privater Initiative und auf eigene Kosten als Seminargebäude umgebaut hatte. Die Möglichkeit, eine mehrtägige Blockveranstaltung gemeinsam mit den Professoren und ihren Assistenten absolvieren zu können, war eine für engagierte Studenten äußerst attraktive Ausnahme vom sonstigen Betrieb einer Massenuniversität. Mackscheidt und Eekhoff diskutierten intensiv und geduldig jeden noch so abstrus erscheinenden studentischen Vortrag und beeindruckten uns dadurch, dass sie die Horde auch abends nicht verließen, sondern mit uns gemeinsam den Küchendienst absolvierten, auf der Terrasse grillten und bis in die späte Nacht hinein diskutierten. Am nächsten Morgen trudelten Studenten und Wissenschaftliche Mitarbeiter tröpfchenweise in der Küche ein, zum Großteil noch schlaftrunken und teilweise im Schlafanzug, um gemeinsam an der langen Tafel in der Küche zu frühstücken. Johann Eekhoff aber saß nicht nur adrett gekleidet und frisch rasiert munter am Tisch, sondern hatte bereits in den zwei Stunden vorher einen ganzen Stapel Hausarbeiten gelesen. Später hörte ich sein zu dieser frühen Eifrigkeit passendes Motto: „Zuhause stehen die Leute auf und versorgen die Tiere, bevor sie auf die Felder gehen. Das kann ich auch."

„So viel wie möglich lesen" gehörte grundsätzlich zu seinen Vorgehensweisen. Johann Eekhoff hatte bereits während der Bundeswehrzeit den Zugang zu den Werken Euckens und von Hayeks gefunden und sich ausführlich in den Wirtschaftsliberalismus eingelesen. Auch während des Studiums las er stets deutlich mehr als die angegebene Pflichtlektüre. Um während der Vorlesungen gedanklich vorbereitet zu sein und durch aktives Nachdenken den eigentlich schwierigeren oder interessanteren Fragen auf den Grund gehen zu können, hatte er sich angewöhnt, den Stoff der Vorlesung jeweils durch das entsprechende Literaturstudium vorzubereiten. Diesen so einfach erscheinenden Trick versuchte er wieder und wieder seinen Studenten mit auf den Weg zu geben. Sein hohes Lesepensum half ihm während der Zeiten als hoher politischer Beamter, das Übermaß an Themen zu überblicken. Natürlich erschien es ihm umgekehrt unmöglich, sich einen ausreichenden Überblick über Themen zu erarbeiten, ohne längere Texte und eben auch Bücher zu lesen. Seine letzte Vorlesung im Studiengang „Gesundheitsökonomik" gab er schließlich zum Sommersemester 2013 mit der bedauernden Begründung an junge Mitarbeiterinnen weiter, dass er immer schwerer Zugang zu den Studenten finde, da diese wohl aus systematischer Überforderung nicht mehr in der Lage seien, pro Vorlesung auch nur ein überschaubares Buch konzentriert zu lesen.[3]

[3] Johann Eekhoff hat sich meines Wissens nie der in weiten Teilen der Lehrer- und Dozentenschaft verbreiteten Klage angeschlossen, der zufolge „heutige" Abiturienten und Studenten über eine deutlich geringere Lesekompetenz verfügen würden als frühere. Johann Eekhoff vermutete (ganz im Sinne seiner grundsätzlichen hoffnungsvollen Haltung) vielmehr, dass heutige Studenten viel mehr Prüfungen ablegen müssten als frühere und daher viel weniger Zeit, Kraft und Muße für einzelne Fächer oder Veranstaltungen aufbringen könnten.

Und die Leute in der Landwirtschaft stehen nicht nur morgens früh auf. Sie können auch mit Konzepten wie „Wochenende", „Feiertag" und „Urlaub" nur bedingt etwas anfangen. Johann Eekhoff vergaß in seinen Projektplanungen so manches Mal einzukalkulieren, dass andere Menschen arbeitsfreie Tage häufig nicht nur abwesend von der Arbeitsstätte, sondern auch tatsächlich ohne Arbeit verbringen wollen. Nicht, weil er von seinen Leuten jemals schikanös permanente Verfügbarkeit gefordert hätte, sondern weil er tatsächlich vergaß, dass nicht jeder wie er selbst die Weihnachtstage vor allem deshalb sehnsüchtig erwartet, weil diese Zeit ruhige Tage konzentrierter Arbeit am Schreibtisch versprach. Ihren Traumurlaub verbrachten Johann und Gisela Eekhoff über viele Jahre in einer elsässischen Hotelanlage, die sich in erster Linie dadurch auszeichnete, dass die Appartements dort über „vernünftige Schreibtische" verfügten, an denen man wirklich konzentriert arbeiten konnte. Er konnte dort gemeinsam mit seiner Frau kürzere Ausflüge und Spaziergänge in die Weinberge unternehmen, dies mit ausgedehnten Arbeitszeiten verbinden und abends wiederum gemeinsam mit seiner Frau bei gutem Essen und gutem Wein zufrieden auf das Tagewerk zurück blicken. In diesen Urlauben las und bewertete er Doktorarbeiten, schrieb er Bücher oder überarbeitete er Manuskripte. Konzentriert und produktiv sein empfand er als Erholung. Mehr oder anderes wollte Johann Eekhoff nicht von seiner Urlaubszeit.

Dabei war Johann Eekhoff weder asketisch noch humorlos. Während er seine Mittagspause im Büro häufig aus Gründen der Zeitersparnis mit einem kargen Butterbrot fristete, genoss er bei Arbeitstreffen, Tagungen oder Kongressen durchaus auch gutes Essen, wenn es dazu kam. Insbesondere Nachtischbuffets konnte er auch zweimal besuchen. Er war zudem nicht nur Teetrinker, sondern auch Weinkenner und -genießer und beeindruckte zu mancher Gelegenheit mit einer spendablen Bereitschaft, Raritäten aus dem heimischen Keller anzubieten. Sein trockener aber herzlicher Humor ermöglichte es ihm, so manche angespannte Situation in Prüfungen, Diskussionen oder Verhandlungen mit wenigen pfiffigen Bemerkungen aufzulockern. Häufig erzählte er bei zufälligen Treffen oder auf gemeinsamen Wegen von amüsanten Begebenheiten. Seine Vorträge schmückte er spontan mit witzigen Bemerkungen aus. Anlässlich eines legendären Skiseminars, zu dem er sich 64jährig von uns in ein äußerst spartanisches Skilager des Unisports locken ließ, nahm er nicht nur ebenso wie alle Studenten am Küchen- und Putzdienst teil, sondern machte auch die albernsten Après-Ski-Späße mit, ohne sich dabei der Lächerlichkeit preiszugeben oder an Würde zu verlieren. Arbeit und Vergnügen: Johann Eekhoff hatte Spaß an der Arbeit und dadurch Zeit für beides.

2.2 Strohballen-Konferenzen und die Nutzung dezentralen Wissens

Johann Eekhoffs Vater besprach sich respektvoll mit seinen fünf Jungs. Schwierige und wichtige Entscheidungen diskutierte der Vater mit den Söhnen offen und er nahm deren Argumente auch ernst. Johann Eekhoff berichtete von offenbar ritualisierten Diskussionen des Familienrats, der sich zu so genannten „Strohballen-Konferenzen" auf das Stroh im Stall niederließ. Hier wurde diskutiert, welche Kuh verkauft werden sollte oder ob und wann man den ersten eigenen Traktor anschaffte.

Die gemeinsame Erörterung erhöhte die Qualität der Entscheidungen durch die Einbeziehung aller verfügbaren Gedanken und ließ die durch die gemeinsam getroffene Entscheidung als Gruppe gestärkte Familie gestärkt und loyal zur Entscheidung stehen. Johann Eekhoff hatte später keinerlei Verständnisproblem für Friedrich August von Hayeks Ausführungen zur Nutzung dezentral vorliegenden Wissens. Das schien selbstverständlich. Er leitete später in seiner freundlichen und offenen, aber überaus zielführenden Art und Weise mit großem Geschick zahllose Kommissionen derart, dass viele dieser Kommissionen tatsächlich zu neuen Ergebnissen kommen konnten, statt nur als Alibiveranstaltung zu dienen, in denen niemand seine Meinung oder Position veränderte. Johann Eekhoff führte auch seine Mitarbeiter in dieser Weise, sowohl in Behörden und Ministerien als auch am Lehrstuhl oder in wissenschaftlichen Instituten. Er war ohne jede Beachtung hierarchischer Stufen an der Meinung jedes einzelnen Mitarbeiters ehrlich interessiert und behandelte seine Mitmenschen stets mit großem Respekt. Und Johann Eekhoff prüfte in der dadurch offenen Kommunikation tatsächlich immer wieder auch seine eigenen Ansichten und Argumente, um sie gegebenenfalls zu verwerfen oder zu präzisieren. Johann Eekhoff hatte kein Autoritätsproblem. Er hielt lebenslang am erfolgreichen Konzept der Strohballen-Konferenz fest.

2.3 Die bäuerliche Großfamilie als Kerngruppe der Gesellschaft

Die große Familie auf dem Hof hinterließ ihre Spuren auch für Johann Eekhoffs generelles Bild einer funktionierenden Gesellschaft. Die Fürsorge- und Beistandsleistungen, die innerhalb einer Großfamilie auf dem Hof selbstverständlich waren, prägten sein Verständnis natürlicher Hilfebeziehungen nachhaltig. Ohne die Unterschiede familiärer (Face-to-Face)-Beziehungen und (anonymer) sozialstaatlicher Strukturen zu leugnen oder zu unterschätzen, bewertete er die wohlfahrtsstaatlichen Leistungen und gesetzlich geregelten Einstandspflichten ebenso wie Regelungen zur Behandlung von Ehepartnern im Steuerkontext anhand der Vorstellung einer funktionierenden Lebens- und Wirtschaftsgemeinschaft auf einem ostfriesischen Hof.

Selbstverständlich kümmerte sich die Hofgemeinschaft um die auf dem Hof lebenden Eltern der heute tonangebenden Generation, die sich zuvor ja ebenfalls um ihre Eltern kümmerten und zugleich die Kinder versorgten. Ledig bzw. kinderlos gebliebene Familienangehörige konnten sich für die Zeit, wenn ihre eigene Leistungsfähigkeit nachließ, ebenfalls eine respektable Versorgung durch Neffen und Nichten sichern, indem sie vorher ihre Tatkraft in die Wirtschaft der Geschwister einbrachten. Johann Eekhoffs wirtschaftspolitische Positionen zur gesetzlichen Rentenversicherung waren durchdrungen von der Vorstellung eines Dreigenerationenvertrages, der der Situation der bäuerlichen Einstandsgemeinschaft nachempfunden und um Aspekte des Risikopoolings erweitert wurde: Durch die Versicherungsgemeinschaft sind die Angehörigen der Erwerbstätigengeneration gegen die finanzielle Belastung gefeit, die in einem rein familiären Kontext aus der Langlebigkeit der eigenen Eltern resultieren würde. Die Rentnergeneration sieht sich zugleich versichert gegen das im familiären Rahmen kaum beherrschbare Risiko der schicksalhaften Zahlungsunfähigkeit ihrer eigenen Kinder. Die Schwierigkeiten der gesetzlichen Rentenversicherung in Anbetracht der demografischen Entwicklung ergeben sich aus dieser Perspektive aus der unvollständigen Nachbildung des Dreigenerationenvertrages im gesetzlichen Rahmen, bei der die konstitutive Bedeutung der Kindererziehung sträflich vernachlässigt wird.

Auch in Bezug auf Systeme der sozialen Mindestsicherung hatte Johann Eekhoff die Wirtschaftsgemeinschaft im ländlichen Ostfriesland vor Augen. Natürlich wurde auf dem Hof jedem vorübergehend oder dauerhaft Hilfebedürftigen die Unterstützung gewährt, die sie oder er brauchte, um ein würdiges Leben zu führen. Umgekehrt fiel es dort niemandem ein, die Hilfebedürftigen von der moralisch selbstverständlichen Forderung zu befreien, ihren Hilfebedarf möglichst gering zu halten und also ihre verbliebene Leistungsfähigkeit auch für die sie unterstützende Gemeinschaft einzusetzen. Für Johann Eekhoff war bereits die Debatte um die „Zumutbarkeit" von Arbeitsmöglichkeiten für arbeitslose Transferempfänger nur schwer verständlich. Zumutbar war alles, was man „anständiger Weise" auch von seinen Familienangehörigen erwarten würde. Bei der Einforderung von Gegenleistungen der Gesellschaft für die gewährte Hilfe mit Begriffen wie „Zwangsarbeit" zu operieren, erschien ihm als eine absurde Verkennung der selbstverständlichen Solidaritätsbeziehungen. Auf dem Hof teilte sich die Familie die anfallende Arbeit ein, wie es ihr geeignet erschien.

Selbstverständlich ist die partnerschaftliche Arbeitsteilung ureigene Kompetenz und Aufgabe der Familie als subsidiäre Gemeinschaft. Johann Eekhoff lebte mit seiner Frau das Modell eines nicht nur geteilten Privatlebens, sondern auch der geteilten Arbeit in Vollendung. Gisela Eekhoff lebte und arbeitete mit Johann Eekhoff Hand in Hand. Gisela Eekhoff leitete das „Büro Eekhoff" vom zum perfekt ausgestatteten Arbeitsplatz umgewidmeten Wintergarten der Bonner Doppelhaushälfte. Sie erstellte ihm perfekte Laufzettel, organisierte Zug- und Flugtickets, bereitete ihn vor und stattete ihn mit allem aus, was er am Tag brauchen würde. Sie geleitete ihn sicher von Termin zu Termin, behielt den Überblick über seine Aufgaben und seinen Kalender, gab ihm zwischendurch Updates und neueste Informationen über das Mobiltelefon. Sie half ihm, seine Prioritäten durchzusetzen durch Vorschläge zur Auswahl der Termine und Themen, mit denen er sich befassen könnte. Sie baute ein beachtliches Archiv von Zeitungsartikeln und Informationen auf und beherrschte diese „Wissensdatenbank" virtuos. Mithilfe dieses Archivs war Johann Eekhoff schon vor dem Zeitalter des Internets in den allermeisten wirtschaftspolitischen Sachfragen binnen Stunden so gut informiert, wie die meisten User von Google und professionellen News-Datenbanken bis heute nicht. Gisela Eekhoff war außerdem Johann Eekhoffs bevorzugte Sparringspartnerin. Mit ihr diskutierte er jeden Gedanken und Vorschlag, ihren Rat schätzte er in wichtigen Fragen. Vor diesem Hintergrund hatte Johann Eekhoff kein Verständnis für die Kritik am Ehegattensplitting. Für ihn war es selbstverständlich, dass seine Frau und er als gemeinsame Wirtschaftseinheit auftraten. Sie teilten sich die Arbeit, für die dem Papier nach nur er bezahlt wurde. Der Gedanke, seine Frau wolle eigentlich selbst einer angestellten Tätigkeit nachgehen, werde aber durch die vordergründige Lohnsteuer-Arithmetik davon abgehalten, erschien beiden gleichermaßen abwegig.

2.4 Gottvertrauen und persönliche Urteilskraft

Eine der besonders auffälligen Eigenarten von Johann Eekhoff war seine vollkommene Unbeirrbarkeit, mit der er ein ums andere Mal, immer und immer wieder an die grundsätzliche Vernunft seiner Mitmenschen und an deren grundsätzlichen guten Willen glaubte. Johann Eekhoff war mehr als andere wirtschaftspolitische Berater ein gewiefter Pragmatiker. Die im Fach übliche Empfehlung der Entwicklung von Regelungsmechanismen, die einem „worst case"-Szenario angemessen standhalten, konnte er nachvollziehen und lehnte er auch nicht kategorisch ab. Sein eigentliches lebhaftes Interesse wurde jedoch nicht von „worst case"-Szenarien, sondern von seiner Ansicht nach plausiblen Erwartungen geprägt. Als Examenskandidat verblüffte er mich in seiner Vorlesung mit der Aussage, die EZB müsse nicht über den bestehenden Regelrahmen hinaus auf bestimmte Verhaltensweisen festgelegt werden. Die jeweiligen Präsidenten und Präsidiumsmitglieder würden bereits aufgrund ihrer Unabhängigkeit von der Politik dazu gebracht, nach ihrer Amtsübernahme im Sinne einer stabilen Währung zu handeln. Wenige Jahre später wurde diese Einstellung eines nahezu naiv erscheinenden „Gottvertrauens" für mich und eine ganze Generation von Assistenten durch die unter uns sprichwörtlich gewordene Prognose gekrönt „Auch Jean-Claude Trichet wird sich als zuverlässiger Garant einer stabilen Währung betätigen. Das ist ein vernünftiger Mann, ich habe ihn kennengelernt." Das war typisch für Johann Eekhoff. Immer wieder waren seine sonst brillant logischen Argumentationen von umso verblüffenderen apodiktischen Aussagen durchbrochen, dass bestimmte Verhaltensweisen zwar theoretisch denkbar aber „von keinem vernünftigen Menschen" gewählt bzw. „von keinem vernünftigen Ökonomen" erwartet würden.

Als glühender Anhänger institutionenökonomischer Ansätze und immer auf der Suche nach verlässlichen Regeln, um mächtige und machtversessene Politiker durch Regeln zu binden, war mir diese Argumentationsweise kaum verständlich.

Persönliche Kenntniss der Personen und schlichtes Vertrauen schienen darüber hinaus in keiner Weise operationalisierbar und daher wissenschaftlich nicht zu handhaben. Ich übersetzte mir die Eekhoffsche Figur des „vernünftigen Ökonomen“ regelmäßig, wenngleich auch nur halb im Ernst mit „christlich geprägtem Ostfriesen“ und akzeptierte, dass er die Fälle unvernünftig oder absichtlich böswillig handelnder Personen im jeweiligen konkreten Fall schlicht für äußerst unplausibel befand und daher die Beschäftigung damit seiner Einschätzung nach allenfalls eine intellektuelle Fingerübung l'art pour l'art wäre.

Heute vermute ich, dass sein Vertrauen und seine Bereitschaft, auf die letzte Kontrolle zu verzichten und stattdessen auf das Gute zu hoffen, wenigstens unter anderem auch mit seiner Religiosität in Verbindung standen. Dass sich mehr als eine weitgehend säkularisierte Wertebindung hinter Eekhoffs sicherer Urteilskraft verbarg, habe ich lange Zeit nicht geahnt. Religion spielte in unseren Gesprächen und Diskussionen keinerlei Rolle. Ich wüsste nicht, dass er jemals für seinen Glauben geworben oder sich auch nur nach meinem Verhältnis zur Religion erkundigt hätte. Spätestens seit dem Trauergottesdienst zu seiner Beerdigung weiß ich jedoch, dass Johann Eekhoff in der Tat nicht nur aus einer gläubigen Familie stammte, sondern zeitlebens selbst eine enge Bindung an seinen Glauben und seine Kirche beibehielt. Johann Eekhoff und seine Frau hatten sich als aktive Mitglieder der evangelischen Studentengemeinde in Saarbrücken kennengelernt und waren aktive Mitglieder ihrer Bonner Gemeinde. Der Pfarrer, der den Trauergottesdienst leitete, kannte Johann Eekhoff mindestens ebenso gut wie ich als sein langjähriger engster Mitarbeiter. Vor dem Hintergrund solchen Gottvertrauens erklärt sich seine immerwährende Hoffnung und Zuversicht letztlich ebenso wie seine in manchen Fragen unerschütterliche Urteilskraft.

Interessanter Weise lässt sich durch die Feststellung eines festen Glaubens nicht nur wunderbar erklären, warum es Johann Eekhoff auch nicht weiter irritierte, dass sein persönliches Vertrauen in das Gute im Menschen keine intellektuelle Anerkennung im Kreise seiner wissenschaftlichen Gesprächspartner fand. Heute denke ich, dass seine Konzentration auf das Gute, Anständige und Vernunftbegabte außerdem in einem großen Maße auch analytisch Sinn ergab. Nach jahrzehntelanger Beschäftigung und Selbstidentifikation als Institutionenökonom musste ich in den vergangenen Jahren im Zuge der Staatsschuldenkrise feststellen, dass sich die Politik im stürmischen Ernstfall nicht an die in ruhigen Zeiten großartig verkündeten Regeln zu halten gedenkt. Letztlich war es naiv, als Wissenschaftler zu glauben, man könne den im Zuge der Neuen Politischen Ökonomik erkannten Schwierigkeiten und Eigengesetzlichkeiten des politischen Prozesses begegnen, indem man die Politiker Regeln unterwirft, die in Schönwetterperioden am grünen Tisch ersonnen wurden. Wenn sich Politiker im Zweifelsfall aber über Regeln hinwegsetzen können (und wie heute vielerorts gemutmaßt wird auch hinwegsetzen können müssen), dann wiegt es in der Tat wesentlich schwerer, bei der Auswahl der Amtsinhaber darauf zu achten, gute, anständige und vernünftige Leute zu berufen. Wenn wir als Ökonomen demütig anerkennen müssen, dass sich die Politik im Grenzfall stets über unsere sorgsam austarierten Mechanismen und Regelordnungen hinwegsetzen kann, dann gewinnen persönliche Fähigkeiten zur Einschätzung wesentlicher Zusammenhänge eine holistische Urteilskraft und die persönliche Verantwortungsbereitschaft an Bedeutung.

2.5 Bescheidenheit und Bereitschaft, im Hintergrund zu bleiben

Zur Religiosität und zum glücklichen Familienmenschen passt auch die Bescheidenheit, mit der Johann Eekhoff beeindruckte. Es gibt im Wissenschaftsbetrieb aus gutem Grund nicht viele bescheidene Akteure: Im Wissenschaftsbetrieb muss publiziert werden. Dies dient der fachlichen Diskussion und damit zugleich der permanenten Überprüfung und gegenseitigen Befruchtung der Gedanken und Ideen. Publizieren dient aber zugleich immer auch dem Reputationsaufbau der Autoren. Wer vorankommen möchte, wer an seiner Karriere oder Reputation arbeitet, der muss darauf achten, dass seine Gedanken und Leistungen auch mit seinem Namen verknüpft wahrgenommen werden. Darüber hinaus sind wohl die meisten Menschen in weit größerem Maße auf Anerkennung durch andere erpicht als Johann Eekhoff dies war. Ihm genügte die Anerkennung von Familie und Freunden. Er hat nicht in dieser Art an seiner Karriere oder seiner Reputation gearbeitet – jedenfalls nicht seit ich dies nach seiner Rückkehr an die Universität Mitte der 90er Jahre beobachten konnte. Im Gegensatz zu vielen anderen hat Johann Eekhoff nie darauf gedrängt, als Koautor auf Publikationen genannt zu werden, an denen er nur geringen Anteil hatte. Umgekehrt nahm er Mitarbeiter, die maßgeblichen Anteil an einem Beitrag hatten, immer auch dann von sich aus und gleichberechtigt als Koautoren auf, wenn er der Urheber des Gedankens war und selbst die Federführung der Textredaktion de facto bei ihm lag. Sein Schriftenverzeichnis umfasst unter anderem zwölf Bücher und 257 Aufsätze in Fachpublikationen. Aber diese Fülle von Texten hat Eekhoff selbst geschrieben. Und auch dort, wo er auf die Vorarbeiten seiner Koautoren aufsatteln konnte, hat Johann Eekhoff die Texte immer maßgeblich bereichert und ergänzt, von Zeit zu Zeit auch vollständig umgeschrieben. Johann Eekhoff hat nie publiziert, um an seiner Reputation zu arbeiten. Ihm ging es ausschließlich um die Diskussionsbeteiligung, um die Verbreitung neuer Ideen, um die thematisierten Inhalte. Deshalb orientierte sich Johann Eekhoff beim Publizieren auch nicht an den in wissenschaftlichen Kreisen üblichen Kategorien. Er wollte Ideen verbreiten und wissenschaftliche Erkenntnisse in die öffentliche Debatte einbringen. Folgerichtig schrieb er neben den genannten und innerhalb der Ökonomenzunft als Leistung anerkannten Veröffentlichungen seit seinem Wechsel an die Universität zu Köln auch 273 Presseartikel und stand in steter Regelmäßigkeit in Radio und Fernsehen Rede und Antwort.

Johann Eekhoff hat darüber hinaus an 31 Studien des Kronberger Kreises mitgewirkt und dabei häufig die ersten Texte verfasst und der Gruppe als Entwürfe vorgelegt. Auch diese Bereitschaft, mit ersten Textentwürfen in Vorleistung zu gehen und diese Diskussionsvorlagen dann von den streitbaren Kollegen zerpflücken zu lassen, korrespondiert mit seiner persönlichen Zurückhaltung und seiner Fähigkeit, die sachbezogene Auseinandersetzung von seiner Person zu separieren. Er bezeichnete den Kronberger Kreis als sein „Trainingslager", in dem er sicher sein konnte, dass seine Argumentationen schonungslos und penibel hinterfragt werden würden. Trotz allem blieb für den Kenner in sehr vielen der Kronberger Kreis Schriften Johann Eekhoffs „Handschrift" auch in der schließlich von allen Mitgliedern gemeinsam beschlossenen und gedruckten Endfassung noch deutlich erkennbar.

Nicht, dass er nicht jederzeit in der Lage und willens gewesen wäre, seine Argumentationen auch in hitzigen Debatten zu verteidigen. Aber er war auch in außergewöhnlichem Maße bereit, gute Argumente gegen seine ursprüngliche Linie zu erkennen und aufzugreifen. Es ging Johann Eekhoff um die Diskussion der Ideen im Wettstreit der Argumente. Johann Eekhoff war in weit überdurchschnittlichem Maße in der Lage, Kritik an seinen Texten und Ausführungen ebenso wenig als persönliche Angriffe aufzufassen, wie abweichende Schlussfolgerungen und Gegenmeinungen. Seine Unempfindlichkeit hielt häufig selbst in den Fällen stand, in denen unbeteiligte Dritte zu der Auffassung gelangten, dass die Ausführungen des Gegenübers durchaus persönliche Angriffe darstellten. Wenn eine öffentlich geführte Auseinandersetzung auf einer unfairen Ebene gelandet war und Johann Eekhoff den einen oder anderen Schlag unter die Gürtellinie wegstecken musste, zeigte er dafür meist bereits unmittelbar nach der Auseinandersetzung ein beachtliches Maß an Verständnis. Er machte beinahe immer tatsächliche oder vermeintliche Sachzwänge verantwortlich, denen sich seine Kontrahenten in ihrer jeweiligen Position oder Rolle ausgeliefert sähen. Selbst bei denjenigen Verletzungen, bei denen sein Groll etwas länger anhielt, war er im Regelfall doch nach einiger Zeit bereit, erneut die Diskussion zu suchen. Es gab nur sehr wenige Menschen, bei denen Johann Eekhoff Diskussionen als verlorene Liebesmüh ansah. In unserem Abschiedsgespräch am Totenbett drückte ich noch einmal meine Bewunderung dafür aus, mit welcher Ausdauer und unerschütterlichen Zuversicht er immer für die Verbreitung und Umsetzung guter Gedanken gearbeitet hat. Er antwortete mir, wenn man selbst nach reiflicher Überlegung vom eigenen Argument überzeugt sei, dann müsse man den anderen immer ausreichend Gelegenheit lassen, ihre Meinung zu ändern. Den anderen die Gelegenheit geben, Argumente nachzuvollziehen und aufzugreifen, funktioniert sicherlich wesentlich besser, wenn man dabei weder selbst verletzend agiert, noch auf Entschuldigungen oder Bekenntnissen besteht, der andere sei vorher im Unrecht gewesen. Aber dazu bedarf es dann eben der Bescheidenheit und Selbstgenügsamkeit, über die Johann Eekhoff verfügte.

In ähnlicher Weise zeigte sich seine persönliche Zurückhaltung in der Bereitschaft, seine Ideen durch Hintergrundgespräche in den politischen Prozess einzubringen, ohne dass irgendjemand in der Öffentlichkeit oder Wissenschaft davon Notiz nehmen konnte. Johann Eekhoff war stets bereit, mit Journalisten und Politikern Hintergrundgespräche zu führen, ohne erwarten zu können, auch nur als Gesprächspartner genannt zu werden. Die Bereitschaft, Aufwand und Zeit dafür zu investieren, Meinungsbildnern und Multiplikatoren für einen offenen Gedankenaustausch zur Verfügung zu stehen, machte ihn, in Verbindung mit seiner verlässlichen Bereitschaft persönlich im Hintergrund zu bleiben, zum vielgefragten Ansprechpartner. Ich erinnere mich noch sehr gut über mein Erstaunen, als er mich als damals sehr jungen Mitarbeiter zu einer mehr als einstündigen Autofahrt einlud und wir in einem abgeschiedenen Ausflugslokal einen amtierenden Minister zum Essen trafen. Unser Gesprächspartner, ein namhafter Vertreter einer Johann Eekhoff nicht nahestehenden Partei, war an Eekhoffs Argumenten für oder gegen konkrete, damals politisch diskutierte Vorschläge interessiert und nutzte Eekhoff als Sparringpartner, um seine eigenen Argumente zu schärfen. Dieses Gespräch war nur denkbar, weil unser Gesprächspartner sicher war, dass nichts aus der Unterredung in einem Presseartikel landen würde und Eekhoff in keiner öffentlichen Auseinandersetzung jemals darauf zurückkommen würde. Auf der Rückfahrt erkundigte ich mich, warum wir gerade dem politischen Gegner kostenlos Hilfe geleistet hätten, auf mögliche Gegenargumente vorbereitet zu sein. Er entgegnete sinngemäß, wenn dies die öffentliche Auseinandersetzung auf ein höheres Niveau brächte und unser Gesprächspartner fortan auf die Argumente verzichte, die sich in unserem Gespräch als unhaltbar gezeigt hätten, dann sei er zufrieden. Johann Eekhoff wollte keine Debatten und kein politisches Amt gewinnen. Er wollte den besseren Ideen zum Durchbruch verhelfen.

3 Ausgewählte Schwerpunkte des Werks Johann Eekhoffs

Johann Eekhoff war während seiner Zeit in den Ministerien sicher nicht immer einfach für die Politiker und die Politiker nicht einfach für ihn. Denn Johann Eekhoff war zwar ein überaus politischer Mensch, weil er ein sozial interessierter und ein immer hilfsbereiter Mensch war, der seinen Platz im gemeinsamen Projekt der Weltverbesserung zuallererst in der Gestaltung des wirtschaftlichen und gesellschaftlichen Ordnungsrahmens sah. Aber mit diesen Eigenschaften war er natürlich gerade kein geborener Politiker. Johann Eekhoff wollte den Dingen auf den Grund gehen, sorgte sich um problem- und sachgerechte Lösungen. Die Politik hingegen gehorcht häufig anderen Sachzwängen, partei- und machtpolitischen Bestrebungen. Johann Eekhoff hat diese Diskrepanz weitestgehend ignoriert und sich unbeirrt seinen Weg gebahnt. Er war stets der Überzeugung, dass sich letztlich die besseren Ideen durchsetzen würden, wenn man nur geduldig genug sei. Und manchmal muss auch die Zeit reif für Lösungen sein oder Glück und Zufall hinzukommen.

So erging es ihm beispielsweise mit der Abschaffung der Wohnungsgemeinnützigkeit, die er als Abteilungsleiter im Bundesbauministerium mit guten Argumenten vorbereitete.[4] Die gemeinnützigen Wohnungsbauunternehmen waren in einer für den klar denkenden Wissenschaftler unerträglichen Art und Weise privilegiert, ohne tatsächlich auf die Versorgung einkommensschwacher Familien verpflichtet zu sein. Eekhoff bezog in der Debatte Stellung gegen den politischen Wind. In der Auseinandersetzung wollte ihm der unter politischem Druck stehende Parlamentarische Staatssekretär die Veröffentlichung seines Fachbuches „Wohnungs- und Bodenmarkt" verbieten, weil Eekhoff ein politisch brisantes Kapitel „Zu den besonderen Bedingungen der gemeinnützigen Wohnungswirtschaft" hinzugefügt hatte.[5] Eekhoff handelte entgegen der klaren Drohung des Staatssekretärs, sprach den damaligen Minister Oscar Schneider auf die Auseinandersetzung an und veröffentlichte das Buch mit dessen Rückendeckung doch. Diese Geschichte ist ein beredtes Beispiel für Johann Eekhoffs Mut, mitten im politischen Haifischbecken nach sachgerechter Politik zu fischen. Doch es ist zugleich ein Beispiel dafür, wie sehr Eekhoff die Bedeutung guter Argumente und einer offenen Debatte schätzte, obwohl er nicht davon ausging, jede Auseinandersetzung unmittelbar zu sachgerechten Lösungen bringen zu können. Im Falle der Wohnungsgemeinnützigkeit forderte er mit der Veröffentlichung des Fachbuches bewusst den offenen Machtkampf mit dem Staatssekretär heraus, obwohl er selbst kaum Chancen sah, die politische Auseinandersetzung gewinnen zu können: „Es war unvorstellbar, ein Gesetz aufzuheben, mit dem explizit gemeinnützige Ziele verfolgt werden", schreibt er in Erinnerung an die Auseinandersetzung.[6]

Den Kollegen aus der Wissenschaft, denen er in seinen Zeiten als Abteilungsleiter und Staatssekretär unter anderem bei den Zusammentreffen mit dem Sachverständigenrat zur Begutachtung der gesamtwirtschaftlichen Entwicklung, bei Treffen mit dem Wissenschaftlichen Beirat beim Bundeswirtschaftsministerium, bei den Vorstellungen der Frühjahrs- und Herbstgutachten zur Konjunkturprognose, beim Jour fixe mit der Arbeitsgemeinschaft wirtschaftswissenschaftlicher Institute und bei zahlreichen anderen Gelegenheiten begegnete, war er in dieser Zeit verständlicher Weise umgekehrt ein verständiger und willkommener Gesprächspartner.

---

4 Vgl. z. B. Eekhoff, 1987, „Der wirtschaftliche Rahmen für gemeinnützige Wohnungsunternehmen" und Eekhoff, 1988, „Die Wohnungsgemeinnützigkeit hat eine Zukunft".

5 Vgl. Eekhoff, 1987, „Wohnungs- und Bodenmarkt". Das genannte Kapitel findet sich nur in der ersten Auflage, für die zweite Auflage 2006 sah Eekhoff das Kapitel als nicht mehr relevant an.

6 Johann Eekhoff, 2011, „Die Macht etablierter Interessen am Beispiel der Wohnungsgemeinnützigkeit", unveröffentlichtes Redemanuskript.

Dieses Rollenbild änderte sich ein wenig, nachdem er als Professor an die Universität zurückgekehrt war. Es zeigte sich nun, dass Johann Eekhoff eben nicht nur über 23 Jahre ein Wissenschaftler war, der in der Politik arbeitete. Fortan war er mehr als 17 Jahre ein Experte und Kenner der politischen Prozesse, der in der Wissenschaft arbeitete. Die simple Mär vom schlauen Berater und beratungsresistenten Politiker unterstützte er nie.[7] Johann Eekhoff war ein Grenzgänger zwischen den Welten der praktischen und akademischen Wirtschaftspolitik.

Diese Fokussierung auf die Schnittstelle zwischen politischem Tagesgeschäft und Elfenbeinturm erklärt nicht nur seine thematische Konzentration auf konkrete Probleme der Sozial- und Wirtschaftspolitik, sondern auch seine Herangehensweise an die Lösung dieser Probleme. So hat sich Johann Eekhoff in seinem Leben kaum in intellektuell geschliffenen Debatten um die innere Konsistenz abstrakter Modellwelten verdient gemacht. Auch Ausarbeitungen zu wirtschaftshistorischen Betrachtungen oder dogmenhistorischen Untersuchungen waren nicht sein Thema. Ebenso wenig die theoretische Auseinandersetzung mit der Genese oder Verbreitung von ökonomischen Ideen. Sein Arbeitsschwerpunkt lag immer auf der Untersuchung praktischer Probleme der jeweiligen Gegenwart. Zugleich ließ er sich bei der Analyse dieser Probleme stets von seiner eigenen Urteilskraft und der lebenspraktischen Kenntnis der Probleme aus Gesprächen, Medienberichten oder eigener Anschauung und Erfahrung leiten. Mir bleibt nachdrücklich im Gedächtnis, wie sehr ertappt ich mich fühlte, als er mich wegen einer Fußnote in meiner Dissertation mit dem Hinweis ermahnte, es sei ihm gleichgültig, welche Nobelpreisträger die dort wiedergegebene Position vertreten hätten, so wie es da stünde, sei es ihm jedenfalls nicht verständlich. Selbstverständlich hatte er mit dieser Bemerkung Recht. Ein Argument gewinnt in einer (wirtschafts-)politischen Debatte erst dann eine Bedeutung, wenn es den politischen Akteuren und Wählern verständlich gemacht werden kann. Der Verweis darauf, dass anerkannte Experten und prominente Meinungsführer das Argument angeblich verwenden, wirkt allenfalls auf Anhänger dieser Personen. Und doch wird beinahe jedem Akademiker der Verweis auf einen Nobelpreisträger des eigenen Faches imponieren. Johann Eekhoff nicht. Zu oft hatte er erfahren, dass ein Teil der Fachdebatten zu weit weg von den Problemen seiner Lebenswirklichkeit führte, Nebenbedingungen rigoros missachtete, Zusammenhänge ignorierte. Zu häufig gab ihm der Mainstream der Ökonomen zu früh auf, durchdachte die konkreten Probleme zu wenig genau, um Lösungen überhaupt zu versuchen. Oft waren ihm viele seiner Wissenschaftlerkollegen zu sehr auf der Suche nach ruhmreichen Neuentdeckungen, statt gegebenes Wissen für die Gesellschaft nutzbringend einzusetzen. Häufig operierte man auf der grünen Wiese und ignorierte juristische, politische, moralische und kulturelle

---

7 Vgl. beispielsweise Eekhoff, 2004, „Beratungsresistenz der Politiker oder Beratungsinsuffizienz der Wissenschaftler?".

Restriktionen, die ein umsetzbarer Reformvorschlag selbstverständlich zu beachten hätte. Zu leichtfertig übertrug man die Ergebnisse vorheriger Debatten und Analysen auf andere Fragen und Probleme. Dabei weiß doch jeder Wissenschaftler, dass scheinbare in Stein gemeißelte Erkenntnisse immer nur vorläufig und allenfalls als gut bewährt gelten können. Jedes konkrete Problem ist einzigartig, wenn man konkrete Vorschläge zur Reform unterbreiten möchte.

Johann Eekhoff begann seine Analysen immer vom Problem her und stets mit dem Fokus auf Verbesserungen. Er suchte nicht nach abstrakten Gesetzmäßigkeiten und First-best-Ergebnissen in der Modellwelt, sondern nach Vorschlägen zur Reduzierung und Minderung für hier und heute vorliegende Probleme. Er ließ sich dabei stets von seiner Intuition leiten und ging den Problemen durch beharrliches und nach allen Seiten offenes Nachfragen auf den Grund, wie neugierige Kinder es tun. Wenn ihn ein Problem einmal gepackt hatte, dann beherrschte es sein Leben. Nicht nur seine Mitarbeiter und Gesprächspartner in universitären Zirkeln wurden dann unversehens in Gespräche zu diesem Thema verwickelt. Auch Nachbarn, Studenten und jeder zufällige Kreis von Gesprächspartnern wurde aus den üblichen Smalltalk-Gefilden herausgeführt und in entsprechende Debatten verwickelt. Johann Eekhoff perfektionierte nicht bestimmte ökonomische Methoden oder Modelle und suchte anschließend nach Problemen, die er mit seiner Herangehensweise lohnend würde bearbeiten können. Johann Eekhoff stolperte über Probleme und nutzte dann alle Methoden und Modelle, die ihm zugänglich waren, um diese Probleme einer Lösung näher zu bringen. Er war sich dabei aufgrund seiner politischen Erfahrungen stets bewusst darüber, dass die Erfolgsaussichten zur Umsetzung wirtschaftspolitischer Ratschläge im politischen Prozess immer maßgeblich vom Timing abhängen. So gelang beispielsweise die oben erwähnte Aufhebung des Wohnungsgemeinnützigkeitsgesetzes 1988 letztlich nur, weil der Skandal um die selbstverschuldeten Schwierigkeiten der „Neuen Heimat“ zwischenzeitlich einen politischen und öffentlichen Meinungswechsel hervorgerufen hatte.

Johann Eekhoffs umfangreiches Schaffen ist von diesem Problemlösungswillen, dieser Bodenhaftung und Gegenwartsbezogenheit geprägt. Es ist damit zwangsläufig zeitverhaftet und speziell, wird also voraussichtlich bedauerlicher Weise in einigen Jahren weitgehend in Vergessenheit geraten, obwohl viele der von ihm adressierten Probleme auch dann noch nicht überwunden sein werden und in vielen Bereichen immer wieder ähnliche Fehler gemacht werden. Übrig bleiben wird dann vor allem sein Vorbild für diejenigen, die von ihm lernen durften. Unter seinen Schülern sah er viele Multiplikatoren, die seine Vorgehensweise des „die zweite Runde Denkens“ verinnerlicht haben, also die von vielen anderen akzeptierten Vorstellungen und scheinbar einfachen Antworten einer weiteren Überprüfung unterziehen und Wirkungsanalysen in Gesamtzusammenhängen vornehmen. Anhand weniger ihm besonders wichtiger Themen soll kurz nachgezeichnet werden, welche besonderen Aspekte ihn in seinem Werk antrieben.

3.1 Beiträge zur Wohnungswirtschaft

Da ist natürlich zunächst seine besondere Expertise zu wohnungswirtschaftlichen Fragestellungen. Sein besonderes Augenmerk galt in diesem Zusammenhang immer der Schnittstelle zwischen Wohnungs- und Sozialpolitik bzw. sozialpolitisch begründeten Staatseingriffen in den Wohnungsmarkt. Neben seiner bereits dargestellten entschlossenen Bekämpfung der wenig gemeinnützig wirkenden Wohnungsgemeinnützigkeit im Steuerrecht befasste sich Eekhoff hier beispielsweise ausführlich mit der Übertragung einfacher ökonomischer Erkenntnisse in die praktische Politik. Statt schlichte Enthaltsamkeit des Staates zu predigen und damit in der politischen Debatte ungehört zu bleiben, widmete sich Johann Eekhoff beispielsweise dem Paradigmenwechsel von der Objektförderung zur Subjektförderung: Wohngeld statt sozialer Wohnungsbau. Statt staatlicher Betätigung als Anbieter und statt unpraktischer Sozialbindung zuvor doppelt geförderter Sozialwohnungen sollte der Staat als Nachfrager am Wohnungsmarkt auftreten: Erwerb von Belegungsrechten im Wohnungsbestand zur Überwindung des Marktzugangsproblems einzelner Wohnungsnutzer statt staatlichem Wohnungsangebot oder sozialem Wohnungsbau. Viele Freunde in Politik und Verbänden haben ihm diese Debatten nicht gebracht. Wohl aber den Ruf eines klaren Kopfes.[8]

3.2 Die europäische Integration und Währungsunion

Da ist zum zweiten die europapolitische Dimension. Aus Johann Eekhoffs Sicht, Erfahrung und Verständnis der politischen Vorgänge war es vollkommen selbstverständlich, dass es das Zeitfenster für die deutsche Wiedervereinigung und das friedliche Ende des kalten Krieges zu nutzen galt. Die im Gegenzug dafür politisch versprochene Vertiefung der europäischen Gemeinschaft stellte ein Gentlemen Agreement dar, welches zu brechen die Verlässlichkeit als Partner und die politische Stabilität Europas in Frage gestellt hätte. Für Johann Eekhoff kam es daher nicht in Frage, mit Argumenten der Theorie des optimalen Währungsraumes und anderen rein ökonomischen Kriterien die Einführung einer gemeinsamen Währung zu bekämpfen. Es galt vielmehr, nach politisch erreichbaren, aber zugleich möglichst wirksamen Regeln und Mechanismen zu suchen, die eine stabile Währung sichern könnten. Bis ins Jahr 2013 hinein war er davon überzeugt, dass der Weg des Vertrags von Maastricht der richtige gewesen war und die Verfehlungen der Politik in Fragen der Durchführung lagen, also, wenn man so will, die europäische Währungsunion eher handwerklich als konzeptionell bemängelt werden muss. Selbstverständlich hätten Frankreich und Deutschland nicht selbst

---

8 Vgl. z. B. Eekhoff, 1982, „Verbesserung der sozialen Treffsicherheit der öffentlichen Förderung bei gleichzeitiger Steigerung der Eigenwirtschaftlichkeit des Wohnungsbaus"; Eekhoff, 1989, „Staatliche Transferleistungen in der Wohnungspolitik".

gegen den Stabilitäts- und Wachstumspakt verstoßen dürfen. Selbstverständlich hätte man Griechenland nicht aufgrund geschönter Statistiken aufnehmen dürfen. Auch in den konkreten Fragen der Staatsschuldenkrise war Johann Eekhoff stets pragmatisch und nie dogmatisch. Er versuchte mit großer Vorsicht und politischer Sensibilität für die politischen Gefahren Auswege aufzuzeigen und strebte dabei perspektivisch stets nach einer Renaissance der Regelbindung. Eine brüske Aufkündigung der europäischen Währungsunion schien ihm ebenso wie ein zwangsweiser Ausschluss einzelner Mitglieder europapolitisch völlig absurd. Zugleich sah er die Gefahren für den inneren Frieden in den von der Krise geschüttelten Staaten mit großer Sorge, die von einem dogmatischen „Weiter so" ausgehen. Einen freiwilligen Austritts Griechenlands sah er beispielsweise für das Land selbst als vielversprechendsten Weg an, um sich nach einem Schuldenschnitt und kräftiger Abwertung eine gewissen Wettbewerbsfähigkeit zu erarbeiten und sich so perspektivisch aus eigener Kraft aus der Krise zu befreien zu können. Johann Eekhoff gab in der aktuellen Debatte nicht vor zu wissen, was der richtige Weg ist. Er lehnte alle scheinbar einfachen, dogmatischen Lösungen wohlbegründet ab und versuchte, die Debatte in zahllosen Beiträgen, Diskussionen, Kommentaren und Interviews auf ein höheres Niveau zu bringen.[9]

3.3 Die Schnittstelle von Arbeitsmarkt und Sozialsystem

Ein weiteres wichtiges Themenfeld fand Johann Eekhoff an der Schnittstelle von „Beschäftigung und sozialer Sicherung".[10] Wieder liegt der Schlüssel zum Verständnis seines Schaffens in der Ablehnung kurzsichtiger Dogmatik oder zu enger Spezialisierung. Die Themen rund um Mindestlöhne und Zumutbarkeitskriterien der Arbeitsmarktpolitik, um Mindestsicherungsniveaus und aktive Arbeitsmarktpolitik, um Zusammenlegung von Transfersystemen, Bedürftigkeitsprüfung und Bürgergeld, um produktivitätsorientierte Lohnpolitik und öffentliche Beschäftigungsprogramme erfordern eine umfassende Diskussion. Die Politik und die öffentliche Debatte erschließt sich Wissenschaftlern nur, wenn sie bemerken und in ihrer Analyse berücksichtigen, dass der Arbeitsmarkt und das Sozialsystem in der sozialen Marktwirtschaft einer jeweils eigenen Logik folgen: Der Arbeitsmarkt hat die Aufgabe, für eine effiziente Allokation des wichtigsten Produktionsfaktors zu sorgen. Hier müssen die Knappheitssignale möglichst ungestört wirken können, hier müssen sich die Anreizwirkungen der originären Marktlöhne ent-

9 Vgl. u. a. Eekhoff, 1993, „Zustand und Entwicklung der Europäischen Gemeinschaft."; Eekhoff, 1998, „Die Europäische Union als Staatenverbund und Freihandelsraum."; Eekhoff, 2010, „Finanz- und Wirtschaftskrise als Chance."; Eekhoff, 2012, „Europäische Integration zum Vorteil aller Beteiligten." und Eekhoff, 2013, „Krise der Europäischen Währungsunion: Wie kann es weitergehen?".

10 So der Titel seines in der vierten Auflage erschienenen Lehrbuchs.

falten. Die in der Politik häufig geäußerte Forderung nach ‚auskömmlichen' oder zu einem bestimmten Zweck ‚ausreichenden' Löhnen ignoriert dies. Die Erfüllung solcher Forderungen zerstört die Signal- und Anreizwirkung im betroffenen Lohnbereich.

Das System der sozialen Sicherung hingegen muss sich am Hilfebedarf der betroffenen Menschen orientieren. Eine menschenwürdige Sicherstellung des soziokulturellen Existenzminimums steht einer wohlhabenden Gesellschaft nicht nur gut zu Gesicht, sondern erhöht auch die Zustimmung der Bürger zum grundsätzlich marktwirtschaftlich ausgerichteten System der Wettbewerbswirtschaft. Ein wie auch immer im Detail definiertes Minimum kann aber in der originären Marktentlohnung nicht systematisch garantiert werden. Knappheits- und Bedürftigkeitsorientierung sind grundverschiedene Aspekte, müssen im Themenfeld der Sozialpolitik für Erwerbsfähige aber simultan und inklusive der Wechselwirkungen berücksichtigt werden. Einen Weg aus Teilen dieses Dilemmas sah Johann Eekhoff darin, auf eine strikt bedürftigkeitsorientierte Hilfe zu bestehen und auf zusätzliche monetäre Arbeitsanreize für Transferempfänger konsequent zu verzichten. Die Anreizprobleme, die im Zusammenhang mit der durch die Gesellschaft gewährten Hilfe entstehen, müssen auf einer anderen Ebene gelöst werden. Beispielsweise muss die Selbsthilfeverpflichtung durch eigene Arbeitsleistung stärker eingefordert werden, wofür auch kommunal organisierte Beschäftigung nicht tabu sein sollte. Die diesen Vorschlägen reflexartig entgegnete Abwehr der Ökonomenzunft gegen staatliche Beschäftigungsprogramme überzeugte Johann Eekhoff ebenso wenig, wie der aus anderen Teilen der Gesellschaft stammende Vorwurf, die Vorschläge stellten einen Verstoß gegen das Verbot von Zwangsarbeit dar: Um privatwirtschaftliche Aktivitäten nicht zu gefährden, gilt es, bei staatlich organisierter Beschäftigung in erster Linie darauf zu achten, dass keine ungerechtfertigte Subventionierung der Maßnahmenträger erfolgt, die privatwirtschaftlichen Arbeitgebern vorenthalten bleibt. Und die Einforderung der Selbsthilfe durch Arbeit im Dienste der Gesellschaft stellt dann keine Zwangsarbeit dar, wenn die staatliche Beschäftigung jederzeit beendet werden kann, sobald eine Befreiung aus dem Transferbezug erreicht wird. Es geht hier dann lediglich um die Verwirklichung des jeder Solidarbeziehung innewohnenden Gegenseitigkeitsverhältnisses: Die Gesellschaft garantiert jedem Mitglied, im Falle einer wie auch immer begründeten Hilfebedürftigkeit, die erforderliche Hilfe zu leisten. Im Gegenzug verpflichtet sich jedes Mitglied, im Falle der eigenen ausreichenden Leistungsfähigkeit, an der Erbringung dieser Hilfeleistungen teilzuhaben und Hilfen nur im Falle und in der Höhe tatsächlicher Hilfebedürftigkeit in Anspruch zu nehmen.[11]

---

[11] Vgl. u. a. Eekhoff, 1994, „Arbeitsmarkt und Sozialsysteme verlangen eine Stärkung der Ordnungspolitik."; Eekhoff, 1996, „Arbeitsmarkt und Leistungsgesellschaft – Politische, soziale und wirtschaftliche Wurzeln der heutigen Arbeitslosigkeit."; Eekhoff, 1997, „Employment and social security: is there a trade-off?"; Eekhoff, 2000, „Die Aufgaben der

3.4 Stärkere Berücksichtigung der Kinder in der Rentenversicherung

Bezüglich der demografischen Entwicklungen und ihren Folgen für die im Umlagesystem organisierten Sozialversicherungen bemühte sich Johann Eekhoff stets, die Institutionen an die demografische Entwicklung anzupassen, statt zu versuchen, das Leben der Bürger so zu organisieren, dass es den Sozialversicherungszweigen gerecht wird. Bezüglich der Rentenversicherung bedeutet dies in erster Linie, dass bei steigender Lebenserwartung die Balance zwischen Arbeits- und Rentenzeit gehalten werden muss: Eine steigende Lebenserwartung muss durch ein späteres Renteneinstiegsalter flankiert werden. Den gewandelten Lebensplänen der Bürger, die im Ergebnis zu geringeren Geburtenraten führen, gilt es zu begegnen, indem die im Dreigenerationenmodell selbstverständliche und vom Bundesverfassungsgericht bestätigte konstitutive Bedeutung der Kindererziehung in den Umlagesystemen entsprechend berücksichtigt wird. In einem Umlagesystem können kinderlose Mitglieder nur in der Höhe Versorgungsansprüche geltend machen, die ihrem vorherigen Beitrag an der Erziehung und Versorgung der nachkommenden Generation entspricht (durch die Mitfinanzierung steuerfinanzierter Leistungen an Kinder bzw. Familien mit Kindern). Volle Rentenansprüche erreicht man in einem Umlageverfahren systematisch erst mit Beitragszahlungen, die zur Finanzierung der zum jeweiligen Zeitpunkt in der Leistungsphase befindlichen Rentner verwendet wird, und der Versorgung und Erziehung von zwei Kindern pro Paar. Johann Eekhoff wurde nicht müde, die innere Logik des Dreigenerationenvertrags zu erläutern. Schwierig zu vermitteln war dabei, dass es bei seinem Plädoyer für eine stärkere Berücksichtigung der Kindererziehung in der gesetzlichen Rentenversicherung weder um den Versuch einer Anreizsetzung ging, wieder mehr oder früher Kinder zu bekommen, noch um eine Bestrafung der Kinderlosen. Zwar stand es für Johann Eekhoff außer Frage, dass seine persönliche Vorstellung vom Lebensglück einer Familie mit Sicherheit auch Kinder einschloss. Häufig drückte er seinen Respekt vor jungen Leuten aus, die Beruf und Familie unter einen Hut zu bringen versuchten. Und er freute sich aufrichtig über jede entsprechende Mitteilung erwarteten Nachwuchses seiner Mitarbeiter und Mitarbeiterinnen, so dass sein Lehrstuhl und auch das Institut für Wirtschaftspolitik sicher zu den kinderfreundlichsten und familientauglichsten Teams an der Kölner Fakultät für Wirtschafts- und Sozialwissenschaften gehörten. Auffallend viele Doktoranden und Doktorandinnen wurden während ihrer Promotionsphase auch Eltern. Johann Eekhoff ließ seinen Mitarbeiterinnen und Mitarbeitern weitgehend freie Wahl bezüglich der Arbeitszeiten, ging auf jeden Wunsch nach

Arbeitslosenversicherung neu bestimmen."; Eekhoff/Roth, 2002, „Brachliegende Fähigkeiten nutzen, Chancen für Arbeitslose verbessern"; Eekhoff/Roth, 2006, „Vorsicht vor Kombilöhnen."; Eekhoff et al., 2006, „Mit Schaffensdrang in Arbeit." und Eekhoff/Arentz, 2010, „Mindestlöhne verringern die Beschäftigungschancen für Bezieher von Arbeitslosengeld II."

Teilzeit ein, nahm kinderbedingte Unregelmäßigkeiten der Arbeitszeiten oder Home-office-Wünsche wie selbstverständlich hin. Und dies hielt ihn mitnichten davon ab, weit überdurchschnittlich große Anteile der Mitarbeiterstellen mit jungen Frauen zu besetzen. Aber beim Thema Kinderrente ging es Johann Eekhoff trotzdem nicht darum, in die Lebenspläne der Menschen einzugreifen. Es ging darum, das umlagefinanzierte Rentensystem mit der veränderten Lebenswirklichkeit kompatibel zu machen. Kinder bekommen die Leute eben nicht immer. Da hatte sich Adenauer nun mal geirrt.[12]

3.5 Umstellung der Pflegeversicherung auf Kapitaldeckung

In der Pflegeversicherung hätte Johann Eekhoff daher gerne vermieden, ein weiteres System auf das dünne Eis der Umlagefinanzierung zu bauen. Doch die Gegner der umlagefinanzierten Pflegeversicherung verloren den politischen Wettkampf. Zu verlockend waren die schnell erreichbaren Einführungsgewinne der Umlagefinanzierung. Zu naiv glaubte die politische Mehrheit, durch die gesetzliche Fixierung eines Beitragssatzes die den späteren Ausgabenerhöhungen zugrundeliegende Dynamik einer einmal geschaffenen wohlfahrtsstaatlichen Einrichtung verhindern zu können. Und zu schwach waren die Alternativvorschläge der privaten Versicherungskonzerne. Später versuchte Johann Eekhoff einem Umstieg in eine kapitalgedeckte Mindestsicherung gegen finanzielle Risiken der Pflegebedürftigkeit das Wort zu reden. Es ging in seinen Beiträgen zu Reformkonzepten darum, den Umstieg zu schaffen, bevor die aufgelaufenen Ansprüche der Einzahler zu große Ablösesummen notwendig machen würden. Zwar handelt es sich bei den dafür notwendigen Summen nicht um aus der Umstellung vom umlage- zum kapitalgedeckten Verfahren resultierende Ansprüche, sondern lediglich um die Aufdeckung der impliziten Schuld des Systems. Aber im politischen Prozess bis hin zu den europäischen Maastricht-Kriterien macht es einen gewaltigen Unterschied, ob man die Unterfinanzierung demografisch anfälliger Sozialversicherungen als implizite Schuld versteckt oder ob man die explizite offene Staatsverschuldung um eine entsprechende Summe erhöht.[13]

---

[12] Vgl. unter anderem Eekhoff, 1985, „Altersvorsorge bei sinkenden Bevölkerungszahlen"; Eekhoff, 2000, „Die Rentenpolitik aus dem Blickwinkel der Wirtschaftspolitik" und Eekhoff, 2008, Kap. G.III. in „Beschäftigung und soziale Sicherung".

[13] Vgl. z. B. Eekhoff, 1992, „Pflegeversicherung als Umlage- oder als Kapitaldeckungssystem?"; Eekhoff, 2006, „Nur eine kapitalgedeckte Pflegeversicherung hat Zukunft"; Eekhoff, 2006, „Pflegeversicherung jetzt sanieren."; Eekhoff, 2007, „Pflegeversicherung auf Kapitaldeckung und Wettbewerb umstellen." und Eekhoff/Läufer, 2011, „Reform der Pflegeversicherung: Einstieg in den Umstieg dringend notwendig."

3.6 Das Konzept der Bürgerprivatversicherung für die Krankenversicherung

Diese Erfahrung machte Johann Eekhoff auch im Rahmen seines Vorschlags für die Reform der Krankenversicherung. Hier entwickelte er das Konzept der Bürgerprivatversicherung. Ein Modell, in dem der Spagat geleistet wird, die effizienzsteigernde Wirkung risikoäquivalenter Kalkulationen auf Seiten der Versicherungsanbieter mit dem aus kontinentaleuropäischer Sicht wünschenswerten lebenslangen Versicherungsausgleich zwischen Kranken und Gesunden zu verbinden. Während also kränkere Menschen letztlich keine höhere finanzielle Belastung aufgrund ihres Gesundheitszustandes in Kauf nehmen sollen als gesündere, entfaltet das Krankenversicherungssystem von Eekhoff dennoch Anreizwirkungen für die Versicherungen und abgeleitet auch für die Anbieter von Gesundheitsleistungen, sich zu spezialisieren und auch in Prävention zu investieren. Dieses Reformkonzept zeigt damit ein weiteres Mal Johann Eekhoffs Stärke, die Erfordernisse der effizienten Allokation über Märkte und Wettbewerb mit den sozialpolitischen Erfordernissen im demokratischen Wohlfahrtsstaat der sozialen Marktwirtschaft zu verbinden. Zugleich liegt in der Bürgerprivatversicherung ein wunderbares Beispiel dafür vor, wie Eekhoff mit geduldiger Beharrlichkeit wenigstens Teilerfolge verzeichnete: Denn in der Branche galt es als ausgemacht, dass man keine zutreffenden individuellen Kostenprofile einzelner Versicherter erstellen könne. Johann Eekhoff musste sein Konzept jahrelang immer wieder erklären und die lapidare ablehnende Antwort der „Experten“ und „Praktiker“ immer wieder beharrlich zurückweisen. Aufgrund unterschiedlicher Herangehensweisen und unterschiedlich eingeübter Vorstellungen fiel es schwer zu erklären, dass das Konzept der Bürgerprivatversicherung zwar auf die Übertragbarkeit so genannter individueller bzw. gruppenspezifischer Altersrückstellungen baut und solche Summen auch tatsächlich von den Versicherungen ausgewiesen und ggf. transferiert werden müssen, dies aber dennoch nicht erfordert, dass Versicherungen tatsächlich exakt zutreffende Prognosen über die zukünftigen Kosten eines einzelnen Versicherten abgeben können müssen. Es genügt, wenn Versicherungen damit kalkulieren dürfen, was sie glauben prognostizieren zu können. Es bereitete Johann Eekhoff eine große stille Zufriedenheit, als er nach jahrelangen Erklärungen verkünden konnte, dass ein Arbeitskreis der Versicherungsaktuare sein Konzept überprüft und letztlich sehr wohl als durchführbar erkannt hatte.[14]

[14] Vgl. hierzu u. a. Eekhoff, 2002, „Entwicklungen im modernen Gesundheitswesen“; Eekhoff, 2002, „Mehr Eigenverantwortung und Wettbewerb im Gesundheitswesen“; Eekhoff, 2003, „Wettbewerb und Umverteilung im Gesundheitswesen.“; Eekhoff, 2005, „Übertragbare Altersrückstellungen in der privaten Krankenversicherung.“; Eekhoff, 2006, „Privatversicherung für Alle.“; Eekhoff, 2006, „Vom Umlage- zum Kapitaldeckungsverfahren in der Krankenversicherung.“; Eekhoff, 2007, „Orientierungspunkte für die Gesundheitspolitik.“; Eekhoff et al., 2008, „Bürgerprivatversicherung“; Eekhoff, 2009, „Ein neuer Weg

3.7 Besteuerung statt Subvention in der Umweltpolitik

Zuletzt widmete sich Johann Eekhoff intensiv dem Versuch, deutlich zu machen, dass die lehrbuchmäßige Aussage zur äquivalenten Wirkung von Steuern und Subventionen zur Internalisierung externer Effekte einer Partialanalyse entspringe und in der echten Welt nicht zutreffe. Den Versuch, negative externe Effekte der CO_2-Emission durch die Subventionierung regenerativer Energieträger zu erreichen, sah Johann Eekhoff unter anderem aus diesem Grunde für verfehlt an.[15]

4 Zum Schluss

Mit Johann Eekhoff hat das Fach einen besonderen Grenzgänger zwischen wissenschaftlich fundierter praktischer Wirtschaftspolitik und praktisch geerdeter politikberatender Wirtschaftswissenschaft verloren. Seine unvoreingenommene Offenheit und Neugierde, seine undogmatische Problemorientierung, sein Verständnis für den politischen Prozess und seine freundliche Zuversicht in die Vernunftbegabung der Menschen und die Stärke des besseren Arguments werden uns fehlen.

Diejenigen, die eng mit ihm arbeiten durften, werden von seiner Art der Herangehensweise an die Analyse wirtschaftspolitischer Probleme ebenso zehren, wie von seiner Art, mit einfachen, allgemeinverständlichen Argumentationen öffentlich für Verbesserungsvorschläge zu werben. Vielleicht können wir auch von seiner Geduld und Bescheidenheit lernen, statt uns entmutigen zu lassen, wenn wirtschaftspolitische Vorschläge zunächst scheinbar ungehört verhallen. Johann Eekhoff hat immer gewusst, dass man in demokratische Entscheidungsprozesse als einzelner Experte nur Ideen pflanzen kann, die dann im Regelfall Zeit brauchen, um gedeihen und wirken zu können, bevor sie eventuell irgendwann Früchte tragen, falls der Wind gut steht und sie ins allgemeine Klima passen. Er selbst hatte mehrfach das Glück, solche von ihm (mit)gepflanzten Ideen Jahre und Jahrzehnte später wiederzuerkennen.

Denjenigen, die ihn besser kennenlernen durften, bleibt außerdem das Vorbild eines freundlichen und ruhigen Mannes, der seinen Mitmenschen in herausragender Weise stets respekt- und vertrauensvoll begegnete. Sein unbestechlicher Charakter und unabhängiger Geist machten ihn zum vielgefragten Berater. Seine

in der Gesundheitspolitik – Die Bürgerprivatversicherung."; Eekhoff et al., 2012, „Private health insurance: a role model for European health systems."; Eekhoff/Arentz, 2013, „Zur Zukunft der PKV: Probleme und Perspektiven."

15 Vgl. u.a. Eekhoff, 2009, „Die Energiewirtschaft braucht ordnungspolitische Orientierung."; Eekhoff/Vossler, 2011, „Internalisierung der externen Effekte von CO_2-Emissionen."

Authentizität war unbestritten und jeder Gesprächspartner wurde der damit verbundenen Ehrlichkeit schnell gewahr. Bei ihm zählte nur die Kraft des besseren Arguments. Und er trug nur Argumente vor, denen er persönlich glaubte. Jeder Gesprächspartner konnte sich diese Argumente in Ruhe anhören und sie für sich abwägen. Niemand musste auf strategische Finessen, persönliche Gemeinheiten, Tricks und Hinterhältigkeit gefasst sein.

Es bleibt die reichhaltige Erinnerung an einen besonderen Menschen.

Literaturverzeichnis

Eekhoff, Johann (1982): „Verbesserung der sozialen Treffsicherheit der öffentlichen Förderung bei gleichzeitiger Steigerung der Eigenwirtschaftlichkeit des Wohnungsbaus", in: Oscar Schneider (Hrsg.), *Die soziale Erneuerung der Wohnungspolitik*, München: S. 34–49.

Eekhoff, Johann (1985): „Altersvorsorge bei sinkenden Bevölkerungszahlen", *Zeitschrift für Wirtschaftspolitik*, 34. Jg., H. 3, S. 247–269.

Eekhoff, Johann (1987): „Der wirtschaftliche Rahmen für gemeinnützige Wohnungsunternehmen", *Zeitschrift für das gemeinnützige Wohnungswesen in Bayern*, 11, S. 558–564.

Eekhoff, Johann (1987): *Wohnungs- und Bodenmarkt*, Tübingen.

Eekhoff, Johann (1988): „Die Wohnungsgemeinnützigkeit hat eine Zukunft", *Der Langfristige Kredit*, 16, S. 512–516.

Eekhoff, Johann (1989): „Staatliche Transferleistungen in der Wohnungspolitik", in: Hildegard Rapin (Hrsg.), *Familiengerechte Steuer- und Transferpolitik*, Frankfurt/New York: Campus, S. 107–116.

Eekhoff, Johann (1992): „Pflegeversicherung als Umlage- oder als Kapitaldeckungssystem? ", *Versicherungswirtschaft*, H. 9, S. 531–538.

Eekhoff, Johann (1993): „Zustand und Entwicklung der Europäischen Gemeinschaft", *Orientierungen zur Wirtschafts- und Gesellschaftspolitik*, 57, S. 2–11.

Eekhoff, Johann (1994): „Arbeitsmarkt und Sozialsysteme verlangen eine Stärkung der Ordnungspolitik", *Orientierungen zur Wirtschafts- und Gesellschaftspolitik*, 61, S. 7–14.

Eekhoff, Johann (1996): „Arbeitsmarkt und Leistungsgesellschaft – Politische, soziale und wirtschaftliche Wurzeln der heutigen Arbeitslosigkeit", in: Christian Dräger u. a. (Hrsg.), *Mehr Wettbewerb, mehr Arbeit – Ist Vollbeschäftigung eine Illusion?*, Dokumentation des X. Malenter Symposiums, Edition Dräger-Stiftung Zukunft, Bd. 15, Baden-Baden, S. 93–98.

Eekhoff, Johann (1997): „Employment and social security: is there a trade-off?", *Bulletin Luxembourgeois des questions sociales, Modernising and improving social protection in Europe.* November 10th 1997 until November 12th 1997, Vol. 4, S. 29–34.

Eekhoff, Johann (1998): „Die Europäische Union als Staatenverbund und Freihandelsraum", in: Jürgen F. Baur und Christian Watrin (Hrsg.), *Recht und Wirtschaft der Europäischen Union*, Schriften des Rechtszentrums für Europäische Zusammenarbeit (R.I.Z.), Band 6, Berlin, S. 1–15.

Eekhoff, Johann und David F. Milleker (2000): „Die Aufgaben der Arbeitslosenversicherung neu bestimmen", in: Frankfurter Institut – Stiftung Marktwirtschaft und Politik (Hrsg.), *Kleine Handbibliothek*, Band 31, Bad Homburg.

Eekhoff, Johann (2001): „Die Rentenpolitik aus dem Blickwinkel der Wirtschaftspolitik", in: *Bitburger Gespräche Jahrbuch 2000*, München, (Sonderdruck), S. 77–94.

Eekhoff, Johann (2002): „Entwicklungen im modernen Gesundheitswesen", in: Klaus D. Hildemann unter Mitarbeit von Klaus Hartmann (Hrsg.), *Spannungsfeld Führung. Neue Konzepte in einem veränderten Sozialstaat, Konkretionen des Sozialen* Bd. 2, Leipzig.

Eekhoff, Johann (2002): „Mehr Eigenverantwortung und Wettbewerb im Gesundheitswesen", in: Forum Europäisches Sozialrecht (Hrsg.), *Symposion Neustrukturierung des Gesundheitswesens – Mut zum Umdenken*, 27. November 2002 in Bonn, S. 55–66.

Eekhoff, Johann und Steffen J. Roth (2002): „Brachliegende Fähigkeiten nutzen, Chancen für Arbeitslose verbessern", in: Stiftung Marktwirtschaft (Hrsg.), *Kleine Handbibliothek*, Band 33, Berlin.

Eekhoff, Johann (2003): „Wettbewerb und Umverteilung im Gesundheitswesen", in: Bundeszahnärztekammer (Hrsg.), *50 Jahre Bundeszahnärztekammer 1953–2003*, Berlin, S. 86–92.

Eekhoff, Johann (2004): „Beratungsresistenz der Politiker oder Beratungsinsuffizienz der Wissenschaftler? ", in: Birger P. Priddat und Theresia Theurl (Hrsg.), *Risiken der Politikberatung. Der Fall der Ökonomen, Konturen – Studien zur Neuorientierung politischer Leitkategorien*, Heinrich Bußhoff und Ulrich Druwe (Hrsg.), Band 2, Baden-Baden, S. 199–208.

Eekhoff, Johann (2005): „Übertragbare Altersrückstellungen in der privaten Krankenversicherung", *Zeitschrift für Wirtschaftspolitik*, 54. Jg., H. 1, S. 52–68.

Eekhoff, Johann (2006): „Nur eine kapitalgedeckte Pflegeversicherung hat Zukunft", *Die BKK*, 4, S. 178–182.

Eekhoff, Johann (2006): „Pflegeversicherung jetzt sanieren", *Die Krankenversicherung*, 58. Jg., Juli/August, S. 221–224.

Eekhoff, Johann (2006): „Privatversicherung für Alle", in: Bundeszahnärztekammer (Hrsg.), *Das Gesundheitswesen im Umbruch? Reformansätze aus Sicht des Consiliums der Bundeszahnärztekammer*, Diskussionsdokumente 1, Berlin, S. 13–24.

Eekhoff, Johann (2006): „Vom Umlage- zum Kapitaldeckungsverfahren in der Krankenversicherung", *Zeitschrift für Wirtschaftspolitik*, Jg. 55, H. 2, S. 209–229.

Eekhoff, Johann (2006): *Wohnungs- und Bodenmarkt*, 2. neu bearbeitete Auflage, Tübingen.

Eekhoff, Johann, Vera Bünnagel und Steffen J. Roth (2006): „Mit Schaffensdrang in Arbeit", in: vbw – Vereinigung der Bayerischen Wirtschaft (Hrsg.), München.

Eekhoff, Johann und Steffen J. Roth (2006): „Vorsicht vor Kombilöhnen", in: vbw – Vereinigung der Bayerischen Wirtschaft (Hrsg.), München.

Eekhoff, Johann (2007): „Orientierungspunkte für die Gesundheitspolitik", in: Volker Ulrich und Walter Ried (Hrsg.), *Effizienz, Qualität und Nachhaltigkeit im Gesundheitswesen. Theorie und Politik öffentlichen Handelns, insbesondere in der Krankenversicherung, Festschrift zum 65. Geburtstag von Eberhard Wille*, Baden-Baden, S. 857–870.

Eekhoff, Johann (2007): „Pflegeversicherung auf Kapitaldeckung und Wettbewerb umstellen", *ifo Schnelldienst*, H. 9, S. 21–24.

Eekhoff, Johann (2008): *Beschäftigung und soziale Sicherung*, 4. überarbeitete Auflage, Tübingen.

Eekhoff, Johann, Vera Bünnagel, Susanna Kochskämper und Kai Menzel (2008): *Bürgerprivatversicherung*, Tübingen.

Eekhoff, Johann (2009): „Die Energiewirtschaft braucht ordnungspolitische Orientierung", *et -Energiewirtschaftliche Tagesfragen*, H. 3, S. 28–32.

Eekhoff, Johann (2009): „Ein neuer Weg in der Gesundheitspolitik – Die Bürgerprivatversicherung“, in: Otmar Franz (Hrsg.), *Die solidarische Gesellschaft in Freiheit*, Kamingespräche der Ludwig-Erhard-Stiftung, Frankfurt am Main: Frankfurter Allgemeine Buch, S. 253–257.

Eekhoff, Johann (2010): „Finanz- und Wirtschaftskrise als Chance“, *Kölner Schrift zum Wirtschaftsrecht*, H. 2, S. 137–140.

Eekhoff, Johann und Oliver Arentz (2010): „Mindestlöhne verringern die Beschäftigungschancen für Bezieher von Arbeitslosengeld II“, *Orientierungen*, H. 1, S. 24–28.

Eekhoff, Johann und Ines Läufer (2011): „Reform der Pflegeversicherung: Einstieg in den Umstieg dringend notwendig“, *Wirtschaftsdienst*, H. 10, S. 8–11.

Eekhoff, Johann und Christian Vossler (2011): „Internalisierung der externen Effekte von CO2-Emissionen“, *Zeitschrift für Wirtschaftspolitik*, Jg. 60, H. 3, S. 352–369.

Eekhoff, Johann (2012): „Europäische Integration zum Vorteil aller Beteiligten“, *Orientierungen zur Wirtschafts- und Gesellschaftspolitik*, 133, H. 3, S. 8–12.

Eekhoff, Johann, Christine Arentz und Susanna Kochskämper (2012): „Private health insurance: a role model for European health systems“, *The European Journal of Health Economics*, Volume 13, Issue 5, S. 615–621.

Eekhoff, Johann (2013): „Krise der Europäischen Währungsunion: Wie kann es weitergehen?“, in: Nils Ole Oermann (Hrsg.), *Der Euro Eine Karriere? Für Horst Köhler*, Freiburg im Breisgau, S. 35–53.

Eekhoff, Johann und Christine Arentz (2013): „Zur Zukunft der PKV: Probleme und Perspektiven“, *Gesundheitsökonomie und Qualitätsmanagement*, H. 18, S. 106–110.

Die Autoren und Herausgeber

Christine Arentz ist seit 2008 als wissenschaftliche Mitarbeiterin von Johann Eekhoff am wirtschaftspolitischen Seminar der Universität zu Köln bzw. am Institut für Wirtschaftspolitik an der Universität zu Köln beschäftigt. Ihr Forschungsschwerpunkt liegt in der Gesundheitspolitik, wo sie insbesondere an der Weiterentwicklung der Bürgerprivatversicherung arbeitet und Wege zu ihrer Implementierung im deutschen Gesundheitssystem untersucht.
Kontakt: christine.arentz@wiso.uni-koeln.de

Oliver Arentz war von 2004 bis 2010 als wissenschaftlicher Mitarbeiter von Johann Eekhoff am wirtschaftspolitischen Seminar der Universität zu Köln bzw. am Institut für Wirtschaftspolitik an der Universität zu Köln beschäftigt. Er promovierte im Jahre 2010 zum Thema „Immobilienverzehr – Möglichkeiten und Grenzen". Nach einer Tätigkeit am Institut für Mittelstandsforschung Bonn (IfM) ist er seit 2011 wieder als wissenschaftlicher Mitarbeiter und stellvertretender Geschäftsführer am Institut für Wirtschaftspolitik beschäftigt. Seine Forschungsschwerpunkte sind die Immobilien- und Wohnungswirtschaft, die Mittelstandspolitik und Finanzmärkte.
Kontakt: arentz@wiso.uni-koeln.de

Vera Bünnagel war von 2004 bis 2012 als wissenschaftliche Mitarbeiterin am Institut für Wirtschaftspolitik an der Universität zu Köln beschäftigt. Im Jahre 2012 promovierte sie bei Johann Eekhoff zum Thema „Die Rolle des Staates bei der Kinderbetreuung". Heute ist Vera Bünnagel Referentin beim Bund Katholischer Unternehmer e. V.
Kontakt: buennagel@bku.de

Yu Ding promovierte von 1997 bis 1999 bei Johann Eekhoff zum Thema „Die Umstrukturierung der Staatsunternehmen in China". Heute arbeitet er für Suzhou Ok Financial Information Service Ltd. als Bankberater in China.
Kontakt: dingyu71@hotmail.com

Gisela Eekhoff hat in fast 45 Ehejahren alle beruflichen und privaten Seiten des Lebens mit Johann Eekhoff geteilt. Sie hat seit Ende 1995 sein Bonner Büro organisiert und neben der Termin- und Reiseplanung seine Veröffentlichungen vorab gelesen und kommentiert. In diesem Zusammenhang konnte sie mit ihm die vielfältigen Fragen der Wirtschaftspolitik intensiv diskutieren.
Kontakt: g-eekhoff@t-online.de

Tholen Eekhoff ist Referent für allgemeine Wirtschaftspolitik im Bundeskanzleramt. Mit seinem Vater, Johann Eekhoff, verband ihn die Leidenschaft für die Ordnungspolitik, die sich in unzähligen Stunden des persönlichen Austauschs, der gegenseitigen Durchsicht von Texten und einigen gemeinsamen Veröffentlichungen niederschlug, sowie ein enges persönliches Verhältnis.
Kontakt: teekhoff@yahoo.com

Barbara Henman-Sturm war von 2001 bis 2007 als wissenschaftliche Mitarbeiterin am Institut für Wirtschaftspolitik an der Universität zu Köln beschäftigt. Im Jahre 2001 promovierte sie bei Johann Eekhoff zum Thema „Familienpolitik im deutschen Steuer- und Transfersystem". Heute hat sie eine Professur für Wirtschaftswissenschaften an der Fachhochschule des Bundes für öffentliche Verwaltung.
Kontakt: Barbara.Henman-Sturm@fhbund.de

Nora Hesse ist seit 2012 die stellvertretende Leiterin von Open Europe Berlin gGmbH. Zudem ist sie Dozentin für Volkswirtschaftslehre an der Hochschule für Wirtschaft und Recht in Berlin. Die enge Freundschaft mit Milladina und Tholen Eekhoff verbindet sie auch mit Johann Eekhoff.
Kontakt: norafrengova@yahoo.com

Markus Jankowski war von 2000 bis 2005 als wissenschaftlicher Mitarbeiter von Johann Eekhoff am wirtschaftspolitischen Seminar der Universität zu Köln beschäftigt. Im Jahre 2005 promovierte er bei Johann Eekhoff zum Thema „Wettbewerb, Versicherungspflicht und Risikoanpassung – Zur Begründung und Gestaltung einer obligatorischen Krankenversicherung in der Wettbewerbsordnung". Seit 2008 arbeitet Markus Jankowski beim Bundeskartellamt.
Kontakt: Markus.jankowski@online.de

Janina Jänsch war von 2007 bis 2013 als wissenschaftliche Mitarbeiterin von Johann Eekhoff am wirtschaftspolitischen Seminar der Universität zu Köln bzw. am Institut für Wirtschaftspolitik an der Universität zu Köln beschäftigt. Im Jahr 2013 promovierte sie nach dem überraschenden Tod ihres Doktorvaters Johann Eekhoff bei Achim Wambach, der die Betreuung ihrer Arbeit zum Thema „Die Berücksichtigung von Waldkohlenstoffspeichern im internationalen Klimaschutzsystem. Ordnungspolitische Analyse der Mechanismen CDM A/R und REDD+ sowie Implikationen für ein Post-Kyoto-Abkommen" in der Endphase übernahm.
Kontakt: jaensch@wiso.uni-koeln.de

Susanna Kochskämper ist seit 2006 als wissenschaftliche Mitarbeiterin von Johann Eekhoff am wirtschaftspolitischen Seminar der Universität zu Köln bzw. am Institut für Wirtschaftspolitik an der Universität zu Köln beschäftigt. Sie promovierte im Jahre 2013 bei Johann Eekhoff zum Thema „Das Gesundheitswesen in der Europäischen Union – Perspektiven für eine künftige Ausgestaltung".
Kontakt: kochskaemper@wiso.uni-koeln.de

Ines Läufer ist seit 2009 als wissenschaftliche Mitarbeiterin von Johann Eekhoff am wirtschaftspolitischen Seminar der Universität zu Köln bzw. am Institut für Wirtschaftspolitik an der Universität zu Köln beschäftigt. Ihr Forschungsschwerpunkt liegt in der Gesundheitspolitik, wo sie gegenwärtig insbesondere das Zusammenspiel unterschiedlicher Versicherungssysteme und institutioneller Rahmenbedingungen im U.S.-amerikanischen Gesundheitssystem untersucht.
Kontakt: laeufer@wiso.uni-koeln.de

Astrid Lemmer war von 1998 bis 2004 als wissenschaftliche Mitarbeiterin von Johann Eekhoff am wirtschaftspolitischen Seminar der Universität zu Köln beschäftigt. Im Jahre 2004 promovierte sie zum Thema „Reform der Grundsteuer". Heute ist Astrid Lemmer Referentin bei der Deutschen Bundesbank in der Abteilung „Öffentliche Finanzen des Zentralbereichs Volkswirtschaft".
Kontakt: astrid.lemmer@bundesbank.de

Kai Menzel war von 2003 bis 2009 als wissenschaftlicher Mitarbeiter von Johann Eekhoff am wirtschaftspolitischen Seminar der Universität zu Köln beschäftigt. Seine Forschungsschwerpunkte lagen insbesondere im Bereich Versicherungs- und Gesundheitsökonomik. Heute ist Kai Menzel Referent im Bundesministerium für Wirtschaft.
Kontakt: Kai.Menzel@bmwi.bund.de

Leonard Münstermann ist seit 2011 als wissenschaftlicher Mitarbeiter am Institut für Wirtschaftspolitik an der Universität zu Köln beschäftigt. Zuvor war er am Institut für Mittelstandsforschung Bonn (IfM) tätig. Seine Forschungsschwerpunkte sind die Mittelstands- und Sozialpolitik.
Kontakt: muenstermann@wiso.uni-koeln.de

Philipp Paulus war von 2002 bis 2007 als wissenschaftlicher Mitarbeiter am Institut für Wirtschaftspolitik an der Universität zu Köln beschäftigt und arbeitete mehrere Jahre als Volkswirt in international tätigen Banken. Heute ist er Professor für Volkswirtschaftslehre an der Hochschule für Wirtschaft und Umwelt Nürtingen-Geislingen, mit den Schwerpunkten Außenwirtschaft und Finanzmärkte.
Kontakt: Philipp.Paulus@hfwu.de

Jochen Pimpertz war von 1995 bis 2000 als wissenschaftlicher Mitarbeiter von Johann Eekhoff am wirtschaftspolitischen Seminar der Universität zu Köln beschäftigt. Im Jahr 2000 promovierte er bei Johann Eekhoff zum Thema „Marktwirtschaftliche Ordnung der sozialen Krankenversicherung“. Seit 2001 arbeitet er im Institut der deutschen Wirtschaft Köln im Bereich „Sozialpolitik“ und leitet dort seit 2011 das Kompetenzfeld „Öffentliche Haushalte und Soziale Sicherung“.
Kontakt: Pimpertz@iwkoeln.de

Steffen J. Roth war von 1997 bis 2002 als wissenschaftlicher Mitarbeiter von Johann Eekhoff am wirtschaftspolitischen Seminar der Universität zu Köln beschäftigt. Im Jahr 2002 promovierte er bei Johann Eekhoff zum Thema: „Beschäftigungsorientierte Sozialpolitik – Gemeinnützige Beschäftigung als Brücke zwischen Sozialsystem und Arbeitsmarkt“. Seit 2002 ist Steffen J. Roth Geschäftsführer des Instituts für Wirtschaftspolitik an der Universität zu Köln und des Otto Wolff Instituts für Wirtschaftsordnung. Seine Forschungsschwerpunkte bilden die Interdependenz zwischen dem Arbeitsmarkt und dem System der sozialen Sicherung sowie die Verfassungsökonomik, insbesondere unter Beachtung gesellschaftlicher Normen und ethischer Wertegrundlagen.
Kontakt: steffen.roth@wiso.uni-koeln.de

Christian Philipp Schindler war von 2001 bis 2002 als wissenschaftlicher Mitarbeiter am Institut für Wirtschaftspolitik beschäftigt. Im Jahre 2005 promovierte er bei Johann Eekhoff zum Thema „Die Regionalpolitik der Europäischen Union“. Seit 2004 ist er bei der International Textile Manufacturers Federation (ITMF) in Zürich und seit 2007 deren Generaldirektor.
Kontakt: christian_schindler@yahoo.de

Christoph M. Schmidt studierte Volkswirtschaftslehre an der Universität Mannheim, wurde an der Princeton University promoviert und habilitierte sich 1995 an der Universität München. Von 1995 bis 2002 war er Ordinarius für Ökonometrie an der Universität Heidelberg. Seit 2002 ist er Präsident des Rheinisch-Westfälischen Instituts für Wirtschaftsforschung (RWI) und Professor für Wirtschaftspolitik und angewandte Ökonometrie an der Ruhr-Universität Bochum. Im Jahr 2009 wurde er in den Sachverständigenrat zur Begutachtung der gesamtwirtschaftlichen Entwicklung berufen, seit 2013 ist er dessen Vorsitzender. Mit Johann Eekhoff hat ihn über viele Jahre das gemeinsame Interesse an der Frage verbunden, inwiefern die Unabhängigkeit der wirtschaftspolitischen Beratung dauerhaft gewährleistet werden kann.
Kontakt: Christoph.Schmidt@rwi-essen.de

Michael Voigtländer war von 2000 bis 2005 als wissenschaftlicher Mitarbeiter von Johann Eekhoff am wirtschaftspolitischen Seminar der Universität zu Köln beschäftigt. Im Jahre 2005 promovierte er bei Johann Eekhoff zum Thema „Eine zustimmungsfähige Reform der gesetzlichen Alterssicherung“. Heute leitet Michael Voigtländer das Kompetenzfeld Immobilienökonomik im Institut der deutschen Wirtschaft Köln. Darüber hinaus ist er Honorarprofessor für Volkswirtschaftslehre an der Hochschule Bonn-Rhein-Sieg.
Kontakt: voigtlaender@iwkoeln.de

Christian Vossler ist seit 2008 als wissenschaftlicher Mitarbeiter am Institut für Wirtschaftspolitik an der Universität zu Köln beschäftigt. Seine Forschungsschwerpunkte sind die Energie- und Klimaschutzpolitik und hier insbesondere die ökonomische Analyse der Förderung erneuerbarer Energien.
Kontakt: vossler@wiso.uni-koeln.de

Achim Wambach ist seit 2005 Professor für wirtschaftliche Staatswissenschaften der Universität zu Köln und seit 2009 Direktor des Instituts für Wirtschaftspolitik an der Universität zu Köln. Bis 2013 hat er dieses Amt gemeinsam mit Johann Eekhoff geführt. Achim Wambach ist seit 2006 Mitglied im Wissenschaftlichen Beirat beim Bundesministerium für Wirtschaft und Technologie, seit 2012 ist er Vorsitzender des Beirats. Seine Forschungsschwerpunkte liegen im Bereich des Marktdesigns und der Informationsökonomik, mit wirtschaftspolitischen Anwendungen in den Energiepolitik und der Gesundheitsökonomik.
Kontakt: wambach@wiso.uni-koeln.de

Axel Wehmeier arbeitete von 1995 bis 1998 als wissenschaftlicher Mitarbeiter für Johann Eekhoff am wirtschaftspolitischen Seminar der Universität zu Köln. Er promovierte 1998 zum Thema „Ein Europa – Ein Markt – Ein Recht? – Eine verfassungsökonomische Analyse“ bei Christian Watrin. Johann Eekhoff war Korreferent. Heute arbeitet Axel Wehmeier bei der Deutschen Telekom und zeichnet dort verantwortlich für das Konzerngeschäftsfeld Gesundheit, welches eHealth Anwendungen für den internationalen Markt entwickelt.
Kontakt: Axel.Wehmeier@t-systems.com

FSC
www.fsc.org
MIX
Papier | Fördert gute Waldnutzung
FSC® C083411

Kolibri 360 GmbH
Ferdinand-Jühlke-Straße 7
99095 Erfurt, Deutschland
produktsicherheit@kolibri360.de